ÉTUDES DÉFINITIVES

D'UNE

VOIE FERRÉE

ENTRE DEUX POINTS DONNÉS

PAR

JULES DUBUISSON

ANCIEN ÉLÈVE DE L'ÉCOLE CENTRALE

COLLABORATEUR AUX ANNALES DES TRAVAUX PUBLICS

MEMBRE DE LA SOCIÉTÉ DES INGÉNIEURS CIVILS DE FRANCE

Deuxième édition.

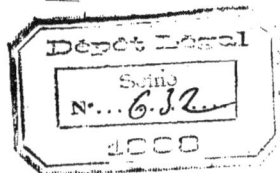

PARIS

E. BERNARD ET Cie, IMPRIMEURS-EDITEURS

71, RUE LA CONDAMINE, 71

1883

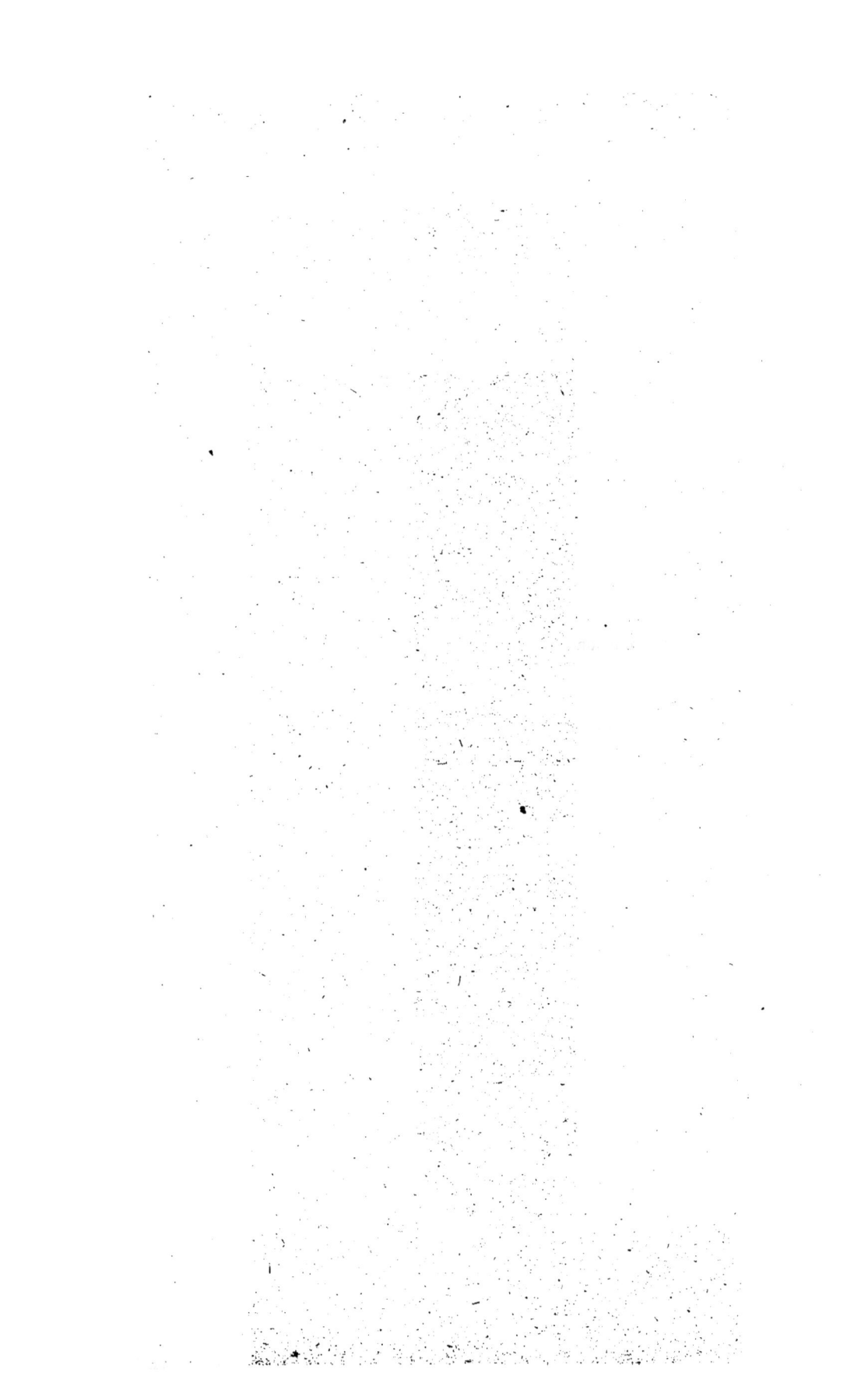

ÉTUDES DÉFINITIVES

D'UNE

VOIE FERRÉE

ENTRE DEUX POINTS DONNÉES

Sous le titre général d'études définitives d'une voie ferrée entre deux points donnés, nous nous proposons d'exposer, dans l'ordre de leur développement rationnel, les diverses phases du travail qui a pour but d'arrêter sur un plan coté le tracé de la ligne, de le reporter très exactement sur le sol, de relever le profil en long officiel ainsi que les nivellements transversaux complémentaires, de définir ensuite le projet au point de vue multiple des terassements, des ouvrages d'art, des traversées de routes, chemins et cours d'eau, des haltes et stations, des bâtiments, divers pour prises d'eau et autres destinations, des acquisitions de terrain et enfin de préparer, à la suite de ces études complètes à tout point de vue, la mise en adjudication des travaux.

Cette série d'articles embrassera les méthodes d'actualité qui peuvent conduire à ce but et résumera, au point de vue de la théorie et de la pratique, toutes les évolutions de ce travail, depuis la première tournée de reconnaissance entre les deux extrémités de la ligne projetée jusqu'au moment où tout est prêt pour recevoir les entrepreneurs.

Enfin, pour fixer les idées, nous supposerons qu'il s'agit d'une ligne dans les conditions moyennes d'importance et de difficulté et par suite d'une section d'études de 30 à 40 kilomètres, chiffres entre lesquels oscille en pareil cas la longueur ordinaire de ce genre de subdivision.

Pour abréger autant que possible l'exposé de ces renseignements, nous passerons rapidement sur les points les plus connus, afin de pouvoir consacrer quelques développements à ceux qui ont besoin d'être mis en évidence, sous le rapport des progrès acquis ou restant encore à rechercher ardemment.

1

COMPOSITION DU PERSONNEL.

Une section de la longueur précitée et dans les conditions moyennes ci-dessus posées peut, en principe, comprendre comme exécutants :

1º Un chef de section ;

2º Deux sous-chefs ou conducteurs ;

3º Deux piqueurs ;

4º Deux dessinateurs et un employé attaché spécialement au bureau (conducteur ou piqueur) capable de faire marcher le travail courant en l'absence du chef de section ;

5º Deux surveillants.

Au total dix agents formant un cadre complet à raison d'un employé par 3 ou 4 kilomètres de tracé. Ce personnel nous paraît nécessaire pour arriver à faire rapidement un travail soigné.

Il sera facile, en examinant dans la suite la répartition de ce travail, de constater que dans cette composition, il n'y a rien de moins, surtout rien de trop.

DONNÉES PREMIÈRES.

Les données premières se composent du dossier soumis à l'approba_tion ministérielle par le service qui a fait les études préliminaires.

Ces études préliminaires, établies à la hâte et parfois à grands coups, n'ont le plus souvent laissé aucune trace sur le terrain. Les données même du dossier ministériel seraient insuffisantes pour reporter exactement sur le sol le projet adopté et d'autre part le but des études définitives est d'améliorer le plus possible ce projet primitif, tout en restant dans les conditions capitales qui ont déterminé son adoption.

Nous ne parlerons donc des études préliminaires que pour mémoire, sans envisager aucune des méthodes propres à les établir et si nous insistons sur ce point, c'est pour qu'il soit bien entendu qu'il s'agit ici d'études finales concernant un projet déjà arrêté dans son ensemble, mais qu'il convient de parfaire dans ses détails.

De pareilles études pourraient s'appeler à juste titre : des parachèvements.

Leur base est donc dans le dossier administratif qui comprend :

1º Un plan ordinairement à 1/10,000ᵉ ;

2° Un profil en long correspondant au tracé indiqué sur le plan précédent ;

3° Un devis descriptif renfermant comme principaux objets la notice indiquant le parcours de la ligne, un 1er tableau des alignements droits et courbes, donnant les lignes droites, les tangentes, les rayons des courbes, les angles au sommet ou au centre ; un 2e tableau contenant les pentes, paliers, rampes du tracé ; un 3e tableau énumérant les ouvrages d'art et passages à niveau à construire tant pour l'écoulement des eaux que pour le rétablissement des voies de communication coupées par le chemin de fer, enfin la nomenclature des stations et haltes à prévoir sur le parcours du tracé.

Il est utile d'avoir en outre le calcul des terrassements de l'avant-projet et enfin l'arrêté préfectoral autorisant à pénétrer dans toutes les propriétés (communales, particulières et autres) et à s'y livrer à toutes les opérations nécessaires pour l'établissement du tracé en question.

TOURNÉE DE RECONNAISSANCE.

Conduit au besoin par les ingénieurs, si ceux-ci en admettent la nécessité, le chef de section, accompagné de ses collaborateurs (conducteurs et autres) et le dossier ministériel en main, fait une première tournée sur le terrain, pour reconnaître, à l'aide des routes, chemins, ruisseaux et autres repères, l'emplacement du projet.

Dans cette première tournée, il sera facile avec un peu d'expérience de voir si, en faisant dévier le tracé tantôt à droite, tantôt à gauche, on peut espérer réduire les terrassements, sans trop allonger le parcours, éviter certaines propriétés ou agglomérations de bâtiments, en un mot d'entrevoir des variations susceptibles de mener à quelques résultats utiles, sans altérer les conditions principales du projet.

Cette course aura aussi un deuxième but, celui de fixer *a priori* l'emplacement de repères de nivellement établis de façon à satisfaire avec le plus de commodité possible à l'ensemble des variantes que l'on se propose d'étudier.

Inutile d'insister sur toutes les autres appréciations (entrée en campagne, organisation du travail, conditions de séjour, etc.) qui pourront résulter de cette reconnaissance du terrain.

REPÈRES DE NIVELLEMENT.

L'opération qui vient immédiatement après, dans l'ordre naturel, consiste à établir les repères de nivellement qui serviront d'abord à la rédaction du plan coté.

Ordinairement, entre 2 points A et B, on installe une brigade qui va de A en un point intermédiaire C, tandis qu'une autre brigade partant de C, va se fermer sur le point extrême B ou vient en sens inverse de B en C.

Souvent même cette méthode s'étend à toute une ligne de 70 à 80 kilomètres.

Mais cette méthode est défectueuse, en ce sens que, si les deux opérations ne se rencontrent pas exactement au point C, on ne saurait dire *à priori* si l'erreur commise existe de A en C ou de C en B, ou à la fois sur les deux parcours, ni en quels points ; même si les opérations se rencontrent, des erreurs partielles peuvent, dans leur courant, exister et se compenser, par suite échapper à tout contrôle et le résultat, quoique bon en apparence, n'offre encore aucune certitude.

En outre, si les altitudes des points extrêmes A et B ne sont pas sûres, rien n'est appelé dans cette opération première à les vérifier, car, en théorie, on ne peut fermer un nivellement au point C, même en opérant avec une précision mathématique (ce qui est impossible pratiquement) qu'à la condition d'avoir dans les repères de départ A et B des points absolument certains.

Il faut dès lors, dans ce procédé, toujours refaire les nivellements en sens inverse. Si les opérateurs, tout en différant sur la 1re opération, se referment dans la 2e, les points extrêmes donnés comme repères ne sont donc pas exacts par rapport à leur plan commun de comparaison. Il faut dès lors rechercher lequel des deux est inexact, à l'aide d'autres points sûrs rapportés à ce même plan.

Enfin, dans ces allées et venues, chaque opérateur se vérifie lui-même, ce qui est encore un inconvénient.

Aussi est-il préférable de substituer à ce système de nivellement simple et par soudure le procédé du nivellement en partie double qui consiste à faire l'opération tout au long entre les points extrêmes et au lieu de séparer les brigades, à les réunir à peu d'intervalle, en les faisant cheminer dans la même direction et ce, afin de se

rendre compte à bref délai de leurs opérations, ce qui ne pourrait avoir lieu qu'après l'achèvement du travail total, si on faisait partir les brigades de chaque extrémité du trajet à effectuer.

Les deux conducteurs seront employés chacun avec un niveau, les surveillants les accompagneront pour diriger le maniement des mires.

Les deux opérateurs devront passer à un jour près, par des points connus d'eux, désignés dans une tournée préalable, inscrits sur un carnet et marqués au minium sur des bornes, des seuils, etc. Si le nivellement suit une voie de communication pourvue de bornes kilométriques, les kilomètres et les demi-kilomètres seront au nombre de ces points; des plinthes de certains ouvrages d'art, des entrées de maisons, des socles de croix, des limites forestières, etc.; compléteront l'ensemble des points communs et convenus sur lesquels le nivellement en partie double devra s'arrêter en son parcours.

Dès qu'un opérateur a rempli un carnet dans lequel tous ses coups de mire et autres écritures doivent être passées à l'encre chaque soir, il l'envoie à la section afin que les piqueurs calculent les séries de coups avant et arrière, les hauteurs des différents points au-dessus et au-dessous du point de départ et par suite les différences de hauteur entre deux points consécutifs quelconques.

Dès que chaque opérateur a remis un carnet, on compare les résultats obtenus par chacun d'eux entre tous les points successifs déjà nivelés et on peut procéder à une vérification partielle, dès qu'il se présente une différence dépassant la tolérance accordée.

De cette façon, on reconnaît immédiatement entre quels points existent des écarts et le chef de section qui dirige l'opération envoie, s'il n'y va pas lui-même, un des piqueurs vérifier sur le terrain lequel des deux opérateurs peut avoir raison.

On ne donne aux opérateurs ni cotes de départ ni cotes d'arrivée : ils n'ont pas même à s'inquiéter d'un plan de comparaison quelconque. Ils n'ont absolument qu'à lire sur leurs mires des coups arrière et des coups avant et à les inscrire au carnet sans se préoccuper d'autre chose que de conduire leurs niveaux et leurs lectures dans les meilleures conditions possibles.

L'usage général est aussi de leur adjoindre des lecteurs au sujet desquels il y a toute une théorie, mais des praticiens sérieux n'admettent pas cette adjonction. En effet un opérateur ne doit être ni dérangé, ni préoccupé. Or souvent les lecteurs discutent ou veulent dis-

cuter leurs cotes; l'opérateur voudrait d'autre part se rencontrer autant que possible avec son lecteur.

Quelquefois surgissent, au milieu de ces conflits, des obsessions d'amour-propre mis en jeu; ou bien encore le lecteur est parfois un débutant indifférent aux résultats de l'opération. En somme, si le lecteur est bon pour éviter les grosses erreurs, les erreurs de mètres, il est bon aussi pour en faire commettre de petites qui, en se cumulant, nuisent au succès du résultat.

Dans le système de nivellement en partie double, les lecteurs peuvent être supprimés a *fortiori*, puisque, les conducteurs passant chacun sur le même point, 4 cotes successives y sont levées deux à deux, par deux personnes différentes. Le même point aura donc été soumis aux mêmes conditions que dans le cas où opérateur et lecteur donnent chacun leurs deux visées.

Lorsque le nivellement est terminé, que les écarts partiels ont été rectifiés, que les différences finales entre le point A et le point B sont sensiblement les mêmes d'après l'ensemble des résultats consignés par chaque opérateur, si ces différences finales ne s'accordent pas avec les altitudes des points A et B qui ont été données par les ingénieurs au chef de section, c'est que l'une de ces altitudes est fausse et il y a lieu alors, comme précédemment de rechercher d'où vient cette erreur, à l'aide d'autres points connus, rapportés au même plan de comparaison.

Les écarts partiels entre deux points rapprochés de 3 kilomètres ne doivent pas atteindre un centimètre et les écarts totaux ne doivent pas dépasser deux centimètres. Dans ces conditions-là on a un nivellement d'une exactitude suffisante pour la construction de la voie ferrée et on peut prendre comme cotes successives des repères intermédiaires les moyennes des cotes trouvées par chaque opérateur, après rectification des différences quand il s'en est présenté.

Pour ce qui concerne le côté matériel du nivellement, sans refaire ici la théorie que chaque auteur se croit forcé de développer à grand renfort de formules algébriques, considérations d'optique, de réfraction atmosphérique, de courbure terrestre, etc., sans parler non plus de la composition et de la tenue des carnets, toutes choses que l'on trouve partout, nous ajouterons que d'abord les opérateurs doivent être munis d'instruments convenables, car il est un principe hautement apprécié par les hommes d'expérience, à savoir qu'un nivelle-

ment, fait avec un instrument seulement médiocre, coûte en vérifications le prix du meilleur des niveaux.

Il convient donc d'éliminer les anciens appareils compliqués de ressorts ou dépourvus de crémaillères et dans lesquels l'oculaire mû à la main dérange toujours le règlement. Il faut au contraire rechercher des niveaux modernes, simples mais bien charpentés, tels que les niveaux Lenoir grand modèle, si remarquables par leur simplicité et leur stabilité. Il faut aussi de bons pieds, hauts, bien ferrés et bien contreventés.

Étant donnés de pareils instruments, il importe en outre de choisir les stations des niveaux et les emplacements des mires de manière à avoir l'instrument à égale distance, autant que possible, des deux mires.

Nous disons deux mires, absolument semblables comme divisions et numérotage, car, sous peine de perdre du temps et de s'exposer à des variations de l'instrument dûes à des changements de température, il faut avoir ces deux mires, l'une en avant, et l'autre en arrière du niveau et lire spontanément la cote de chacune d'elles avant de retourner la bulle et la lunette. Les surveillants feront placer les porte-mire en s'assurant au pas de l'égalité des distances et en choisissant *a priori* les points qui leur paraîtront satisfaire à cette condition sans sortir, à hauteur de mire, du plan du niveau mis en station.

Enfin une autre condition pratique et qui n'est pas assez observée est celle-ci.

Les opérateurs devraient être chargés, sinon de l'acquisition, tout au moins de l'essai des instruments achetés par le service central et ces instruments devraient leur être expédiés sous condition.

Il n'est pas logique que des ingénieurs qui n'ont opéré que dans leurs écoles ou des agents comptables, quelle que soit leur valeur en matière de comptabilité, négocient des marchés de ce genre et expédient aux opérateurs des échantillons fort beaux en apparence, le plus souvent inférieurs dans l'usage. Au contraire, les opérateurs, qui ont toute la peine du métier et en connaissent les détails, se muniraient d'instruments convenables, pas plus chers en somme que certains produits de pacotille et économiseraient, outre leurs fatigues, le temps qui, suivant l'expression du premier peuple de la terre, n'est autre chose que de l'argent.

PLAN COTÉ POUR ÉTUDES DÉFINITIVES.

Etablissement de la ligne d'opération. — Une fois les repères nivelés, on procède à l'établissement de la ligne d'opération.

Cette ligne est une portion de périmètre polygonal, embrassant le plus possible les sinuosités du tracé tel qu'il est figuré sur le plan au 1/10,000e.

Il faut d'abord sur ce plan esquisser au crayon cet axe polygonal de manière à avoir le moins de côtés possible et par suite des côtés les plus longs que faire se peut. Il faut ensuite que cet axe se rapproche des directions suivant lesquelles on se propose d'étudier des variantes. On essaie donc sur le plan le système qui correspond le mieux à ces principes, et on fait, si besoin est, une tournée spéciale sur le terrain de manière à s'assurer que l'on peut exécuter facilement ce projet, car il faut encore que les sommets du polygone déterminés sur le papier ne tombent pas dans des bas-fonds, que deux sommets soient visibles l'un de l'autre, ou visibles d'un point intermédiaire, ou mieux encore d'un point situé sur le prolongement de leur direction.

Dans ces conditions, on essaie d'avoir des alignements de 3 à 4 kilomètres de longueur, tout au moins de 1500 à 3000 mètres, si la nature des lieux le permet.

La ligne d'opération arrêtée ainsi en disposition et reconnue exécutable en fait, on procède à l'établissement des côtés du polygone en dressant ses alignements au théodolite.

Tous les opérateurs savent ce que c'est qu'un théodolite. Nous n'insisterons pas là-dessus. Seulement nous ferons observer qu'un bon théodolite doit être aussi simple que possible pour des opérations concernant les chemins de fer ; point n'est besoin d'une lunette plongeante faisant une révolution entière. La plongée à 45° suffit généralement. La lunette de rappel doit être mue par une vis micrométrique, ainsi que d'ailleurs tout autre mouvement. Le théodolite doit être monté sur un pied stable, lourd tant que l'on voudra, mais l'instrument doit, par lui-même, être léger, peu volumineux, portatif, facile à installer.

Les théodolites Richer (modèle moyen) réunissent généralement ces conditions.

Une lunette courte, puissante autant que possible, un limbe avec

vernier donnant l'angle à 20", c'est tout ce qu'il faut; et en outre, la lunette doit se retourner à 180° sur ses collets, sans qu'il s oit besoin de lui faire faire demi-tour sur l'instrument.

Nous ne pouvons entrer à ce sujet en une foule de détails qui formeraient un volume et se révèlent par la possession et l'usage du théodolite.

Tous les auteurs possibles en font une description que nous ne répéterons pas ; l'essentiel est pour toute personne qui met la main sur cet appareil de s'assurer si l'axe optique correspond à la croisée des fils, si dans le retournement bout à bout, le même fait a lieu, si le limbe peut se mettre de niveau avec la bulle et si la lunette peut être mise horizontale, tant avec ses collets dont un est mobile dans le sens vertical, qu'avec sa bulle à chevalet. Comme ces conditions peuvent être compliquées par le genre de construction de l'instrument, disons en deux mots que dans un bon théodolite, l'axe optique doit correspondre à l'axe de la lunette et à la croisée des fils, que dans le mouvement plongeant le fil dit vertical ne doit pas cesser de l'être, que les bulles d'air croisées à angle droit doivent donner simultanément l'horizontalité entre les supports de la lunette et le limbe, de telle sorte que l'on soit sûr d'avoir au-dessus d'un plan horizontal un axe idéal, animé d'un mouvement rotatoire autour de la verticale et formant avec cette verticale un plan constamment perpendiculaire au plan horizontal qui sert de base à l'opération.

Supposons donc l'opérateur muni d'un petit théodolite facile à régler, installer, manier et transporter (toutes conditions essentielles) et en voie de construire un alignement entre deux points A et B visibles l'un de l'autre.

Au point A l'instrument est placé et dirigé sur une balise plantée en B (fig. 1).

Pour établir l'alignement AB, il existe divers procédés à employer

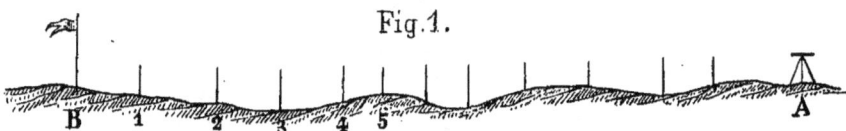

Fig. 1.

suivant le temps que l'on a et le personnel dont on dispose. Avec un certain monde et la facilité de faire des signaux, reconnus à l'aide

d'une longue vue et près de la balise, répétés au besoin par des inter-médiaires, on peut procéder directement de B en A, en plaçant des jalons assez rapprochés et notamment à tous les reliefs du terrain. On place le jalon 1 en avant de la balise B et on se replie du jalon 1 au jalon 2, du 2 au 3, etc..... Seulement quand le jalon 1 est à près de 3 kilomètres, il est assez difficile de le faire placer par signaux, du moins cela demande beaucoup de temps, ou d'aides-opérateurs ayant à transmettre parfois des avis verbaux de poste en poste. On peut se contenter de faire placer les points principaux et fractionner son ali-gnement en le faisant à l'œil sur des intervalles restreints : mieux vaut alors la méthode de cheminement ainsi décrite dans un autogra-phe de Clodius Boge, chef de section au chemin de fer P.-L.-M., mé-thode qui permet d'aller vite avec un personnel réduit.

Le premier point du travail consiste à placer à l'extrémité de l'ali-gnement une balise assez forte pour être nettement vue dans la lunette et munie d'un drapeau rouge et blanc qui permette de la distinguer sur un fond d'arbres, et de diriger dessus le rayon visuel sans beau-coup de tâtonnements.

Lorsque le soleil gêne en se trouvant devant l'opérateur, il faut attendre les heures où on l'aura par derrière ou suffisamment de côté.

Le personnel réduit se compose de deux hommes armés l'un d'un jalon ordinaire bien droit, l'autre d'un paquet de jalonnettes droites également.

L'instrument étant en place et la balise nettement visible et cou-verte ou recoupée en son milieu par le fil et bien verticalement, l'opé-ration se fait comme il suit. Le porte-jalon se place à 20 à 30 mètres (même à 40 mètres si le terrain n'est pas accidenté) du théodolite qui aligne son jalon exactement sur la balise. Une fois le point donné, il s'éloigne d'autant pendant que le porteur de jalonnettes place dans le trou du 1er point une jalonnette qu'il *plombe* avec soin et que l'on vé-rifie à l'instrument.

Le théodolite donne ensuite un deuxième point qui est marqué de la même manière que le premier, d'abord par le jalon, puis par une jalon-nette vérifiée, puis successivement on prend d'autres points jusqu'à 150 ou 200 mètres de l'instrument ou plus encore, c'est-à-dire jusqu'à la distance extrême où la lunette permet de bien couper en deux une jalonnette parfaitement plombée. Le dernier point doit être donné avec

beaucoup plus de soin que les autres, car il est le commencement d'une opération et sert de station au théodolite. On déplace donc l'instrument, on le reporte sur ce point et on recommence à placer une nouvelle série de jalonnettes après s'être assuré que la lunette coupe toujours directement la balise extrême comme auparavant, et par retour à 180° un jalon ou une jalonnette placés à la station précédente. On chemine ainsi par diverses stations jusqu'à la balise extrême. Dans une journée, on peut avec deux hommes faire ainsi 5 à 6 kilomètres d'alignement.

Pour se vérifier, on peut changer la balise de place et recommencer l'opération au rebours ; on arrive ainsi à faire des lignes qui dans leur milieu présentent au plus 0^m,05 de déviation, déviation qui se perd vers les extrémités. Les jalonnettes placées tous les 20 ou 30 mètres permettent ensuite de mettre les piquets d'alignement sans le secours de l'instrument.

Un perfectionnement apporté à cette méthode par Jules Peyrusset, conducteur au P.-L.-M., consiste à remplacer les jalonnettes par de petits piquets, de la grosseur du jalon, enfoncés de 0^m,20 en terre et presques ras du sol dans les trous du jalon ; une jalonnette placée derrière permet de les retrouver facilement. Ces piquets peuvent rester plus longtemps en place que les jalonnettes sans risquer d'être dérangés.

De toutes les variantes que l'on peut imaginer à ces méthodes, pour faire un alignement entre deux points A et B, les unes consistent toujours à se rapprocher progressivement du point extrême B, à l'aide de plusieurs stations, les autres à s'en éloigner progressivement avec une seule. Dans certains cas on peut se contenter d'une station intermédiaire unique.

L'inspection du terrain ainsi que le personnel dont on dispose donnent le meilleur conseil en pareille matière.

Il ne nous reste plus qu'à examiner le cas le plus difficile, celui où les deux sommets sont invisibles l'un de l'autre et même d'un point intermédiaire quelconque, par exemple séparés par une forêt comme dans le croquis ci-dessous (fig. 2).

Il faut chercher alors sur le prolongement un point élevé d'où l'on puisse distinguer la balise C mise d'après les données du plan et la balise placée en B ou juchée, si faire se peut et se doit, sur un arbre placé en (b) sur la direction hypothétique BC établie *a priori* toujours

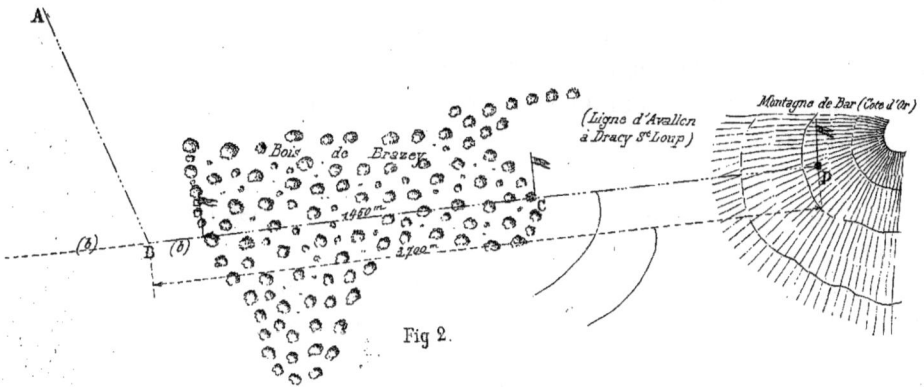

A

Bois de Brazey

1480ᵐ

1700ᵐ

(b)   D (b)

(Ligne d'Avallon
à Dracy Sᵗ Loup)

Montagne de Bar (Côte d'Or)

— 12 —

Fig 2.

d'après le plan. Du point D avec la balise placée en B ou (b) on déplace légèrement, si besoin est, soit l'instrument, soit plutôt la balise C, ce qui est plus expéditif; et cette balise C une fois arrêtée, on s'y transporte, puis du point C on vise ensuite le point D et en se retournant à 180° on fait ouvrir, à l'instrument, dans le bois, une tranchée qui permette de retomber sur (b) et par suite sur B. Dans l'exemple cité au croquis ci-dessus, l'axe de la tranchée de 1 mètre de largeur était tombé à moins de 0ᵐ,50 de la balise placée en B, de telle sorte qu'il n'y eût qu'à riper celle-ci, et de cette minime quantité, sur la direction AB, circonstance des plus insignifiantes dans l'établissement d'une ligne d'opération prise sur un plan au 1/10,000°.

Nous ne pouvons insister sur tous les cas particuliers que peut présenter la pratique. Il nous suffira de conclure que le théodolite doit être employé à l'exclusion de toutes les autres méthodes de tâtonnements et que, quelle que soit l'habileté de certains opérateurs à dresser des alignements à l'œil, on arrive à de bons résultats plus sûrement et plus rapidement par l'emploi de l'instrument.

L'essentiel est de faire le minimum de stations intermédiaires et de les supprimer toutes les fois que la disposition des lieux le permet.

ORGANISATION DU TRAVAIL.

La première brigade (un conducteur, un piqueur, un surveillant qui est munie du théodolite fait les alignements et lève les angles des sommets.

La deuxième brigade (même composition) chaîne les alignements, les piquette et les nivelle.

Les résultats obtenus sont envoyés au fur et à mesure au chef de section qui fait rapporter au bureau, sur le papier, la charpente du plan coté, question sur laquelle nous reviendrons un peu plus loin.

La première brigade dans un pays boisé, mamelonné, entrecoupé de haies et de clôtures, a plus de peine pour dégager le terrain et tracer ses lignes, mais si elle n'avance pas assez vite, la deuxième brigade ne perdra pas de temps pour cela, car elle pourra toujours commencer à lever une portion de plan coté.

Si les alignements se font sans grands abatages ni autres causes de retard, le travail peut se suivre de près.

Si enfin la première brigade a terminé avant la deuxième, la part

qui lui revient, elle se met à son tour au plan coté, de telle sorte que dans ce système il n'y a jamais de chômage et le travail avance constamment sur le terrain et dans les bureaux comme nous le verrons plus loin.

Lorsque deux alignements consécutifs sont arrêtés, il convient de relever leur angle directement avec l'instrument, en le casant aux lieu et place de l'axe de la balise de sommet déplantée, axe repéré intentionnellement par une broche de fer enfoncée sous la balise même.

Lorsque l'angle α d'un sommet S ne peut se relever directement, on relève l'angle β au moyen d'une balise placée en S', le plus loin possible sur le prolongement de l'un des alignements.

On peut encore relever les angles m et n ou m' et n' en choisissant les distances l et l' les plus grandes qu'il sera possible (fig. 3).

Le terrain indique les solutions à employer dans les cas exceptionnels où l'on ne peut utiliser la méthode directe toujours préférable.

Chaque angle doit en outre être relevé contradictoirement par le conducteur et le piqueur et relevé en outre par la méthode de Borda, si l'on n'a pas, après essai, confiance dans la précision de son instrument.

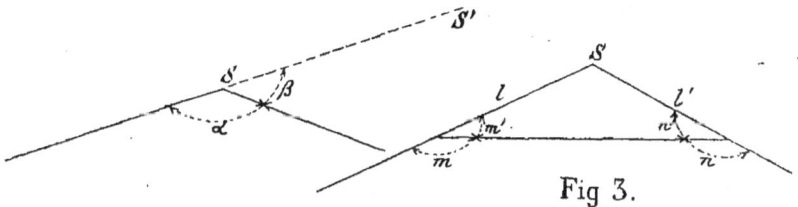

Fig 3.

On répètera l'angle 4 fois et on prendra le quart du résultat obtenu.

Avec les perfectionnements qui président à la division des limbes actuels, on peut s'en tenir en général à la première opération ou au plus la doubler.

Une fois deux alignements tracés et l'angle relevé par la première

brigade, la deuxième procède au chaînage de ces alignements qu'elle établit aisément et pour ainsi dire les yeux fermés, à l'aide des jalons plantés derrière les petits piquets laissés dans les trous de l'alignement fait au théodolite.

Le chaînage d'un sommet quelconque à un autre doit être exécuté deux fois dans le même sens, quatre fois en tout. Le conducteur et le piqueur munis de chaînes semblables, bien étalonnées, font tous deux séparément ce chaînage dans un premier sens et le vérifient en sens contraire ; on adopte pour distance finale la moyenne des quatre opérations, ou des deux ou des trois résultats les plus conformes.

Le chaînage en sens inverse est nécessaire si le terrain n'est pas horizontal d'un bout à l'autre, et s'il présente des déclivités contraires inégales, ou des déclivités uniformes.

En effet si l'on descend d'un point A en un point B, le chaîneur d'arrière a la main à sa fiche et ras du sol, le chaîneur d'avant se sert du fil à plomb pour marquer son point, mais comme il tire sur la chaîne pour en diminuer la courbure, la fiche d'arrière s'incline sous cette traction ainsi que la main du chaîneur ; il se perd du terrain, il se gagne de la distance. Le chaînage fait en remontant corrige cette anomalie.

Pour y obvier, on peut encore dresser les chaîneurs à plomber en chaînant, tant en arrière qu'en avant.

Le chaînage se fait avec des jeux de *onze* fiches (Voir les *Annales des Travaux publics*, n° 9), pour qu'il n'y ait ni interruption, ni changement du point de départ.

La tolérance admise est de 0,10 par kilomètre et proportionnellement. Les plombs doivent être pesants, faciles à endormir. Un bon modèle est le type ci-joint en fer forgé, de 400 grammes environ et où le centre de gravité se trouve placé le plus bas possible (fig. 4).

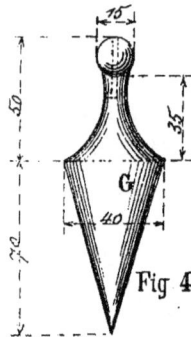
Fig 4

Les seules chaînes à employer sont les rubans en acier de 10 mètres de longueur.

PIQUETAGE DE LA LIGNE D'OPÉRATION.

Lorsqu'un alignement est chaîné dans sa longueur totale, on pro-

cède au piquetage qui consiste à planter, tous les 100 mètres, des piquets cochés d'assez fortes dimensions, en allant de l'origine d'un alignement vers le commencement d'un autre. Ces piquets (fig. 5) doivent être placés parfaitement dans l'axe, toujours à l'aide des points rapprochés donnés par le théodolite lors de la confection de l'alignement.

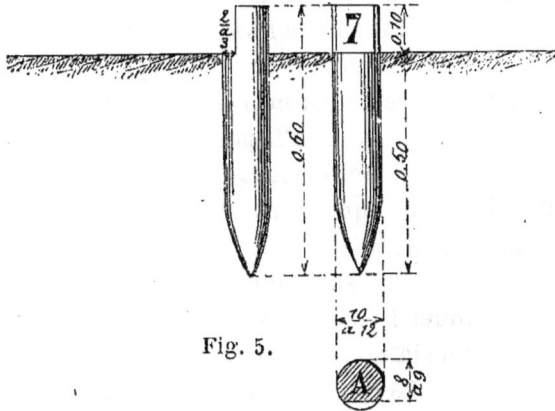

Fig. 5.

On les place par un chaînage spécial (ce chaînage a aussi un autre but) de manière à arriver à la longueur moyenne adoptée pour celle de l'alignement.

Les alignements sont désignés par leurs extrémités AB, BC, CD, DE, etc., pour indiquer l'alignement qui, de l'origine A de la ligne d'opération, va en B, puis celui qui de B va en C, etc...; les piquets hectométriques sont numérotés 1, 2, 3, 4, etc. Les chiffres sont inscrits en rouge avec des vignettes sur les coches des piquets et la lettre A se répète entre A et B, sur les têtes de ces mêmes piquets, de même la lettre B se répète entre B et C, et ainsi de suite, de sorte qu'en lisant A-7, on se trouve à 700 mètres du point A, et en lisant B-5 à 500 mètres du point B, etc.

Ces piquets hectométriques sont ensuite nivelés avec assez de soin, ainsi que ceux placés au pied des balises de sommets et par suite servent de repères pour les nivellements latéraux.

Enfin tout en chaînant les piquets hectométriques, on relève comme pour un profil en long les accidents de terrain tels que chemins, murs, ruisseaux, etc., aux points où les rencontre la ligne d'opération, circonstance qui justifie encore le chaînage spécial précité.

LEVER ET RAPPORT DU PLAN COTÉ.

Rapport de la charpente. — La charpente ainsi établie sur le terrain est rapportée, comme nous l'avons dit, au fur et à mesure de son avancement.

Ce rapport a lieu sur un rouleau continu de papier grand-aigle dont la hauteur est prise de 0,60 à 0,70 environ, pour la commodité du dessin et eu égard aux largeurs ordinaires des tables à dessiner ; l'échelle adoptée est de 0,0005 ou 1/2 millimètre par mètre. Cette échelle ne s'applique pas au cadastre qui est à $\frac{1}{2500}$ ou 0,0004 ; mais elle a l'avantage de mieux se prêter à l'emploi des courbes ou gabarits en bois qui varient habituellement de 5 en 5 centimètres ; autrement dit, les rayons des jeux de courbes vont généralement de 5 à 10, de 10 à 15, de 15 à 20, etc... ; par suite, à l'échelle de 0,0005, une courbe de 300 mètres correspond au gabarit de 15 ; cette même courbe, à l'échelle de 0,0005, correspondrait au gabarit de 12 et dès lors, l'emploi de cette échelle exigerait un plus grand nombre de gabarits et un jeu où les rayons des courbes ne varieraient que d'un centimètre (0,01).

En outre l'échelle de 0,0005, un peu plus forte que celle de $\frac{1}{2500}$, rentre mieux dans le système décimal et dans le mode de graduation des Küstch et des règles divisées en millimètres et demi-millimètres ; les détails sont enfin un peu plus grands.

Le plan peut donc être rapporté avantageusement à cette échelle qui qui est moitié celle du parcellaire, et, en plaçant l'axe au milieu du papier, on aura de part et d'autre, rien qu'avec 30 centimètres de hauteur, de quoi loger transversalement 600 mètres de plan, ce qui est suffisant la plupart du temps pour les rectifications à faire au tracé primitif ; en outre, par mètre de longueur de rouleau, on peut faire entrer à peu près 2 kilomètres de tracé, de sorte que, pour une section de 30 à 40 kilomètres, un rouleau de 20 mètres de long, subdivisé en plusieurs, suffira indépendamment des onglets qui, si on en emploie, augmenteront nécessairement cette longueur.

Ceci posé, pour rapporter la charpente, il existe divers procédés qui peuvent s'utiliser séparément ou simultanément, à savoir : la méthode des coordonnées rectilignes et la méthode des onglets sur la bissectrice

2

et dont les résultats peuvent encore être vérifiés par les coordonnées polaires.

COORDONNÉES RECTILIGNES.

Cette méthode est une dérivation de celle employée dans le rapport des plans levés au tachéomètre (voir Claudel, introduction à la science de l'ingénieur, page 784, n° 1441).

Etant donnée une portion de polygone dans un plan, si l'on fait passer un système d'axes rectangulaires quelconque par le point A, extrémité de la ligne polygonale considérée, en choisissant arbitrairement l'ordonnée h et l'angle initial ω pour fixer la position des axes, on obtient les coordonnées rectilignes des points A, B, C...., etc., par des calculs élémentaires de trigonométrie (fig. 6).

Pour le point A. $x = o, y = h.$

Pour le point B. $x_0 = l_0 \cos \omega, \ y_0 = h + l_0 \sin \omega.$

Pour le point C. $x_1 = x_0 + l_1 \sin \varphi,$ mais $\varphi = \alpha - (90° - \omega) = \alpha + \omega - 90°$

d'où $x_1 = l_0 \cos \omega + l_1 \sin (\alpha + \omega - 90°);$ $y_1 = y_0 - l_1 \cos \varphi = h + l_0 \sin \omega - l_1$ $\cos (\alpha + \omega - 90°),$ etc.

Quand on aura déterminé ainsi, par calcul, les coordonnées des points A, B, C, D...., il sera facile de construire sur le papier le polygone donné sans avoir besoin de se servir du rapporteur pour trouver la direction d'un côté quelconque par rapport à celui qui le précède.

Les pieds des ordonnées ou extrémités des abscisses se détermineront en outre par distances cumulées et, en poussant suffisamment loin les calculs, il sera facile graphiquement de rapporter les sommets du polygone sans aucune des erreurs attachées à l'emploi du rapporteur et au mesurage des côtés. Si les coordonnées sont exactes, bien dressées à l'équerre, les côtés devront être exacts aussi sur le dessin et vérifieront tant le calcul des coordonnées que leur application sur le papier (fig. 7).

On peut, pour simplifier, prendre pour axe des abscisses le premier côté du polygone AB prolongé et pour axe des ordonnées la perpendiculaire à ce côté élevée au premier sommet B. L'angle ω est alors une fonction du premier angle de la charpente et égal à $(180° - \alpha)$.

Si l'on tient à conserver sa ligne d'opération au milieu de son papier ou dans les environs de ce milieu, on comprend qu'avec un pareil système on ne pourrait aller très loin ; mais alors dès que la ligne brisée s'écarte de l'axe du dessin, de telle sorte qu'on ne puisse plus loger

autour d'elle la portion de plan côté nécessaire, on emploie le système des chutes successives qui consiste à remonter ou descendre l'axe des

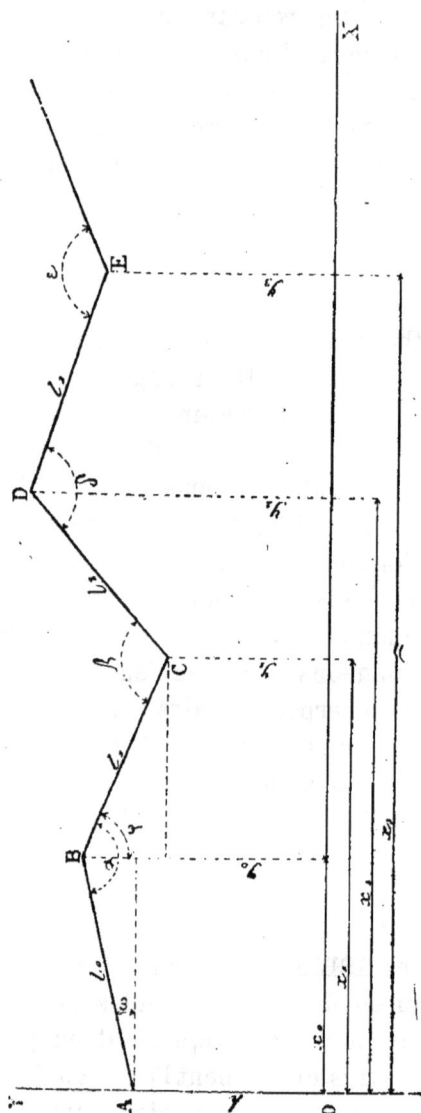

Fig. 6.

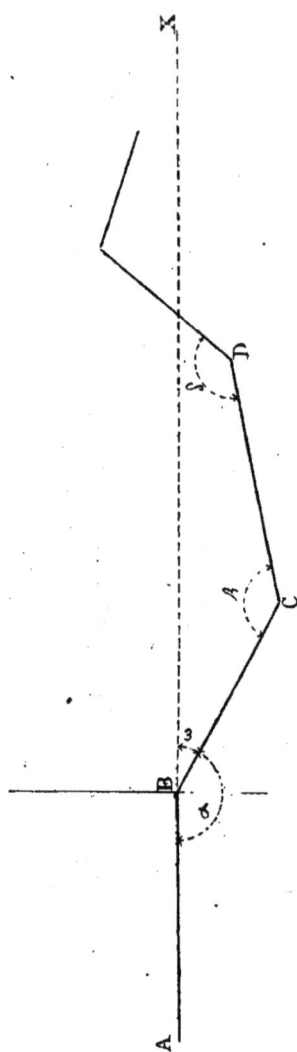

Fig. 7.

x, de manière à maintenir toujours le polygone vers le centre du papier (fig. 8).

Les abscisses restent toujours les mêmes par rapport à leur origine B ; seules les ordonnées varient de la hauteur de chute h et l'angle ω

qui a présidé au calcul du 1er triangle ne cesse pas d'intervenir jusqu'à la fin.

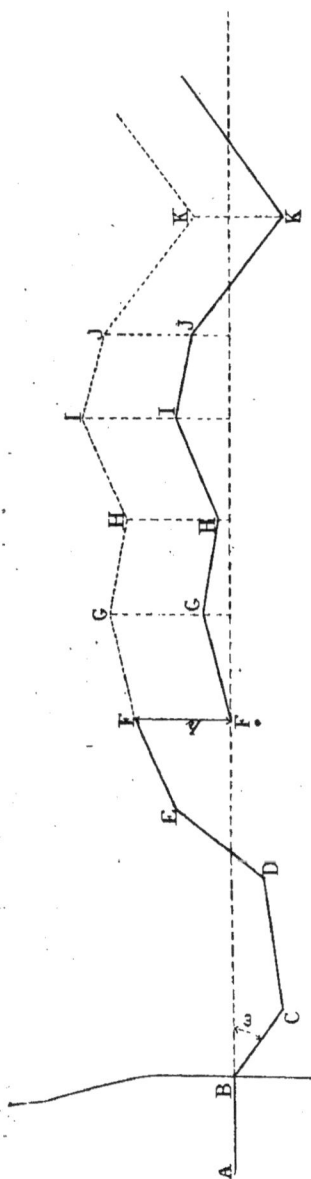

Fig. 8.

Un plan peut donc être rapporté avec ce système sur un rouleau continu ; seulement on ne se rend pas compte bien exactement, à un point de vue d'ensemble sur le dessin déroulé, de toutes les sinuosités de l'axe et de tous les contournements du tracé.

MÉTHODE DES ONGLETS SUR LA BISSECTRICE.

La méthode des onglets a l'avantage de laisser toujours la ligne d'opération sur l'axe longitudinal du dessin.

Soient (a) et (b) les bords du papier ou mieux deux parallèles menées à égale distance (h) de l'axe longitudinal, soit ABC.... la ligne d'opération qu'il s'agit de ramener par parties dans le prolongement de AB (fig. 9). Menons la bissectrice Bm de l'angle α et prolongeons Bm jusqu'en S ; de S abaissons So perpendiculaire sur (b), prenons om' = om et joignant Sm', nous obtenons le point B' au delà duquel nous prendrons sur l'axe longitudinal B'C' = BC ;

$$ mO = SO \tang \left(90° - \frac{\alpha}{2} \right) = 2\, h \cot \frac{\alpha}{2} $$

= Om' = BB', tous les côtés des triangles semblables SBB' et Smm' sont donc faciles à calculer en fonction des seules données h et α ; dès lors, graphiquement on peut construire très exactement l'onglet mBSB'm' tel que, si on plie le papier autour de SO comme charnière le point B' tombera en B, le point m' en m et la ligne B'C' prendra la direction BC formant avec AB l'angle de la charpente (α).

En faisant des onglets à tous les sommets du polygone on arrivera à maintenir le plan constamment au milieu du papier.

Lorsque les alignements sont très longs, ce système est avantageux parce qu'il y a peu d'onglets. D'autre part, les onglets étant repliés, le terrain se déroule à la vue avec toutes ses sinuosités.

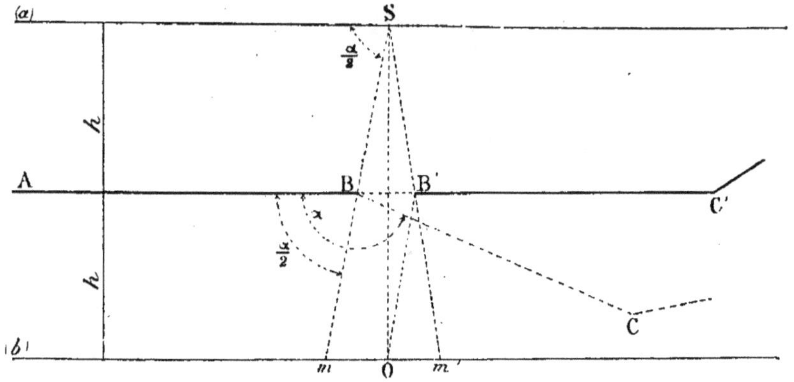

Fig. 9.

Il existe encore d'autres méthodes d'onglets, soufflets et goussets, mais nous nous arrêterons à celle ci-dessus indiquée, si simple, si commode et qui permet si bien de rapporter une quantitée égale de surface cotée, de part et d'autre de l'axe et sur un rouleau d'une hauteur donnée *à priori*.

La méthode des onglets sur bissectrices peut d'ailleurs se combiner avec celle des coordonnées rectangulaires. Si une portion de la ligne d'opération s'écarte peu de l'axe du dessin, on la rapporte à cet axe à l'aide des coordonnées, puis on fait un ou plusieurs soufflets pour l'y ramener lorsqu'elle s'en écarte de trop.

On peut encore, le papier étant replié suivant les onglets et fixé avec des punaises sur une table, vérifier avec des règles et équerres ou mieux avec un calque de la charpente construite par abscisses et ordonnées, si les sommets de la ligne rapportée par onglets correspondent aux sommets considérés sur le calque (fig. 10).

Enfin avec les données premières α, β, etc. l_0, l_1, etc., il est facile de calculer encore les diagonales BD, BE..... et les les angles XBD, XBE..... c'est-à-dire les coordonnées polaires du polygone par rapport au pôle B et à l'axe polaire BX et de voir si, dans le dessin replié, les distances des sommets D, E..... au pôle B satisfont graphiquement aux longueurs données par le calcul[1].

On peut encore trouver ces coordonnées polaires par les coordon-

nées rectilignes, soit au moyen des formules générales de transformation, soit en considérant qu'elles représentent les hypothénuses et les angles des triangles formés par un couple de coordonnées.

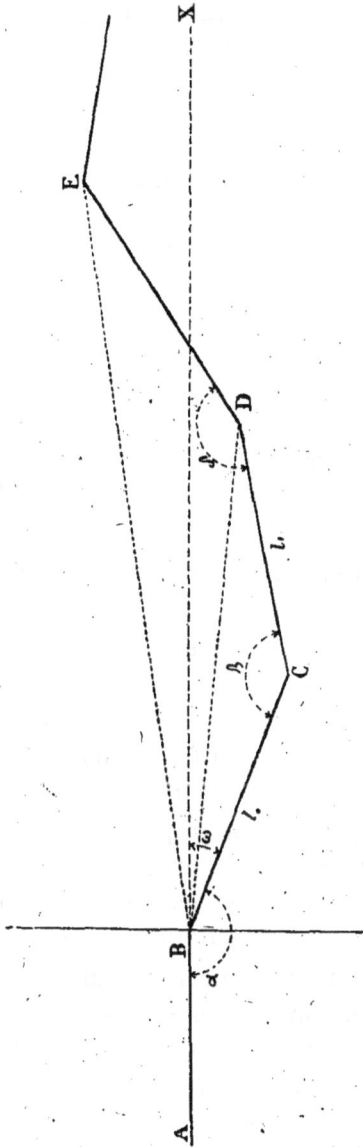

Fig. 10.

Nous donnons ci-après, comme exemple et en abrégé, le calcul d'une épure qui nous a servi à vérifier une charpente établie partiellement par onglets sur bissectrices.

LIGNE D'AVALLON A DRACY-SAINT-LOUP

(Variante de Bar).

Charpente de la ligne d'opération repérée par coordonnées rectangulaires et vérifiée par diagonales, du sommet H au sommet N
(sur 10661 mètres, 40 de longueur).

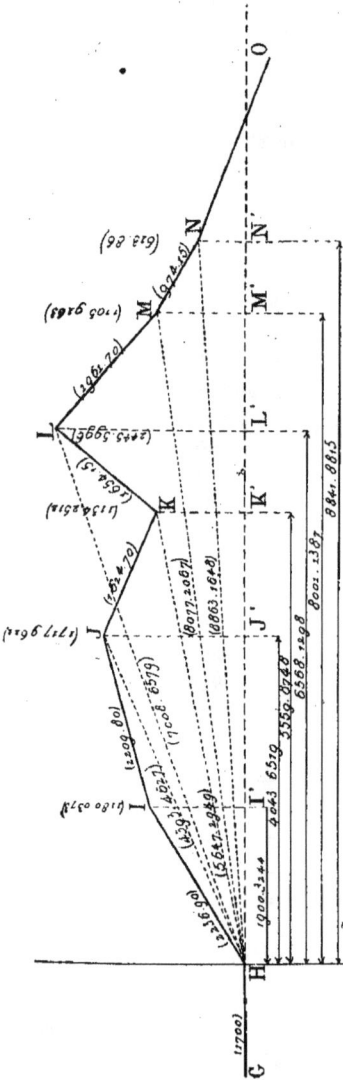

Fig. 11.

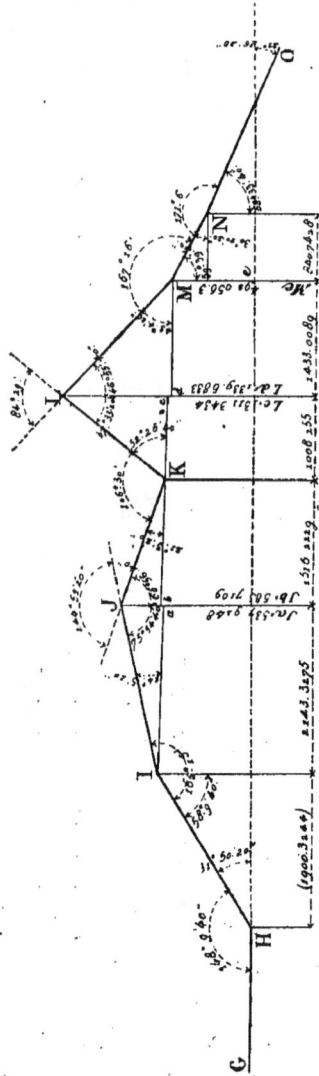

Fig. 12.

La 1re figure, en raison de la petitesse de l'échelle, renferme les côtés de la charpente, et les résultats du calcul, abscisses, ordonnées et diagonales ; la 2e figure renferme les angles de la charpente et tous ceux qui s'en déduisent ainsi que les côtés des triangles rectangles, dont la manipulation arithmétique sert à établir les coordonnées rectangulaires de chaque sommet, par additions et soustractions. Les calculs sont poussés jusqu'à quatre décimales, ce qui est d'une exactitude au-delà des exigences de la pratique.

Une fois les angles partiels établis, par déduction, avec l'angle du sommet H et ceux des sommets suivants, il y a à chercher les logarithmes des six côtés de la charpente considérée, et les logarithmes des douze lignes trigonométriques des angles auxiliaires servant à résoudre les triangles ; avec ces 18 données on arrivera à déterminer tous les résultats condensés dans la 1re figure.

Logarithmes des longueurs.

Log 2236.90. . . . . 3.3496466
Log 2209.80. . . . . 3.3443530
Log 1624.70. . . . . 3.2107732
Log 1654.15. . . . . 3.2185750
Log 1961.70. . . . . 3.2926326
Log 974.15. . . . . 2.9886258

Logarithmes des lignes trigonométriques.

Log sin 31o.50'.20". . . . . = 9.7222492
Log cos 31o.50'.20" = log sin 58o. 9'40" = 9.9291812
Log sin 14o. 5'.20". . . . . = 9.3803080
Log cos 14o. 5'.20" = log sin 75o.54'40" . 9.9867356
Log sin 68o.56'.40". . . . . = 9.9699899
Log cos 68o.56'.40" = log sin 21o. 3'20" . = 9.5554246
Log sin 52o.26'.40". . . . . = 9.8991432
Log cos 52o.26'.40" = log sin 37o.33'20" . 9.7849954
Log sin 46o.55'.40". . . . . = 9.8636103
Log cos 46o.55'.40" = log sin 43o. 4'20" . 9.8343696
Log sin 59o.39'.40". . . . . = 9.9360374
Log cos 59o.39'.40" = log sin 30o.20'20" . 9.7033 90

Calcul des coordonnées par rapport à l'alignement initial G H prolongé.

I I' = 2236.90 × sin 31o.50'.20" ——— Log I I' = log 2236.90 + log sin 31o.50'.20" — 10 = 3.3496466 + 9.7222492 — 10 = 3.0718958 ——— Nombre correspondant = 1180.0373 = I I'.
H I' = 2236.90 × cos 31o.50'.20" ——— Log H I' = log 2236.90 + log cos 31o.50'.20" —

10 = 3.3496466 + 9.9291812 — 10 = 3.2788278 ——— Nombre correspondant = 1900.3244 = H I'.

I'J' = 2209 30 × cos 14º.5'.20" ——— Log I' J' = log 2209.80 + log cos 14º.5'.20" — 10 = 3.3443530 + 9.9867356 — 10 = 3.3310886 ——— Nombre correspondant = 2143.3275 = I'J.

JJ' = II' + Ja ——— Ja = 2209.80 × sin 14º.5'.20" ——— Log Ja = log 2209.80 + log sin 14º.5'.20" — 10 = 3.3443530 + 9.3863686 — 10 = 2.7307216 ——— Nombre correspondant. 537.9248, d'où 537.9248 + 1180.0373 = 1717.9621 = JJ'.

J' K' = bK = 1624.70 × sin 68º.56'.40" ——— Log J' K' = log 1624.70 + log sin 68º.56'.40" — 10 = 3.2107732 + 9.9699899 — 10 = 3.1807631 ——— Nombre correspondant = 1516.2229 = J' K'.

KK' = JJ' — Jb ——— Jb = 1624.70 × sin 21º.3'.20" ——— Log Jb = log 1624.70 + log sin 21º.3'.20" — 10 = 3.2107732 + 9.5354246 — 10 = 2.7661978 ——— Nombre correspondant. 583.7109, d'où 1717.9621 — 583.7109 = 1134.2512 = KK'.

K' L' = 1654.15 × cos 52º.26'.40" . . . .

. . . . . . (La suite de ces calculs se présentant absolument de la même manière, il serait inutile de pousser plus loin cette citation).

Distances polaires.

H I = 2236.90.

$$H J = \sqrt{\overline{JJ'}^2 + \overline{H J'}^2} = \sqrt{\overline{(1717.9621}^2 + \overline{4043.6519}^2)} = 4393.4627$$

$$H K = \sqrt{\overline{KK'}^2 + \overline{H K'}^2} = \sqrt{\overline{(1134.2512}^2 + \overline{5559.8748}^2)} = 5647.2949$$

$$H L = \sqrt{.} \quad . \quad . \quad . \quad . \quad . \quad . \quad . \quad . \quad .$$

On peut, du reste, vérifier chacune de ces diagonales par la résolution directe des triangles rectilignes H I J, H J K, etc.

CROQUIS COTÉS POUR RAPPORT DU PLAN D'ÉTUDES.

Avec l'organisation du personnel telle que nous l'avons exposée, il ne convient pas d'attendre pour rapporter le plan que le travail du terrain soit terminé. Il convient que ce rapport marche en même temps que le lever du plan et ce pour plus d'une raison.

1º Pour que le chef de section puisse commencer l'étude du tracé définitif sans attendre davantage ; 2º Pour que le plan puisse être complété ou étendu au fur et à mesure, si besoin est, et pendant que les opérateurs sont encore sur le terrain; 3º Pour que de nouvelles variantes puissent être étudiées à temps, si celles renfermées dans les limites du plan ne sont pas satisfaisantes.

Afin d'arriver à ce résultat, on prépare au bureau de la section et on remet aux opérateurs des feuilles détachées (sur papier bulle assez fort) renfermant une portion de la charpente, un alignement BC

par exemple ou une fraction de cet alignement, tracé au milieu du papier, piqueté en hectomètres, coté et renfermant tous les détails relevés sur l'alignement par le chaînage spécial dont il a été question, tels que les chemins, murs, fossés, ruisseaux, etc., détails qu'il n'est plus besoin de relever dès lors, sur cette direction (voir fig. 13). On

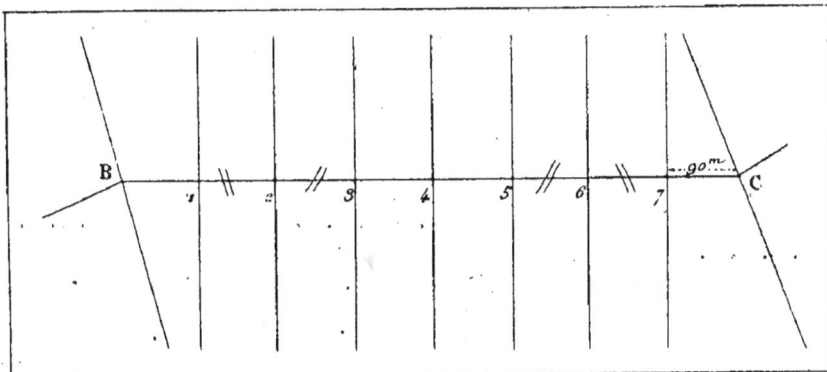

Fig. 13.

trace l'axe en noir, les perpendiculaires hectométriques en bleu ainsi que les bissectrices des sommets, lignes sur lesquelles doit s'arrêter la portion de plan relevée entre B et C.

Les feuilles de papier bulle ont environ 0ᵐ,65 de hauteur. Si on adopte l'échelle de 0,001 par mètre, échelle très commode pour le rapport du croquis et si le plan ne dépasse pas 300 mètres de longueur de chaque côté de la ligne d'opération, l'axe B C peut être placé au milieu de la feuille ; on le rapproche davantage de l'un des bords suivant que la gauche ou la droite du plan doivent s'étendre davantage, ou bien on le met sur le bord même et alors la feuille ne sert que pour la droite ou pour la gauche du plan et une deuxième feuille reçoit alors la partie laissée de côté par la première.

En tout cas on peut toujours coucher sur une feuille pareille une largeur de 600 mètres de plan coté ; au besoin on ajoute une retombée en haut ou en bas suivant les cas.

Au-delà de 600 mètres, il vaut mieux relever le plan sur un nouveau rouleau et avec d'autres lignes d'opération ; car d'abord le papier Canson primitivement prévu ne suffirait pas au rapport de la surface cotée et à l'étude d'un tracé, ensuite le lever matériel du plan par profils en

travers prolongés n'offrirait pas toute l'exactitude d'un travail fait sur un nouveau canevas.

Ces feuilles ainsi préparées seront remplies par les opérateurs dans les conditions de lever de plan exposées plus loin ; elles seront passées à l'encre ordinaire et envoyées, sitôt terminées, au bureau de la section. On peut les disposer de manière qu'elles résument la besogne de la semaine, afin que le travail du bureau puisse suivre à huit jours près le travail du terrain.

Le plan sera relevé au moyen des perpendiculaires dressées à chaque hectomètre, lesquelles perpendiculaires serviront à leur tour de lignes d'opération secondaires pour relever tous les accidents et particularités compris entre deux quelconques des profils précités ; des lignes transversales pourront même se relier à ces profils et servir aussi d'axes auxiliaires. L'emploi des lignes transversales se recommande surtout lorsqu'on évite de longs chaînages pour l'obtention d'un point isolé. Par exemple si on a à relever avec assez d'exactitude une limite irrégulière rencontrée seulement en cinq points par les

profils hectométriques 3, 4, 5, 6, 7, on rattachera aux profils extrêmes 3 et 7 une transversale a b qui dispensera de prolonger jusqu'à la limite les profils intermédiaires 4, 5, 6, et sur laquelle transversale les coups d'équerre pourront être multipliés tant que l'on voudra, sans donner lieu à de grands chaînages (voir fig. 14).

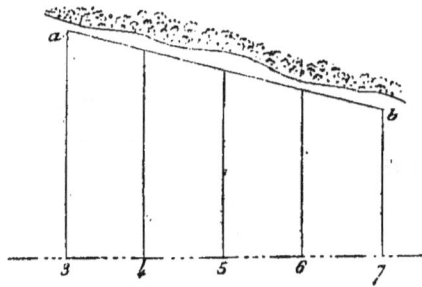

Fig. 14.

Les perpendiculaires aux piquets hectométriques doivent être élevées avec grand soin, en se repérant sur les points de l'alignement les plus éloignés possible. Il faut également s'assurer que l'instrument dont on se sert (goniomètre ou équerre) est susceptible de donner à 200, 300, 400 mètres et même plus, une déviation de peu d'importance.

Il sera toujours utile de placer de chaque côté de l'axe, sur ces perpendiculaires, deux ou trois piquets qui puissent servir à rétablir rapidement le profil sans qu'il soit besoin de recourir à un nouvel em-

ploi de l'instrument. Ces piquets devront être plantés à distances variables de l'axe, mais dans les berges des chemins, au passage des haies, enfin partout où la culture, le bétail et autres sujets de dérangement ne seront pas à craindre.

Ils doivent être aussi repérés par chaînages, autant que faire se pourra en nombres ronds, afin que si on a besoin de prolonger un profil ou de vérifier un point dans le voisinage de son extrémité, on ne soit pas forcé de rechaîner depuis la ligne d'opération.

Les portions de plan coté levées par divers opérateurs devront toujours se raccorder par un profil levé suivant la bissectrice de l'angle du sommet où l'un des opérateurs finit et où l'autre commence.

Le travail du plan coté comprend deux phases d'exécution qui doivent se suivre à peu d'intervalle, le levé du plan proprement dit et le nivellement de la surface levée.

Dans le lever du plan, l'opérateur prendra tous les accidents de terrain naturels ou artificiels, tels que routes, chemins, cours d'eau, bâtiments, murs de clôture, lavoirs, fossés, étangs, carrières, etc., les accidents de culture, tels que bois, vergers, pépinières, jardins et autres superficies d'une exploitation spéciale tranchant sur les conditions générales de la localité.

Il ne devra pas s'attacher à faire du parcellaire, loin de là, mais à relever simplement les grandes divisions saillantes, les propriétés d'une valeur relativement supérieure, les clos et les dépendances qui peuvent donner lieu à de fortes dépréciations.

Dans le nivellement, il placera des cotes partout où il sera nécessaire sans trop les multiplier. Sur les chemins, il les placera à des distances bien nettes et telles qu'avec le plan coté on puisse dresser le profil en long de ces chemins. Dans les endroits couverts d'eau, il donnera aussi les cotes de fond. Dans le cas de terrains sensiblement réguliers, il placera, en règle générale, ses cotes à des nombres ronds de mètres (20 mètres au moins, car à l'échelle du plan 0,005 20 mètres représentent un centimètre, c'est déjà bien peu de chose et il est inutile de surcharger un plan d'études de cotes noires, pour des différences de niveau insignifiantes ; dans les chemins, la cote sur l'axe suffit. On ajoute deux cotes sur les crêtes si le chemin est tout à fait encaissé, dans les fossés une cote de fond à côté d'une cote de berge, si le fossé encore en vaut la peine ; en somme, il ne faut pas chercher dans un plan semblable tous les détails du nivellement d'un plan coté

dressé en vue d'un aqueduc ou d'un passage à niveau ou d'un pont, mais se contenter des déclivités générales largement relevées et des accidents de terrain absolument sérieux.

Quant aux piquets de fin de profils hectométriques, il conviendra de les niveler avec soin, même avec fermeture sur le piquet d'axe, si on le juge à propos, de manière à avoir dans ces points de nouveaux repères pouvant servir dans le cas où les profils et le plan viendraient à être prolongés.

Nous n'insisterons pas sur tous ces détails : l'aspect du sol suffit pour guider les opérateurs et leur donner la règle à suivre dans les approximations qu'ils doivent observer.

CARNETS DE LEVER DE PLAN.

Habituellement on se sert, sur le terrain même, de carnets quadrillés. Sur une page (format $\frac{18}{22}$) ou mieux sur les deux pages se faisant face, on indique le croquis du plan, et dans les vides on couche les nivellements correspondants, en ayant soin de calculer au fur et à mesure les ordonnées rapportées au plan de comparaison et de les inscrire à leur place sur le croquis.

Il convient de limiter au kütsch ce croquis dans ses principales dimensions suivant l'échelle arbitraire que l'on adopte et pour ne pas sortir du papier, il faut aussi avoir son crayon attaché par un fil après son carnet ; ce détail qui a l'air insignifiant, est cependant d'une grande utilité pratique ; il laisse les mains libres à l'opérateur, lorsque le crayon est fourré dans le feuillet en service et que le carnet fermé est mis sous le bras gauche ; il faut aussi être muni d'un morceau de gomme afin d'effacer les indications erronées ou jugées inutiles après coup et d'éviter les surcharges et les ratures ; des praticiens vont même jusqu'à avoir leur kütsch suspendu également à leur personne et cette petite précaution n'est pas non plus à dédaigner.

Certains opérateurs ont des méthodes plus compliquées, il y en a même qui prêtent à la curiosité ; il leur faut des planchettes, des trépieds, des ficelles, des lanternes, bref, tout un attirail ; il leur faut des carnets pour le plan, d'autres carnets pour le nivellement avec des systèmes de profils principaux appelés A_1, A_2, A_3, puis d'intermédiaires (P), puis des façons de numérotages tels que 23/36 indiquant que

le n° 23 est le point nivelé à 36 mètres de l'axe à droite du profil A$_2$, de telle sorte que, pour rapporter un plan avec des carnets rédigés de cette manière, c'est tout un jeu de patience dont il faut avoir la clef.

Certes on peut, on doit respecter la liberté de faire, mais à une condition, c'est que tout le monde puisse se reconnaître dans un travail et non pas que celui-là seul qui l'a exécuté en ait le secret : aussi toute méthode, qui ne fournit pas de résultats applicables immédiatement par le premier venu et sans l'agent qui a mené l'opération, est une méthode inférieure à celle qui substitue le travail lui-même à l'individu.

Car le principe qui doit guider dans cet ordre de choses est celui-ci. Toute espèce d'attachement pris sur le terrain doit être indépendant de l'opérateur ; un employé peut mourir, être malade, en voyage, en congé ou quitter l'administration, il faut que ses carnets le suppléent entièrement.

ORGANISATION DU TRAVAIL.

Les deux brigades étant sur le terrain occupées à relever le plan, chacune prend pour sa tâche une portion de l'axe polygonal. Chaque conducteur a deux carnets ; pendant qu'il travaille avec l'un, le piqueur rapporte avec l'autre le croquis coté que vérifie le conducteur avant de l'envoyer à la section. Le surveillant dirige les chaîneurs, élève les perpendiculaires, fait placer les mires, les piquets, seconde un mot le conducteur qui s'occupe de la distribution des cotes, de la rédaction de son carnet, et de la surveillance des opérations.

Ajoutons à cela que les croquis cotés à l'échelle de 0,001 renferment toutes les cotes de distances cumulées (ce qui est plus avantageux pour le rapport du plan), les cotes de nivellement et enfin les indications sommaires des parcelles relevées, au point de vue de la culture, bois, terres, friches, pâtures, etc. ; il est convenable aussi d'indiquer au point de vue géologique la nature du terrain. Il ne s'agit pas, bien entendu, de donner des indications savantes et de faire de l'érudition, on notera seulement la constitution apparente du sol, rochers, terres argileuses, terrains marécageux, terrains calcaires ou granitiques, terrains d'alluvion, etc., en n'empruntant à la géologieque des annotations utiles à l'établissement refléchi du tracé.

CONSERVATION DES CROQUIS COTÉS.

En dehors de ce qui a été déjà dit à ce sujet, les croquis cotés réunis ensemble forment une première édition du plan d'études ; ils doivent rester aux archives de la section. Car souvent le chef de section est obligé de laisser aux ingénieurs son plan à l'échelle de 0,0005 ; dès lors pour reconnaître les dégâts commis dans les propriétés, lors des réclamations en dommages, il voit avec ses croquis les allées et les venues, les profils que l'on a tracés dans les diverses parcelles et les croquis peuvent en outre lui servir dans la suite, surtout pour des questions de nivellement et en maintes autres circonstances qu'il serait oiseux d'énumérer.

RAPPORT MÉTÉOROLOGIQUE.

Il est d'usage dans les services bien organisés de donner chaque semaine un rapport constatant l'avancement du travail, mais un ingénieur ne ressent pas, dans son cabinet, les bourrasques qui poursuivent le personnel en rase campagne, il résulte de là que si la besogne ne marche pas par la faute du temps uniquement, des reproches arrivent néanmoins aux travailleurs. Il convient donc de joindre au rapport de semaine un rapport météorologique donnant l'état quotidien de l'atmosphère, de façon à mettre en évidence la gêne qui a pu retarder la marche des études, mesure de précaution que l'on ne saurait trop recommander et employer tant que dure le séjour sur le terrain.

TRANSFORMATION DU PLAN COTÉ.

Le plan coté est rapporté à la section au fur et à mesure que les feuilles arrivent de l'extérieur et à l'aide du plan au $\frac{1}{10000}$; le projet adopté par l'approbation ministérielle y est couché le plus exactement possible en traits noirs et pleins, pour le distinguer de la ligne d'opération indiquée en noir pointillé. Les nouveaux tracés pourront être désignés par des traits rouges pleins, rouges pointillés, bleus, verts, etc., suivant le nombre des variantes qui viendront à se présenter. Les cotes de distance des points nivelés ne figurent sur ce plan qu'à l'échelle, mais les indications géologiques, ou agronomiques y

sont mentionnées en abrégé. A la rigueur avec un plan ne comportant que ces données, on étudierait bien un projet, mais l'usage est de tracer sur ce plan des courbes de niveau, afin de rendre plus sensibles, aux diverses personnes qui examinent les projets, les creux et reliefs du terrain.

Les courbes de niveau peu utiles dans les pays plats autant que dans les sols trop accidentés servent surtout dans les régions mamelonnées, les vallées recoupées par des contreforts; elles servent pour les examinateurs, à l'intelligence du plan et du projet, mais en général au projecteur lui-même elles n'offrent pas un intérêt majeur, du moins avec les cotes il pourrait s'en passer. On les apprécie dans certains cas cependant; ainsi lorsqu'on a saisi le niveau d'une courbe et que l'on essaie de ne plus en sortir, l'on voit de suite, par ses sinuosités, dans quelles limites le fait peut se passer, enfin les courbes sont utiles surtout dans la construction des profils en long d'essai.

TRACÉ DES COURBES DE NIVEAU.

Claudel, dans son introduction à la science de l'ingénieur, indique à ce sujet des moyens vraiment barbares, d'abord le tracé des courbes sur le terrain. Il est bon de tracer une courbe sur le terrain quand il s'agit par exemple d'attaquer latéralement une tranchée en palier, un chemin, etc., mais tracer les courbes d'un plan d'études, d'un plan de 30 à 40 kilomètres de longueur, rapporter les points de ces courbes nécessairement à des repères, ce serait là un travail sinon impossible, du moins aussi pénible que peu avantageux.

Ensuite calculer sur le plan rapporté à l'ordinaire, entre deux points A et B dont la distance l est connue et dont les cotes d'altitude sont données, le passage des courbes de niveau intermédiaires et ce par triangles semblables ou par la pente, ce serait encore une tâche longue et fastidieuse.

On supplée très convenablement à ces méthodes par l'emploi d'une échelle à parallèles fondée sur le principe que nous allons exposer et appelée improprement micromètre par les propagateurs du procédé.

Cette échelle ne sert pas en effet à déterminer des petites parties, mais bien des parties égales, plus ou moins grandes et si on veut lui donner un nom dérivé du grec, il convient de l'appeler isomètre, des deux mots qui signifient, dans cette langue, mesurage et égalité.

PRINCIPE DE L'ISOMÈTHE.

La base de cette application repose sur cette convention, à savoir :

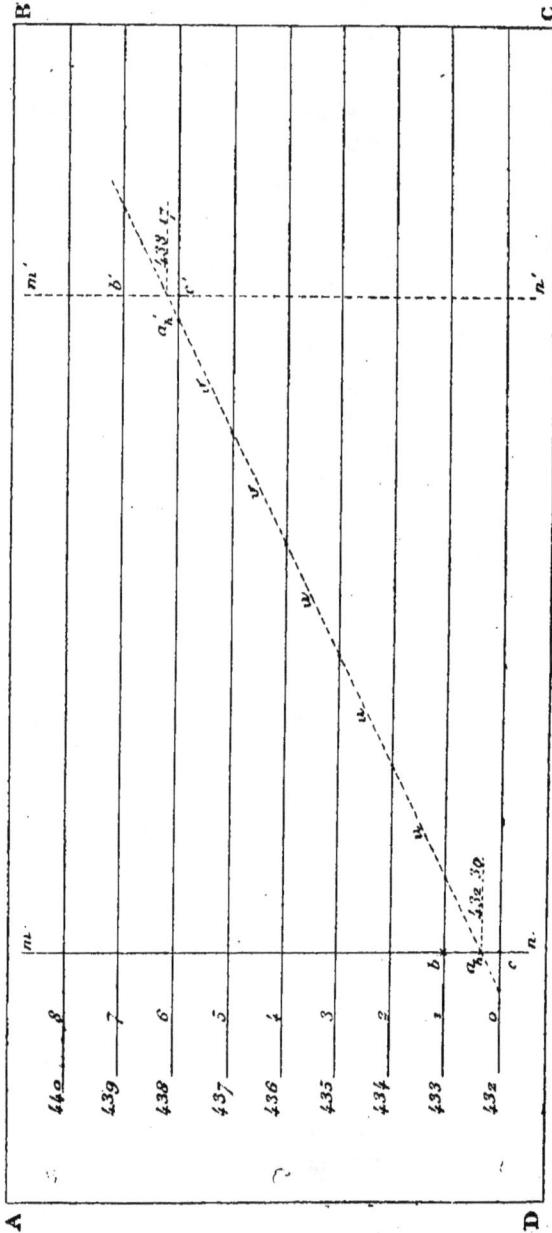

Fig. 15.

qu'entre deux points A et B pris sur un plan coté la pente du sol est

3

supposée uniforme et, en fait, les cotes doivent être prises sur le terrain de telle sorte que cette condition soit sensiblement réalisée.

Ceci posé, considérons sur un plan coté les projections des deux altitudes 432,30 et 438,17 entre lesquelles on se propose d'intercaler des courbes de niveau de mètre en mètre et, par conséquent, six courbes de ce genre (voir fig. 15); prenons un isomètre, c'est-à-dire une échelle tracée sur une bande de toile calque ABCD et composée de plus de six parallèles espacées entre elles d'un intervalle constant (ε) qui doit être plus petit que la distance comprise sur le plan entre deux courbes de niveau.

Plaçons l'isomètre sur le plan de manière que la normale mn passe par le point a_h (cote 432,50) choisi sur cb de telle sorte que l'on ait $\dfrac{ca}{cb} = \dfrac{0,30}{1,00}$, autrement dit que le point a_h soit aux $\frac{3}{10}$ de l'intervalle $cb = \varepsilon$ et à partir de la parallèle (0).

Fixons le point a_h dans cette position par une épingle et faisons pivoter l'appareil autour de cet axe de manière à l'amener, entre la sixième et la septième parallèles sur le point a'_h (cote 438,17), en une situation telle que $\dfrac{c'a'}{c'b'} = \dfrac{0,17}{1,00}$, autrement dit que le point a'_h soit aux $\frac{17}{100}$ de l'intervalle $c'b' = \varepsilon$ et à partir de la parallèle (6).

Arrêtons-le dans cette position par une deuxième épingle, puis, à l'aide d'une troisième, piquetons tous les points de rencontre des parallèles avec la ligne qui joint a_h et a'_h; ces points d'intersection seront les projections des rencontres des plans de niveau avec la ligne de l'espace passant par les points donnés, par conséquent appartiendront aux courbes de niveau.

En effet, d'abord les espacements (U) de ces projections sont égaux comme segments déterminés par des parallèles équidistantes, ce qui doit avoir lieu, car puisque l'on suppose la pente du terrain régulière entre a et a' et les courbes de niveau établies à plans équidistants, cette pente doit être recoupée par ces plans suivant des intervalles égaux qui ont des projections égales.

Ensuite les segments extrêmes sont égaux aux segments (U) et cela doit avoir lieu, parce que l'on suppose que la pente qui règne conventionnellement entre a et a' se prolonge indéfiniment au-delà de ces points; par conséquent la pente étant régulière, les segments, par

mètre de hauteur, sont constants sur toute cette pente, quelle que soit sa longueur.

Les projections des segments dans l'espace sont égales entre elles sur la verticale OY, sur l'horizontale OX et sur toute autre ligne (voir fig. 16). Les projections des parties des segments extrêmes sont proportionnelles aussi sur toute direction et par conséquent le sont en plan sur la directrice *mn* de l'isomètre et du moment que l'on place en plan cette directrice (*mn* ou *m'n'*) de façon à partager ces segments extrêmes proportionnellement aux différences entre les altitudes données et celles qui les comprennent, on détermine, sur ce plan, rien que par l'intersection des parallèles de l'isomètre avec la projection de la ligne *aa'*, les segments intermédiaires égaux, d'un façon graphique rapide, suffisante pour les besoins de la cause et aussi exacte que la pourraient donner les résultats du calcul rapportés sur le papier.

Les isomètres sont faits à l'encre de Chine, sur toile calque ; en fait d'épingles, on se sert d'aiguilles fines auxquelles on adapte une tête en cire pour ne pas fatiguer le doigt (voir fig. 17).

La détermination des courbes de niveau va très vite avec ce procédé ; on peut les tracer de mètre en mètre, de 2 mètres en 2 mètres

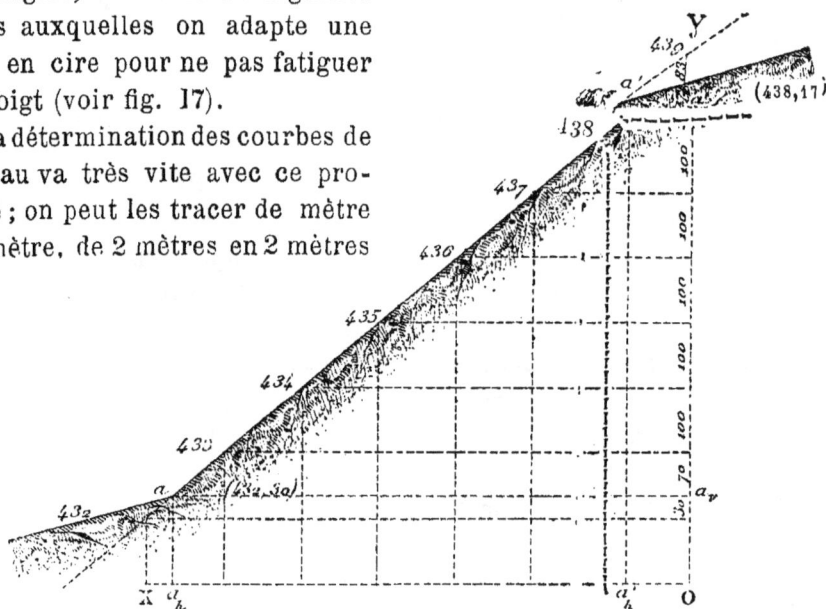

Fig. 16.

ou de $0^m,50$ en $0^m,50$, peu importe, l'écartement (ε) des parallèles représentant dans les différents cas une distance plus petite que la projection, tantôt de 1 mètre, tantôt de 2 mètres, tantôt de $0^m,50$, seulement entre les points considérés.

Cet écartement (ε) variable, mais cependant d'une façon encore assez restreinte, doit être plus petit que ces projections et leur être égal au plus ; car s'il était plus grand, on ne pourrait entre les deux points donnés intercaler le nombre de parallèles résultant de la différence d'altitude des deux points et le nombre de courbes de niveau demandées entre ces deux altitudes.

Aussi faut-il avoir plusieurs isomètres, surtout lorsqu'on a affaire à des terrains accidentés ; tant que la différence (en mètres) des altitudes de deux points quelconques ne dépasse pas la longueur de la projection de la ligne comprise entre ces deux points (c'est-à-dire quand la pente est égale au plus à $1/1$), la valeur de ε peut être à l'échelle du plan 1 mètre, 2 mètres ou $0^m,50$ selon que les courbes sont espacées de 1 mètre, 2 mètres ou $0^m,50$, mais si la différence des altitudes est plus grande que la longueur de la projection (autrement dit quand la pente dépasse $1/1$), alors ε doit être plus petit que les quantités ci-dessus.

Fig. 17.

DOSSIER D'UN TRONÇON D'ÉTUDES.

Avant de tracer les courbes de niveau, on a subdivisé le plan en tronçons d'études limités généralement à la longueur d'une variante, lorsqu'il s'agit d'une variante, où à l'espace compris entre deux stations lorsqu'on ne peut apporter au tracé que de petites modifications.

Chaque tronçon d'études comporte un dossier ainsi composé :

1º Un plan coté à l'échelle de 1 à 2,000 — (00005) ;

2º Un plan général ombré à l'échelle de 1 à 10,000 ;

3º Un profil en long à l'échelle de 0,0005 pour les longueurs et 0,001 pour les hauteurs ;

4º Une estimation comparative des dépenses entre le projet proposé et l'avant-projet ;

5º Une notice explicative succinte.

De ces cinq pièces, il en est trois qui s'établissent concurremment ; ce sont le tracé en plan à l'échelle de 0,0005, le profil en long, l'estimation comparative ; les deux autres se déduisent de la première.

Cette subdivision du travail total en tronçons a pour but de permettre aux ingénieurs d'examiner les modifications apportées à l'avant-projet, au fur et à mesure qu'elles sont étudiés, et de faire suivre à

l'approbation définitive une marche correspondante à celle des études exécutées.

1ᵉ Condition. — Ne pas employer de courbes de raccordement au-dessous d'un rayon donné (300 et 350 mètres pour les chemins de fer à petite vitesse, 500 et plutôt 1,000 mètres pour [les chemins à grande vitesse).

2ᵉ Condition. — Laisser entre deux courbes de sens contraire un alignement droit d'au moins 100 mètres de longueur.

3ᵉ Condition. — Ne pas dépasser une certaine déclivité (pente ou rampe), (0,010 pour les grandes lignes, 0,15 pour les lignes moyennes, 0,025 pour les lignes exceptionnelles).

4ᵉ Condition. — Intercaler entre deux déclivités consécutives une courbe de raccordement de 10,000 mètres de rayon, également entre une déclivité et un palier.

5ᵉ Condition. — Réserver pour les gares, stations et haltes, un palier d'environ 500 mètres (700 pour les grandes gares ordinairement, 500 pour les petites. — Pour les haltes on peut toutefois descendre à 350 et même au-dessous).

6ᵉ Condition. — Recouper par des paliers intermédiaires les déclivités de longue haleine.

7ᵉ Condition. — Obtenir l'équilibre des terrassements, c'est-à-dire : la compensation des déblais et des remblais, avec le minimum de terrassement, par mètre courant de voie.

8ᵉ Condition. — Rechercher les solutions les plus avantageuses pour franchir les routes, chemins et cours d'eau.

9ᵉ Condition. — Eviter les propriétés bâties, les terrains les plus coûteux, les agglomérations de maisons, les abords des établissements industriels ou publics, etc.

10ᵉ Condition. — s'établir en terrains solides, d'une pente transversale au tracé, minimum, et d'un déblai facile ; se détourner autant que possible des rochers, ainsi que des marécages et des sols mouvants ou argileux.

11ᵉ Condition. — Rechercher, à conditions égales, le tracé le plus court.

12e Condition. — Combiner les conditions précédentes avec l'obligation de desservir les centres les plus populeux.

Nous ne parlons ici que des conditions générales qui président déjà aux études des avant-projets. Il y en a une infinité d'autres qui forcent dans certains cas la main au problème, dans le cas des lignes stratégiques par exemple. Les circonstances topographiques ont aussi leur puissance et, quand une voie suit une vallée encaissée, on n'a pas la facilité de la placer comme en plaine ou sur des plateaux en échelons. Enfin, il y a souvent à tenir compte des intérêts régionaux, des influences locales, etc.

Tous les principes généraux, ci-dessus énoncés, sont aisés à saisir. Lorsque le rayon des courbes diminue, le dévers augmente ainsi que la résistance à la traction et les chances de déraillement. Lorsque l'alignement entre deux courbes de sens contraire est trop petit, le train peut se trouver engagé encore sur la courbe d'arrière lorsqu'il a pénétré dans la courbe d'avant : de là une traction oblique qui occasionne du tirage.

L'influence de la déclivité est encore plus considérable. Plus une ligne doit avoir de trafic, plus il importe de ne pas augmenter les déclivités du tracé ; moins elle doit en avoir, plus il convient de réduire les frais de construction en s'assujetissant aux ondulations du sol. En effet, l'effort de traction nécessaire sur un palier, pour un train donné, double pour une rampe de 0.005, dans les vitesses de marche entre 25 et 40 kilomètres (vitesses usuelles sur les lignes secondaires) ; il triple avec une rampe de 0,010, se quadruple sur une rampe de 0,015, etc., de sorte qu'une même locomotive ne peut conduire, à dépense égale, qu'un poids de plus en plus faible, si les déclivités atteignent une limite de plus en plus élevée.

L'adoption d'une déclivité exceptionnelle détruit l'économie du tracé (Ruelle. — Circulaire 150. — Construction des chemins de fer P.-L.-M), et il convient de n'avoir au contraire que des déclivités de même ordre, afin de pouvoir maintenir une composition uniforme pour les trains, composition basée sur la déclivité maximum adoptée.

Lorsqu'une déclivité exceptionnelle est inévitable, elle nécessite sur ce point une machine de renfort, si l'on veut conserver aux trains la composition correspondant à l'ensemble des autres déclivités. C'est donc amener, de cette façon, un élément de dépense permanent dont il faut s'affranchir, si faire se peut.

L'introduction d'une courbure de 10,000 mètres de rayon, entre deux déclivités consécutives ou entre un palier et une déclivité, a pour but d'éviter les transitions brusques qu'offriraient les angles saillants ou rentrants du profil en long et d'amener par degrés le changement dans. le sens vertical, par une circulation sur une surface cylindrique qui empêche le soulèvement et le basculement des véhicules à plus de deux couples de roues.

La condition d'avoir dans les gares, stations et haltes, des paliers de grande longueur, parfois remplacés par des déclivités excessivement faibles, est nécessitée par les arrêts, garages et manœuvres des trains.

L'interruption des déclivités de longs parcours à l'aide de paliers est utile pour modérer la vitesse aux descentes et reposer ou lancer le train aux montées.

Quant aux conditions de l'équilibre des terrassements, de leur minimum par mètre courant de voie, etc., il serait oiseux de s'y arrêter, elles forment l'ABC de la science pratique de tout projeteur de voie ferrée. Il va aussi sans dire que toutes ces données correspondent aux voies de $1^m,45$ d'écartement et varieraient dans le cas d'un écartement plus petit ou plus grand, sans que leur application cessât de passer par les mêmes généralités.

MANIEMENT DU PLAN COTÉ ET ÉTABLISSEMENT DES PROFILS EN LONG D'ESSAI.

Il n'est pas facile, en raison des formes excessivement variées que présente le terrain, de faire de cette question une théorie d'ensemble.

Lorsqu'un projet suit un flanc de vallée et à pente transversale uniforme, il faut installer le tracé à zéro sur l'axe, avec une pente parallèle à celle de la vallée, si elle est au-dessous du maximum ou un peu différente et de manière à obtenir des paliers intermédiaires.

Lorsque le flanc de la vallée, au lieu d'être plein, est recoupé par des vallées secondaires, de telle sorte que ce flanc présente une série de contreforts, il faut tourner ces contreforts dans le même esprit que ci-dessus ou les entamer de façon à amener l'équilibre et par suite le minimum de terrassements, et, pour cela, passer avec son tracé entre les points extrêmes A, B, C, que présente en plan l'intersection de la surface du terrain avec la plate-forme du projet (fig. 18).

Lorsque le tracé gagne un plateau, il faut s'y maintenir à zéro tant que la déclivité maximum n'est pas atteinte.

En somme on doit presque toujours, à partir du point de départ donné, chercher d'abord sur le plan coté la ligne d'intersection du

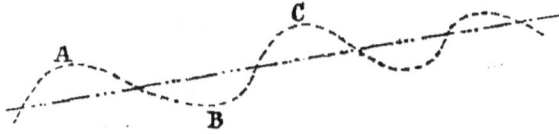

Fig. 18.

terrain avec une surface à déclivité variable, nulle quand faire se peut, minimum autant que possible et ne dépassant jamais la déclivité maximum.

La différence d'altitude de deux points A et X quelconques (fig. 19), divisée par la distance de ces deux points prise sur le plan, donne déjà l'idée de la pente uniforme qu'aurait une plate-forme de voie passant par ces deux points ; il est aisé de voir comment cette pente uniforme répond aux conditions de déclivité et si, entre les deux points par lesquels on veut passer, on doit chercher un allongement de parcours ou introduire des paliers, ou enfin, si l'on doit changer l'un de ces points.

Ce premier travail fait, on détermine un tracé osculateur de cette ligne AX avec les conditions de courbures et d'alignements intermédiaires ; puisque la ligne AX satisfaisant aux conditions de déclivité est une ligne constamment à zéro, si la pente transversale du terrain est sensiblement la même à droite et à gauche de la ligne AX et quelle qu'elle soit, le

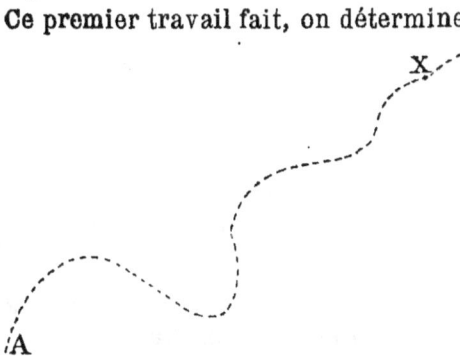

Fig. 19.

tracé fait exactement suivant cette ligne AX offrirait le minimum de terrassements. Le tracé le plus osculateur approchera, à son tour, de ce minimum et si l'avant-projet ne rentre pas dans cette condition-là, tout tracé plus osculateur que lui sera plus avantageux.

Tel est le principe à suivre toutes les fois qu'il s'agit de petites rectifications déterminant un nouvel axe oscillant autour de celui de l'avant-projet.

Dans le cas d'une variante le principe est ¡toujours le même ; on a toujours, entre les deux points de raccordement avec le tracé courant,

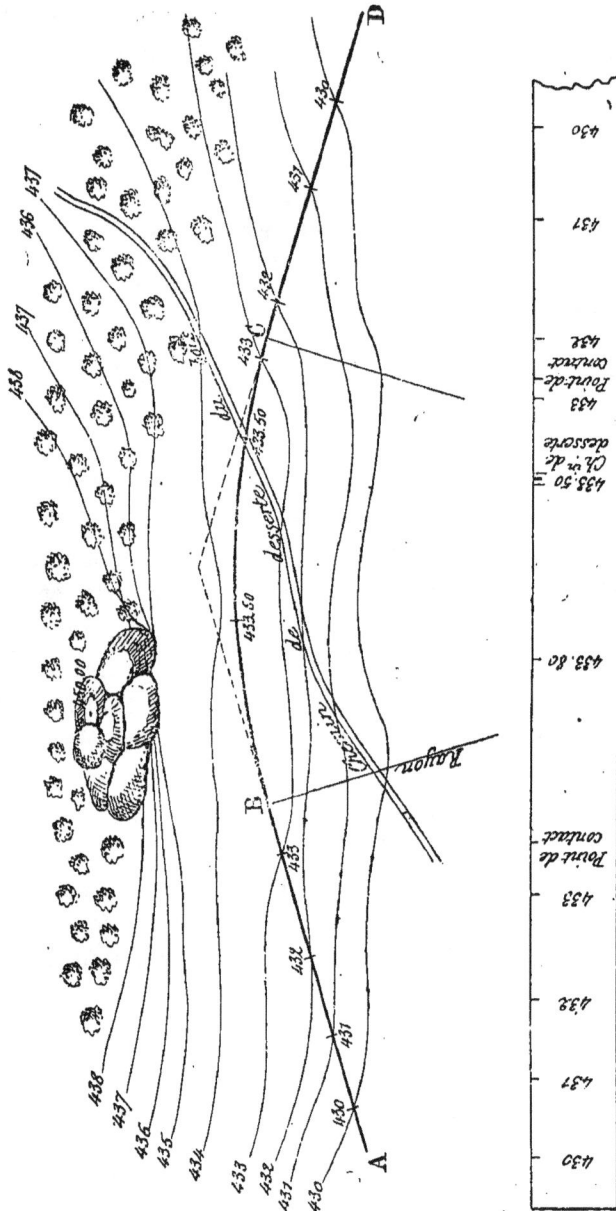

Fig. 20.

à chercher l'intersection du terrain avec une surface à déclivités suc-

cessives conçues dans les conditions déjà mentionnées, puis un tracé osculateur à cette ligne et répondant aux règles de courbures et d'alignement.

Cette étude serait du reste incomplète et difficile à saisir sur le plan, si on n'y adjoignait concurremment celle du profil en long du terrain relevé sur le tracé osculateur essayé.

MÉTHODE RAPIDE POUR RELEVER LES PROFILS EN LONG.

Ce n'est pas sans motif que, dans ces profils en long, nous avons indiqué l'échelle du plan pour celle des longueurs, car rien n'est plus facile alors que de dresser avec une rapidité extraordinaire, à l'aide des courbes de niveau, le faciès du sol, (fig. 20).

Considérons une portion ABCD du tracé projeté ; prenons une bande de papier, d'un centimètre de largeur environ, à laquelle nous ferons suivre les contours du tracé en marquant un trait à chaque intersection de la ligne ABCD avec les courbes de niveau et en inscrivant la cote de la courbe au-dessous du trait, on pointera et on inscrira aussi en passant, les cotes singulières que le tracé rencontre telles que 433, 80, 433, 50, et également les points de contact et les bords du chemin de desserte. Avec une bande ainsi relevée on a ses distances entre profils toutes prêtes ; on passe ainsi des séries de bandes analogues à un autre employé qui, sur un papier continu, rapporte immédiatement les éléments du faciès du terrain, dessine ensuite ce faciès à l'échelle, et sur un profil en long établi de la sorte au crayon, on vient à son tour placer la plate-forme mn dans les conditions normales aménagées au point de vue le plus avantageux (fig. 21).

Lorsque le profil en long ainsi établi semble présenter à l'œil l'équivalence entre les déblais et les remblais pour lesquels on fait, *grosso modo*, un mouvement de terres, plutôt une distribution des cubes, il est bon de s'assurer rapidement et avec assez d'approximation si cet équilibre existe réellement.

EMPLOI DU PROFILOMÈTRE SIÉGLER.

Si le terrain n'a pas de déclivités transversales bien prononcées, on peut calculer les terrassements à l'aide d'un graphique établi avec les gabarits de déblai et de remblai adoptés, en supposant la déclivité

transversale nulle ($p = r = o$) et en n'utilisant ainsi que la cote sur
l'axe (1). — Si on veut tenir compte des déclivités transversales, on
les prend aisément sur le plan coté et à grands coups. Enfin, si l'on
est à zéro sur l'axe, le même graphique résout encore la question.
Il la résout dans le cas de profils mixtes. Bref, son emploi dans
l'étude de ces appréciations sommaires est son véritable triomphe.

PARACHÈVEMENTS DU TRACÉ.

Quand, après des tâtonnement souvent assez longs et des comparaisons nombreuses entre divers tracés et profils et avec l'avant-projet, on est arrivé à l'économie dans les terrassements équilibrés et sans allongement de parcours qui détruise cette économie (car il ne servirait à rien de réduire les terrassements si on devait dépenser d'autre part davantage en acquisitions de terrain, ballast, matériel fixe et ouvrages d'art, à moins que l'on ne cherche dans l'augmentation du parcours une amélioration des allures de la plate-forme, ce qui est le plus souvent réalisable par tout allongement obtenu), lorsque le nouveau projet correspond aux sept premières conditions générales précitées, on examine la traversée des routes, chemins et cours d'eau et finalement avec les données agronomiques et géologiques du plan,

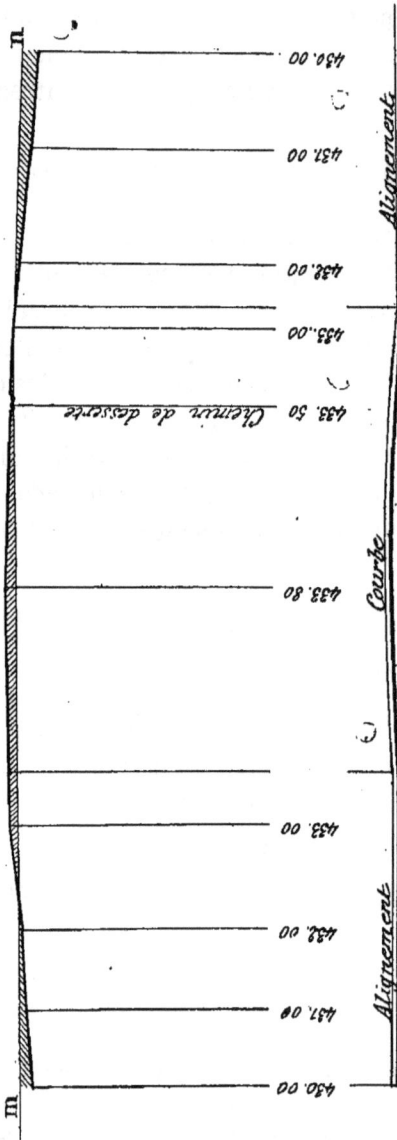

Fig. 12.

(1) Nous avons étudié le profilomètre Siégler dans les nᵒˢ 5 et suivants des Annales des Travaux publics.

on discute l'établissement du projet au point de vue de la nature des déblais, de l'assiette des remblais, des propriétés rencontrées, etc., et l'on cherche, s'il y a lieu, les modifications qui pourraient encore satisfaire à ces dernières considérations.

Une fois le projet bien arrêté, on en fait le kilométrage en plan et en profil; on passe le tout à l'encre avec titres et légendes et on s'occupe ensuite de préparer les autres pièces du dossier.

ORGANISATION DU TRAVAIL.

Tout le travail que nous venons de décrire est fait au bureau par le chef de section, son premier collaborateur et les deux dessinateurs, pendant que les brigades de terrain préparent la suite du plan coté ou des plans spéciaux pour variantes. De cette façon la rédaction du projet suit constamment celle des d'études et on remarquera que, dans un service bien agencé, il ne doit jamais y avoir de temps d'arrêt entre les diverses phases du travail, mais plutôt une transformation continue de ce travail, élaboré de façon à permettre aux exécutants d'en dominer constamment l'ensemble et les détails.

ACHÈVEMENT DU DOSSIER.

Pendant qu'un dessinateur relève, d'après le cadastre ou sur le projet ministériel, le plan à $\frac{1}{10.000}$, qu'il y reporte le nouveau tracé à côté de l'avant-projet, qu'il ombre les accidents du sol et qu'il cote même les hauteurs et les dépressions principales, en consultant les altitudes et les courbes de niveau du plan à $\frac{1}{20.000}$, les autres agents préparent l'estimation comparative des dépenses et le chef de section rédige la notice explicative.

ESTIMATION COMPARATIVE.

L'estimation comparative portera sur les points ci-après :

1° *Terrassements*. — On mettra en regard les terrassements de l'avant-projet et ceux de la variante, on fera ressortir la diminution des déblais qui doit coïncider avec une diminution des remblais. Si la variante annule des emprunts, on fera également ressortir ce fait et en

appliquant les prix probables aux cubes de déblai et d'emprunt ainsi modifiés, on notera l'économie résultant, sur ce chef, de l'adoption du nouveau tracé.

2° *Ouvrages d'art*. — On comparera les nouveaux ouvrages à ceux de l'avant-projet, comme nombre, longueur et importance. Tous les objets semblables, aqueducs de même ouverture et de même longueur, passages à niveau ou par dessus ou par dessous de même nature, seront éliminés de la comparaison et on ne tiendra compte finalement que des ouvrages ou passages supprimés, ajoutés ou notablement modifiés.

3° *Indemnités*. — On recherchera si le nouveau tracé évite, dans de meilleures conditions que ne le fait l'avant-projet, la rencontre d'agglomérations de maisons ou de bâtiments isolés, de constructions d'un usage public ou particulier, lavoirs, abreuvoirs, etc., et si les terrains suivis par ce tracé sont en somme de moindre valeur que ceux traversés par le tracé primitif.

On terminera par la balance des économies et des surcroîts de dépense (s'il y en a sur quelques points) afin d'arriver à l'économie finale du projet proposé.

NOTICE EXPLICATIVE.

La notice explicative indiquera le but que l'on s'est efforcé d'atteindre : réduire les terrassements, améliorer les déclivités, les courbures et les alignements, établir l'assiette du projet sur des terrains stables, etc.

Elle décrira succinctement les points par lesquels passe le tracé, en expliquant les raisons qui ont fait choisir telle direction de préférence à telle autre.

Elle expliquera concurremment les déclivités employées, les courbures et les alignements, la nécessité ainsi que l'utilité des ouvrages d'art admis, en même temps que le mode de traversée des voies et communication.

Elle signalera enfin les facilités du transport, l'aménagement du trafic et fera en dernier lieu la balance...., morale des améliorations réelles apportées par cette étude aux résultats consignés dans l'avant-projet.

Il convient de faire remarquer que les données géologiques du plan n'étant que superficielles, au moins dans certaines parties, rien n'empêche de faire ouvrir des sondages provisoires sensiblement à l'emplacement du nouveau tracé et concurremment à celui de l'avant-projet, pour établir nettement les avantages des variantes. Ces sondages, rebouchés une fois que la coupe en est relevée, se font seulement pour les déblais importants et lorsqu'il y a doute sur la nature du terrain au-dessous de sa surface. On les rapporte sur les profils en long de la variante et de l'avant-projet à une petite échelle et en face des terrassements auxquels ils correspondent. Dans certains cas, il peut être utile d'en faire même à l'emplacement des remblais, pour justifier les changements apportés au projet, dans le but d'éviter des terrains susceptibles d'effondrement.

TRACÉ DÉFINITIF.

Avec le système d'organisation que nous avons supposé, il est rare que l'approbation générale du tracé ne coïncide pas avec la fin des études sur le terrain, d'autant plus que, si elle est retardée par de nouvelles variantes, ces variantes occupent encore les opérateurs et le bureau ; il vient donc un moment où il ne reste plus qu'à appliquer le tracé dans son ensemble, nouvelle phase du travail que nous allons examiner en détail.

ÉPURE PRÉPARATOIRE POUR LE REPORT DE L'AXE SUR LE TERRAIN.

Etant donnée une portion de projet définitivement arrêtée sur le plan, pour la reporter le plus exactement possible sur le terrain, on se sert de la ligne même d'opération (fig. 22).

Pour assurer la direction AS_0, A étant le point de départ, on prend à l'échelle, sur le plan, la longueur de la perpendiculaire abaissée du point S_0 sur AB, ou mieux la longueur de la perpendiculaire la plus grande possible que l'on puisse élever sur AB et limiter au prolongement de AS_0 ; ainsi on prend la longueur de la perpendiculaire élevée à l'hectomètre 14 et poussée jusqu'au point a ; soit y cette longueur.

La pente par mètre de la ligne AS_0 sur AB est $\dfrac{y}{1400}$, l'ordonnée à l'hectomètre 1 est ainsi $\dfrac{y}{14}$, l'ordonnée à l'hectomètre 2 en est le double, celle à l'hectomètre 3 en est le triple et ainsi de suite, de telle sorte que l'on calcule très rapidement les ordonnées de la ligne AS_0 aux piquets hectométriques 1, 2, 3, 4, 5, 6, 7, 8, 9, et 10, et que l'on aura, en élevant ces ordonnées sur le terrain au droit des piquets hectométriques, 10 points de la ligne AS_0 (dont un dépassant ce sommet S_0) et par suite un alignement très approximatif de sa position vraie et qu'il n'aura plus qu'à régler au théodolite ; ces dix points guideront aussi pour les tranchées à faire dans les haies, dans les bois ; on pourra en placer même d'intermédiaires si on le juge nécessaire, et, par ce moyen, rendre très facile le battage de l'alignement.

Quand on aura tracé ainsi la ligne AS_0 qui est l'un des alignements-enveloppes de la courbe S_0, il faudra déterminer l'autre S_0 S_1 par le plus de points possible ; pour cela, on mesure sur le plan la perpendiculaire y' élevée en prolongement de y, puis on fait intervenir l'angle (α) du sommet S_0 tel qu'il est coté au plan. L'angle en A est celui correspondant à la tangente $\dfrac{y}{1400}$. On calcule cet angle A ; l'angle ω sera $180 - (A + \alpha)$; la pente correspondant à cet angle sera celle de la ligne S_0 S_1 ; par suite, soit m cette pente, l'ordonnée au 13 sera $y' - 100\,m$, l'ordonnée au 12 sera $100\,m - (y' - 100\,m) = 200\,m - x'$, l'ordonnée au 11 sera $300\,m - y'$, l'ordonnée au 10, $400\,m - y'$, l'ordonnée au 9, $500\,m - y'$, etc ; on s'arrêtera là puisque cette ordonnée dépasse le

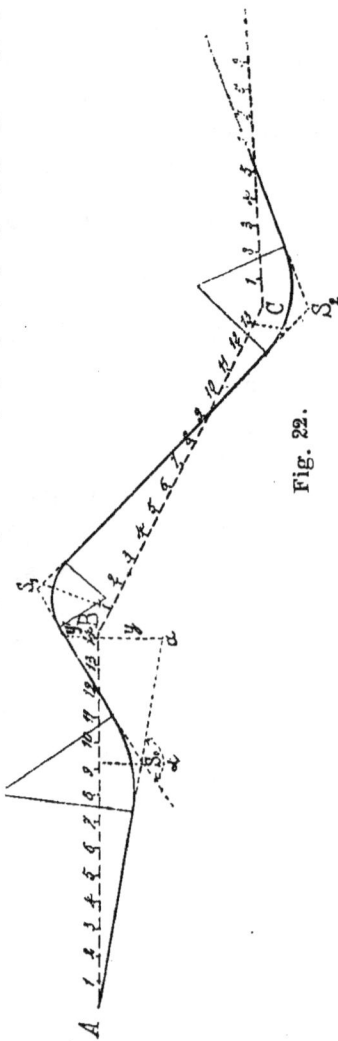

Fig. 22.

sommet S_0, on tracera ces ordonnées sur le terrain, on rectifiera l'alignement au théodolite, et les deux alignements-enveloppes ainsi tracés donneront à l'instrument un angle qui différera d'une façon insignifiante de l'angle porté au projet.

On peut continuer l'épure en se servant de l'angle ω, de l'angle S_1 du projet, de l'angle B de la charpente, pour déterminer la pente de la droite $S_1 S_2$ sur l'alignement BC (ce n'est qu'un calcul d'angles à faire), puis prendre à l'échelle l'ordonnée à un piquet quelconque de la ligne BC, mais à la rigueur on peut se contenter de prendre simplement au kütsch, sur le plan, les ordonnées les plus longues, celles aux points 1 et 13 de l'alignement BC. La pente de la ligne $S_1 S_2$ sur BC est, en appelant ces ordonnées h et h', $\frac{h + h'}{1200}$ et le calcul des ordonnées intermédiaires est des plus élémentaires ; l'ordonnée au piquet 2 est égale à l'ordonnée au piquet 1, moins cent fois la pente ou $\left(\frac{h + h'}{12}\right)$, quantité constante ; l'ordonnée au 3 est égale à celle du 2 diminuée de la même quantité, etc... ; avec ces ordonnées on déterminera sur le terrain l'alignement $S_1 S_2$ et on trouvera encore un angle S_1 peu différent de celui fourni par le plan.

Rattaché à la ligne d'opération par cette épure préparatoire, le tracé se trouve par suite mis, sur le sol, à sa place avec une exactitude qui n'est limitée que par celle du plan.

Nous avons indiqué le moyen graphique pour mener cette épure assez vite, en se contentant de prendre à l'échelle les ordonnées extrêmes des alignements-enveloppes. On pourrait, en se servant des longueur totales des côtés du polygone d'opération, des angles de ce polygone et en 3me lieu des angles du projet ou bien des longueurs de ses alignements-enveloppes, déterminer par calcul tous les éléments de l'épure, mais ce serait chercher un résultat dépassant le but que l'on se propose, car si le plan coté est bien levé et bien rapporté, si les angles du projet sont nettement estimés au rapporteur et correspondent aux développements mesurés sur le plan, en employant simplement la détermination graphique des ordonnées extrêmes, on arrive sur le terrain à des relevés directs qui accusent dans les longueurs à peine 1 ou 2 mètres de différence la plupart du temps et dans les angles à peine quelques minutes et par conséquent l'on peut dire que, sans calculs longs et fastidieux, on est arrivé au but sérieux de la

question, à savoir, à mettre sur le sol le tracé définitif dans les conditions mêmes suivant lesquelles il a été arrêté sur le papier.

ORGANISATION DU TRAVAIL.

Pendant que le bureau prépare la suite des épures, une brigade attaque l'opération avec la première épure prête ; elle se charge uniquement du tracé des alignements-enveloppes et de leur chaînage, du levé des angles, de l'implantation des balises et du tracé des courbes. Aussitôt qu'il y a la moindre longueur de charpente ainsi établie, la deuxième brigade commence le piquetage et, si la première n'avance pas assez vite, elle utilise le temps qui lui reste au levé des profils en travers, pendant que le bureau rapporte le travail exécuté sur le terrain.

CONSERVATION DU MATÉRIEL.

Les ouvriers seront responsables des plombs, chaînes, fiches, marques, vignettes et autres menus objets qui leur seront confiés et qu'il est bon de faire suivre dans des sacs ; ils le seront également des serpes, volants, marteaux, tarières, pelles et pioches.

Il arrive fréquemment que les jalons laissés dans les pâtures sont cassés au pied par les bestiaux. Les porte-mire les ramassent sans s'occuper des douilles et bientôt on n'a plus que des jalons hors d'usage. Il convient d'appeler l'attention de ces manœuvres sur ce fait. Tout jalon présenté cassé au pied doit être accompagné de sa douille et réparé sur place à bref délai.

Les conducteurs prendront à leur charge sur le terrain les menus frais de réparation d'outils de toute sorte. Cette dépense leur sera remboursée chaque mois.

TRACÉ ET CHAINAGE DES ALIGNEMENTS.

Les alignements dégrossis à l'aide des données de l'épure sont dressés au théodolite, comme nous l'avons dit. Nous n'insisterons pas sur les détails d'exécution déjà exposés au sujet de l'établissement de la ligne d'opération. Ces alignements sont chaînés de la même manière et la longueur adoptée est la moyenne des divers chaînages les plus concordants.

On aura soin de faire trancher à fond les haies, broussailles, genêts, bois, etc. pour le passage des lignes définitives et d'établir, pour les chaînages, une circulation commode, soit par des gradins dans les talus escarpés, soit par des gués en pierres dans les ruisseaux et autres endroits mouillés.

Les alignements sont repérés sur le sol, par des piquets assez nombreux pour qu'en plaçant des jalons, derrière ou encore, si l'on veut, dans des trous forés à la tarière sur la tête même des piquets, lesquels trous sont vérifiés à l'instrument, on puisse rétablir l'alignement avec toute la précision suffisante pour installer convenablement dans sa direction les piquets du profil en long.

Les piquets d'alignement sont plantés autant que possible aux passages des haies, sur les berges des chemins ; enfin partout où l'on juge qu'ils se conserveront le mieux sans grands dérangements ; on peut même les repérer par un chaînage approximatif qui, remis à la deuxième brigade, lui permettra de les retrouver à tout coup.

En outre des piquets d'alignement, les chaîneurs mettront provisoirement des repères, tous les 200 mètres ou plus, pour la vérification des distances ; ces repères sont simplement de petits piquets coupés sur place et sur la coche desquels on inscrit au crayon le chiffre trouvé (fig. 23). Ces piquets disparaissent, une fois le chaînage de l'alignement fixé et les points de contact déterminés et vérifiés par rapport à ces repères.

Fig. 23.

LEVÉ DES ANGLES ET BALISAGE.

Les sommets d'angles sont arrêtés bien exactement à l'intersection des deux alignements-enveloppes consécutifs à l'aide d'un jalon que l'on fait mouvoir jusqu'à ce qu'il soit entièrement couvert par les deux alignements. On fait ensuite à cette place un trou dans le sol et d'une certaine profondeur ; puis on enfonce au point juste du sommet une tige de fer carrée de $0^m,30$ à $0^m,40$ de longueur et de $0^m,01$ de côté. C'est au-dessus de ce repère que l'on placera la balise de manière que son axe porte sur la tête de la tige même et en son milieu.

Avant de placer la balise, on relève l'angle à l'aide du théodolite établi bien au-dessus de la broche au moyen d'un fil à plomb descendant du crochet fixé *ad hoc* à l'axe de la douille à ressort qui sert à

fixer l'instrument sur son trépied ; on le relève de la même façon dont
on a relevé les angles de la charpente lors du tracé de la ligne d'opération, c'est-à-dire que les angles sont lus directement toutes les fois
que c'est possible et par deux opérateurs, puis répétés par la méthode

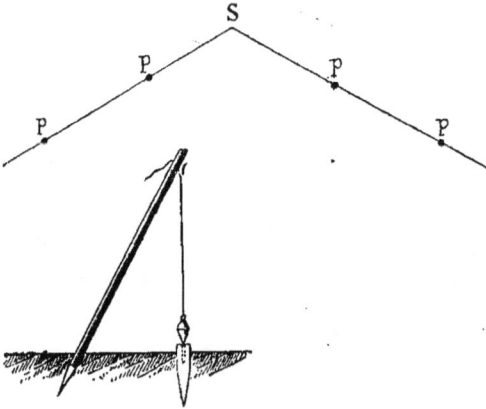

Fig. 24.

de Borda et que l'angle adopté est la moyenne des résultats les plus
concourants.

Le sommet d'angle est repéré par des piquets forés à la tarière placés sur les alignements-enveloppes ou leurs prolongements ; d'ailleurs
ces piquets, sur lesquels on place des jalons bien plombés ou des fils
à plomb qui pendent de l'extrémité des jalons inclinés et correspondent
aux axes des trous des piquets, ne sont utiles que pour voir si en ma-
çonnant la balise on ne la dérange pas de sa position obligatoire
(fig. 24).

La balise doit porter sur la tête de la broche en fer, et pour cela, on
peut même la scier normalement à son axe et sur la section ainsi déterminée, pratiquer d'un seul coup de ciseau une petite entaille carrée
de $0^m,01$ au plus de profondeur et qui s'adapte sur la tête de la broche,
de telle sorte qu'en posant simplement et verticalement la balise ainsi
préparée, on est sûr de lui donner sa position vraie (fig. 25).

La trou est creusé de $0^m,40$ environ pour recevoir les deux premières assises sous le cône maçonné de 1 mètre de diamètre à la base et
qui doit maintenir la balise (fig. 25).

Ce trou a une section circulaire ou carrée, peu importe, mais il est

rempli entièrement par la maçonnerie qui est faite sous la surveillance du piqueur ou du surveillant, pendant que le conducteur s'occupe du tracé des courbes.

La maçonnerie des balises (à mortier bien entendu) est encore le plus efficace de tous les systèmes. Sans doute on peut employer d'autres

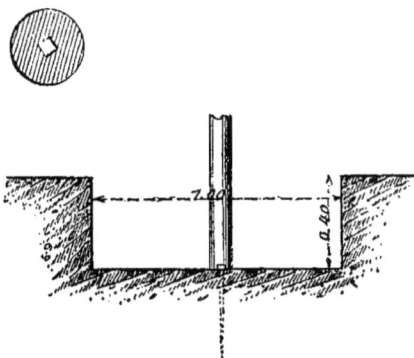

Fig. 25.

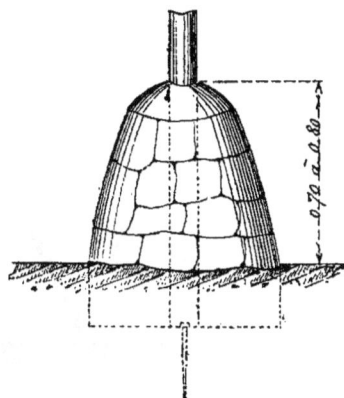

Fig. 26.

procédés (voir fascicule nº 3, *Conservation des tracés*) ; seulement il est à remarquer, que lorsqu'on emploie des cônes en terre gazonnée, les balises se pourrissent très rapidement au sommet de ces cônes et périssent uniformément par ce point de transition entre le séjour du bois à l'air libre et celui du bois caché sous terre.

Dans les cônes maçonnés à mortier le fait se produit moins rapidement, surtout si on termine le cône par une chape qui éloigne les eaux du fût de la balise (fig. 26).

Ces cônes ont de 0ᵐ,70 à 0ᵐ,80 de hauteur, pour permettre au besoin de raser la balise, par exemple en fin de travaux, et d'établir au-dessus du tronc le théodolite afin de retrouver à travers les terrassements les alignements primitifs.

Tout le monde sait que les balises sont peintes à l'huile, de mètre en mètre, à partir du sommet et en noir et blanc en commençant par une partie blanbhe ; l'opposition de ces deux couleurs est préférable, pour la vue en tout temps, à d'autres couleurs combinées, le blanc et le rouge par exemple.

Quelques auteurs (Cambier, guide pratique pour les études, expropriations, etc., 1879) indiquent qu'on les surmonte d'une flamme de ca-

licot composée de deux bandes rouge et blanche. C'est du superflu, bon pour une étude provisoire, pour une balise d'extrémité placée pour un jour sur un grand alignement de charpente d'opération, mais pour les balises d'un tracé définitif qui peuvent rester en place de 2 à 3 ans, c'est complètement inutile ; dès que la pluie a mouillé le drapeau, s'il flotte au vent, il se lacère, s'effiloche, devient en peu de temps une véritable loque et finit par s'en aller entièrement. Des partisans convaincus du drapeau proposent de l'ourler à chacun de ses bords pour l'empêcher de s'effilocher, mais cette précaution ne peut retarder que sa destruction, sans l'arrêter complètement.

Certains conseillent d'employer des girouettes en tôle peinte ; tout cela n'est que motif à décoration sans aucune valeur pratique. La balise peinte, par elle-même, suffit amplement.

La longueur variable des balises est utilisée d'après leur position ; on réserve les plus courtes pour les sommets, les plus longues pour les bas-fonds.

Les balises sont en outre contreventées par 3 ou 4 jambes de force, jusqu'à ce que le mortier ait fait prise. On enlève ensuite ces jambes de force pour les remplacer par un système de défense utile surtout dans le cas que nous allons examiner.

ÉPINAGE ET PROTECTION DES BALISES DANS LES PAYS DE PATURAGES ET D'EMBAUCHES

Dans ces contrées les balises ont besoin d'être garanties contre les attaques des bestiaux. Pour ces motifs il convient de les faire entourer d'un fagot d'épines très serré de 1^m,50 de hauteur ; les extrémités de ces épines seront fichés en terre de 0^m,15 à 0^m,20. Le fagot sera disposé en cône, relié par des rouëttes (liens de bois vert tordu) recouvertes un peu par des branches d'épines, afin que le bétail ne les soulève pas à coups de corne. Cette précaution n'est pas toujours suffisante. Dans certains cas on est obligé de faire une enceinte de 1^m,50 environ de diamètre, autour du cône maçonné, avec des pieux garnis de branches qui s'entrelacent horizontalement autour d'eux, de manière à former une sorte de gabion. Les branches du dessus doivent être clouées sur les pieux, sans quoi les bœufs les soulèveraient encore et détruiraient le clayonnage.

Un autre procédé plus simple et qui, après expériences, paraît le meilleur consiste à planter dans la balise même, jusqu'à la hauteur de

1m,50, des pointes que l'on affûte ensuite à la lime et dont le piquant arrête les animaux (fig. 27).

C'est aussi un obstacle pour les enfants qui cherchent moins à grimper après les balises ainsi armées et dont la conservation devient par suite plus assurée.

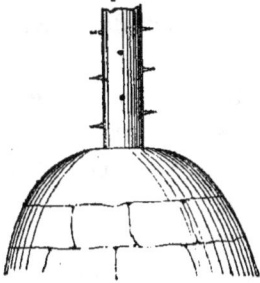

Fig. 27.

TRACÉ DES COURBES.

Le tracé des courbes se fait au théodolite Ce procédé est exposé tout au long dans les fascicules 2 et 5 des *Regains scientifiques*, avec tous les détails possibles; la comparaison de ce procédé y est faite avec tous les autres, et les cas spéciaux y sont examinés avec tant de développement que nous croyons inutile d'y revenir ici ; ajoutons que l'on a toujours fait certain mystère du tracé des courbes, et même on entend encore aujourd'hui des auteurs (Cambier, *Guide pratique*, 1879) dire que les courbes peuvent être tracées à l'aide des renseignements fournis par les tables, mais que cependant il serait plus régulier de faire un calcul spécial pour chaque courbe et d'en reporter le résultat sur le terrain. Ces auteurs vous diront, par exemple, que, connaissant le développement d'une courbe d'après l'angle au sommet et le rayon, il faut diviser sa courbe en un certain nombre pair de parties égales, dont on calcule les abscisses et les ordonnées, puis tracer sur le terrain ces mêmes coordonnées, etc. Or, en pratique on n'emploie guère que des courbes de rayons, en nombres ronds (300, 350, 400, 450 mètres, etc.), et pour ainsi dire jamais des courbes d'un rayon singulier, tel que 503m,47 par exemple.

Les tables du fascicule n° 5 donnent les angles correspondant à des rayons variant de 50 mètres et compris entre 200 et 1000 ; elles donnent ensuite les angles des courbes de 1100 jusqu'à 2000 mètres, puis enfin les courbes de 2500 et 3000 mètres dont l'emploi peu fréquent est environ la limite supérieure des rayons usités. Mais eût-on encore affaire à un rayon isolé tel que 503m,47, il est encore sitôt fait de calculer les angles correspondants à ce rayon, pour des arcs variables de 10 mètres en 10 mètres, que le tracé par le théodolite ne cesse pas d'être applicable dans tous les cas particuliers.

Enfin il n'est pas nécessaire qu'une courbe soit exactement formée d'un nombre pair d'arcs égaux, uniquement; par le tracé au théodolite on obtient à partir de chaque point de tangence deux systèmes d'arcs de 10 mètres qui vont se fermer sur la bissectrice par deux arcs plus petits que 10 mètres, mais égaux entre eux. La courbe est donc établie avec toute la symétrie désirable. Dans le cas d'une sous-tangente auxiliaire, la courbe est tracée par quatre arcs symétriques deux à deux et les deux moitiés de la courbe sont encore symétriques, si l'on fait usage de la sous-tangente passant par son sommet.

En outre le tracé au théodolite a sur tous les autres un avantage immense : c'est que la courbe se trouve chaînée par son propre tracé et qu'ainsi la longueur du développement trouvée par le calcul doit se reproduire sur le terrain et s'y vérifier.

On commencera donc par établir, connaissant le rayon du projet, la bissectrice en même temps qu'on lève l'angle du sommet. Cette bissectrice s'obtient avec des tables dressées à cet effet ou par un calcul direct. On ouvrira à l'instrument la moitié de l'angle du sommet et sur la direction ainsi déterminée, on fera chaîner, à partir de la tête de la broche en fer, la longueur de la bissectrice.

Puis on passera au calcul des tangentes qu'il faudra faire chaîner aussi très exactement à plusieurs reprises et que l'on arrête enfin, à la distance exacte pratiquement, par une pointe placée sur la tête d'un piquet ou encore par un piquet foré d'un trou susceptible de recevoir un jalon. L'exactitude du tracé de la courbe dépend surtout de celle des points de contact et de bissectrice qui servent de stations pour l'instrument; une fois les tangentes déterminées, on n'a plus besoin du sommet d'angle tel qu'il est représenté par la broche en fer et on peut installer au-dessus la balise dont l'axe pourra guider encore dans les opérations postérieures.

Nous n'entrerons dans aucun détail sur le tracé des sous-tangentes et autres constructions que l'on trouve développées partout. D'ailleurs, le cas le plus anormal est celui-ci :

Supposons deux alignements-enveloppes qu'il est impossible de continuer sur le terrain au-delà des points A et B. On joint AB ou A'B ou deux autres points quelconques m et n appartenant chacun aux alignements en question (fig. 28). Considérons la ligne mn par hypothèse; on relève les angles α et β; l'angle du sommet indéterminable S est égal à $\omega = \alpha + \beta - 180°$; cet angle ω sert à calculer les tangentes

ST et ST'. On chaîne mn et avec les angles $\alpha' = 180° - \alpha$ et $\beta = 180° - \beta$, on calcule Sm et Sn. Connaissant ST et ST', on a, en retranchant de ces quantités les valeurs de Sm et Sn, les longueurs nT et mT' que l'on

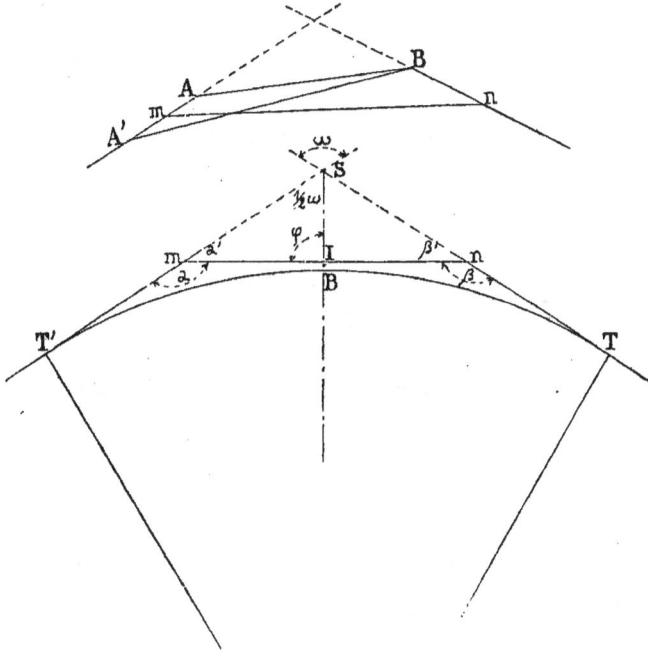

Fig. 28

chaîne sur le terrain en arrière de m et de n et qui donnent les points de contact. On calculera de même SI et mI avec α', $\frac{1}{2}\omega$ et Sm et comme SB est donné par la connaissance de l'angle ω, on aura au point I la direction IB par l'angle $\varphi = 180 - \alpha' - \frac{1}{2}\omega = \alpha - \frac{1}{2}\omega$, la longueur IB et par suite le point B.

Autrement on peut encore calculer la sous-tangente avec l'angle ω et la tangente ST, établir les sous-sommets S' et S'', etc. Tous ces calculs courent les rues et ce serait perdre son temps que de s'y arrêter, autant que de parler ici des quatre opérations premières, sur les nombres entiers.

Le passage d'une courbe doit être complètement dégagé sur le sol, à la rencontre des haies, broussailles, bois, etc. et facilité en un mot

comme circulation, de manière que rien ne gêne le chaînage et le tracé.

Les piquets de courbe placés tous les 10 mètres pour favoriser la pose de ceux du profil en long, le levé des profils en travers, le chaînage entre ces piquets, etc., se font en rondins de $0^m,06$ à $0,10$ de diamètre et de $0^m,50$ de longueur. Les plus forts sont réservés pour les points de contact et les bissectrices : ces piquets choisis sont, en outre, peints au minium sur la tête et reçoivent une couche peinte en blanc sur laquelle on marque avec des vignettes la lettre T pour les points de tangence et B pour ceux des bissectrices (fig. 29).

Fig. 29.

Certains opérateurs marquent O. C. (origine de la courbe) F. C. (fin de la courbe), C. C. (commencement de la courbe), etc. D'autres, sans donner de sens à la direction de la courbe, marquent P. C. ou P. T. (point de contact ou de tangence) : toutes ces distinctions n'ont pas grande importance.

De même les bissectrices sont parfois désignées par les lettres S. C. (sommet de courbe) ou M. C. (milieu de courbe) et, quand il y a des sous-tangentes qui subdivisent les courbes en deux parties, les sous-bissectrices deviennent S. C. et la bissectrice principale S. T. comme faisant partie de la sous-tangente ; mais, dans l'intervention d'une sous-tangente, intervention qui ne doit avoir lieu que pour les grandes courbes ou encore dans le cas de sommets inaccessibles, on peut considérer le tracé comme formé de deux courbes consécutives tangentes, et, par suite, la lettre T suffirait pour marquer le point de contact commun.

Sur cette question de désignations, le plus simple est le meilleur et l'essentiel est surtout que les piquets soient bien à leur place comme distances et alignement.

PIQUETAGE, CHAINAGE ET NIVELLEMENT DU PROFIL EN LONG.

La deuxième brigade exécute, à la suite de la première, les piquetage, chaînage et nivellement du profil en long.

Le piquetage se fait au moyen de gros piquets en chêne, portant une encoche et coûtant à peu près 0f,30 la pièce.

La section de ces piquets est de $\dfrac{0,08}{0,08}$ à $\dfrac{0,10}{1,10}$, la longueur est de

0ᵐ,70 ; l'encoche a 0ᵐ,11 à 0ᵐ,12 de hauteur et la profondeur de l'entaille est de 0ᵐ,03.

La tête de ces piquets est peinte à l'huile, en blanc et à deux couches. Sur cette peinture on met en noir avec des vignettes les chiffres et lettres nécessaires à la désignation des piquets (fig. 30.

Un autre système consiste à clouer sur les piquets, de petites plaques en tôle ou en zinc, poinçonnées suivant les indications voulues. Ces petites plaques sont généralement enlevées par la malveillance.

Un 3ᵐᵉ système consiste à marquer les piquets avec des marques à feu, il faut, pour cela, 24 caractères et 10 chiffres coûtant 1 fr. la pièce et un fourneau portatif coûtant 10 fr. Ce système n'est pas non plus très avantageux. Quelquefois on se trompe de marque entre le C et le G, par exemple, entre le 6 et le 9, ou bien le fer est trop chaud ou il ne l'est pas assez et l'indication n'est pas bien nette. Les caractères marqués se remplissent souvent de terre,

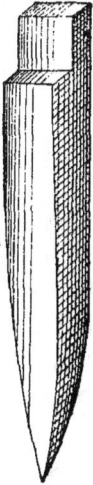
Fig. 30.

En somme, l'emploi de la peinture est préférable ; les piquets sont plus voyants et présentent, même aux yeux du public, un caractère officiel qui en assure un peu mieux la conservation.

Le piquetage définitif se fait en plaçant tous les profils nécessaires pour relever en voie courante ou en gare le volume des terrassements ; pour établir les profils en voie courante, on consulte la forme du terrain aux abords du piquet, mais dans les gares il y a lieu de tenir compte en plus, et suivant le projet de la gare, des terrassements éloignés de l'axe.

Les projets de gare se font généralement au bureau des ingénieurs, d'après les données des plans d'études ; un calque en est délivré au chef de section et les dispositions générales qui y sont adoptées guident dans l'emplacement des profils en travers ; du reste, il est rare que, dans la suite, on n'en vienne pas à intercaler des profils supplémentaires calculés ou relevés directement. L'essentiel est donc, dans le piquetage du profil en long, de placer ses piquets de manière à relever la forme du terrain le plus exactement possible, sur une largeur transversale donnée par la forme du projet. C'est là le triomphe de l'opérateur et c'est un résultat auquel l'on n'arrive que par la pratique, l'exercice, l'habitude et l'observation du principe suivant, à savoir :

que la surface du sol doit être considérée comme produite par une génératrice qui se meut parallèlement à l'axe du tracé, à droite et à gauche, en s'appuyant constamment sur les périmètres de deux profils consécutifs, sans laisser ni saillie, ni dépression (au-dessus et en-dessous de la surface ainsi engendrée) qui ne viennent à se compenser lorsqu'elles existent.

Le chaînage du profil en long se fait en cumulant les longueurs à partir de l'origine ; les piquets sont placés en général à des distances intermédiaires en chiffres ronds de mètres ou de demi-mètres ; il ne faut employer d'autres subdivisions que lorsqu'on ne peut faire autrement et encore il faut s'arrêter au décimètre afin de ne pas compliquer le rapport du profil en long. Sur la tête de chaque piquet on place une pointe marquant où s'arrête le chaînage qui lui correspond.

Le chaînage général du tracé doit reproduire la somme des alignements intermédiaires et des développements de courbes, telle qu'elle résulte du cumul de ces quantités donné par la charpente. Les feuilles de ce tracé sont remises au conducteur chargé du piquetage et il a ainsi dans cette charpente, à tous les points de tangence et de bissectrice, des repères sur lesquels son chaînage doit se refermer.

Celui de la charpente a d'ailleurs été vérifié, comme il a été dit, par les soins tout particuliers donnés à l'établissement des points de contact et au tracé des courbes. Les alignements intermédiaires sont déduits des distances entre sommets, diminuées des deux tangentes correspondantes. Ce chaînage est donc le résultat d'opérations multiples et contrôlées ; par suite la charpente peut servir de repère et de guide dans la pose des piquets de profil en long.

Lorsque ce profil est ainsi piqueté sur une certaine longueur et que le conducteur a relevé, dans ce même chaînage, tous les points singuliers du profil en long, rencontres de chemins, fossés, murs, talus, ruisseaux, etc... il procède au nivellement des piquets à l'aide des repères qui ont servi dans le parachèvement des études ; partant d'un repère et passant sur la série des piquets, il va se refermer au repère le plus voisin. Cette fermeture doit se faire au centimètre.

Pendant que le conducteur avance son piquetage, le piqueur venant en arrière vérifie le chaînage et fait marquer avec des vignettes les indications des piquets. Il vérifie également les cotes de ces piquets qui lui sont remises au fur et à mesure par le conducteur et ce, pour éviter des erreurs de lecture et de façon que la partie du tracé pique-

tée, chaînée et nivelée soit arrêtée définitivement avant d'aller plus loin.

Les brèches de toute nature et notamment celles dans les haies vives ne sont closes solidement qu'après la vérification du piquetage définitif, et elles sont fermées de manière à permettre de les traverser facilement à nouveau. A cet effet il y aura, de chaque côté de la clôture sèche arrivant à 1 mètre de hauteur, un pieu fourchu destiné à appuyer le pied et, dans la fermeture elle-même, un pieu s'élevant au-dessus d'elle, pieu de 2 mètres de longueur dont 0ᵐ,50 en terre (fig. 31). Ce pieu sert comme point d'appui dans la montée et la descente. Ce système, il est vrai, est plus pénible pour la circulation que l'emploi de portillons ; mais les portillons ou sont laissés ouverts, ou sont déracinés, ou encore garnis, par les propriétaires, d'épines qui en rendent le maniement impossible : dès lors, il vaut mieux faire ce que l'on appelle en style de campagne « un échalier », ainsi qu'il vient d'être indiqué, permettant de franchir la haie sans que celle-ci cesse de faire obstacle à la sortie des bestiaux.

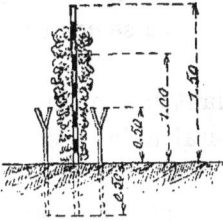
Fig. 31.

Les piquets de tout genre et le matériel laissés en arrière sont ramenés en avant et portés dans la direction du travail par les soins du piqueur de la deuxième brigade, qui forme ainsi l'arrière-garde de la troupe en opération.

INDICATIONS A PLACER SUR LES PIQUETS DE PROFILS EN LONG.

Ordinairement ces indications sont provisoires et représentent de simples numéros d'ordre, 1, 2, 3, 4, etc., lorsque le numérotage peut être arrêté par quelque lacune ou variante ; mais si ces cas d'arrêt ne doivent pas exister, alors il faut employer tout de suite le système adopté pour la rédaction du profil en long.

Ce système est variable suivant les services, et pour n'examiner ici que quelques exemples :

1° On note les kilomètres, les hectomètres, et chaque piquet de profil en travers est classé entre 2 hectomètres consécutifs et désigné par une lettre de l'alphabet. Ainsi, entre les kil. 2 et 3 et les hectom. 7 et 8, on aura les piquets 7a, 7b, 7c, 7d, 7e, etc.;

2° On note les kilomètres ; mais les hectomètres, au lieu d'être dési-

gnés par les chiffres 1, 2, 3, 4, etc., sont désignés par les chiffres 5, 10, 15, 20, etc.; entre les kil. 2 et 3 et les hectom. 30 et 35 (6 et 7 du système précédent), on aura également les piquets 30 *a*, 30 *b*, 30 *c*, 30 *d*, etc.;

3° On note les kilomètres, mais les hectomètres sont numérotés à partir de l'origine du chaînage. Ainsi, entre les kil. 2 et 3, les piquets hectométriques seront désignés par 21, 22, 23, 24, etc., et les piquets intermédiaires par *a*, *b*... 45 *b* est ainsi le profil situé au point *b*, entre les hectomètres 45 et 46, à partir de l'origine, ou, autrement dit, entre les kilomètres 5 et 6 après le kilom. 4. On n'a pas besoin d'inscrire le kilomètre, puisqu'il est donné par le numéro de l'hectomètre, nombre qui représente des unités de centaines de mètres et dont les dizaines donnent, dès lors, les kilomètres ;

4° On note les kilomètres seulement, et, entre deux kilomètres quelconques, les piquets sont désignés non pas par des lettres, mais par des numéros. Ainsi, entre les kilomètres 6 et 7, on a les piquets 1, 2, 3, 4, 5... 26, 27, 28, 29, soit 29 profils, et on les indique sur la coche du piquet, comme le représente la fig. 32, qui désigne le 18ᵉ profil en travers après le kilom. 6. Les hectomètres peuvent être inscrits sur le côté du piquet, quand ils tombent sur des piquets, ce qui n'arrive pas couramment.

Fig. 32.

Ces quatre systèmes ont été ou sont encore employés dans la Compagnie P.-L.-M., et si l'on consultait le dossier des quarante et quelques compagnies existant en France, il est probable que l'on découvrirait encore une foule de nomenclatures, cherchant toutes à se distinguer les unes des autres et perdant par suite leur véritable point de vue, qui est la simple application du système métrique décimal à l'évaluation des longueurs mesurées sur la ligne donnée.

Le système n° 1 est celui qui rentre le mieux dans cette application ; il donne le point à moins de 100 mètres comme position et en suivant parfaitement la numération écrite ou parlée du système métrique, kilomètres ou hectomètres.

Dans le système n° 2 qui est bizarre, on désigne par 5 l'hectomètre 1, par 10 l'hectomètre 2, par 15 l'hectomètre 3, etc., comme si on voulait rappeler qu'il a fallu 5 chaînées d'un double décamètre (maximum de chaîne usitée sur les travaux) pour l'hectomètre 1, 10 chaînées pour l'hectomètre 2, etc.

Le système n° 3, quoique renfermant dans l'énoncé d'un hectomètre la valeur du kilomètre, n'est pas absolument conforme au langage arithmétique usuel ; si l'on veut décomposer un nombre en ses unités décimales, on dira, par exemple : 9 centaines, 3 dizaines, 7 unités pour le nombre 937, mais on ne dira ni 93 dizaines, plus 7 unités, ni 9 centaines plus 37 unités ; par conséquent, appeler un piquet h. 28. b pour désigner que c'est le piquet situé après le kilom. 2 et l'hectom. 8, n'est pas aussi régulier que de le spécifier par l'énoncé K 2, hect. 8. b.

Quant au système n° 4, c'est le plus singulier et le moins régulier de tous. Si nous considérons le 26ᵉ profil placé entre les kilom. 12 et 13, rien d'abord ne nous donne l'idée de la distance de ce profil 26 au kilom. 12 ; nous savons seulement qu'il est situé entre les kilom. 12 et 13, et généralement plus près du 13 que du 12, car il est rare de dépasser 40 profils par kilomètre ; cependant dans les terrains accidentés, on pourrait arriver, suivant les cas, à des chiffres supérieurs. Les profils peuvent être ensuite plus resserrés dans la première partie du kilomètre que dans la deuxième ; de sorte qu'en somme il y a certitude relative sur la position du point, et, au lieu d'être comme précédemment circonscrite entre 2 hectomètres, la distance inconnue ne l'est plus qu'entre deux kilomètres : l'indécision a décuplé pour ainsi dire.

Enfin, dans le langage courant, pour énoncer ou écrire le 18ᵉ profil en travers après le kilomètre 6, on se sert généralement de la forme 6¹⁸.

En bon français et en bonne arithmétique, 6¹⁸ c'est le résultat donné par l'élévation du chiffre 6 à la dix-huitième puissance.

On renverserait l'ordre des chiffres et l'on désignerait le point par 18⁶ (profil 18 après le kilom. 6), on l'appellerait 18⁷ (profil 18 avant le kilom. 7), ou même 7¹⁸ qu'en somme jamais on ne pourrait fixer les idées au sujet de la position du piquet qu'à moins d'un kilomètre.

L'ingénieur Lefort, si connu par ses tables de calcul, recommande à ses collègues, dans l'introduction des dites tables, de faire disparaitre de leurs bureaux l'habitude qu'ont beaucoup d'employés de séparer par des virgules les groupes de trois chiffres et par des points les parties entières des parties décimales, tout en ajoutant : le point et la virgule ont une signification mathématique que les ingénieurs sont tenus à respecter au même titre que les règles de la grammaire.

Que pourrait-il donc penser de l'expression 18⁶ ou 6¹⁸ pour désigner **un piquet situé après un kilomètre donné ?**

Au fond ce n'est qu'une convention aussi valable que l'expression $a^{-\frac{2}{3}}$ pour présenter $\sqrt[3]{\dfrac{1}{a^2}}$, c'est-à-dire la racine cubique du quotient de l'unité par le carré de la quantité *a*, mais il faut autant que possible réduire le nombre des conventions administratives et même scientifiques, et de manière à ne pas amener de confusions dans leur acceptation, leur application et leur emploi.

Aussi le piquetage le plus simple et le plus rationnel nous paraît être celui qui énonce les kilomètres et les hectomètres en appelant ces derniers par leurs numéros naturels, 1, 2, 3, etc. et non par les nombres 5, 10, 15 etc., qui, désigne ensuite les piquets par des lettres entre deux hectomètres consécutifs quelconques, ou repère un point immédiatement, par sa distance complémentaire à l'hectomètre précédent.

Ainsi le point *k*. 27. *h*. 4. *b*. peut être désigné par *k*. 27, *h*. 4 + 45^m, ce chiffre 45 étant la distance du point *b* à l'hectomètre 4 et le point *k*. 27. *h*. 4. *b* + 3,20 peut être désigné à son tour par *k*. 27. *h*. 4 + 48^m,20

Mais si on a dans le 4e système à énoncer la distance du piquet 40 au kil. 23, il faut additionner la somme des distances des 40 piquets de profil, tout au moins se rattacher à l'hectomètre le plus voisin, lorsque les hectomètres ont été plus particulièrement spécifiés ; il y aura donc toujours un calcul à faire pour apprécier cette distance.

Si on a à désigner en outre un point intermédiaire entre deux profils 23^{40} et 23^{41}, on l'énonce généralement 23^{40} + 13^m,20 par exemple, mais cette nomenclature n'est pas du tout explicite et ce procédé n'a enfin que le minime avantage de faire voir le nombre de profils qu'il y a entre deux kilomètres ; seulement il ne rentre pas dans l'esprit d'un comptage de distances régulier, rapporté à la numération décimale et réglé dans les conventions du système métrique.

Quelle que soit la méthode adoptée, on écrit ces indications sur la coche peinte en blanc des piquets, en noir et avec de la peinture à l'huile, et, dans les pays d'embauches et dans les pâturages, on recouvre les piquets ainsi peints de quelques branches d'épines pour empêcher les bestiaux de venir les lécher et les barbouiller avant le séchage de la couleur.

Les vignettes employées ont comme dimensions de lettres et de caractères 0^m,03 de hauteur sur une largeur généralement inférieure

Fig. 33.

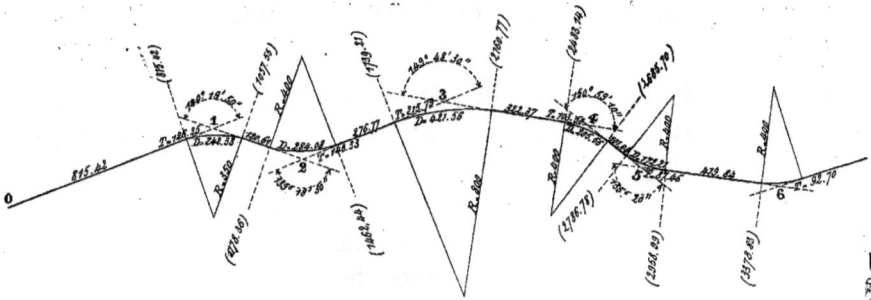

Fig. 34.

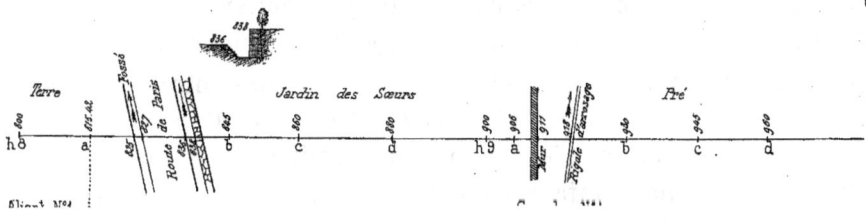

et comprise suivant la nature des lettres et chiffres entre 0ᵐ,02 et 0ᵐ, 03.

Cette peinture est faite sous la direction du piqueur qui oriente ses indications d'après le chaînage cumulé qui lui a été remis *à priori*.

FEUILLE DE CHARPENTE DU TRACÉ DÉFINITIF (DRESSEMENT ET USAGE).

Le spécimen donné figure 33 sur 3 kil. 3 hect. + 78ᵐ,83 renferme les angles relevés sur le terrain, les tangentes, les développements des courbes, les alignements. A une plus grande échelle, on y joint encore les distances entre sommets d'angles 0 à 1 = 941,67, 1 à 2 = 395,19, 2 à 3 = 640,89, etc., et aussi les bissectrices (1) = 22,07, (2) = 26,62, (3) = 28,60, etc..... enfin les distances cumulées des points de contact à l'origine du chaînage, telles que 815,42, 1057,55, 1178,36, etc., figurent toutes sur le croquis.

Ce croquis est envoyé tout d'abord au bureau qui, après avoir vérifié les développements, les bissectrices, tangentes, etc., en remet aux conducteur et piqueur du piquetage des expéditions simplifiées qui ne contiennent ni les angles, ni les bissectrices, mais simplement les développements des courbes, les alignements intermédiaires, les tangentes même en cas de vérification, et surtout les abscisses cumulées des points de contact à partir de l'origine, points qui forment autant de repères pour le chaînage du profil en long.

Le croquis complet sert ensuite au bureau pour le rapport de ce même profil.

L'ensemble des croquis analogues forme un cahier à conserver dans les archives de la section.

FEUILLE DE PIQUETAGE DU TRACÉ DÉFINITIF
(DRESSEMENT ET USAGE).

Ces feuilles renferment tous les détails du terrain rencontrés par le profil en long, tels que routes, murs, rigoles d'irrigation, fossés, etc. Des coupes au besoin seront ajoutées sous forme de croquis comme le montre la fig. 34. Le chaînage du piquetage en cotes cumulées devra se refermer sur les points de tangence des courbes (ici la cote 815,42) au *k. o. h.* 8. *a*, profil levé au point de contact exceptionnellement, car il n'est pas nécessaire de lever des profils ni aux hectomè-

tres, ni aux kilomètres, ni aux points singuliers des courbes, contacts et bissectrices ; mais, chaque fois qu'on le peut, cela fait disparaître deux cotes de rattachement sur le profil en long qui, ainsi, se trouve simplifié.

Nous ne pouvons, à l'échelle ci-dessus, indiquer avec de grands détails tout ce que doit comporter une feuille de piquetage, et notamment les cotes noires que l'on place, entre parenthèses, au droit des divers profils.

Chaque feuille, ainsi dressée, sert d'abord au piqueur pour vérifier, *grosso modo*, le chaînage et le nivellement, c'est-à-dire pour éviter les grosses erreurs d'écriture, de lecture ou de calcul ; puis elle est envoyée au bureau de la section, où l'ensemble des feuilles analogues, après avoir servi à la rédaction du profil en long, constitue également une pièce à garder dans le dossier du projet.

RAPPORT DU PROFIL EN LONG.

Le profil en long est rapporté comme coupe du terrain et indications diverses, au fur et à mesure de l'arrivée au bureau des feuilles de charpente et de piquetage correspondantes.

Les types de profils en long varient dans les diverses compagnies et les divers services d'ingénieurs. Autant que faire se peut, chacun veut se distinguer à tout prix. On ne connaît donc pas de type rationnel uniformément suivi.

Le type qui, toutefois, résume le mieux les dispositions générales à l'ensemble de ces pièces, comprend, en commençant dans l'ordre d'exécution du dessin, c'est-à-dire par le bas du papier :

1° L'indication des alignements droits et des courbes ;
2° L'indication des déclivités (pentes, rampes et paliers) ;
3° Les distances kilométriques ;
4° Les distances hectométriques ;
5° Les distances entre profils ;
6° Le plan de comparaison ;
7° Les cotes du terrain ;
8° Les cotes de la plate-forme des terrassements ;
9° Les indications des routes, chemins et cours d'eau ;
10° Les cotes de déblai et de remblai ;

11° Les indications des ouvrages projetés (P à N, aqueducs, ponts, etc.);

12° Les agglomérations de maisons et lieux dits ;

13° Les noms et longueurs des communes traversées ;

On trouve incidemment sur certains profils :

14° L'indication des sondages ;

15° Les cotes des hautes eaux.

Maintenant, les uns mettent les pentes, rampes et paliers immédiatement au-dessus de l'indication des alignements droits et des courbes ; les autres les mettent au sommet du dessin, au-dessous des lieux dits et des longueurs et désignations des communes traversées ; ou bien certains remplacent les indications des ouvrages d'art par celles des chemins, routes et cours d'eau, et inversement ; bref, les profils varient par les dispositions de détail que chacun a été à même de comparer souvent et auxquelles il ne convient pas d'attacher plus d'importance que n'en comporte la réalité.

Les échelles les plus usitées sont :

| Pour les longueurs. . . . . | 0.0002 | 0.0001 | 0.0002 |
| Pour les hauteurs . . . . . | 0.001 | 0.002 | 0.002 |

On fait aussi des profils de détail dont les échelles sont :

| Pour les longueurs. . . . . | 0.0005 | 0.001 |
| Pour les hauteurs . . . . . | 0.0025 | 0.005 |

Ces profils, que l'on peut surcharger d'indications telles que désignations des tranchées, des remblais, cubes, mouvements de terres, etc., conviennent surtout pour l'exécution des travaux, mais pour une ligne ou une section d'études de 30 à 40 kilom. on prend l'échelle de 0.0002 et 0.001, afin de ne pas avoir un dessin trop volumineux.

On commence donc par rapporter, à l'aide de cette échelle, les droites et les développements des courbes fournies par les feuilles de la charpente, puis les distances kilométriques et hectométriques qui en résultent, et ensuite, avec les feuilles de piquetage, les ordonnées du terrain rapportées au plan général de comparaison.

Ce plan est remplacé ensuite par un autre, par une série d'autres, destinés tous à maintenir la ligne du terrain dans une position convenable sur le papier, au moyen de chutes successives s'il est besoin. C'est là tout ce que fournissent les feuilles de charpente et de piquetage, et pour compléter le profil en long, comme indications indépendantes du projet, il faut encore recourir aux recherches accessoires ci-après.

INDICATIONS DES ROUTES, CHEMINS ET COURS D'EAU.

Ces indications doivent être très précises, et, pour les obtenir avec certitude, il faut, pour les routes, consulter les données de l'administration des ponts et chaussées, et pour les chemins vicinaux et ruraux, prendre copie dans les communes des tableaux de classement de ces chemins.

Les données de ces tableaux n'ont pas toujours été suivies dans l'avant projet soumis à l'approbation ministérielle. Il faut, par suite, les contrôler et les vérifier dans l'établissement du dossier définitif.

On fait donc prendre copie dans les mairies :

1° Du tableau de classement des chemins vicinaux ;

2° Du tableau de classement des chemins ruraux.

Souvent ce dernier n'existe pas ; parfois, il est annexé à la suite du 1er tableau.

En thèse générale, ces tableaux se composent de 13 colonnes, dont la teneur est :

1° Numéro d'ordre des chemins ;

2° Nom du chemin ;

3° Désignation du point où il commence ;

4° Désignation du lieu vers lequel il tend, des lieux qu'il traverse, tels que hameaux, fermes, usines, etc.;

5° Désignation du lieu où il se trouve ;

6° Longueur sur le territoire de la commune ;

7° Largeur moyenne actuelle du chemin ;

8° Largeur proposée par l'agent voyer ;

9° Largeur proposée par le conseil municipal ;

10° Largeur proposée par le sous-préfet ;

11° Largeur fixée par le préfet ;

12° Titre du chemin (vicinal ou de grande communication, ou d'intérêt commun) ;

13° Observations.

Les tableaux des chemins ruraux ne renferment pas les colonnes 8, 9, 10 et 11.

En un mot, on prendra le classement de toutes ces voies de communication, afin de bien donner à celles rencontrées par le tracé la dénomination portée dans les tableaux.

Quant aux cours d'eau, il suffit de relever leurs noms au cadastre

PREMIERS EXTRAITS CADASTRAUX.

On calquera également dans les mairies, au crayon simplement, des extraits cadastraux de chaque commune et dans une zone assez restreinte avoisinant le tracé ; on s'attachera à copier avec exactitude seulement les noms des lieux dits, puis en plaçant le projet en plan sur ces extraits cadastraux, à l'aide des repères donnés par les maisons, les carrefours et autres particularités du plan d'études, on pourra recueillir la série des lieux dits à faire figurer sur le profil en long ; il conviendra de ne pas trop multiplier les noms de ces lieux dits, s'ils sont très serrés par la nature des choses, mais de ne mettre que les principaux d'entre eux.

LIMITES DES COMMUNES.

Pour bien établir les limites des communes, au lieu de s'en rapporter aux extraits cadastraux et à des cotes prises à l'échelle, il vaut mieux après avoir déterminé entre quels piquets du profil en long se trouvent ces limites, les vérifier et les rattacher au piquetage sur le terrain même, avec l'assistance des instituteurs, gardes-champêtres, conseillers municipaux ou autres personnes en état de les indiquer sérieusement. Ceci est d'autant plus important que les longueurs de traversées ainsi déterminées seront définitives pour toutes les pièces du dossier, parcellaire, notices, etc.

Enfin, il est inutile de rappeler qu'il doit y avoir un accord complet entre :

1º La somme des alignements droits et des développements des courbes ;

2º La somme des distances kilométriques complétée par le kilomètre final ;

3º La somme des distances hectométriques complétée de la même façon ;

4º La somme des distances entre piquets ;

5º La somme des longueurs des communes traversées.

On arrivera forcément à ce dernier résultat en relevant les limites des communes sur le terrain et en les rattachant au piquetage.

POPULATION DES COMMUNES.

Il convient également de prendre dans chaque mairie ou au chef-
lieu du canton le chiffre exact de la population de chaque commune,
ainsi que celui des communes distantes du tracé jusqu'à plusieurs kilomètres (6, ordinairement); ces notes servent lors de la rédaction du
plan général qui doit accompagner le profil en long.

EXTRAIT DU PLAN AU $\frac{1}{10.000}$

Enfin, pour ne pas avoir à retourner aux mairies avant le lever du
parcellaire, on pourra calquer très exactement le plan à $\frac{1}{10.000}$, dans
la partie qui avoisine le chemin de fer. Ce relevé n'aura pas moins de
1 kilomètre de longueur de chaque côté de l'axe; il conviendra de
prendre comme détails les limites d'arrondissement, les limites de
communes, les villages, maisons, parcs, jardins, rivières, canaux,
chemins et routes de toute nature et autres particularités qui figureront dans lesdits plans.

On y adjoindra des notes sur la culture du sol, afin de pouvoir, en
dehors du plan d'études, spécifier les parties boisées ou en labour, en
vignes, en prés, etc.

Le dossier ministériel renferme bien ce plan au $\frac{1}{10.000}$, mais souvent altéré par une suite de calques ou détérioré par l'usage, de telle
sorte qu'il convient de recourir à nouveau aux minutes déposées dans
les municipalités.

LEVER DES PROFILS EN TRAVERS.

Les profils en travers sont levés, comme chacun sait, normalement
à l'axe au droit de chacun des piquets du profil en long, sauf aux kilomètres, hectomètres, points de tangence et bissectrices, si ces points
spéciaux ne sont pas désignés par le conducteur comme faisant partie
du nivellement transversal à exécuter.

Le tracé des profils en travers consiste donc à établir des normales
à l'axe, soit en droite, soit en courbe; en droite, nous n'en parlerons
pas. En courbe, nous avons exposé dans le n° 10 des *Annales des travaux
publics*, les divers procédés pouvant être appliqués, et le perfectionne-

ment obtenu par l'emploi de la circonférence décrite avec l'ordonnée, méthode qui revient à mener une tangente à la courbe, sur laquelle

tangente la normale se trouve toute donnée par le coup d'équerre. Au lieu de mener la tangente au point A en décrivant avec l'ordonnée ou flèche AC la circonférence auxiliaire autour du point B (fig. 35), on peut encore décrire cette même circonférence autour du point A et lorsqu'on aura trouvé par tâtonnements le point C suivant lequel on voit A et B sous un angle droit, la direction C A prolongée sera la normale demandée. On se sert ainsi de la corde au lieu de se servir de la tangente, seulement le point C doit être déterminé avec plus de soin que son analogue dans la première méthode, parce que le moindre écart

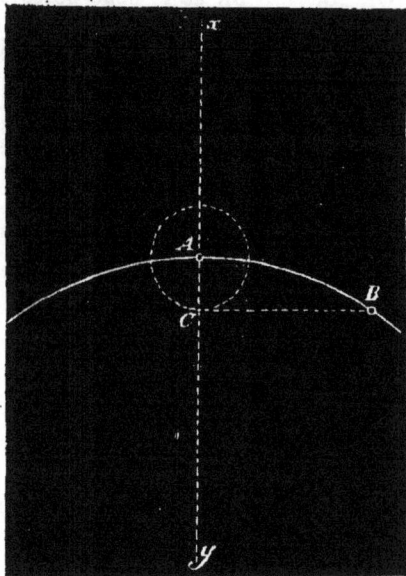

Fig. 35.

dans la direction C A aurait plus d'influence à l'extrémité de la normale, qu'un écart analogue n'en aurait dans la direction de la tangente, la longueur de cette tangente étant considérable vis-à-vis de la dimension utilisée sur la normale xy dans le deuxième mode de procéder.

Les profils en travers de la voie courante seront levés jusqu'à 30 mètres au moins de chaque côté de l'axe et plus loin, si quelques terrassements exceptionnels venaient à l'exiger.

Chaque profil devra comporter les cotes nécessaires pour représenter le plus exactement possible la forme du terrain.

Si ces cotes peuvent être placées tous les dix mètres, il en résultera une très grande simplification dans les calculs postérieurs : toutefois cette considération ne doit pas primer celle qui la précède.

Il ne faut pas attacher cependant plus d'importance que la question n'en comporte à la représentation minutieuse de la forme du terrain. Ainsi, dans les champs labourés par billons ou par sillons (fig. 36), il est évident qu'on ne peut relever tous les détails de ces ondulations ; on se contente de faire passer des lignes moyennes de compensation

dans le sens des profils en travers, comme on l'a fait pour le profil en long (fig. 37).

Or, souvent on vous pose cette objection : si la plate-forme des ter-

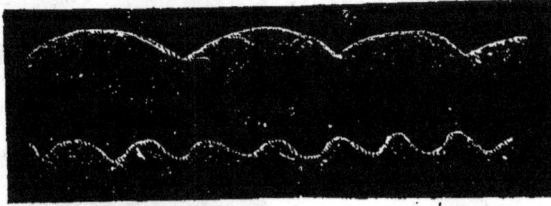

Fig. 36.

rassements est à la hauteur de la ligne moyenne xy, il y a bien compensation entre les petits déblais D et les petits remblais R, mais l'entrepreneur n'en est pas moins obligé d'exécuter les déblais D qui sont au-dessus de la ligne moyenne, mais qui ne figurent pas aux profils

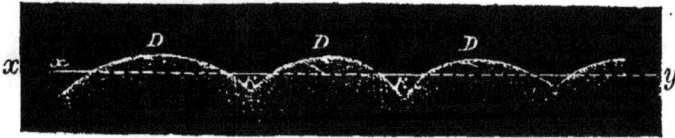

Fig. 37.

(fig. 37). A ceci, on doit répondre que, dans l'hypothèse unique où cette circonstance se présenterait sur assez de longueur pour qu'il y ait réellement un cube négligé, pour ne pas chercher une deuxième ligne de compensation supérieure à la première, et accusant du déblai sur le profil en long ou sur les profils en travers, on compte tout simplement à l'entrepreneur une surface de règlement et en général, dans les menus terrassements de tout genre d'ouvrages, au lieu de chercher, par des calculs minutieux qui coûtent à eux seuls le prix du déblai et au delà, à évaluer le volume de cette minime quantité, il est préférable d'appliquer la règle suivante usitée, d'ailleurs avec raison, dans certains services :

« Toutes les fois que le déblai par mètre superficiel ne dépassera pas $0^{mc},25$ (1/4 de mètre cube), ce travail sera payé à un prix de . . . par mètre superficiel de plate-forme ainsi réglée.

Certains ingénieurs étendent même cette règle jusqu'au chiffre de $0^{mc},50$ par mètre superficiel et ainsi, en faisant un prix de règlement

convenable pour tenir compte non seulement du volume enlevé, mais encore des sujétions que donne précisément la petitesse de ce volume, on rémunère le travail à sa juste valeur tout en évitant des quantités de profils à cotes insignifiantes, de figures à surfaces microscopiques, d'opérations surchargées, de décimales, qui vous conduisent, en somme, après des calculs fastidieux, à un résultat ne différant pas en pratique de l'application du prix de règlement. Si après avoir bien bataillé (pour nous servir ici d'une expression vulgaire, mais caractéristique), on arrive à un chiffre de 142 fr. ou 143 fr. au lieu de 140 ou de 145, il est évident que l'on a dépensé sans utilité une somme supérieure aux 2 ou 3 francs que peut garantir l'approximation ainsi élaborée.

Un travail ne peut dépasser $0^{mc},25$ ou $0^{mc},50$ par mètre superficiel, toutes les fois que la cote moyenne ne surpassera pas les hauteurs $0^m,25$ et $0^m,50$, et dès lors rien qu'à l'inspection du projet il est facile de voir, habituellement, si le déblai doit être compté au cube ou au règlement.

Ceci posé, les distances des points nivelés, à l'axe, seront indiquées sur le carnet par des cotes cumulées à partir de cet axe, et ce, pour faciliter le rapport des profils.

Toutes les fois qu'un profil rencontrera des points singuliers tels que chemins, fossés, murs, canaux, rigoles, abreuvoirs, prises d'eau, digues, vannes, aqueducs, bâtiments et autres détails, il conviendra de les faire figurer en coupe, au profil, sans niveler pour cela plus de points qu'il n'en faut pour la configuration du sol ; l'opérateur apprécie sur place la valeur de ces renseignements et l'étendue à leur donner.

Les profils seront nivelés par rapport à chaque piquet du profil en long, par stations successives ou d'une seule station.

Les carnets seront entièrement passés à l'encre ; tous les coups lus sur la mire figurent au carnet à leur lieu et place ; les stations doivent y être indiquées clairement, en donnant à chacune d'elles la cote du niveau rapportée au plan de comparaison général.

Les changements de plan seront de la sorte indiqués et de façon que les carnets puissent être calculés en dehors des opérateurs.

Cependant ceux qui, dans les nivellements de détail, ont l'habitude de calculer leurs cotes (ce qui est une excellente chose) peuvent également les inscrire au carnet, ne fût-ce qu'au crayon et ces calculs seront vérifiés au bureau de la section, avec les coups de mire que l'inscription des altitudes ne dispense pas de faire figurer au croquis.

Quant aux profils en travers des stations, ils doivent être levés d'après les mêmes principes, mais sur une plus grande étendue, suivant la largeur des stations, augmentée des deux côtés de l'axe d'une quantité variable, mais tendant à donner un chiffre rond de dizaines de mètres.

Il est impossible de fixer une limite générale au nombre de profils à prévoir par kilomètre ; tel chiffre, bon pour telle forme de terrain, n'est par suffisant ou est trop abondant pour telle autre ; c'est d'ailleurs en piquetant le profil en long que cette question a dû être spécialement étudiée.

CARNETS DE PROFILS EN TRAVERS.

Pour le relevé des profils en travers, les carnets les plus simples seront toujours les meilleurs. Il y en a qui sont établis avec grand luxe, suivant le spécimen ci-dessous.

GAUCHE				Piquet d'ordre	DROITE			
Ordonnées.	Diffé-rences. —|+	Cotes	Distances.	Axe	Distances.	Cotes.	Diffé-rences. +|—	Ordonnées.

Sur le feuillet qui fait face, le papier est quadrillé pour recevoir des croquis, ces carnets ont $\frac{0^m,18}{0^m,25}$.

Un système plus élémentaire consiste en des carnets de $\frac{0^m,11}{0^m,25}$ beaucoup plus portatifs. Chaque feuille est traversée par une raie, noire en son milieu, sur la dimension 0m,25, puis rayée de chaque côté suivant 10 lignes parallèles distantes de 0m,009 ; on peut inscrire ainsi de

chaque côté de l'axe 10 cotes de distances, sur la ligne xy (fig. 38). Les bords de la feuille sont réglés par traits distants de 0m,0035 et servent à faire les calculs. Le croquis se dessine sur la feuille même; les

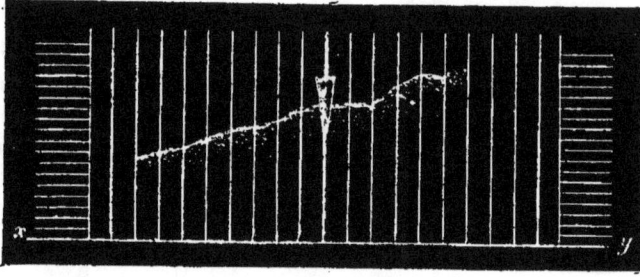

Fig. 38.

coups de mire s'inscrivent contre la ligne représentant le terrain, les altitudes peuvent s'écrire au-dessus ou au-dessous de xy. On a ainsi très simplement tout le résumé de l'opération sur le terrain et tous les résultats qui l'ont motivée.

ORGANISATION DU TRAVAIL.

Les profils en travers se lèvent même pendant le piquetage définitif, si la deuxième brigade a de l'avance sur la première. Dans le cas contraire, dès que le tracé et le piquetage qui se suivent sont terminés, les conducteurs prennent en main le lever des profils en travers et les piqueurs les calculent immédiatement. On peut encore les mettre à lever eux-mêmes des profils, mais ce n'est pas une avance, car il faudra que les conducteurs vérifient le calcul de ces profils. Il y aura plus de travail fait sur le terrain, mais sans être arrêté; nous pensons qu'il vaut mieux laisser les conducteurs remplir leurs carnets simplement de coups de mire, puis les faire calculer au bureau par les piqueurs, afin d'avoir à la section des carnets prêts à être vérifiés, puis rapportés. Si la section, seule, devait se charger de tout le calcul de ces carnets, elle n'en finirait jamais et le travail ne marcherait pas au bureau comme sur le terrain. Quant aux surveillants, au lieu d'aider les conducteurs, ils font déjà exécuter les sondages du tracé définitif que les conducteurs relèvent en passant.

RAPPORT DES PROFILS EN TRAVERS.

Le rapport des profils en travers doit suivre le rapport du terrain du profil en long, parce qu'il s'agit, à l'aide de ces profils en travers, d'étudier une ligne de plate-forme ou ligne rouge, basée sur la compensation des terrassements ; comme la cote sur l'axe ne suffirait plus, on se servira alors des profils en travers rapportés comme faciès du sol et indications diverses.

Les profils en travers se subdivisent par kilomètres et forment ainsi des séries.

Ces séries se relèvent, soit sur des rouleaux de papier continu, soit sur des cahiers.

Le rouleau a l'avantage de laisser voir, par son aide et par la pensée, se dérouler sur lui la forme des terrassements ; il a l'inconvénient d'être incommode pour la recherche d'un profil ; il faut souvent le dérouler d'un bout à l'autre, ce qui est déplaisant.

Le cahier a l'avantage de permettre, rien qu'en feuilletant, de tomber rapidement sur un profil demandé, mais il ne permet pas de se faire aussi aisément une vue d'ensemble des terrassements.

Le moyen mixte consisterait à avoir un cahier à charnières de toile, pouvant se développer au besoin.

Quel que soit le système employé, cahier ou rouleau, il faut donner aux profils en travers toute la place nécessaire, mais pas plus ; si la cote de déblai ou de remblai est considérable, le profil occupe plus de place et jamais les profils ne doivent chevaucher l'un sur l'autre. Dans un rouleau, on peut faire varier aisément l'écartement d'un profil à l'autre ; dans un cahier, il faut au moins pour la série donnée le format susceptible de recevoir le plus grand profil en travers.

Lorsqu'on a de faibles terrassements, on peut donc réduire le format des séries à $\frac{0^m,21}{0^m,30}$ par exemple et mettre au besoin deux profils par page.

Il faut aussi que l'on puisse écrire sur le côté la surface du terrassement avec ses éléments de mesure et le cube correspondant au profil.

Les profils se rapportent à l'échelle de 0,005 ; chaque profil a un plan de comparaison, ou ligne bleue choisie de manière à laisser au-dessus ou au-dessous du terrain l'espace nécessaire pour placer le gabarit correspondant au terrassement.

Une certaine méthode consiste à rapporter le profil en travers à un plan de comparaison passant par la coche du piquet d'axe, autrement dit, ayant l'altitude du profil en long.

Du moment que dans les plans d'études, les plans cotés, etc., et pour tous les calculs possibles, on se rattache toujours au plan de comparaison général, il n'y a pas de raison pour introduire ici un nouveau mode et pour rapporter les points d'une ligne du sol par différence au lieu d'employer les ordonnées toutes calculées sur les carnets. L'unité dans la méthode est préférable en cela comme ailleurs.

Si l'on inscrit, sur le profil rapporté au plan de comparaison passant par le piquet, en outre de l'altitude de ce piquet (cote obligatoire), les altitudes des autres points du profil et en écrivant ces cotes au-dessous des différences ou ailleurs, on retombe sur le système normal, mais avec un dessin écourté et surchargé des différences, chiffres encombrants. Si l'on n'inscrit pas ces altitudes, il faut les retrouver à l'aide des différences, travail que l'on aurait pu éviter, en laissant de côté un procédé suranné qui, sous le mince prétexte d'économiser quelques centimètres de papier, embrouille la représentation du terrain et du projet.

Nous ajouterons de plus, en considérant un système de rapport non moins bizarre et suivi quelquefois, qu'un profil en travers doit être vu, comme si le lecteur tournait le dos à l'origine du tracé, la gauche de la ligne étant celle du profil et réciproquement. La méthode contraire et que nous visons suppose que le lecteur fait face à l'origine et alors la gauche du tracé devient la droite du profil et inversement, deuxième anomalie à reléguer encore dans le domaine des complications oiseuses et même nuisibles.

Tout le monde a vu des profils en travers dessinés et il serait inutile d'insister davantage sur cette question; ajoutons cependant que les profils doivent reproduire tous les détails des carnets, les indications des chemins, ruisseaux, etc., mises conformes à celles du profil en long.

Enfin, aussitôt les profils rapportés et collationnés comme distances et altitudes, le travail qui vient immédiatement après consiste à calculer les déclivités du terrain que l'on inscrit au-dessus de la ligne même de ce terrain. Ce calcul est très rapidement fait toutes les fois que la distance entre deux points consécutifs est 10 mètres; en thèse générale, ces distances sont des nombres ronds de mètres ou assistés

d'un nombre de décimètres, sauf dans les cas où le profil rencontre un mur ou tout autre objet dont la distance doit s'apprécier au centimètre. Les déclivités calculées et inscrites sans indication des mots : Pente et rampe (car un profil en travers n'a pas de sens comme un profil en long), sont ensuite vérifiées et les séries ainsi préparées peuvent servir au chef de section et à son premier collaborateur pour commencer l'étude de la ligne rouge du profil en long.

SONDAGES DU TRACÉ DÉFINITIF.

Les surveillants sous le contrôle des conducteurs, font donc exécuter, en ces intervalles, les sondages désignés sur le terrain, d'après les données du profil en long relevé sur le plan coté pour le projet définitif, profil qui diffère peu d'ailleurs de celui que l'on se propose d'établir.

Le but de ces sondages est de fixer à priori l'inclinaison que l'on devra donner aux talus dans les tranchées ; on ne peut donc avancer en besogne, sans avoir ces renseignements que les conducteurs, restant sur le terrain, expédient à la section, au fur et à mesure de la confection des puits.

La forme à donner à ces sondages varie un peu suivant les localités, l'importance des terrassements et autres conditions spéciales aux projets ; ces sondages, d'abord, se font simplement à la pioche, au pic, au plus à la pince de façon à découvrir, s'il y a lieu, le rocher, environ à la limite suivant laquelle il faut la poudre pour l'exploiter.

On n'emploie donc pas de systèmes de forage spéciaux comme dans les recherches relatives aux mines et carrières, mais des méthodes simples et rustiques, où l'enlèvement des déblais se fait parfois avec un treuil et une benne, mais le plus souvent au jet de pelle.

Parfois aussi les sondages sont de vrais puits boisés, lorsque par exemple dans un terrain mouvant on recherche le solide à l'emplacement d'un remblai, ou l'existence d'un plan de glissement à l'emplacement d'une tranchée, etc., mais dans les terrassements ordinaires, les sondages se font sans boisages en général, avec de faibles talus et suivant deux systèmes, celui des gradins à hauteur de 0^m,50 (limite de circulation ordinaire suivant la verticale), et celui des gradins à hauteur de 1^m,50 (hauteur d'un jet de pelle et avec laquelle on ne peut

couramment descendre dans les sondes, sans échelle, ni remonter
sans grimper après les parois).

SONDAGES A GRADINS DE 0^m,50.

Ces sondages sont définis ainsi qu'il suit dans une circulaire du
29 octobre 1874 (service de l'ingénieur en chef Bertin, lignes P.-L.-M.) :
« Les sondes doivent généralement consister en puits de 1 mètre au
moins de largeur avec gradins de 0^m,50 de hauteur et 0^m,50 de largeur,

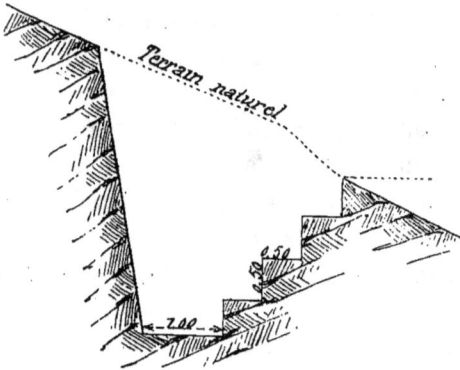

Fig. 39.

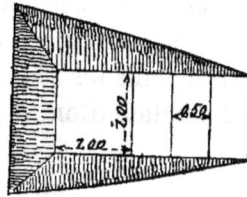

Fig. 40.

sur un côté, pour faciliter l'exécution, la descente et la visite, comme
l'indiquent les fig. 39 et 40.

« Le fond aura au moins 1 mètre dans chaque sens et on donnera aux
talus l'inclinaison la plus faible que le terrain permettra sans qu'on
ait à craindre d'éboulements.

« Lorsque le déblai doit être fait à flanc de coteau, sur une grande

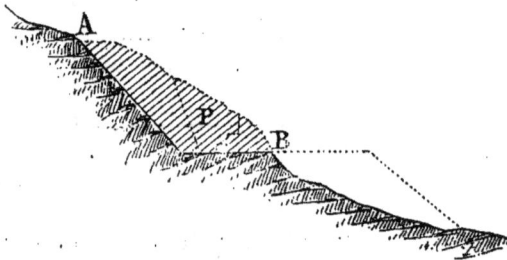

Fig. 41.

hauteur, mais sur une faible profondeur, il peut être plus commode

et plus économique de remplacer le puits de sondage par une coupure de A en B comme dans la fig. 41 ; on peut ménager quelques gradins au besoin pour faciliter la visite. Lorsque la profondeur est un peu forte, il vaut mieux faire un sondage ordinaire P au point du maximum de déblai.

« L'espacement à adopter pour les sondes ne peut pas être déterminé, à l'avance, d'une manière fixe ; il dépend de la configuration du sol et de la régularité des couches. Dans les tranchées courtes une seule sonde, au point le plus profond suffit, dans les tranchées longues il en faut plusieurs, mais en général il n'est pas nécessaire de les espacer de moins de 100 mètres. (Nous reviendrons, à la fin, sur cette théorie à propos du profil en long géologique.)

« Il faut toujours une sonde au point le plus profond de la tranchée et toutes les sondes doivent être descendues jusqu'au niveau de la plate-forme des terrassements ; cependant on doit les arrêter quand on est arrivé dans les roches dont la nature ne varie plus. »

L'implantation de ce genre de sondages est très simple. Soient h la

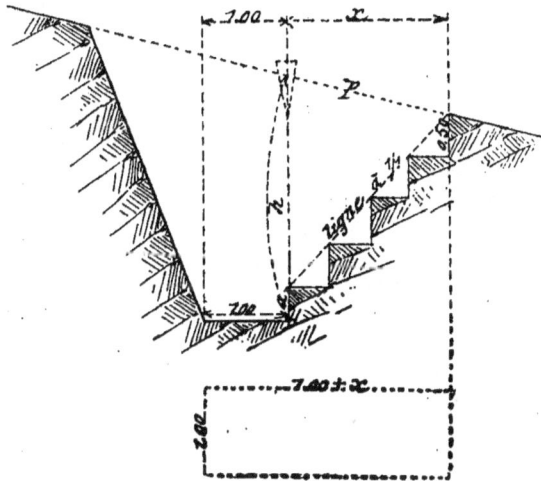

Fig. 42.

hauteur du sondage, p la pente du terrain, a la hauteur facultative du dernier gradin, on a (fig. 42) :

$$x = \frac{h-a}{1+p} \quad \text{ou} \quad x = \frac{h}{1+p} - \frac{a}{1+p}$$

on se sert de l'indéterminée a, de manière que x soit égal à un nombre de mètres rond ou augmenté de la fraction 0,50, par exemple si

$$\frac{h}{1+p} = 3^{\text{m}},26$$

alors on fait :

$$\frac{a}{1+p} = 0,26,$$

d'où :

$$a = 0,26 + 0,26p$$

pour :

$$p = 0,10, \quad a = 0,26 + 0,026 = 0,286.$$

Le dernier gradin est ainsi ce qu'il se trouve être, mais toujours plus petit que 0m,50 ; si $\dfrac{h}{1+p}$ donne un nombre de mètres rond ou augmenté de 0m,50, on fait $a = 0$.

On implante le rectangle $\dfrac{1,00}{1,00+x}$ et si les talus peuvent être descendus verticalement, ce rectangle suffira pour l'emplacement du sondage ; sinon, on adoucira les talus en empiétant, par trois faces, sur le périmètre du rectangle en question. (Voir le plan fig. 43.)

Les gradins de 0m,50 sont un maximum de hauteur verticale pour qu'on puisse les descendre et les monter avec facilité (question de corpulence et d'âge chez les ingénieurs, entrepreneurs et autres personnes appelées à les visiter) ; ces gradins servent aussi à étager les jets de pelle à divers niveaux en les faisant descendre proportionnellement au fonçage et en permettant de faire varier leurs hauteurs entre un mètre et deux mètres, suivant la nature du

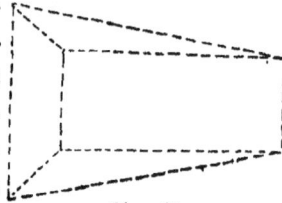

Fig. 43.

terrain. (Terrain léger et portatif, terrain lourd ou vaseux et collant). Les banquettes ont besoin de la largeur 0m,50 pour retenir les terres lancées au jet de pelle.

La largeur transversale du puits (1 mètre) n'est pas toujours très commode dans les sondages descendus avec des parois verticales ; généralement les ouvriers réclament 1m,20 et même 1m,50 pour la facilité du piochage et du pelletage.

Le nombre des gradins est $n = \dfrac{x}{0,50}$.

Il n'est pas nécessaire que le fond du puits ait 1 mètre dans tous les

sens : la coupe longitudinale peut se terminer par une plate-forme de très peu de largeur.

Enfin, au lieu de faire partir du haut le premier gradin de $0^m,50$, on peut le faire partir du bas, soit à la suite de la largeur (1 mètre), soit plutôt à partir du fond du puits (fig. 44.) Alors $x = \dfrac{h}{1+p}$ et le premier gradin contre le sol a une largeur égale à $x - n \times 0^m,50$, n étant le nombre entier compris dans $\dfrac{x}{0^m,50}$; cette dimension est donc (a), c'est-à-dire le reste de la division de x par $0^m,50$. Ce premier gradin (a) peut se déterminer *à priori* et s'agrandir, en décapant le terrain, suivant la pente, de la quantité $\dfrac{a}{p}$.

Dès lors, le rectangle d'implantation a pour côtés 1 mètre d'une part et de l'autre, $x + \dfrac{a}{p}$, puis l'on empiète sur ce périmètre, si le terrain demande des talus.

Les cubes de ces sondages peuvent s'obtenir très facilement par des

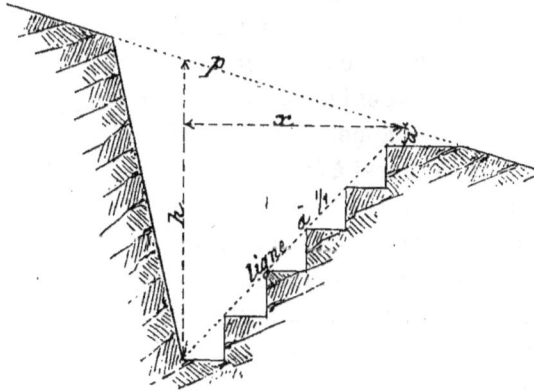

Fig. 44.

formules géométriques, qui, dans le cas des parois verticales, représentent simplement la surface de la coupe longitudinale multipliée par la largeur transversale, et ce, même dans les cas où les parois latérales sont seules verticales, et autrement se compliquent de la pente des talus, sans sortir pour cela des applications élémentaires de la géométrie.

SONDAGES A GRADINS DE 1ᵐ,50.

D'autres ingénieurs, par motifs d'économie, considèrent ces escaliers comme une superfétation, dans la pensée qu'il n'est pas nécessaire de descendre en une sonde pour reconnaître le terrain à déblayer, que du haut du puits on voit à peu près les parois de la fouille et d'autre part que les déblais en provenant, déposés aux abords, indiquent parfaitement la nature des couches qu'on aura à exploiter. Ils font faire de simples puits suffisamment larges pour qu'un homme puisse y travailler ; si ces puits sont assez profonds et qu'il faille plusieurs jets de pelle pour amener les déblais au dehors, alors on se sert de redans de 1ᵐ,50 de hauteur et de 0ᵐ,60 de largeur (fig. 45).

De prime abord on n'ouvre les fouilles que pour la largeur d'une sonde ordinaire et on ne l'allonge pour les redans qu'au fur et à mesure que l'on descend d'un mètre 50, car si on rencontrait le rocher à cette cote ou avant, le puits serait ainsi réduit à son minimum. Il n'y aurait donc pas de déblai perdu, comme cela pourrait arriver dans le système de gradins de 0ᵐ,50 ou même dans celui des gradins de 1ᵐ,50

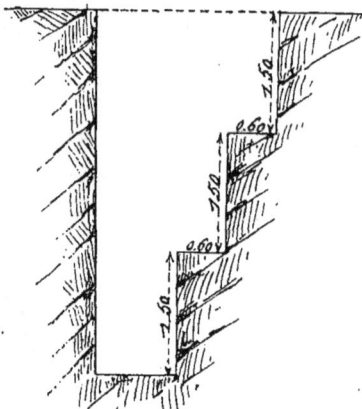

Fig. 45.

si on commençait la fouille en grand d'après la profo .deur présumée du sondage, mais comme rien n'empêche de commencer par le gradin supérieur uniquement et de descendre progressivement par allongements successifs jusqu'au rocher, cela revient à dire, en somme, que, dans un système comme dans l'autre, il ne faut pas mener, dès le principe, la fouille à la longueur de l'implantation.

COMPARAISON DES DEUX SYSTÈMES.

Supposons deux sondages faits l'un avec gradins de 0m,50 partant du fond du puits, l'autre avec des gradins de 0m,60 étagés à hauteur de jet de pelle et pour un puits ayant au fond 1m,20 de largeur ; pour simplifier, admettons que le terrain soit horizontal, que les parois soient descendues verticalement et que la dimension transversale des sondages soit la même (1m,20) cote nécessaire pour les mouvements de l'ouvrier.

Cette dernière dimension étant à éliminer, il reste à comparer les surfaces des sections longitudinales.

L'équation de la surface (système des escaliers, fig. 47), est

$$S = \frac{h^2}{2} + \frac{\overline{0.50}^2}{2}\left(\frac{h - a}{0.50}\right) + \frac{a^2}{2}$$

a est le reste de la division de h par 0m,50. Cette expression revient à

$$S = \frac{h^2}{2} + 0.50\frac{(h - a)}{2} + \frac{a^2}{2} = \frac{h^2 + 0.50\,(h - a) + a^2}{2}.$$

L'équation de la surface (dans le système de l'ex-réseau sud P.-L.-M. fig. 46) est :

$S_1 = 120 \times h$, augmenté d'un certain nombre de rectangles égaux à

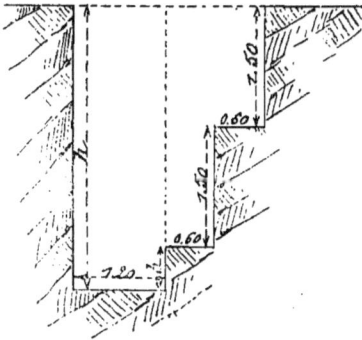

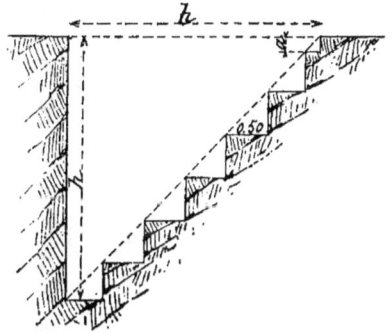

Fig. 46.   Fig. 47.

0m,60 × 1m,50 et dont le nombre dépend de celui des gradins de 1m,50 de hauteur (fig. 43.)

Pour 1 gradin le nombre de ces rectangles est 1r
Pour 2 gradins il est 3r
Pour 3   — 6r
Pour 4   — 10r
Pour 5   — 15r

La somme Σ de ces rectangles pour un nombre n de gradins est ainsi fournie par la relation :

$$\Sigma = 1r + 2r + 3r + 4r + 5r \dots + nr = r\,(1 + 2 + 3 + 4 + 5 \dots + n)$$

or la somme des termes de la progression arithmétique ($\div$ 1, 2, 3, 4, 5. . . . . n) est $\dfrac{n+1}{2} \times n$.

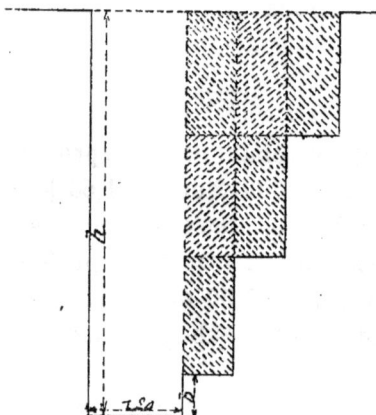

Fig. 48.

Ainsi donc :

$$S_1 = 1,20 \times h + 0,60 \times 1,50 \times \frac{n+1}{1} \times n = 1,20h + 0,45\,(n+1)\,n$$

d'autre part :

$$n = \frac{h-b}{1,50} \quad \text{et} \quad (n+1)\,n = n^2 + n = \left(\frac{h-b}{1,50}\right)^2 + \frac{h-}{1,50}$$

d'où :

$$S_1 = 1,20 \times h + 0,45\,\frac{(h-b)^2}{1,50^2} + 0,45\,\frac{(h-b)}{1,50}$$

$$= 1,20\,h + 0,2\,(h-b)^2 + 0,3\,(h-b)$$

il faut donc avoir $S_1 = S$, ou

$$\frac{h^2 + 0,50\,(h-a) + a^2}{2} = 1,20\,h + 0,2\,(h-b)^2 + 0,3\,(h-b)$$

ou :

$$h^2 + 0,50\,(h-a) + a^2 = 2,4\,h + 0,4\,(h-b)^2 + 0,6\,(h-b).$$

Pour qu'il y ait à la fois des gradins dans les deux systèmes, il faut que h soit plus grand que 1,50 et égal à 1,50 $+ b$; si $b < 0,50$, il est forcément égal à a, il doit, d'autre part, être plus petit que 1,50, sa valeur maximum est donc $1 + a$.

Pour cette valeur maximum $h = 1,50 + b = 2,50 + a$ et la relation ci-dessus devient en faisant $h = 1,50 + b$.

$$1,50 + b)^2 + 0,50 (1,50 + b - a) + a^2 = 2,4 (1,50 + b) + 0,40 \times \overline{1,50}^2 + 0,6 \times 1,50$$
$$= 2,4 (1,50 + b) + 1,80.$$

faisons maintenant $b = 1 + a$, elle devient :

$$(2,50 + a)^2 + 0,50 \times 2,50 + a^2 = 2,4 (2,50 + a) + 1,80$$

et en opérant les réductions

$$a^2 + 1,30 \, a - 0,15 = 0$$

d'où

$$a = - 0,65 \pm \sqrt{\overline{0,65}^2 + 0,15} = - 0,65 \pm 0,75663.$$

La valeur positive, convenant seule au problème, est ainsi 0,10 66 3. Par suite $b = 1 + a = 1,10\,66\,3$ et $h = 1,50 + b = 2,50 + a = 2,60\,663$, en chiffres ronds $2^m,61$. Les deux surfaces sont ainsi équivalentes dans les deux systèmes jusqu'à $2^m,61$ de profondeur.

En somme, si l'on a $h < 1,50$ ou $= 1,50$, il n'y a de gradins que dans le premier système et le cube y est moins considérable que dans le deuxième.

Si $h > 1,50$, le cube reste toujours plus grand dans le deuxième système que dans le premier, mais cette différence s'annule dès que h atteint $2^m,61$; au-delà, elle change de signe et le système à gradins de 0,50 devient moins économique; seulement, il lui reste toujours comme avantage la commodité dans l'exécution et dans la jouissance du travail exécuté.

En outre, le sol étant découvert latéralement sur une plus grande surface, l'investigation a plus d'importance; on peut voir si le rocher cesse brusquement ou affleure, au contraire, par quelque point. Ce procédé par gradins de 0,50 n'est donc point désagréable et jusqu'à $2^m,60$ rien ne s'oppose à son emploi dans un terrain censément horizontal à la surface et où les parois de la fouille peuvent être descendues verticalement, surtout lorsque le sondage doit rester ouvert et même être entretenu au besoin.

Enfin, les sondages sont parfois des puits boisés avec cadres, palplanches et moises pendantes (fig. 49), à l'instar de ceux que l'on fait ordinairement lors des travaux de consolidation dans les terrains en mouvement, et tels qu'on en a exécutés de nombreux sur la ligne du Puy à St-Georges d'Aurac (2e lot de la 1re section. MM, Huot et Tyssot, conducteurs), de ces puits qui atteignent des 11, 12, 13, et 14 mètres

dans des terrains formés d'argiles et de sables superposés à des marnes.

Des recherches analogues peuvent être faites *à priori* dans le temps même des études et pour des sols supposés instables, mais alors ces sondages sont, pour ainsi dire, exceptionnels et ne rentrent plus dans le cadre des terrassements ordinaires.

Il en est de même des sondages exécutés pour la confection des tunnels, cunettes dans les tranchées de têtes et petites galeries sur le haut de l'axe du souterrain; ce sont là des travaux de longue durée et dont le but n'est pas généralement de déterminer une simple inclinaison de talus.

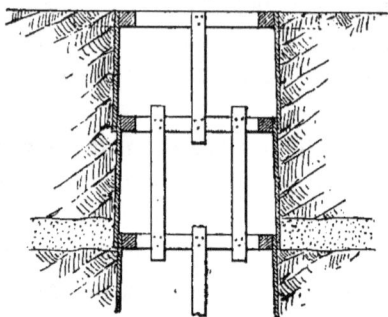

Fig. 49.

RELEVÉ ET RAPPORT DES SONDAGES.

Les sondages seront cubés géométriquement d'après le vide réellement exécuté; cette exactitude est nécessaire : 1° pour rémunérer le travail du sondeur, s'il a été fait à la tâche; 2° pour se rendre compte du foisonnement du terrain déblayé.

Les cotes d'altitude seront rapportées au piquet d'axe le plus voisin pris pour repère.

Au cas où les sondages seraient remplis d'eau, on les fera épuiser et nettoyer avant de les cuber.

Les déblais extraits seront cubés avec un soin égal afin de constater s'il y a eu réellement foisonnement et quel est ce foisonnement alors porté à son maximum.

Pour cela, on fera disposer les terres sorties du trou en volumes pouvant se cuber géométriquement; comme observation générale, on profitera de ce remaniement pour écarter des bords de la fouille les terres que les sondeurs auraient jetées trop près et ainsi on préservera les fouilles d'éboulements qui pourraient survenir par suite de cette surcharge; il faut qu'il y ait autant que possible 1 mètre entre le pied des terres remaniées et les bords de la fouille.

Le cubage des déblais et des remblais doit être fait aussi exacte-

ment que possible, si l'on ne veut pas donner des résultats erronés et nuisibles ; il conviendra donc de cuber uniquement par prismes, prismes tronqués et pyramides. Toutes les cotes de longueur et d'altitude nécessaires pour vérifier les calculs seront données sur un croquis spécial pour chaque sondage. Les tas cubés en remblai seront disposés sur des surfaces réglées à *priori* avant même de toucher aux sondages.

En dehors des croquis de cubage ci-dessus désignés, les sondages sont rapportés sur un cahier qui portera comme titre : Sondages entre tels et tels piquets du profil en long. Chaque sondage sera désigné, en outre, par sa position kilométrique ; sa coupe longitudinale sera orientée par rapport à la ligne ; l'échelle sera 0,01 ou 0,02, et il y aura par pages un nombre variable de sondages.

Le croquis sera disposé comme l'indique la fig. 50. On ajoutera à ce croquis toutes les observations possibles sur la nature, la stabilité et le degré d'humidité des terrains, la nécessité de fossés exceptionnels, la qualité des déblais au point de vue de la confection des remblais, le foisonnement, les matériaux susceptibles d'être employés soit dans es maçonneries en parement ou en massif, avec ou sans mortier, soit pour l'empierrement des routes et chemins, soit pour ballast.

Enfin, on mettra le nombre de journées employées à la confection de chaque sondage pour le déblaiement seul, bien entendu, et à titre de renseignements.

Les sondages d'une certaine profondeur, et notamment ceux sujets à être remplis d'eau seront entourés d'une barrière faite de branches d'arbres clouées sur des piquets de 1m,50 de longueur, et sortant de terre de 1 mètre ; il y aura trois rangs de perches espacées verticalement de 0m,33 et assujetties en outre aux piquets par des pointes et des rouettes. Ces barrières ne seront placées qu'après que les sondages auront été reconnus et cubés tant en déblai qu'en remblai ; cette opération doit d'ailleurs être faite sitôt un sondage achevé.

Les sondages enfin sont envoyés par groupes au fur et à mesure à l'ingénieur qui arrête les talus à considérer en cours de calculs de terrassements, au point de vue de l'équilibre des déblais et remblais.

ENVOI DE PLANS COTÉS POUR PROJETS DES GARES.

Comme il convient également de faire entrer dans cette étude d'équi-

libre les terrassements des gares, il faut envoyer à l'ingénieur (aussitôt que les profils en travers ont été levés à l'emplacement des gares

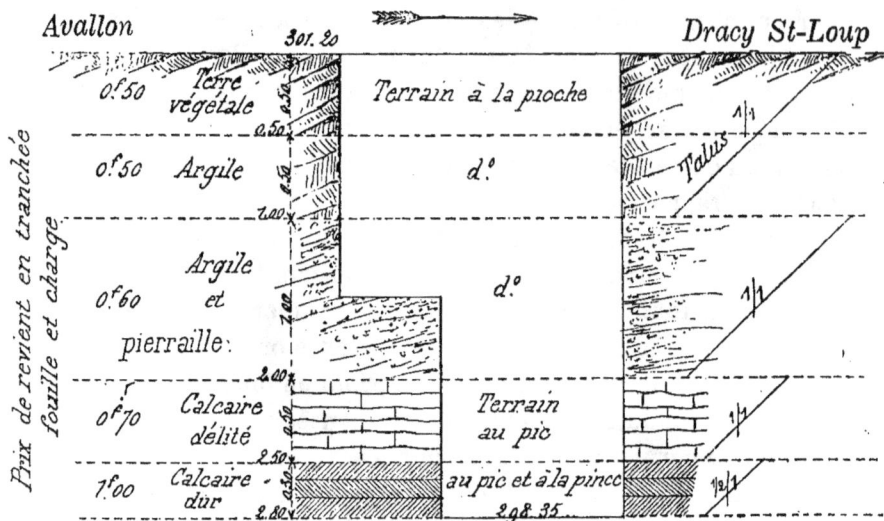

Fig. 50.

sur des zones déterminées par les premiers projets étudiés au moyen du plan coté à I/2 millimètre par mètre) des plans cotés spéciaux relevés d'après l'axe du tracé définitif, comportant toutes les cotes des profils en travers et des cotes auxiliaires s'il est besoin. Ces plans cotés serviront à l'ingénieur pour faire rédiger en ses bureaux les projets tels qu'ils devront être soumis comme emplacement à l'enquête des stations, et tels qu'ils serviront, au préalable, pour l'étude des compensations des déblais et remblais.

On joint aussi à ces plans cotés des extraits cadastraux sur lesquels sont indiqués, avec rectification si besoin est, les limites des diverses propriétés rencontrées, la nature de culture et le prix de l'hectare afférent à chaque parcelle et recueilli contradictoirement sur place, à la suite d'une enquête menée le plus habilement possible.

Les projets de gares dressés par les ingénieurs sont soumis d'abord au service de l'exploitation avant d'être présentés au contrôle et adoptés par décision ministérielle.

INDICATION DES OUVRAGES D'ART.

Il convient encore d'établir par une étude préliminaire le nombre et

l'importance des ouvrages d'art, afin d'étudier les déviations et dé-rivations et de se rendre compte des cubes qu'elles pourront appor-ter dans le mouvement des terres. Certaines fouilles considérables pourront aussi être employées en remblai utile; enfin, les vides des grands ouvrages devront être déduits du corps des remblais. Il faut donc établir une indication aussi précise que possible des ouvrages d'art nécessaires, et c'est au chef de section que ce soin incombe, pen-dant que l'on relève sur le terrain les profils en travers et que d'autres agents les rapportent au bureau.

A cet effet, il procède par tournées sur le terrain; tout d'abord, 'avant-projet fournit dans son devis descriptif la nomenclature des ouvrages de toute sorte prévus par les premiers projeteurs. Ensuite, il a été tenu compte de ces mêmes ouvrages ou de ceux qui devaient les remplacer, dans la rédaction du profil en long qui a servi de base à l'acceptation du tracé définitif; par conséquent, il n'y a plus qu'à refaire une dernière revision, pour s'assurer que ces ouvrages sont bien suffisants, s'il y en a quelques-uns d'oubliés ou de devenus, au contraire, à peu près inutiles, etc... Enfin, il ne reste plus qu'à pré-parer, en quelque sorte, par des arguments expressifs et étudiés sur place, la justification de ceux que l'on veut conserver intacts ou mo-difier, et au besoin introduire ou même supprimer sur le profil en long définitif.

Deux questions se présentent donc à la fois : 1° la viabilité ; 2° l'écou-lement des eaux. Le chef de section se sert, sur le terrain, du profil qui a été dressé pour l'approbation du tracé. Comme la viabilité a été déjà étudiée lors de cette période, il y a peu à y revoir; la question de l'écoulement des eaux est donc celle qui demande le plus d'attention.

Il dresse ainsi une note explicative dans laquelle, commençant par l'origine de la section, il indique comment s'écouleront les eaux des tranchées, comment celles des bas-fonds, comment les sources, ruis-seaux, fossés, abreuvoirs, lavoirs, etc., seront desservis, comment l'irrigation sera conservée, également là où il est nécessaire de faire soit des pierrées à fleur de terre, soit des drains collecteurs avec branchements en épi pour assainissement de terrains marécageux.

Enfin, d'un piquet à l'autre, il doit s'inquiéter de l'écoulement des eaux superficielles, des eaux sauvages et même des eaux de suinte-ments.

Cette note sera donc écrite sous une forme descriptive relatant tous

les aqueducs, fossés, drains, pierrées, passages à niveau, passages par dessous, passages par dessus et toutes autres constructions analogues, ponts-canaux, par exemple, à établir sur le parcours de la section.

L'emplacement des ouvrages de toute nature sera étudié sur le terrain; c'est une question d'habitude, dans laquelle on s'éloigne peu des résultats que donne plus tard un travail approfondi, et surtout lorsqu'on a en main un profil en long aussi approximatif que celui précité.

Pour les aqueducs, on doit s'attacher surtout à capter aisément les eaux en amont; dans les questions d'irrigation, il y a, en outre, à observer quelquefois la manière dont on doit les rendre à l'aval.

On disposera idéalement sur le terrain les aqueducs, de façon à prolonger le cours de l'eau sans brusques inflexions; à le rendre de même à son ancien lit; on placera les aqueducs d'irrigation le plus haut possible, de manière à être assuré, à l'aval, d'une irrigation permanente et générale. Ceci est une simple question de coup d'œil, aidé de l'expérience du constructeur et basée sur les principes ci-dessus.

On verra aussi, en raison des déclivités du terrain et du faciès du sol, à quel piquet voisin du point de passage, il convient de fixer l'axe d'un passage à niveau.

On étudiera de même *grosso modo* la position des ponts de toute sorte, ponts par dessous, ponts par dessus, dont les ouvertures et les hauteurs sont prescrites par des règlements, et on observera qu'il ne s'agit pas là, comme sur un plan coté, d'établir l'ouvrage d'art définitif, mais simplement de le déterminer à 1ᵐ,00 ou 2ᵐ,00 près ou même un peu plus, de façon toutefois à se rendre compte, avec les profils en travers, des cubes de terrassements qui résulteront de l'adoption de ces emplacements et qui pourront avoir de l'influence sur la question d'équilibre entre déblais et remblais.

En principe, il ne devrait pas y avoir d'aqueduc qui ne puisse être facilement réparé et nettoyé (nous reviendrons plus tard sur ce principe, lors des études d'ouvrages d'art); cependant on admet des sec-

tions très réduites pour certains de ces ouvrages établis dans des conditions spéciales et notamment dans le cas d'un faible volume d'eau à écouler.

Il faudra donc sur le terrain rechercher quel est ce volume, ou du moins quelles sont les sections d'ouvrages préexistant dans le voisinage et qui permettent à ce volume de s'écouler sans encombre.

Souvent un même cours d'eau, divisé à l'amont du chemin de fer en plusieurs branches (arrosage de jardins, déviations pour scieries, lavoirs, tanneries et autres industries) franchit le tracé en un seul point; dès lors, on recueille la somme des surfaces des ouvrages par lesquels le cours d'eau, ainsi divisé, passe à l'amont, en s'informant si, sur aucun point de ces branches, il ne s'est produit d'obstruction·

Souvent l'inverse a lieu; un cours d'eau passant, sur le tracé en un point, se subdivise à l'aval et, dès lors, il faut prendre la somme des sections des ouvrages d'aval.

Il y a également lieu de tenir compte, dans le cas d'un ruisseau sur lequel sont étagés des étangs, barrages et réservoirs, de la rupture possible d'une digue, de la vidange d'un étang, etc. En un mot, il faut, tant à l'amont qu'à l'aval du tracé, étudier les ouvrages déjà établis, avec renseignements particuliers sur chacun d'eux et déduire de la discussion de ces données la section que l'on proposera pour les ouvrages du projet.

Si par hasard, ce qui est rare, il n'existait aucun ouvrage à distance raisonnable, il faudrait alors tenir compte du bassin hydrographique correspondant au cours d'eau considéré.

PASSAGES DES RIVIÈRES.

Les passages des rivières sont des projets dont les ingénieurs se réservent ordinairement l'étude, ainsi que celle des gares, mais sur lesquels les chefs de section sont encore appelés à fournir les renseignements qui forment l'âme de ces projets.

La manière de prendre ces renseignements se trouve un peu partout, dans Claudel et dans tous les manuels et traités de construction; elle consiste, en quelques mots, à prendre les élévations des ponts les plus voisins sur les mêmes cours d'eau, sans oublier pour ces ouvrages les débits supplémentaires d'inondation et la situation par rapport au tracé comme distance; il faut également déterminer la surface des

bassins hydrographiques d'amont, ce qui se fait avec une carte d'état-major, en limitant ces bassins par un polygone formé avec les lignes de faîte correspondant au cours d'eau envisagé. On s'informe ensuite, près des divers services administratifs, de la quantité d'eau qui tombe annuellement, de celle qui tombe exceptionnellement en temps d'orage, de la quantité reconnue absorbée par le sol, etc.

Enfin, on recherche aux abords du tracé un parcours de la rivière considérée suffisamment régulier pour qu'il soit possible d'appliquer à la détermination du débit les formules de Prony, pour un profil régnant sans variations notables sur 500 mètres au moins ; on recherche la pente de la rivière sur ce parcours, comparativement à la pente de la vallée sur le même parcours, et le périmètre transversal de l'inondation pris par rapport à la cote des plus hautes eaux connues, ainsi que la pente de la crue ; la vitesse moyenne sera déduite de la comparaison de la pente de la vallée et de la pente de la crue et avec ces éléments on établira la section à donner au pont de manière que le chemin de fer faisant barrage sur la vallée ne risque pas d'être emporté par les eaux ; quelquefois sur les points où le courant de la crue est très prononcé, il importe de créer des ponts supplémentaires de décharge, destinés à détruire la force de ces courants et à faciliter l'écoulement rapide de la crue, en offrant une issue aux remous qui se forment à la rencontre des terrassements.

On relèvera aussi la cote d'étiage de la rivière à la saison favorable.

La question la plus importante est surtout de recueillir la cote des plus hautes eaux et ce, en s'entourant de tous les renseignements contradictoires puisés aux meilleures sources que peut offrir la localité, et de relever au droit de chaque ouvrage le profil des crues poussé dans toute leur étendue.

L'ensemble de tous les renseignements dont il vient d'être question sera joint au dossier du profil en long définitif, sauf la partie qui concerne les grands ponts, dont l'envoi sera immédiatement fait à l'ingénieur, afin que celui-ci arrête la section à donner à ces ouvrages et, par suite que l'on puisse tenir compte du vide qu'ils présentent dans l'évaluation de remblais.

Des plans cotés pour études de ces ponts seront levés en même temps et avec grand soin. Il arrive souvent, dans des rivières soumises à des variations diurnes par suite du chômage des usines placées sur leur cours, que, dans l'étendue d'un plan coté, si l'on nivelle les

cotes d'eau un jour en un point et les autres jours sur les autres points, et on en relève qui sont en contradiction avec les précédentes ; il convient dès lors de relever le terrain tout d'une traite, sans s'inquiéter des eaux et ce n'est qu'au dernier moment que sur toute l'étendue du plan on prend les cotes d'eau sur les deux rives et toutes dans le même instant.

ADOPTION D'UNE LIGNE ROUGE DÉFINITIVE.

Lorsque les profils en travers sont rapportés au moins en quantité suffisante pour commencer l'établissement du profil en long, que les sondages ont fait adopter des talus, que la liste des ouvrages est arrêtée, que les gares nécessaires sont projetées, on peut avec ces éléments commencer l'étude de la plate-forme définitive.

En thèse générale cette plate-forme diffère peu de celle inscrite au profil en long qui a servi à l'adoption du tracé, mais il s'agit ici d'un travail plus raffiné, plus épluché ; les terrassements sont cubés à l'aide des profils en travers et non plus avec la cote sur l'axe ou avec des déclivités prises à la hâte sur le plan d'études. Il est tenu un compte plus approché des terrassements dans les gares ; enfin les dérivations dues aux grands ouvrages, les déblais ou remblais nécessités par les passages à niveau doivent entrer en ligne de compte ; c'est donc en somme un parachèvement assez sérieux que l'on se propose d'introduire au profil primitif.

On commencera par essayer les déclivités consignées sur ce profil et en faisant le cube des terrassements par la méthode Siégler appliquée aux déclivités des profils en travers, ou bien en indiquant sur ceux-ci et au crayon les gabarits, puis en calculant les surfaces résultantes avec des éléments pris au kütsch.

La méthode Siégler n'est plus applicable aussi efficacement là où il y a des talus mixtes avec banquettes intermédiaires. Alors ces profils-là, exceptionnels le plus souvent, se calculent directement.

En somme, sur les deux ou trois premiers kilomètres, sur plus ou moins de longueur d'ailleurs et jusqu'à une limite que les essais du profil en long primitif avaient déjà désignée, on fait le cube des terrassements ; on introduit au compte courant les cubes des déviations, le vide des ouvrages d'art ou les déblais des fouilles s'il y a lieu, et on essaie la distribution des volumes et la compensation des déblais et remblais. Il arrive que parfois on a un excédent de déblai ; alors il

faut relever tel ou tel palier en remblai et modifier par suite les longueurs des déclivités aboutissantes, ou bien, pour créer du déblai on
baisse toute une déclivité parallèlement à elle-même, dans une tranchée, en faisant varier aussi les paliers adjacents, etc.; bref, c'est tout
une série de tâtonnements qui s'exercent la plupart du temps sur de
minimes hauteurs et qui se font en vue de plusieurs principes, à savoir : en vue 1º d'obtenir l'équilibre ; 2º de ne pas s'écarter des conditions de déclivités, paliers et raccordements de déclivités ; 3º de réserver aussi la facilité de passage aux traversées de routes, chemins
et cours d'eau.

Ce qui rend ce travail plutôt une chose de patience que de difficulté,
c'est qu'il a été fortement ébauché et dégrossi, lors de la construction
du profil primitif et qu'il n'est plus en somme qu'un ravalement après
lequel il reste encore un peu d'élasticité dans le mouvement des terres,
ce qui n'est pas un mal pour l'exécution des travaux.

En thèse générale, il vaut mieux égaler le cube des déblais et sans
foisonnement à celui des remblais et avoir ainsi en réalité un petit
excédent de déblai, parce que cela tient compte des matériaux employés dans les travaux et détournés du remblai, quand même les entrepreneurs sont forcés de les remplacer, ensuite parce que le foisonnement est en partie absorbé par le tassement et que souvent aussi une
certaine quantité de remblai, dans des terrains mous, est absorbée par
compression dans le sol, sans compter dans le cube du gabarit ; enfin
dans les terrains boisés, les souches forment encore en déblai un certain volume ; il vaut donc mieux avoir à déposer, ce qui n'arrive
presque jamais, que d'avoir à emprunter, ce qui se rencontre plus
généralement.

Finalement, dans ce mouvement de terres, ou plutôt cette distribution de cubes, on cherchera à éviter autant les grands dépôts que les
emprunts, à moins qu'ils ne soient prévus d'avance dans l'étude du
projet et pour certaines circonstances exceptionnelles qui parfois les
justifient ; mais alors les parties du profil qui les nécessitent sont à
laisser de côté en dehors de la recherche d'équilibre qui doit s'exercer
sur le restant du tracé dégagé ainsi des cas forcés et adoptés *à priori*.

CALCUL DES COTES ROUGES.

Nous avons vu qu'entre deux déclivités consécutives il devait y

avoir des courbes de raccordement de 10,000 mètres de rayon. Les terrassements devront être déterminés à l'aide des cotes résultant de l'introduction de ces courbes.

Les cotes rouges doivent être calculées d'après une certaine méthode convenue *à priori* et suivie dans les bureaux où l'on revise le dossier, sous peine d'amener des différences et des corrections plus ou moins fondées.

Etant donnée une déclivité quelconque AB (fig. 51) dont les cotes A et B sont arrêtées, il n'y a qu'une méthode rationnelle pour trouver l'altitude d'un point intermédiaire quelconque C. Cette méthode consiste à employer la relation.

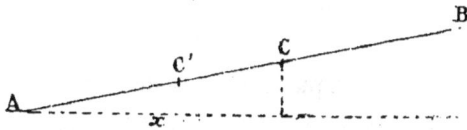

Fig. 51.

$$C = A \pm px$$

p étant la déclivité par mètre et *x* la distance du point en question à l'origine de la déclivité, le signe + convenant pour une rampe et le signe — pour une pente.

Ce procédé n'est pas toujours suivi et quelquefois on calcule la cote C au moyen d'une cote précédente C', en ne tenant compte de la déclivité que sur la distance partielle qui sépare C' de C : c'est plus expéditif, mais il arrive que souvent l'on néglige des décimales, qui en s'accumulant à plusieurs reprises, finissent par donner des centimètres et empêchent ainsi d'aboutir à la cote du repère, B.

Il vaut mieux procéder par distances cumulées à partir de A ; ensuite, il convient, dans ces sortes de questions, de s'entendre sur la limite suivant laquelle on doit arrêter son approximation.

Par exemple, supposons que le calcul donne la cote 401,625. On peut décider que l'on prendra pour cette cote, 401,63, il en serait de même *à fortiori* si on avait pour résultat 401,62537. Tandis que, si le calcul ne donnait que 401,62498... et par conséquent une cote toujours inférieure à 401,625, on écrirait simplement 401,62 ; autrement dit, il faut convenir que l'on forcera le chiffre des centimètres, lorsque le chiffre des millimètres sera 5 tout seul ou 5 suivi d'une partie décimale et que l'on ne forcera pas ce chiffre, tant que le chiffre des millimètres ne sera que 4 seul ou suivi d'une partie décimale qui le laisse toujours, quelle qu'elle soit, inférieur à 5.

On observera que la longueur des paliers, pentes et rampes doit concorder exactement :

1° Avec la somme des distances kilométriques complétée ;
2° Avec la somme des distances hectométriques complétée ;
3° Avec la somme des distances partielles entre profils ;
4° Avec la somme des alignements droits et des développements des courbes ;
5° Avec la somme des longueurs de communes traversées.

TABLEAU DES TERRASSEMENTS.

Il faudra joindre au profil en long une situation des terrassements calculés très approximativement comme il vient d'être dit et comprenant toute l'étendue de la section. Cet état sera dressé sous forme de tableau en trois colonnes ; la première indiquera la succession des déblais et des remblais suivant leur ordre sur le projet, la deuxième donnera le cube des déblais de chaque tranchée, emprunt ou terrassement accessoire d'une certaine importance ; la troisième donnera le cube des remblais ; les totaux de ces deux dernières colonnes devront se faire équilibre.

TERRASSEMENTS PAR MÈTRE COURANT.

En divisant le résultat de la colonne 2 par la longueur des tranchées, on aura le cube moyen de déblaiement à exécuter par mètre de tranchée.

En divisant le résultat de la colonne 3 par la longueur des remblais, on aura le cube moyen de remblayage à exécuter par mètre de remblai.

En divisant enfin le résultat de la colonne 2 par la longueur du tracé, on aura ce qu'on appelle le chiffre moyen des terrassements à exécuter par mètre courant de voie, ce chiffre de déblai complétant par son emploi en remblai la réalisation du corps entier du chemin de fer projeté.

D'ailleurs, en divisant le résultat de la colonne 3 par la longueur du tracé, on trouve un chiffre différant peu du précédent et n'en différant même pas du tout si le premier n'a pas été surchargé d'un certain cube de foisonnement ; ce chiffre représente le cube du remblai par mètre

7

courant de voie, cube qui nécessite son équivalent entier ou partiel en déblai pour la construction de la voie considérée.

COUPE DES SONDAGES.

Les coupes des sondages figureront sur les principales tranchées du profil en long et on inscrira à côté les talus que l'inspection de ces sondages a fait adopter dans le calcul des terrassements.

DOSSIER DU CONTROLE.

Le profil en long définitif une fois établi, il s'agit de dresser le dossier à soumettre au contrôle pour l'approbation du tracé. Ce dossier se compose comme celui de l'avant-projet :

1° Du profil en long ;

2° D'un plan coté à $\frac{1}{10.000}$ renfermant le tracé ;

3° D'un devis descriptif ;

4° De profils en travers types tant en déblai qu'en remblai ;

5° Du terrassement.

Ce sont là du moins les pièces que les sections sont appelées à fournir.

PLAN COTÉ AU $\frac{1}{10\,000}$.

Les articles 1 et 5 étant déjà examinés, il reste à donner quelques indications sur la confection du plan à $\frac{1}{10.000}$.

Ce plan sera un dessin sur papier disposé en une feuille unique de $0^m,31$ de hauteur; la largeur des plis sera de $0^m,21$ et, pour arriver à reproduire les sinuosités du tracé, on se servira d'onglets de raccordement tout en ayant soin de ne pas en abuser; il ne faut pas de bande supplémentaire ni au-dessus ni au-dessous. Les onglets étant disposés de manière à amener l'axe du tracé à peu près au milieu du papier, on pourra loger de chaque côté de cet axe une hauteur de près de 1 kilomètre 1/2 de terrain. Il faudra indiquer avec grand soin toutes les constructions existant sur une zone de 500 mètres de chaque côté du chemin de fer, en se servant des données complémentaires du plan d'études, et aussi citer les communes importantes, chefs-lieux

de canton et petites villes, jusqu'à 6, même 10 kil. de distance par des annotations renfermant, sur les bords du plan, en face de la normale abaissée du point de la localité sur l'axe, le nom du lieu visé, sa population, sa distance à la station qui doit le desservir.

Il conviendra également de bien indiquer toutes les voies de communication de chaque côté du chemin de fer, de compléter avec les renseignements pris aux Ponts-et-Chaussées ou chez les agents-voyers la représentation des chemins nouvellement créés ou rectifiés, de leur donner leurs dénominations officielles actuelles suivant leurs classements en chemins vicinaux de diverses catégories ou en chemins ruraux.

Ensuite, il faudra faire figurer sur ce plan et par masses la nature des cultures, prés, labours, bois, etc., que l'on désignera par des lettres ; on dessinera les parcs qui dépendent de grandes habitations situées près de la ligne.

Quant au tracé par lui même, il ne comportera que les kilomètres et les rayons, les ouvrages d'art, les passages à niveau, les stations spécifiées par le plan de leur surface haché parallèlement au tracé.

Certains ingénieurs font inscrire les longueurs des alignements et des tangentes, les développements des courbes et représenter les déblais et les remblais, les déviations latérales, etc., c'est alors un vrai plan figuratif à l'échelle réduite; les amateurs d'images peuvent y trouver leur compte, mais en somme toutes ces minuties de détail, amplement compensées par les renseignements du profil en long, le tableau des terrassements et surtout le devis descriptif, n'ont pas de raison d'être et tombent dans le domaine de la fantaisie.

Nous ajouterons à cela que d'autres ingénieurs assez avisés font textuellement les recommandations ci-après : « Ne figurez aucun chemin latéral, aucune déviation ; ce serait imprudent et les enquêtes peuvent les modifier singulièrement. Il sera toujours temps de mettre au plan général les chemins définitivement convenus. »

Il nous reste à dire un mot des écritures du plan et de ses reliefs accusés par des ombres.

Les titres et écritures des chemins doivent être disposés suivant leur direction (fig. 52). De cette façon, la lecture est toujours facile et saisissable à la vue, et de fait rien n'est désagréable dans un plan comme des écritures qui ne viennent pas à être définies d'un coup d'œil unique sur une surface donnée.

Enfin, à l'aide de la carte d'état-major et du plan d'études on marque

la topographie du sol, les saillies et les creux, les contreforts et les vallées, en posant une teinte d'ombre qui relève les contours de la surface et permet à l'examinateur de se rendre compte, par ce modèle, du terrain en relief, des difficultés de passage qui ont déterminé les diverses sinuosités du tracé.

Des cotes d'altitude empruntées à la carte d'état-major et au plan d'études sont en outre inscrites sur le plan au $\frac{1}{10.000}$, aux points principaux de dépression ou d'élévation, afin de justifier à leur tour les ombres qui servent à les délimiter.

Inutile d'ajouter que les chemins de grande, de moyenne et de petite communication reçoivent une teinte (rouge de Saturne ou terre de Sienne), que les eaux sont figurées en bleu, que l'axe du tracé est en rouge, etc., toutes données qui courent les bureaux et sur lesquelles il serait aussi inutile d'insister ici que sur les formes et dimensions

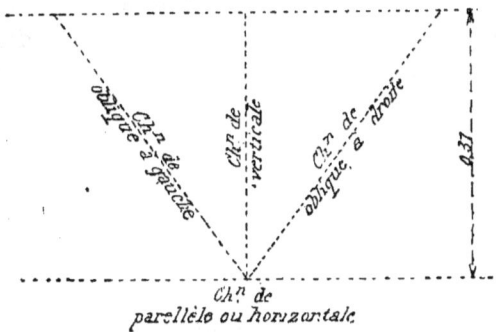

Fig. 52.

des lettres italiques, pleines ou maigres, qui décorent les plans de cette nature, images d'une nécessité..... énorme au point de vue administratif, mais pas aussi absolue au point de vue final de l'exécution du projet.

DEVIS DESCRIPTIF.

Les premières pages du devis descriptif sont en quelque sorte une notice explicative indiquant par où passe le tracé et pour quels motifs il suit telle direction plutôt que telle autre. Il ne faut pas oublier que l'on a non seulement à exposer son tracé et ses raisons d'être, mais encore à prévoir des objections, à combattre des variantes souvent proposées, en dehors de l'Administration, pour des motifs politiques ou autres, des questions de clocher ou des entêtements de propriétaires plus ou moins influents.

Cette notice explicative doit être une arme à deux tranchants dont l'un protège le tracé proposé, dont l'autre démolit et réduit à leur valeur les oppositions à ce tracé.

Ce sera donc un plaidoyer descriptif qui fera ressortir à chaque instant les parce que, les pourquoi, tout aussi bien que les raisons positives qui ont déterminé l'adoption du projet ; on notera les grandes propriétés évitées, les grands terrassements annulés et on fera ressortir les dépréciations et les travaux importants que toute autre variante aurait pu amener. Il ne faut pas oublier que ce travail a à passer en quelque sorte un véritable examen, et certes, si l'on est dans le vrai et dans la bonne voie, les arguments et les preuves ne sauraient manquer au rédacteur pour établir l'état réel de la situation.

En un mot, ne rien oublier des avantages comparatifs du tracé, au fur et à mesure qu'on en développe les contours sous les yeux du lecteur, tel est le but que doit atteindre d'une façon concise, mais claire, l'exorde du devis descriptif ; conditions de pentes préférables, de travaux moins dispendieux, de dessertes plus appropriées aux besoins du pays, à la disposition des localités, tout cela doit être mis en parallèle avec les conditions désavantageuses qui ont fait rejeter les tracés proposés et après cette balance comparative des éléments du projet, on passera aux détails ci-après.

Longueur totale du tracé. — Longueur en parties droites. — Longueur en parties courbes.

On indiquera le rayon maximum, le rayon minimum des courbes en justifiant l'emploi de ce minimum ; on agira de même pour les déclivités.

On donnera la longueur des rampes cumulée sur toute la durée du parcours, ainsi que la longueur des pentes et des paliers.

On notera à la suite les points culminants du tracé et les altitudes des différentes stations.

Les traversées des routes nationales et départementales seront mentionnées ainsi que leur mode de rétablissement par passages à niveau et passages par dessous ou par dessus.

Les traversées des cours d'eau navigables et flottables viendront après.

Les traversées des chemins et cours d'eau ordinaires formeront un nouveau paragraphe à la suite du précédent.

Enfin les détails et explications qui précèdent seront complétés par les tableaux ci-après.

TABLEAU DES ALIGNEMENTS DROITS ET DES COURBES.

Ce tableau sera en 9 colonnes :
1re Colonne : Désignation des alignements droits.
2e — Désignation des courbes.
3e — Longueur des parties droites.
4e — Longueur des parties courbes.
Nota. — Les chiffres seront alternés par lignes correspondantes, la colonne 1 correspondant à la colonne 3 et la colonne 2 à la colonne 4.
5e Colonne : Rayons des courbes.
6e — Longueur des tangentes.
7e — Angles au centre à droite (suivant le sens du tracé).
8e — Angles au centre à gauche — (id.) —
9e — Observations.
Les alignements et les courbes seront baptisés par des noms de lieux dits, chemins et autres particularités que le plan à $\frac{1}{10000}$ fera reconnaître. On pourrait cependant les désigner par des numéros d'ordre inscrits sur ce plan.

TABLEAU DES RAMPES, PALIERS ET PENTES.

Ce tableau comprendra également 9 colonnes :
1o Désignation des rampes, paliers et pentes (au moyen des lieux dits, chemins, domaines, etc.).
2o Longueur des rampes.
3o Longueur des paliers.
4o Longueur des pentes.
5o Déclivité par kilomètre.
6o Produit de la déclivité par la longueur (Rampes totales).
7o Produit de la déclivité par la longueur (Pentes totales).
8o Ordonnées aux extrémités des rampes, paliers et pentes.
9o Observations.
Toutes ces indications sont faciles à comprendre; une rampe de 0m,01 donne par kilomètre 10 mètres et si cette rampe a 350 mètres de long, le produit de la déclivité par la longueur (colonne 6) est 3m,50.
De même que dans le premier tableau on totalise à la fin les longueurs en droite et en courbe, de même dans le second on totalise à

la fin les longueurs en pente, en rampe et en palier. On totalise aussi les pentes et rampes totales dont la somme algébrique représente la différence de niveau entre les deux points extrêmes du parcours et aussi la différence entre les ordonnées de ces deux points.

TABLEAU DES OUVRAGES A CONSTRUIRE POUR L'ÉCOULEMENT DES EAUX ET LE RÉTABLISSEMENT DES VOIES DE COMMUNICATION COUPÉES PAR LE CHEMIN DE FER.

Ce tableau est formé de 8 colonnes :

1° Numéros d'ordre des ouvrages.

2° Désignation des kilomètres sur lesquels sont compris les ouvrages.

3° Routes et ruisseaux que les ouvrages desservent.

4° Nature des ouvrages.

5° Cotes de remblai.

6° Cotes de déblai.

7° Ouverture des ouvrages.

8° Observations ou explications sur la nature et les dimensions des ouvrages.

Dans la colonne 3, on donnera aux routes et chemins leurs dénominations officielles tirées des tableaux de classement ; les ruisseaux et rivières seront également spécifiés avec soin ; la nature des ouvrages sera indiquée par les mots : aqueduc, aqueduc-passage, passage par dessous, passage par dessus, passage à niveau, etc.

Les cotes de déblai et de remblai seront celles du profil en long, à l'emplacement de l'ouvrage, comptées du sol à la plate-forme des terrassements et sans s'occuper de la hauteur prise par l'ouvrage.

Enfin, les observations de la colonne 8 porteront surtout sur les aqueducs, ponts, etc., pour lesquels on énonce qu'ils sont dallés ou voûtés, ou avec tablier métallique, etc.

Après ce tableau, vient une récapitulation donnant le nombre total des sujets qui y ont été mentionnés et les classant :

1° En travaux extraordinaires comprenant les tunnels et les viaducs, jusqu'à 7 à 8 mètres d'ouverture, avec ou sans travées métalliques ;

2° Les travaux ordinaires : passages à niveau avec maisons et barrières habituelles ; passages à niveau avec barrières manœuvrées à distance ; passages par dessous inférieurs à 7 mètres d'ouverture ; passages par dessus ; aqueducs voûtés depuis 3 mètres jusqu'à 0m,30 d'ouverture, classés en groupes et selon leur ouverture.

Le total de cette récapitulation doit représenter le total des ouvrages du tableau.

Enfin on terminera par un article consacré aux stations avec un tableau de quatre colonnes.

1° Désignation des stations.

2° Localités desservies.

3° Population de ces localités (chiffre à mettre en regard des indications de la colonne 2).

4° Totaux des populations.

On établira ensuite une note donnant, pour l'ensemble des localités desservies par chaque station, la désignation des commerces et industries.

1° Pour l'importation ; 2° pour l'exportation.

C'est la nomenclature des principaux objets consommés ou fabriqués et exportés par la contrée : vins, charbons, céréales, bois, écorces, bestiaux, chaux, ciments, fers, verreries, etc.

On terminera enfin par l'exposé des distances entre stations et de la distance moyenne entre ces diverses stations.

PROFILS EN TRAVERS TYPES.

Au devis descriptif précité, on joindra le dessin de plusieurs profils en travers choisis sur toute la section, et indiquant comme types toutes les inclinaisons de talus projetées avec les natures de terrain. Un de ces profils étant en remblai, s'il y a, en quelque endroit, une banquette de sûreté contre les crues, attenant au corps du chemin, on donnera un deuxième profil en remblai comprenant cette banquette ; on donnera aussi la section des souterrains, quand il s'en trouvera dans le projet.

CALCUL DÉFINITIF DES PROFILS EN TRAVERS.

Il est rare que le profil en long envoyé, par parties au besoin, aux ingénieurs, ne soit pas également approuvé par parties et même sans crainte de modifications postérieures ; aussi le travail qui succède à celui précédemment expliqué consiste-t-il généralement dans le calcul définitif des profils en travers.

Jusqu'ici, nous avons vu tout le personnel de la section occupé tant

au lever qu'au rapport des profils en travers, à l'exécution et au relevé des sondages, à la confection du profil en long, de certains plans cotés et finalement du dossier d'enquête, et à l'époque où celui-ci vient d'être achevé, tout le monde doit être stationnaire au bureau et utilisé au laborieux calcul des profils en travers, à l'exception des conducteurs et surveillants qui seront détachés au levé du plan parcellaire, comme il sera exposé plus loin.

Jusqu'alors il n'y a de fait à ce sujet que le rapport de la ligne du terrain ; il s'agit maintenant de mettre les cotes rouges du profil en long et les différences, d'appliquer graphiquement les gabarits, de calculer les emprises et autres éléments des surfaces, de calculer ces surfaces elles-mêmes, puis les cubes correspondants, enfin de déterminer les longueurs des talus ; c'est donc tout un travail dont la vérification doit suivre partiellement et simultanément l'avancement, et qui mérite, par suite, une organisation rationnellement combinée.

ORGANISATION DU TRAVAIL.

Étant donnée une série de profils en travers, un premier agent commence par y mettre la cote rouge du profil en long, la cote de déblai ou de remblai et par y appliquer les gabarits. La série ainsi préparée passe à un deuxième agent qui vérifie ces données avec le profil en long et les talus adoptés pour les tranchées.

Après cette vérification, la série passe aux mains d'un troisième agent qui calcule les éléments des surfaces, trapèzes et triangles.

Ces calculs sont revus par un quatrième agent qui fait ensuite la pose des surfaces.

Cette pose est contrôlée, puis les surfaces sont faites par un cinquième agent.

Le premier agent reprend alors les séries ainsi préparées pour vérifier ces surfaces et faire les cubes et les longueurs de talus.

Ces derniers résultats sont enfin arrêtés par le deuxième agent. Ce sont les deux employés dont les tâches sont, dans le principe, les plus expéditives et les plus tôt terminées.

Les agents les plus occupés constamment sont ceux qui calculent ou vérifient les éléments des surfaces, car ce travail est celui qui demande le plus de temps ; au total, avec cinq employés sur les dix que nous avons supposé former le cadre de la section, on arrivera à orga-

niser un fonctionnement régulier et, pour ainsi dire, mécanique, interrompu seulement à intervalles par l'imprévu qui demandera l'assistance des agents les moins occupés au moment donné ; ce sont, en général, les numéros 1, 2 et 5.

Après avoir ainsi calculé la première voie, si le chemin de fer est à deux voies et si les emprises doivent être déterminées en raison de cette deuxième voie, on calculera les éléments supplémentaires des profils suivant le même système, mais comme on n'a pas de surface à déterminer, le travail ira plus vite et le nombre des agents employés après une série pourra se réduire à quatre, le cinquième s'occupant exclusivement du travail accidentel.

Inutile d'ajouter que chacun marquera au dos de la série et sous sa signature la tâche partielle dont il aura été chargé et dont la bonne exécution incombe à sa responsabilité.

ÉLÉMENTS DU CALCUL.

Les éléments du calcul sont : 1° la cote de déblai ou de remblai sur l'axe ; 2° la largeur de la plate-forme ; 3° les déclivités des talus projetés ; 4° les déclivités du terrain sur l'étendue du gabarit.

Nous ne parlerons pas des deux premiers éléments, ce sont des données indiscutables ; quant aux autres, il serait bon qu'il y eût, à leur sujet, une entente préalable entre les bureaux de calcul et les bureaux de vérification, entente réglée par un ordre de service émanant de l'ingénieur, afin d'éviter toutes ces menues corrections qui n'ont aucune utilité, sentent la bureaucratie d'une lieue, et parfois aussi sont l'œuvre de gens obligés de dissimuler par du zèle l'inutilité de leur fonction ; toutes ces corrections du centimètre reposent sur le chiffre décimal auquel on arrête les déclivités incommensurables, soit dans les talus, comme la pente de 1 1/2 pour 1, soit dans les inclinaisons du sol.

Il convient donc de régler à priori ces éléments, en établissant un mode général de faire tel que, si on ne s'en écarte d'aucun côté, les vérifications seront ce qu'elles doivent être, c'est-à-dire : des constatations d'erreurs arithmétiques existant réellement et non des changements de centimètres basés sur l'emploi d'un chiffre décimal de plus ou de moins dans l'évaluation d'une déclivité de talus ou de terrain.

A cet effet, dans un service bien ordonné, une instruction peut déterminer :

1° Que les déclivités du terrain seront calculées jusqu'au chiffre des dix millièmes inclusivement, que ce chiffre sera forcé si le chiffre des cent millièmes est 5 (seul ou suivi d'une partie décimale) ou supérieur à 5, que dans le cas contraire le chiffre des dix millièmes sera conservé tel quel.

2° Que les inclinaisons de talus incommensurables 1/3, 2/3... ordinairement désignées par 0,333..., 0,666... et toute autre du même genre seront arrêtées à la quatrième décimale forcée d'après la règle ci-dessus ; ainsi l'on prendrait 0,3333 pour la pente 1/3 et 0,6667 pour la pente 2/3.

Les dimensions des terrassements ne doivent se calculer qu'au centimètre, car, en fait de mesurage réel sur le terrain, ce chiffre est la limite que l'on peut atteindre pratiquement avec la chaîne et, par suite, le calcul ne doit pas chercher une exactitude qui formerait un contraste ridicule avec cette réalité.

APPROXIMATIONS.

Essayons d'établir maintenant si, dans un cas quelconque, la règle du quatrième chiffre décimal forcé suivant que le cinquième chiffre est 5 seul ou suivi d'autres chiffres, ou supérieur à 5, peut suffire sans amener dans les calculs d'erreurs finales dépassant un centimètre.

Tout d'abord, les cotes du terrain sont prises sur les mires, au centimètre, c'est l'usage et c'est un point acquis et justifié d'ailleurs par la nature du travail. Le terrassement, vu les prix qui lui incombent, est suffisamment rémunéré lorsque son cube est apprécié au moyen des cotes ainsi arrêtées ; les données dérivant du nivellement seront donc déterminées d'après cette base.

Ceci posé, toute déclivité (pente ou rampe) est suffisamment appréciée, lorsqu'elle est arrêtée, pour les nombres incommensurables, au dix millième, car les distances entre lesquelles règnent ces déclivités, sur les profils en travers, sont généralement de 10 mètres et au-dessous ; en admettant 10 mètres pour la distance, si la déclivité est arrêtée au quatrième chiffre forcé ou non, on commet, par mètre, sur cette déclivité une erreur plus petite que $\dfrac{1}{10.000}$ et pour 10 mètres une er-

reur plus petite que 10 dix-millimètres ou 1 millimètre et, par suite, le résultat obtenu en combinant le produit de la déclivité par un chiffre compris entre 1 et 10 avec un autre chiffre, par voie d'addition ou de soustraction, sera toujours exact à moins d'un millimètre.

Ainsi, entre deux points dont la distance est 7 mètres et dont les altitudes sont 503^m,24 et 502^m,36, si l'on prend pour pente 0^m,1257 au lieu de 0^m,12571428... que donnerait la division $\dfrac{503.24 - 502.36}{7}$, on commet, par mètre, une erreur de 0,00001428..., quantité plus petite que 1 dix millième.

La plate-forme étant à la cote 499^m,79 (fig. 53), si l'on veut calculer la hauteur du déblai à 3^m,70, il faudra retrancher de 3^m,45 le produit de 0,1257 par 3,70, on commettra donc une erreur plus petite que 0,00001428 $\times$ 3,70; le produit de 0,1257 par 3,70 est 0,46509, en retranchant ce nombre de 3,45, on a pour résultat 2,98491, quantité trop grande de 0,00001428 $\times$ 3,70 ou 0,000052836; par conséquent le chiffre des millimètres (4) ne saurait être atteint, si on veut ramener le résultat 2,98491 à une valeur plus approchée. Ce

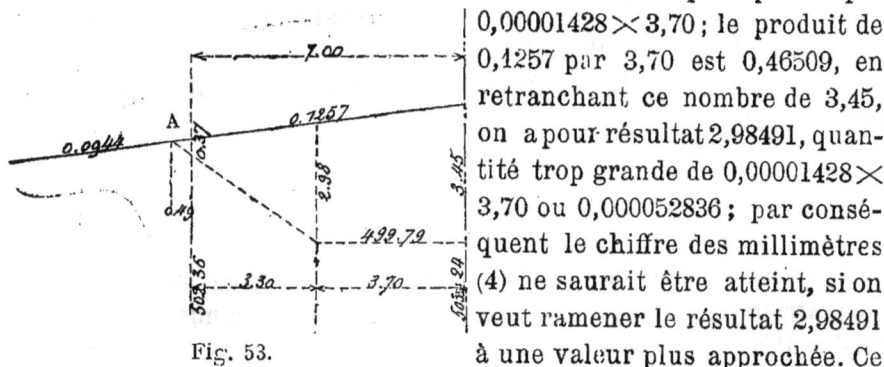

Fig. 53.

chiffre (4) est donc bon et l'on a la cote 2^m,984 exacte jusqu'à la troisième décimale; c'est tout ce qu'il faut dans cette circonstance.

Poursuivons le calcul du demi-profil où nous supposons le talus à 1 1/2 pour 1 (terrain argileux par exemple) et la pente au-delà du point A encore incommensurable et égale à 0,0944 pris au lieu et place de 0,0943628421..; pour obtenir la cote de déblai au point A, nous ferons le produit de 3^m,30 par la pente 0,6667, ce qui donne 2,20011, quantité exacte également au chiffre des millimètres, car la valeur réelle de 0,6667 $\times$ 3,30 est les 2/3 de 3,30 ou 2,20, autrement dit; car en multipliant 3,30 par 0,6667, au lieu de le multiplier par 0,6666666666.., on commet sur le facteur 0,6667 une erreur plus petite que $\dfrac{1}{10000}$ qui, multipliée par 3,30 entachera le résultat d'une autre erreur plus petite que $\dfrac{3,30}{10.000}$ et *à fortiori* plus petite que $\dfrac{1}{1.000}$. Le chiffre des millimètres sera donc exact.

Ajoutons 2,20 à 499,79, ce qui donne la cote 501m,99 et retranchons cette cote de 502m,36, la différence est 0m,37 et enfin nous avons à diviser ce chiffre 0,37 par la somme des pentes 0,0944 et 0,6667. Dans ces deux pentes le chiffre des dix-millièmes est forcé d'une unité ou de $\frac{1}{10.000}$, la somme sera donc forcée de $\frac{2}{10.000}$ (0,7611 au lieu de 0,0943 + 0,6666 = 0,7609), le quotient $\frac{0,37}{0,0944 + 0,6667}$ ou $\frac{0,37}{0,7611}$ sera donc approché par défaut, le diviseur étant approché par excès et l'erreur commise sera :

$$\frac{0,37 \times 0.0002}{0.7609 \, (0.7609 + 0.0002)} = \frac{0.37 \times 0.0002}{0.7609 \times 0.7611} = 0.00013\ldots$$

quantité plus petite que un millimètre.

Le chiffre des millimètres sera donc encore exact dans cette opération ; on divisera donc 0,37 par 0,7611, ce qui donne 0,4861, nombre dans lequel la troisième décimale sera exacte.

On suivra ensuite pour les résultats (2,98491, 0,4861) la règle du deuxième chiffre, c'est-à-dire que l'on prendra 2,98 et 0,49, puisque les parties décimales négligées ou ajoutées sont plus petites que 0,005, et ainsi les éléments des surfaces seront déterminés à moins d'un centimètre en plus ou en moins, ce qui est suffisant pour le but que l'on a en vue.

Une modification que l'on pourrait introduire serait de se servir des fractions 1/3 et 2/3 au lieu de 0,3333 et 0,6667. Ainsi pour diviser 0,37 par 0.0944 + 0,6667, on pourrait mettre l'opération sous la forme :

$$\frac{0.37}{0.0944 + 2/3} = \frac{0.37 \times 3}{3 \times 0.0944 + 2} = \frac{1.11}{0.2832 + 2} = \frac{1.11}{2.2832} = 0.4861\ldots.$$

on éviterait ainsi les erreurs dues à l'incommensurabilité de la fraction 2/3.. mais tous les calculateurs ne sont pas toujours très ferrés sur ces exercices d'arithmétique pourtant élémentaires et il faudrait *à priori* les dresser à ce genre d'évaluations.

En résumé, il arrive, généralement, lorsque des profils en travers viennent à être vérifiés, qu'on les crible de ratures à l'encre bleue pour des corrections portant sur un centimètre en plus ou en moins et cela provient, nous y insistons en terminant, uniquement de ce que les correcteurs prennent dans leurs calculs un nombre de décimales différent de celui employé par les premiers opérateurs.

Si donc on veut éviter ces conflits à coups d'épingles et assurer à la

vérification des profils en travers la manière d'être qui seule lui convient, c'est-à-dire la recherche des erreurs arithmétiques et non la poursuite des différences minuscules et sans importance aucune, dues à l'emploi d'une décimale de plus ou de moins, il convient et c'est une mesure qui évite bien du temps de perdu et de la peine inutile, qu'il y ait un mode de faire préalable, à suivre tant par les calculateurs de la première heure que par ceux qui sont appelés à les vérifier.

CALCUL DES SURFACES.

Les surfaces (il s'agit toujours de trapèzes et de triangles, quelquefois de rectangles) étant posées et cette pose revisée, on effectuera les opérations arithmétiques en s'arrêtant, pour l'approximation, au décimètre carré et en forçant ainsi le deuxième chiffre après la virgule, selon qu'il sera suivi d'un 5 seul ou d'un 5 accompagné d'une partie décimale. Ces surfaces seront ensuite totalisées par profil et par nature de travail, lorsqu'il s'agira de profils mixtes où il y a déblai et remblai.

CALCUL DES CUBES.

Une fois les surfaces arrêtées, on procédera à l'établissement des cubes.

Comme la surface du sol n'est pas engendrée par une loi géométrique définie et que la surface géométrique qui la remplace ne coïncide pas entièrement avec elle, les cubes de terrassements ne peuvent pas s'obtenir avec une exactitude mathématique et absolue, qui, du reste, serait sans valeur devant la question de dépense, seule question réelle, seul intérêt en jeu ; aussi a-t-on, pour les apprécier, recours aux profils en travers et aux distances qui les séparent, et, dans cette évaluation, les profils sont considérés comme les bases de solides dont les distances intermédiaires seraient les hauteurs.

Les séries de profils en travers portent, d'un profil à l'autre, l'indication de la distance qui sépare les deux profils consécutifs.

La règle générale pour obtenir le cube compris entre deux profils complets de même nature consiste, comme chacun sait, à multiplier la moyenne des surfaces (égale à leur demi-somme) par la longueur entre profils.

On peut également obtenir le cube des profils en multipliant chaque surface par la somme des demi-distances qui la séparent des surfaces contiguës ou par la demi-somme de ces distances. Le cube obtenu ainsi sur un ensemble de profils sera mathématiquement le même que celui déterminé par la méthode précédente, ce qu'il est facile de démontrer algébriquement.

En effet, soient S_0, S_1, S_2, S_3....., les surfaces de différents profils consécutifs, l_0, l_1, l_2, l_3....., les distances qui séparent chacun d'eux, on aura par la première règle, pour le cube compris entre S_0 et S_1. entre S_1 et S_2, entre S_2 et S_3,

$$\frac{S_0 + S_1}{2} \times l_0 = S_0 \times \frac{l_0}{2} + S_1 \times \frac{l_0}{2}$$

$$\frac{S_1 + S_2}{2} \times l_1 = S_1 \times \frac{l_1}{2} + S_2 \times \frac{l_1}{2}$$

$$\frac{S_2 + S_3}{2} \times l_2 = S_2 \times \frac{l_2}{2} + S_3 \times \frac{l_2}{2}$$

ou en désignant par V la somme des cubes donnée par la première méthode

$$V = \frac{S_0 \times l_0}{2} + S_1 \times \frac{l_0 + l_1}{2} + S_2 \times \frac{l_1 + l_2}{2} + S_3 \times \frac{l_2}{2}.$$

Or, le deuxième membre de cette relation représente la somme des produits de chaque surface par la somme des demi-distances de chaque profil aux profils adjacents.

Ainsi, algébriquement et sauf les erreurs d'arithmétique, le cube sera le même, que l'on prenne comme facteurs la moyenne des surfaces et la longueur entre profils ou la surface des profils et la moyenne des longueurs qui la séparent des profils contigus.

Les cubes seront arrêtés également au deuxième chiffre décimal, c'est-à-dire au chiffre des décalitres, pour employer ici un terme facilement intelligible, et ce, par la raison que la nature du travail et son prix de revient n'ont pas besoin d'une approximation poussée à un degré plus exact; supposons qu'il s'agisse même de déblai à 3 ou 4 fr., du rocher très compacte par exemple, le prix d'un décalitre de cette matière sera de 0 fr. 03 ou 0 fr. 04, quantité minime devant le prix de l'unité métrique, et surtout dans l'évaluation des dépenses d'une tranchée de plusieurs milliers de mètres cubes.

Inutile d'ajouter encore que ce deuxième chiffre décimal sera forcé toutes les fois qu'il sera suivi d'un 5 seul ou accompagné d'une partie décimale.

CALCUL DES PROFILS MIXTES OU A POINT DE PASSAGE.

Lorsqu'on a affaire à des profils mixtes ou à des profils opposés, mais de nature diverse, c'est-à-dire à un profil en déblai suivi d'un profil en remblai ou inversement, il y a plusieurs méthodes pour déterminer les distances sur lesquelles on applique la partie ou la totalité de ces profils.

1° Dans le cas de deux profils, l'un en déblai, l'autre en remblai, on

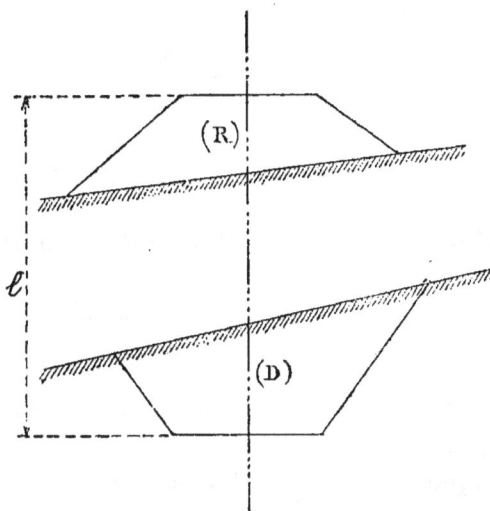

Fig. 54.

divise leur distance (l) proportionnellement aux surfaces D et R, correspondant aux profils considérés, et on a (fig. 54) :

$$x = \frac{l \times D}{D + R} \quad \text{et} \quad x' = \frac{l \times R}{R + D}$$

pour les longueurs sur la moitié desquelles on appliquera les surfaces D et R pour avoir les cubes $\frac{Dx}{2}$ et $\frac{Rx'}{2}$; cela revient à supposer un profil dont la surface est zéro, à la distance x du profil en déblai et x' du profil en remblai.

2° Une méthode plus exacte, mais moins expéditive, consisterait à chercher les points de passage tant sur l'axe qu'aux arêtes des plates-formes et à déterminer ainsi la ligne a b c d e, puis à évaluer les pyra-

mides et les prismes qui viennent aboutir à cette ligne (fig. 55); ce
procédé n'est pas appliqué parce qu'il n'est pas assez rapide et que
l'exactitude qu'il donnerait, tout en étant la plus grande que l'on

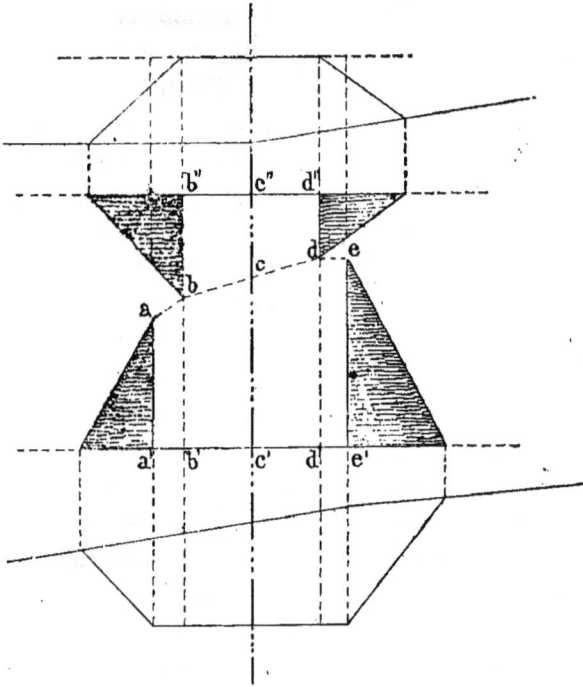

Fig. 55.

puisse avoir, conduirait, pécuniairement parlant, à de si petites différences sur le prix de revient de la tranchée considérée, que ce serait
perdre son temps que de s'embarquer dans ces calculs minutieux.

3° Quelquefois on détermine les trois distances aa', cc', ee', on en fait
la moyenne et on applique le profil D sur cette moyenne, le cube est
alors

$$D \times \frac{1}{2} \frac{(aa' + cc' + ee')}{3} = D \times \frac{aa' + cc' + dd'}{6}.$$

Analytiquement, on pourrait comparer ces formules avec les précédentes, mais ce serait entrer ici en des considérations spéculatives
que la pratique a condamnées jusqu'à présent et qui nous entraîne-
raient trop loin de notre cadre.

Lorsqu'il s'agit de profils mixtes, on applique les surfaces totales

8

R et R' sur la distance *l* et les surfaces totales D et D' sur la même distance (fig. 56). On peut encore décomposer les deux profils, chacun

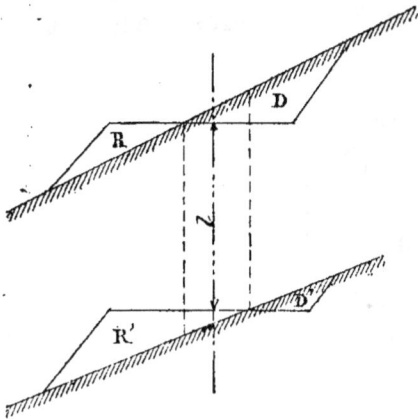

en trois surfaces, une de remblai sur chaque profil, une de déblai également et une de remblai sur l'un, correspondant à une de déblai sur l'autre. Ces deux dernières se traitent alors comme deux profils qui se correspondent l'un tout en déblai, l'autre tout en remblai.

Nous n'insisterons pas davantage sur ces questions, car elles courent les manuels, agendas, carnets, vade-mecum de toute sorte et, en somme, n'ont, dans l'application, qu'une valeur secondaire ;

Fig. 56.

en un mot, toutes ces méthodes ne sont qu'approximatives, mais elles suffisent aux exigences de la pratique ; la méthode dite exacte, celle de décomposition en prismes et pyramides, est la plus correcte de toutes, mais malheureusement inapplicable, généralement par suite des nombreux calculs auxquels elle donne lieu, sauf dans certains cas isolés où la décomposition n'offre qu'une ou deux figures et qu'un ou deux volumes, circonstance qui présente d'elle-même à l'esprit la méthode à employer dans ces cas particuliers.

CALCUL DES LONGUEURS DE TALUS.

La longueur des talus est aussi à déterminer pour se rendre compte des surfaces de règlements, semis et plantations.

Comme ces surfaces qui servent dans l'estimation du projet n'ont pas besoin d'une exactitude absolue, on pourrait se contenter de les évaluer graphiquement avec le profilomètre Siégler (voir *Annales des Travaux publics*, n° 8) ; cependant, si on tient à plus d'approximation, on y arrivera très rapidement, en multipliant par un coefficient facile à établir les longueurs telles que *l* qui sont toujours calculées au profil (fig. 57). Ce coefficient, c'est la longueur du talus pour un mètre de projection sur l'horizontale. Soit *p* la pente du talus, c'est $\sqrt{1 + p^2}$. Les

longueurs des talus s'obtiennent ainsi tout bonnement par des multi-
plications ; pour éviter ces opérations, on peut se servir avec avantage
des tables de Rouget, qui ont été dressées
avec une patience digne d'éloges par ce sous-
chef de section des lignes de l'État, dont le dé-
vouement·à servir à la fois la cause du travail
et des travailleurs mérite ici plus qu'une
simple mention.

Ces tables donnent pour la plupart des talus
usuels les longueurs correspondant à des projections variant par centimètre, depuis 0,01
jusqu'à 15 mètres ; on n'a donc qu'à chercher
les *l* cités plus haut dans ces tableaux, pour
trouver en face la longueur du talus correspondant.

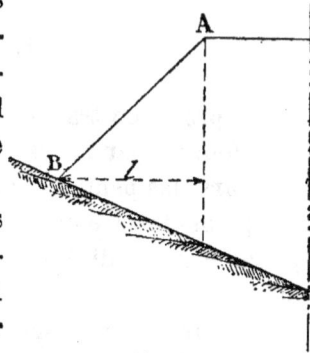

Fig. 57.

CALCULS DE LA DEUXIÈME VOIE.

Lorsque la première voie est entièrement à jour comme détermina

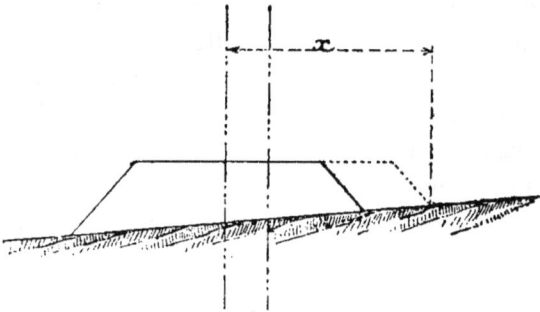

Fig. 58

tion de terrassements, emprises et longueurs de talus, on cherche les
emprises *x* de la deuxième voie (fig. 58), en ne calculant toutefois sur
le profil que les cotes nécessaires à l'établissement de ces emprises et
sans surcharger la figure de données qui ne devraient servir qu'à
l'évaluation des terrassements de la deuxième voie ; on écrit ensuite,
sur chaque profil, les distances totales des pieds ou crêtes de talus
à l'axe de la première voie, distances prises pour la première voie
d'une part, pour la deuxième voie de l'autre ; ces cotes cumulées, aug-

mentées des francs-bords serviront plus tard, lors de la délimitation des surfaces à représenter sur le parcellaire et acquérir du public.

PROFILS EN TRAVERS DES GARES.

Les profils en travers des gares s'établissent au moyen d'une feuille-type fournie par l'ingénieur et marquant la hauteur des quais, des trottoirs, les pentes de ces trottoirs, celles des cours, etc. ; au moyen des plans de gare on voit à chaque profil si la coupe générale est applicable en totalité ou en partie et le périmètre de cette coupe ainsi appliquée à la cote du profil en long devient la ligne rouge qui, complétée par les talus prévus, fournit le gabarit variable de ces profils spéciaux, qui, en dehors de cela, n'offrent rien de particulier.

LEVÉ ET RAPPORT DU PARCELLAIRE.

Le travail qui, dans un ordre rationnel, vient immédiatement après l'expédition du dossier du contrôle et en même temps que le calcul des profils en travers, consiste à lever le parcellaire de la ligne, car l'étude de ce parcellaire conduit à éviter l'étude de certains ouvrages d'art, par exemple d'aqueducs d'irrigation faciles à racheter par voie amiable ; puis à prévoir toutes les dessertes latérales qui pourront aboutir aux passages à niveau ou autres passages par dessus et par dessous et à les faire figurer dans les projets de ces passages ; enfin il amène d'autres résultats que nous ferons remarquer en temps et lieu.

Pour le levé de ce parcellaire, deux systèmes sont en présence :

1° Celui où la compagnie concessionnaire traite avec un géomètre qui se charge du levé et du rapport du plan, des extraits du cadastre et de la matrice, puis, lorsque les emprises ont été mises par les sections sur le plan autographié, se charge encore du calcul des contenances, des tableaux indicatifs, etc., ensuite du bornage, même des estimations et des acquisitions à l'amiable, enfin assiste parfois l'expropriation et les règlements ;

2° Celui où la compagnie fait lever et rapporter le plan par ses agents, les charge des extraits cadastraux, du calcul des contenances, du bornage, etc., et en résumé ne distrait de leur tâche que les estimations, cessions à l'amiable, etc., réservant cette partie à des agents spéciaux

experts dans l'achat des biens et à un service central, comptable et contentieux, dit : service des acquisitions de terrain.

La seule chose qui puisse techniquement incomber aux agents de la construction est donc en cette matière :

1º Le levé et le rapport du plan ;

2º La confection des extraits du cadastre et de la matrice ;

3º L'étude des emprises et leur application ;

4º La confection des états indicatifs, notices et tableaux divers, accessoires du dossier de l'enquête parcellaire.

C'est dans cette mesure que nous allons examiner les renseignements ci-après en commençant par le levé et le rapport du plan ainsi que la confection des extraits cadastraux qui complètent un premier dossier à soumettre à l'approbation des ingénieurs.

CONDITIONS DU LEVER DU PLAN.

La zone du plan comprendra 100 mètres de chaque côté de l'axe dans les terrains ordinaires et 50 mètres dans les agglomérations de constructions.

Souvent l'ingénieur prescrit encore de plus grandes largeurs, par exemple à l'emplacement des stations.

Le principal est généralement que chaque parcelle atteinte par le chemin de fer soit relevée autant que possible dans son entier, pour que lors des acquisitions on puisse juger de la partie prise et de la partie laissée au propriétaire, mais encore faut-il que cette parcelle n'ait pas une étendue trop considérable, comme cela peut arriver, auquel cas un plan spécial est relevé sur le cadastre en cas d'expropriation et de non accord à l'amiable ; souvent même pour des questions de desserte, cette mesure s'applique à toute une propriété formée de parcelles contiguës ; aussi les limites ci-dessus énoncées ne sont-elles, en terme courant, suffisantes que pour le levé du parcellaire habituel.

Ce plan devra contenir :

1º Toutes les voies de communication ou d'exploitation traversées par le chemin de fer, avec leurs désignations officielles prises aux tableaux de classement, leurs bornes kilométriques, si elles sont munies d'un bornage régulier ;

2º Les lieux dits portés à la matrice cadastrale ;

3° Les canaux, rivières, cours d'eau, ravins ou fossés servant à l'écoulement des eaux, dont le sens sera indiqué par des flèches de direction ;

4° L'axe du tracé, les piquets d'axe avec leurs indications, les distances entre les piquets, les angles des alignements, les points de tangence et les rayons des courbes ;

5° Les limites des propriétés, des diverses natures de culture et des fermages, les constructions, murs, haies, fossés, mares, abreuvoirs, lavoirs, ouvrages d'art de toute nature, conduites d'eau, rigoles à ciel ouvert, etc. Les mitoyennetés de toute nature seront indiquées quand faire se devra ; les limites des propriétés qui ne seraient pas apparentes sur le terrain, mais qui résulteraient d'actes de partage ou autres, seront déterminées à l'aide des données contenues dans ces actes et en l'absence d'actes, d'après les renseignements pris près des occupants.

Avec cette énumération, il est facile de voir ce qu'il y a à recueillir sur le terrain, en relevant le plan par croquis cotés sur des carnets spéciaux.

L'axe du tracé servira de base d'opération, en rattachant les lignes aux tangentes et sous-tangentes plutôt qu'aux courbes dans la traversée de celles-ci

L'axe du tracé donne donc tous les renseignements demandés par l'article 4.

Les données des articles 1 et 3 se prennent sur le terrain de même que celles de l'article 5 que l'on peut pousser en détail jusqu'au relevé le plus complet, sans qu'il soit même nécessaire de les rapporter sur le plan.

Les avis diffèrent en effet sur ce point ; certains pensent qu'une parcelle quelconque doit être représentée avec tous ses accessoires, de manière que la réalité ne puisse être ni contestée, ni amplifiée, ni réduite ; d'autres, au contraire, craignent, en faisant figurer certaines particularités, de réveiller des questions de dépréciations et de donner prise à des réclamations.

Les partisans de ce système croient les propriétaires et les jurés plus ignorants ou plus maladroits qu'ils ne le sont réellement ; il ne faut pas oublier que tous les jours chacun apprend à lire des plans, que chaque propriétaire connaît son terrain, sa manière d'être, son irrigation, ses drainages, sa valeur, etc., aussi bien, sinon mieux que

tout ingénieur donné, et qu'il est et qu'il sera de plus en plus, grâce au niveau montant de l'instruction, difficile d'en imposer au public, aussi difficile que si un propriétaire voulait de son côté en faire accroire à des agents mûris pendant des années par la pratique continue du métier.

Le plus simple est, à notre avis, de présenter franchement les choses telles qu'elles sont et d'une façon complète.

Cette question, du reste, n'est que secondaire pour celui qui lève le plan et le rapporte. L'essentiel, c'est que son carnet soit complet et qu'il n'aie pas à retourner sur le terrain à un moment donné; après quoi, si les examinateurs de son travail le trouvent trop détaillé, ils sont libres de le réduire à leur fantaisie sur le plan-minute qui leur est livré.

Comme conclusion, le levé de plan devra comporter tous les moindres détails : plus tard, lors des réclamations qui se produisent à leur endroit, on sera bien aise de les retrouver à part soi, pour confectionner les rapports, états de lieux, plans à l'appui et autres pièces analogues que l'on demande aux sections.

MODE DE LEVER LE PLAN.

Le parcellaire se lève au goniomètre et au ruban décamétrique, avec des lignes auxiliaires rattachées à l'axe du tracé et et parfois entre elles. Ces rattaches doivent se faire presque exclusivement par des longueurs ; c'est plus commode pour le rapport du plan que de procéder par des angles ; on n'emploiera les angles que lorsqu'on ne pourra faire mieux.

Dans certains services avancés, on est allé jusqu'à lever des parcellaires au tachéomètre, par exemple, sur la ligne de Trets à Carnoules (Bouches-du-Rhône et Var), comme le rapporte P. Bœuf dans son excellente petite brochure concernant le lever des plans avec cet instrument, mais là présence et l'usage du tachéomètre sont encore bien restreints en France ; heureux les opérateurs que l'on ne réduit pas à la chaîne à maillons et au graphomètre à pinnules (demi-cercle avec crins de cheval).

CARNETS DE CROQUIS.

Les carnets pour croquis sont du format $\frac{0,34}{0,21}$; l'axe étant placé au milieu de la hauteur 0,34, on a 0,17 de disponible de chaque côté ; de pareils carnets, bien cartonnés, peuvent se tenir facilement ouverts sur le bras gauche ou sur un genou. Lorsqu'ils sont simplement brochés, on les enveloppe le plus souvent d'une sorte de serviette en carton fort, recouvert de toile cirée, de manière à donner de la consistance et de l'appui au feuillet sur lequel on travaille. Certains opérateurs, au lieu de carnets, emploient un papier sans fin adapté à une planchette sous forme de rouleau, et se déroulant ou s'enroulant à l'aide de stirators fixés dans le bois. Enfin, les uns relèvent les croquis et les cotes au crayon, tandis que d'autres les font à la plume ; dans le premier cas, il est facile de gommer une erreur ; dans le deuxième cas, cela peut nécessiter des ratures et des surcharges, mais, en dehors de cela, l'écriture est plus nette et plus indélébile.

Dans le premier mode de faire, l'opérateur, refermant son carnet, le porte sous son bras gauche et peut disposer de ses deux mains ; dans le deuxième mode, il laisse pendre sur le côté la planchette passée en sautoir à l'aide d'une courroie ; dans un système comme dans l'autre, on peut rapporter les principales lignes d'opération à l'échelle de 0,001, l'échelle du plan définitif, et figurer le reste à l'œil ; on fait aussi à part, et à une plus grande échelle si besoin en est, certains détails, assez chargés de cotes, pour que ces cotes soient un peu difficiles à placer sur le canevas général.

L'essentiel est d'opérer de manière que le croquis puisse être rapporté au besoin par un agent qui ne l'aurait pas relevé sur le terrain.

INDICATIONS DIVERSES.

L'écoulement des eaux peut être indiqué par une flèche avec barbes. et le sens des dessertes par une flèche sans barbes, dirigée suivant la marche que l'on suit pour entrer dans la parcelle.

Les distances seront toujours cumulées sur les lignes d'opération principales ou secondaires ; les ordonnées élevées sur ces lignes recevront également des cotes cumulées lorsqu'elles donneront plusieurs points successivement.

La mitoyenneté est indiquée en répartissant l'objet mitoyen (mur ou haie) de chaque côté du trait qui forme la limite; dans le cas contraire, la haie ou le mur doivent se trouver d'un même côté de cette ligne.

Lorsque deux parcelles contiguës appartiennent au même propriétaire, tout en étant séparées par une limite, cette limite est pourvue d'une flèche à deux pointes, placée normalement à sa direction; le croquis reçoit ainsi trois genres de flèches; l'un indiquant l'écoulement des eaux, l'autre la direction de la desserte, le dernier, enfin, l'unité de la possession.

Les natures de culture sont désignées par les initiales T, pour terre; V, vigne; Pr, pré; Pa, pâture; B, bois; Br, Broussailles; J, jardin; Vr, verger; les plantations d'arbres sont spécifiées par des points en lignes; les bâtiments reçoivent la lettre M lorsqu'il s'agit de maisons d'habitation et pour établir ainsi une distinction avec les bâtiments d'exploitation; on supplée enfin sur le croquis par les noms des choses, lorsqu'il est question de détails sortant du cadre ci-dessus tels que viviers, lavoirs, etc.

En général, on recommande aux agents une grande prudence dans ces qualifications; en cas d'expropriation, en réalité, le nom fait peu à la chose; si l'expropriant s'obstine à appeler un verger, pré avec quelques arbres, ou si l'exproprié s'acharne à nommer verger un pré où s'égarent deux ou trois sauvageons, le jury, qui a visité les lieux et pris des notes sur place, sait à quoi s'en tenir. Au besoin, les détails spéciaux, fournis par les avocats de l'une ou l'autre des parties ou des deux à la fois, lui rafraîchiraient la mémoire et rétabliraient contradictoirement l'état des lieux. Il en est de même pour les carrières à exploitation régulière ou momentanée, pour les jardins à grande, moyenne ou petite culture, pour les mares appelées bassins et réciproquement; la discussion légale ramène les choses à leur valeur et l'avocat de l'exproprié pourrait même trouver un argument pour la cause de son client, dans une désignation de propriété inférieure à la nature de cette propriété.

Il semble convenable, en résumé, de s'en tenir aux dénominations les plus simples possibles qui soient le moins susceptibles d'une fausse interprétation. Du reste, ces dénominations que l'agent donne en conscience passent par le creuset des ingénieurs qui les modifient ou les maintiennent alors sous leur responsabilité.

RAPPORT DU PLAN.

Le plan est rapporté sur du papier grand-aigle collé sur toile et qui ainsi préparé, peut se rouler, se conserver plus longtemps, être au besoin emporté par hasard sur le terrain, sans crainte de trop de détériorations.

Il est rapporté par communes ; à l'entrée de chaque commune on indiquera sur l'axe le numéro du dernier kilomètre de la commune voisine ; le nom de la commune sera inscrit d'une part au revers de chaque plan-minute et d'autre part à chaque extrémité du dessin, en caractères apparents (lettres grasses italiques de $0^m,005$ de hauteur).

La hauteur du dessin est $0^m,31$ et l'échelle est un millimètre ($0^m,001$). Les sinuosités du tracé sont rachetées à l'aide d'onglets que l'on multiplie le moins possible et que l'on dispose autant que faire se peut dans les parties où le dessin ne contient que peu de lignes, écritures et détails. Les sommets d'angle des onglets seront établis sur le bord du papier, mais placés en dehors du cadre de $0^m,31$ et de manière qu'au bord du cadre les côtés de l'angle soient écartés d'environ un centimètre pour faciliter leur rapprochement.

Toutes les voies de communication ou d'exploitation sont indiquées à l'encre noire et teintées en bistre.

Les canaux, rivières, cours d'eau, ravins ou fossés sont teintés en bleu. Le sens du courant est représenté par des flèches bleues.

L'axe du projet, les piquets d'axe avec leur numérotage, les points de tangence, les angles des alignements et les rayons des courbes sont tracés à l'encre rouge ; les distances entre piquets sont inscrites uniformément au-dessous de l'axe (quelques-uns les placent au-dessus) : ces distances doivent être écrites de manière à ne pas faire confusion avec les piquets. L'axe et les rayons sont figurés par des traits séparés par des points et les tangentes par des lignes pointillées, les menus détails du profil en long et du parcellaire doivent concorder ensemble, c'est-à-dire que les fossés, chemins, etc., doivent s'y trouver à la même place, par rapport aux piquets du tracé.

Les limites des propriétés, des diverses natures de culture et des fermages, en un mot, les limites de toute nature sont indiquées en noir par un trait plein.

Les constructions sont teintées à l'encre de Chine pâle ; un trait en

diagonale désigne les moins importantes, un M distingue les maisons d'habitation.

Les murs sont teintés à l'encre de Chine pâle et de petites flèches, les pointes tournées vers la propriété, font connaître les parcelles dont ils dépendent ; les haies sont dessinées légèrement sur le milieu ou sur l'un des côtés du trait limite, selon qu'elles sont mitoyennes ou non ; les fossés sont teintés en bleu, les natures de culture sont relatées au moyen des initiales T, V, B, etc. (dont il a été question plus haut), écrites sous les numéros des parcelles ; quand on traverse un bois, il est inutile de figurer des plantations, la lettre B suffit pour fixer la nature de la propriété.

Les flèches pour l'irrigation sont en bleu ; celles, pour l'exploitation ou la propriété, en noir et conformes à celles des croquis ; les plans sont orientés de manière que l'origine de la ligne soit à gauche.

Les divisions des sections du cadastre et celles des cantons ou lieux dits sont indiquées par des lignes pointillées et bordées de liserés jaunes d'une faible étendue pour les cantons et d'une dimension au moins double pour les sections ; en outre, les lignes des sections ont leur pointillé interrompu par des croix droites ; il est préférable toutefois, pour qu'il n'y ait jamais confusion, d'employer, pour les limites des sections, des liserés violets.

Alors les limites des communes sont représentées par des lignes formées de traits interrompus par des croix de Saint-André et bordées par des liserés rouges ; (vermillon).

Quand les communes font limites aux départements, le liseré est en vert au lieu d'être en rouge (vermillon).

Toutes les parcelles portent les numéros du cadastre en chiffres de 2 millimètres de hauteur (1 millimètre suivant d'autres).

Les noms des communes sont inscrits, sur le plan, suivant les lignes contournées d'après les inflexions des limites ; il en est de même pour les voies de communication dont les dénominations suivent le contournement.

On ajoutera d'ailleurs tous les autres renseignements qu'il pourra être utile de faire connaître.

Les écritures et les chiffres devront être très lisibles.

Tels sont les principaux points à observer ; ce qui ne veut pas dire que la rédaction des parcellaires soit absolument uniforme ; ainsi, dans certains services, on indique la mitoyenneté non plus par la

position de la haie ou du mur à cheval sur la limite, mais par deux flèches opposées par les pointes ; au contraire, les murs et fossés non mitoyens reçoivent une flèche unique du côté de la propriété à laquelle ils appartiennent et dont la pointe est tournée vers la limite ; les limites des lieux dits, sections ou communes, sont aussi parfois, les premières, des lignes à traits interrompues par un seul point, les deuxièmes, des lignes interrompues par deux points ou trois, les troisièmes, des croix verticales séparées par un point, etc.

Si on considère la question écritures, c'est alors qu'il n'y a plus d'entente possible ; les uns veulent de l'italique, droite pour les lieux dits, penchée pour les villages, maisons, etc., les autres veulent des lettres sèches ou au contraire grasses pour les lieux dits, également pour les sections ; les dimensions de ces lettres varient aussi suivant chacun ; certains types ont enfin des écritures gothiques ou tremblées, ou de la ronde, bref, de la vraie fantaisie, et la grosseur des caractères change encore d'un type à l'autre ; il est donc inutile d'insister sur ces détails et divers autres qui rentrent dans le domaine de la bureaucratie pure et au sujet desquels il n'y a qu'à se conformer simplement à toutes les variations prescrites par les ingénieurs.

ACCESSOIRES DU PARCELLAIRE.

Avant de lever le parcellaire d'une commune et le plus souvent pendant le cours de l'opération, afin d'utiliser les moments où le mauvais temps peut interrompre le travail du terrain, on relève sur le cadastre et dans les mairies deux pièces différentes qui doivent accompagner le parcellaire proprement dit, lorsqu'il est soumis à l'examen des bureaux.

EXTRAITS CADASTRAUX.

Ce sont des portions du cadastre relevées spécialement et très exactement (tandis que les premiers relevés de ce genre étaient exécutés plus sommairement, n'ayant pour but que de donner les lieux dits à inscrire sur le profil en long) aux abords du tracé sur 250 à 300 mètres de chaque côté de l'axe ; ces extraits sont faits sur papier dioptique que l'on colle ensuite sur papier vélin afin de les rendre plus maniables.

Tout d'abord on calque, à la mairie, les sections feuille par feuille, en plaçant sur chaque feuille une surface de papier dioptique qui renferme au crayon l'axe du tracé et s'ajuste sur le plan, de manière que cet axe passe à peu près à sa place sur la feuille considérée ; tous ces calques partiels sont ensuite réunis, pour être recalqués à nouveau au bureau, avec plus de soin dans les écritures, plus d'exactitude dans la position du tracé et plus de facilité dans l'ensemble.

L'axe du tracé est repéré et arrêté à l'encre, sur ces extraits dont l'échelle est $\frac{1}{2.500}$, par tous les points singuliers connus, maisons, carrefours, etc. : il y est indiqué en rouge ; les différentes sections du cadastre sont raccordées à la suite les unes des autres et les sinuosités du tracé sont rachetées par des onglets.

Cet axe reçoit, comme indications spéciales, les points de tangence et les rayons des courbes, les kilomètres et les hectomètres suivant les uns, et, suivant les autres, les kilomètres et les principaux piquets dans le voisinage des routes, chemins, maisons, cours d'eau et des principales divisions territoriales.

Les modifications ci-après sont encore apportées dans ce relevé pour en faciliter l'usage ; les noms des lieux habités sont en écriture un peu plus apparente que celle des noms des autres lieux dits. Les désignations des sections doivent être répétées autant de fois qu'il est nécessaire, enfin les chemins n'y reçoivent pas les dénominations officielles, tirées des tableaux de classement ; on leur laisse les noms qu'ils portaient primitivement, ces extraits cadastraux n'étant en somme qu'une reproduction du plan cadastral tel qu'il existe et destinée à comparer le nouvel état de choses avec l'ancien et à justifier les données de la matrice.

Les limites des lieux dits, sections, communes et départements, sont indiquées comme sur le parcellaire, avec des liserés de couleur qui varient quelquefois avec les communes ; il est à remarquer, lorsqu'un chemin forme une limite de commune, que chaque commune le porte souvent comme faisant partie de son territoire ; il faut alors recourir au classement pour savoir à quelle commune il appartient réellement.

Il sera bon de rapprocher chaque fois les limites des communes adjacentes, de manière à s'assurer si elles concordent entre elles.

Enfin on copiera textuellement la facture des extraits en reprodui-

sant les teintes spéciales qui y seront affectées aux maisons, aux bois, etc.

MATRICE CADASTRALE.

Les extraits de la matrice cadastrale correspondent aux extraits des plans cadastraux, mais seulement sur une longueur de 100 à 150 mètres de chaque côté de l'axe.

Les extraits de la matrice indiquent les noms des derniers propriétaires inscrits et tous les détails de revenu, classement, folio ; ils se composent d'ailleurs d'un tableau en plusieurs colonnes comprenant les données ci-après :

En trois colonnes accolées sous le titre général d'indications cadastrales : 1º les sections ; 2º les lieux dits ; 3º les numéros des parcelles.

A la suite : 4º la nature des propriétés ; 5º le classement admis par les contributions directes ; 6º les noms, prénoms et domiciles des propriétaires inscrits à la matrice des rôles ;

7º folios de la matrice, primitifs (sous le titre de : folios de la ma-
8º folios de la matrice, successifs (trice ;

9º Surfaces totales des parcelles (sous le titre de données cadas-
10º Revenu imposable. . . . . (trales.

Chaque tableau porte en outre l'indication des centimes le franc pour l'année en cours et les deux années précédentes.

Les sections se prennent comme elles se présentent sur le plan cadastral et il faut épuiser les numéros de chaque section par ordre arithmétique en commençant par le plus bas et ne pas entremêler les numéros des sections, ni les sections.

Souvent une parcelle cadastrale a été morcelée en plusieurs, mais les parties gardent le numéro unique, affecté de la lettre *p*. Ainsi 113 *p* représente une partie de la parcelle nº 113 de la section A, par exemple, parcelle subdivisée en 2, 3, 4, etc. parties.

PRIX DE REVIENT DU PARCELLAIRE.

Le plan parcellaire, ainsi établi et confronté avec les pièces accessoires, est tiré, en autographie, à un certain nombre d'exemplaires qui servent à l'établissement des emprises, ainsi que nous le verrons plus loin.

Il reste à examiner si le prix de revient des parcellaires relevés par les agents de la construction est bien supérieur à celui donné par les marchés passés habituellement avec les géomètres qui entreprennent ce genre de travaux.

Nous n'avons sous la main qu'un exemple à citer, mais il nous paraît assez concluant.

Sur la ligne d'Avallon à Dracy-Saint-Loup, le parcellaire a été relevé par les conducteurs et sous-chefs de section du service et pendant l'hiver de l'année 1877-78, d'octobre en mars, avec des pluies, neiges, brouillards et gelées, sans parler du peu de durée de la journée ; malgré cela, pour les dix communes composant la 2e section d'études (37,592m,82) et pour 32 kilomètres de plan levé sur l'ensemble et rapporté sur 9 d'entre elles, le prix de revient moyen a été de 86 fr. 50, alors qu'un marché datant de 1869 le mettait déjà à 80 fr.

Le prix de revient pour extraits du cadastre sur 22k,5 (parcours de 7 communes) a été 8 fr. 04, quand la même série le portait à 8 fr.

Le prix de revient de la matrice cadastrale sur 22k,5 a été de 9 fr.24 au lieu de 15 inscrits à la série.

Enfin, le prix total par kilomètre revenait, sur les 22k,50 complètement achevés à l'époque où cette estimation fut faite, à 103 fr. 78, alors qu'aux termes du marché il eût été de 103 fr. seulement.

En résumé et vu les circonstances exceptionnelles de mauvais temps qui ont présidé au levé des plans des six communes (six sur les dix rencontrées), on peut sans crainte dire que, dans une saison favorable, on eût fait la besogne, par ce système, aussi bon marché qu'à l'entreprise, avec l'avantage d'avoir obtenu un travail consciencieux et poussé même, sur certains points, à une précision, à une netteté de détails (commune de Saulieu. — 2e partie et commune de Saint-Martin-de-la-Mer. — Girard (Pierre) sous-chef de section, opérateur), qui suffiraient à elles seules pour faire préférer ce mode de procéder.

COMPTABILITÉ DES ÉTUDES.

Maintenant que nous avons passé en revue la majeure partie des études extérieures, donnons un mot à la comptabilité.

Les pièces de comptabilité mensuelle à fournir pendant les études se réduisent à peu de chose.

La classification des dépenses variant d'une compagnie à une autre,

il n'est pas nécessaire d'insister sur les chapitres et articles affectés aux divers mandats ; il suffira d'en préciser la nature.

En premier lieu, il y a à considérer l'état des sommes à payer pour journées employées à divers travaux de bureau et aux études, sur la longueur de la section, du premier au dernier jour de chaque mois. Cet état comprend.

1o Les noms et prénoms des mandatés.

2o Leur profession.

3o Leur nombre de journées.

4o Le prix de la journée.

5o La somme résultante.

6o Les suppléments pour frais de découcher et de voiture, s'il y a lieu.

7o Le total à payer.

8o L'acquit des parties prenantes.

9o Une colonne d'observation où l'on détaille les suppléments dont le total figure à la colonne 6.

Un pareil mandat est dressé et certifié par le chef de la section soussigné, vu et vérifié par l'ingénieur ordinaire, vu et arrêté par l'ingénieur en chef, vérifié et enregistré : bon à payer, sur telle caisse désignée, par le chef de la comptabilité.

Une formule existe à la fin du mandat pour la justification des croix que les parties prenantes, illettrées, mettent tant bien que mal dans la colonne 8.

Nous, soussignés......, témoins majeurs, certifions que les dénommés au présent état au nombre de......., qui ont fait une croix ont déclaré ne pas savoir signer et qu'ils ont été payés en notre présence.

Ces témoins, au nombre de deux, ne doivent pas être pris parmi les employés de service, même parmi les garçons de bureau, pouvant être considérés comme parties intéressées ; il faut se servir de témoins étrangers, patentés si faire se peut, et, à défaut des manœuvres qui ont déjà signé sur le mandat où émargent les illettrés, dont le nombre diminue, heureusement !

Sur ce mandat de journées sont portés tous les employés à la journée, piqueurs, opérateurs du service temporaire, etc., et tous les ouvriers, porte-mire, chaîneurs, bûcherons, sondeurs, etc.

Les journées employées sont justifiées par une pièce auxiliaire, mensuelle, appelée : Feuille de régie.

Ces feuilles, de modèle assez variable, comprennent comme données principales :

1° les noms des ouvriers.

2° Leur profession.

3° Le travail auquel ils ont été occupés.

4° Les lieux où les travaux ont été exécutés.

5° Les dates des journées ou parties de journée effectuées (le tout disposé en 31 colonnes verticales).

6° Le total des journées par ouvrier.

7° Le prix de la journée.

8° La somme à payer par ouvrier.

9° Une colonne d'observations mentionnant la durée de la journée ou les déplacements accordés aux ouvriers ou les causes d'interruption du travail ou tels autres renseignements pouvant être de quelque utilité.

Ces feuilles sont dressées par les piqueurs et conducteurs et remises, en tout cas par ces derniers et sous leur signature et garantie, à la section qui s'en sert pour dresser le mandat de payement et le plus souvent les envoie en résumé et duplicata à l'ingénieur, lorsque celui-ci, pour des motifs de contrôle ou autres, entend être à même de justifier en haut lieu l'emploi du temps et des dépenses.

Souvent les feuilles de régie, au lieu d'être mensuelles, sont hebdomadaires.

Les feuilles hebdomadaires contiennent les indications suivantes :

1° Les numéros d'ordre des hommes portés sur la feuille.

2° Les noms et prénoms.

3° Leurs emplois ou qualités.

4° Sept colonnes verticales ayant pour en-tête général : heures de travail, et recevant à leur sommet l'indication des sept jours, lundi, mardi, etc., et au-dessous le quantième, 1, 2, 3, 4, etc.

5° Le total des heures.

6° Le nombre de journées.

7° Le prix de la journée.

8° Les sommes partielles à payer.

9° La somme totale.

10° Les observations, indication et emplacement des travaux.

11° Les visas et résultats des vérifications.

9

des agents qui en reçoivent sur le terrain (chefs de section, sous-chefs, conducteurs, etc.).

Ces notes ne sont pas des mandats, mais simplement des pièces servant à les établir.

Elles comportent :

1° Les dates des déplacements.

2° Les motifs des déplacements et indication des endroits' où ont eu lieu les repas et découchers.

3° Les déplacements sans découcher avec un repas (deux colonnes, nombre et prix), avec deux repas (deux colonnes, nombre et prix), avec découcher (deux colonnes, nombre et prix).

4° Le montant des indemnités.

5° Les frais de voiture et autres.

Ces notes dressées et certifiées par les agents sont vues, vérifiées et arrêtées par les deux chefs de service immédiatement supérieurs.

Toutes les pièces, tels que mandats de journées, mandats à divers ou individuels, feuilles de régie, états de déplacements, sont renfermées dans un bordereau de comptabilité qui comporte :

1° Les numéros des chapitres.

2° La désignation des pièces et des articles de chapitres.

3° Le montant des mandats.

4° Les observations, s'il y en a.

Cet ensemble constitue la comptabilité mensuelle du chef de section.

Il est un principe en matière de comptabilité qui n'est jamais suivi et qui devrait cependant l'être toujours. Ce principe, c'est d'arrêter la comptabilité au dernier jour de chaque mois et à l'endroit d'où elle part en premier lieu.

Les ingénieurs se font bien fournir des comptabilités datées du 30 ou du 31, mais les sections sont obligées de remettre ces comptabilités dès le 25 et les conducteurs détachés remettent les leurs aux sections dès le 20, de manière qu'il n'y a pas coïncidence entre les quantités accusées à l'époque de la comptabilité et les quantités réelles.

Il serait bien plus convenable que la première comptabilité, par rang d'origine, arrêtât ses pièces au dernier jour du mois considéré et que les comptabilités deuxième, troisième, etc., qui sont des comptabilités cumulées, pussent n'arriver aux ingénieurs que dans les premiers jours du mois suivant.

Les bureaux d'ingénieurs, regorgeant d'employés, ont toujours le temps d'examiner ces papiers qui d'ailleurs peuvent être dressés convenablement par les sections, si celles-ci ont le personnel nécessaire, et comme en outre la paye mensuelle ne se fait que très tard dans le mois suivant, l'avance fictive demandée aux pièces comptables des sections et sous-sections pourrait très bien être évitée.

On remarquera que l'arrêt de la comptabilité au dernier jour du mois n'est pas indispensable ; on pourrait prendre toute autre date, le 10 ou le 15, ou le 20, peu importe. L'essentiel est que la teneur d'une pièce comptable ne soit dressée, ni en retard sur la réalité, ni en avance et par hypothèse sur cette même réalité, ce qui revient à dire qu'elle doit être réelle et complète à son origine et nullement antidatée.

Ainsi en prenant le 15 pour point d'arrêt, les conducteurs qui sont les premiers fournisseurs de pièces devraient les arrêter le 15 seulement, les fournir le 16 ou le 17 aux sections qui, avec la date constante du 15, les transmettraient quelques jours plus tard, condensées et récapitulées, au bureau des ingénieurs.

BUREAUX DÉTACHÉS.

Il arrive souvent dans les études de longue haleine qu'une section comporte des bureaux détachés renfermant parfois.... un conducteur tout seul, et ce, dans l'intention de diminuer les dépenses relatives aux déplacements ; les déplacements constituent en effet une question dont l'existence est généralement jalousée, mal définie, mal interprétée, enfin sujette à plus d'attaques que de protections.

Ces bureaux détachés qui utilisent si peu de monde n'offrent pas, en réalité, d'économies et nuisent ensuite à la marche du service pendant les études. Si les bureaux détachés sont indispensables et même doivent être très multipliés dans les travaux, tout le contraire existe pour les études.

Un bureau détaché n'apporte pas d'économies, en ce sens que le conducteur qui y est affecté doit recevoir une indemnité de 250 à 300 francs par an qui, répartie en déplacements, représente 20 à 25 francs par mois, quantité moyenne déjà importante vis-à-vis du chiffre courant des déplacements mensuels.

Ensuite il faut quand même, sur une section de 30 à 40 kilomètres, quand un conducteur est détaché au milieu ou à un bout, lui compter

des déplacements pour les 10 à 20 kilomètres sur lesquels il peut avoir à travailler hors de chez lui.

De son côté, le chef de section est obligé, sans parler du temps qu'il perd en une correspondance qui n'est pas toujours bien saisie dans son sens, de se rendre fréquemment dans ce bureau détaché ; son action, pour être directe, augmente ses frais de déplacements ; il est en outre forcé d'abandonner ses bureaux ordinaires, de sorte que la surveillance du bureau détaché absorbe une bonne partie de son activité.

Ainsi, au point de vue du travail et même au point de vue de la dépense, dernière considération qui devrait être le coup sensible aux fauteurs d'un pareil système, l'établissement des bureaux détachés en cours d'études est nuisible et à laisser de côté.

Les agents détachés, eux-mêmes, perdus le plus souvent en des campagnes sauvages où ils manquent des commodités de la vie, n'ont pas le bien-être qu'ils goûteraient dans les centres d'importance variable où sont établis en général les sièges des sections.

PIÈCES ACCESSOIRES.

En dehors des pièces comptables mensuelles, on dresse aussi des rapports à échéances diverses qui rentrent un peu dans un travail analogue.

Il y a :

I. Les rapports hebdomadaires qui donnent le travail de bureau et de terrain exécuté, pendant la semaine, dans toute la section ; ces rapports sont accompagnés d'un rapport météorologique dressé sur le terrain.

II. Les rapports trimestriels qui résument l'avancement des études, tout en donnant la quantité de besogne faite dans le trimestre considéré ; ces rapports se subdivisent en trois parties : 1° état d'avancement sur le terrain ; 2° état d'avancement au bureau ; 3° travail exécuté depuis le rapport précédent.

III. Les rapports d'accidents, lorsqu'il s'en présente, par hasard, dans les sondages par exemple.

Ces rapports comprennent :

1° Les noms et prénoms du blessé.

2° Son âge.

3° Son état civil (célibataire ou marié).

4º Son lieu de naissance (commune).

5º Le département.

6º La date de l'accident.

7º La nature et le lieu de l'accident.

8º Les observations que le conducteur juge utiles pour l'appréciation du fait, de ses causes et de ses conséquences.

IV. Les inventaires des objets mobiliers, outils et instruments' existant au compte de la section.

Ces inventaires comprennent une série de tableaux dont le premier comporte :

1º Les numéros de l'inventaire de l'ingénieur.

2º Ceux de l'inventaire de la section.

3º La date de l'enregistrement.

4º La désignation des objets.

5º Les quantités.

6º Le prix des objets.

7º Le produit des prix par les quantités ou coût des quantités d'objets.

8º Une colonne d'observations.

Le deuxième tableau comporte le résumé des objets actuellement en service et comme détails :

1º Les numéros de l'inventaire de l'ingénieur.

2º Ceux de l'inventaire de la section.

3º La désignation des objets.

4º Les quantités.

5º Les observations.

Le troisième tableau indique, avec les mêmes colonnes que le deuxième, la répartition des objets en meubles, instruments pour le bureau, instruments pour les opérations et enfin les objets perdus, cassés, usés ou changés de destination et qu'il convient de rayer de l'inventaire.

V. Les certificats de prise en charge constatant que le chef de section accepte la responsabilité et la conservation possible de tels objets à lui remis, ou par lui achetés, tels que niveaux, chaînes, pioches, pelles, masses, avant-pieux, etc.

Ces certificats comprennent :

1º La désignation des objets.

2º Les noms et résidences des fournisseurs.

3° Le prix des objets.

Et le chef de section certifie que lesdits objets mentionnés dans le présent certificat de prise en charge sont inscrits à son inventaire, puis il envoie ces pièces aux ingénieurs, généralement avec la comptabilité.

VI. Les renseignements mensuels à donner aux conducteurs de contrôle et qui affectent la forme ci-dessous ou des formes approchantes :

A. Situation du projet.

B. Acquisition de terrains.

C. Terrassements.

D. Ouvrages d'art.

E. Pose de la voie.

F. Marche générale des travaux.

G. Epoque probable de leur achèvement.

Dans les études, on n'a guère à considérer que les articles A et B. Quant à l'art. F, on l'applique non plus aux travaux, mais aux études proprement dites.

Telles sont, en dehors des rapports spéciaux, les principales pièces à fournir hebdomadairement, mensuellement, trimestriellement ou éventuellement par une section d'études.

INDEMNITÉS.

Les principaux dégâts causés par les études ont lieu ordinairement :

1° Lors du lever du plan coté servant à l'étude du tracé définitif.

2° Lors de l'établissement de ce tracé définitif (profils en long et en travers, sondages et balisage).

3° Lors du lever du parcellaire.

A partir de cette dernière phase, les dégâts possibles par le fait de levers de plans cotés pour ouvrages d'art ou déviations de routes, chemins et cours d'eau, et celui de sondages supplémentaires pour les mêmes objets, se resserrent en une zone peu différente de celles des emprises ou le plus souvent permettant de comprendre ces dégâts postérieurs dans l'acquisition des terrains.

Il n'y a rien de bien défini en thèse générale au sujet du règlement de ces indemnités : certains tâchent de le reculer indéfiniment et de

le faire disparaître le plus possible dans la question des acquisitions. D'autres s'exécutent en cours d'études, sur les réclamations des propriétaires qui, en somme, ont en main la clef de la situation ; en effet les arrêtés préfectoraux qui enjoignent à tout intéressé de laisser pénétrer dans les propriétés, closes ou non closes, communales ou particulières, les agents des études, qui ordonnent aux maires de leur prêter appui au besoin et de prendre des mesures pour la conservation des repères et piquets, ces mêmes arrêtés impliquent que les indemnités, dues pour les dommages qui pourront être causés par lesdites études, seront réglées, soit à l'amiable, soit par le conseil de préfecture, après expertise contradictoire.

D'autre part, comme les opérateurs ne peuvent pas être chaque jour à discuter avec des propriétaires ou fermiers, il convient de suivre un mode de faire régulier, après entente préalable avec les intéressés.

Par exemple on peut constater et régler amiablement les dommages après chacune des opérations principales, sus-visées, ou encore arrêter les dommages mensuellement.

On a, à cet effet, des registres numérotés par feuilles, les numéros pairs affectés à la Compagnie, les impairs aux réclamants.

La formule générale pour l'évaluation des dommages est du genre ci-après :

Entre les soussignés, un tel..... (propriétaire ou fermier), *demeurant à....... d'une part, et* ..... un tel (conducteur ou tel autre grade) *agissant pour la Compagnie X..., d'autre part, il a été convenu ce qui suit :*

1° Que par suite des études faites le..... (jour, mois année) *et jours suivants, dans un champ de.....* (désignation de la culture) ..... *Sis sur le territoire de la commune de........ il a été perdu en récolte, une surface de.......*

2° Que l'indemnité due par suite de la perte de ladite récolte a été évaluée, amiablement entre les parties soussignées, à la somme de.....

Dont double, fait à .... le.....

L'article 2 n'est à mettre que dans le cas où l'on est d'accord pour le prix, ce qui n'arrive pas aussi régulièrement que pour la surface endommagée que l'on compte toujours largement.

Les folios impairs de ce livre-souche contenant même libellé que les folios pairs et mêmes signatures sont ensuite détachés et remis aux propriétaires et fermiers pour qui ils constituent titre.

Sur la **réclamation** des intéressés (les fermiers surtout, sujets à changer, sont les plus impatients) les diverses indemnités sont portées un beau jour sur des mandats à divers ou des mandats individuels suivant l'importance du chiffre à payer et la limite fixée à ce point de vue par le service de la comptabilité.

La reconnaissance du dommage et son évaluation amiable sont d'ailleurs les conditions préliminaires qui tranquillisent le plus les esprits et souvent l'on peut attendre, pour le règlement, jusqu'après le levé du parcellaire qui est la dernière des grandes opérations.

Les dommages faits dans les bois, consistant en tranchées ou en gros arbres abattus, restent visibles très longtemps, pour ne pas dire toujours et n'ont pas besoin d'être relevés aussi instantanément que ceux causés dans les récoltes sur pied (foins, céréales, etc.)

Il en est de même pour les sondages restant ouverts, pour les déblais accumulés autour en cavaliers et qui privent le propriétaire d'une certaine surface de culture, en même temps qu'ils peuvent gêner parfois l'exploitation.

Lorsqu'on n'a pas pris la précaution de constater les dommages en temps et lieu, on y arrive encore approximativement au moyen du plan coté levé pour les études du tracé définitif.

Ce plan porte, en effet, la trace des lignes d'opérations principales, des profils en travers normaux ou biais qui s'y rattachent et des lignes secondaires d'opération.

Par suite, l'agent des études peut, sur un plan pareil, où les limites existent aussi pour la plupart, déterminer au Kütsch et sans aucun chaînage, les surfaces de chaque nature de cultures endommagées, données nécessaires et pour l'estimation et pour le libellé du dommage.

Ce plan est un titre qui sert à contrôler les dires des réclamants ; il est aussi pour eux une garantie et par suite devient une base de conciliation pour les deux parties à la mémoire desquelles il supplée, si besoin est.

Les opérations d'estimation s'effectuent ainsi très rapidement, mieux qu'elles ne se feraient avec les carnets où les croquis ne sont pas à l'échelle.

Les feuilles de croquis qui restent à la section, pour suppléer au manque des plans que les ingénieurs collectionnent généralement,

peuvent remplir le même office, ainsi qu'il a été dit en parlant des avantages de ce croquis.

Les bases de règlement à l'amiable (valeur de l'are en froment, orge, avoine, etc., sur pied et autres cultures) sont prises dans le pays, par des renseignements obtenus contradictoirement chez des propriétaires non-intéressés, chez des marchands de biens, et près des experts, géomètres, agents-voyers, conducteurs des ponts et autres appelés à régler parfois de semblables questions.

En thèse générale, il convient, sans être prodigue, de payer largement, en tenant compte de la situation qui implique, au delà du dégât matériel, le dédommagement du dégât moral causé par les désagréments imposés à ceux qui voient pénétrer, de par la loi, dans leurs récoltes et ne peuvent en général se défendre d'un mouvement de contrariété.

MESURES EXTRA-JUDICIAIRES.

Lorsqu'un tracé définitif, soumis à l'approbation ministérielle, est adoptée par décision et a ainsi reçu une consécration dernière, le sol environnant ce tracé reste jusqu'à l'époque des acquisitions au compte des possesseurs, mais ceux-ci ne sont plus libres d'apporter dans leurs propriété des modifications qui auraient pour but d'en augmenter la valeur, par exemple, d'y faire des plantations, d'y créer des conduites d'eau, d'y bâtir des murs, corps de logis, etc., ou tout au moins n'en restent libres qu'à leurs risques et périls et sous la réserve bien constatée et extra-judiciairement que la plus-value apportée aux terrains en question restera à leur charge et sera considérée par la Compagnie ou par l'État comme nulle et non avenue.

A cet effet, dès qu'on s'aperçoit qu'un propriétaire est occupé à apporter une modification de ce genre ou qu'il vient de l'exécuter, on fait dresser par un agent assermenté ou par huissier un procès-verbal à l'effet de constater :

1º Que le propriétaire dont s'agit n'ignorait pas que sa propriété devait être traversée par le chemin de fer dont le tracé avait été approuvé définitivement par décision ministérielle en date du......

2º Que ce tracé se trouvait indiqué sur le terrain par des piquets d'axe, sondages, balises ou autres repères.

On fait ensuite constater par témoins (le maire de la commune et

les voisins ou les ouvriers qui ont travaillé à la modification), dont les dires sont rapportés au procès-verbal, l'époque à laquelle ont commencé les travaux ; s'il est nécessaire, en cas de dénégation de la part du propriétaire, on demande un certificat de constatation émanant du maire.

Une fois le procès-verbal dressé, on le fait signifier par acte extrajudiciaire (par huissier) à l'intéressé avec toutes réserves de contester devant le jury l'indemnité à laquelle il pourrait prétendre pour la plus-value donnée à ses propriétés par suite de l'exécution des travaux faits après qu'il a eu connaissance du tracé que devait suivre la ligne.

La formule d'entrée de ces deux actes, procès-verbal et signification, est celle-ci :

L'an....... et le ..... à la requête de la Compagnie..... poursuites et diligences de M. Z... .., son directeur général, domicilié au siège de ladite..... (désignation du lieu) où elle fait élection de domicile.

J'ai, soussigné....., huissier (ou garde champêtre), demeurant à..... constaté (pour le procès-verbal), exposé et déclaré (pour la signification), à M....., propriétaire demeurant à...., en son domicile, parlant à....., que, etc.

La signification doit être en outre close par :

Sous toutes réserves utiles, j'ai à M....., remis copie du présent exploit sur une feuille au timbre spécial de.....

Coût.....

Il ne faut pas perdre de vue que ces formalités sont nécessaires pour conserver le bénéfice de l'art. 52 de la loi du 3 mai 1841, lequel est ainsi conçu :

« Les constructions, plantations et améliorations ne donneront lieu à aucune indemnité, lorsqu'à raison de l'époque où elles auront été faites ou de toutes autres circonstances dont l'appréciation lui est abandonnée, le jury acquiert la conviction qu'elles ont été faites dans la vue d'obtenir une indemnité plus élevée. »

STATISTIQUE DU TRAFIC ÉVENTUEL DES GARES.

Nous avons vu qu'à l'époque des sondages du tracé définitif on envoyait déjà aux ingénieurs les plans cotés nécessaires à l'établisse-

ment de leurs projets de gare ; il s'ensuit que ces projets sont faits depuis longtemps et que le dossier des enquêtes a pu être préparé dans leurs bureaux ; en même temps ils ont à dresser la nomenclature des bâtiments qui leur paraissent devoir être construits dans les diverses stations et à appuyer cette classification sur l'importance du trafic éventuel.

Pour cela les chefs de section sont chargés de recueillir des documents statistiques dans les localités dont le rayon d'apport aboutit à telle station considérée.

On dresse donc un tableau en plusieurs colonnes comprenant :

1° La désignation des localités desservies ; chaque commune y est désignée avec le chiffre de sa population et sa distance à la station projetée.

2° Le commerce, c'est-à-dire l'énumération des maisons centrales, casernes, usines, fabriques et industries diverses, etc., des divers genres de culture (fruits, céréales, légumes, pâturages, forêts, etc.), des divers élevages (bœufs, moutons, porcs, chevaux; volailles), et ainsi de suite des autres ressources du pays (mines, carrières, gisements divers, etc.).

3° Les résultats commerciaux, cumulés en exportation et importation et comptés par tonnes, renfermant, par exemple, les bois (sapin, hêtre, chêne), en grume ou débités, l'échalas, le merrain, les charbons de bois, les houilles, les vins, bières, alcools et liqueurs, les huiles, sels et denrées coloniales, les produits chimiques, les fourrages (foin et paille), les céréales (blé, avoine, sarrazin, orge et farine), les pommes de terre, les primeurs et fruits, la draperie et rouennerie, les fers, quincaillerie, outils et armes, vitrerie, vaisselle, poterie, chiffons et ferrailles, viandes salées, graisse et œufs, beurre, volailles, marée, laines brutes et ouvrées, cordes, chanvre et crins, chapellerie, cordonnerie, mercerie, bonneterie, librairie, horlogerie, glaces et objets de toilette, cuirs bruts et tannés, écorces, débris de tanneries, ciments, plâtres, tuiles, ardoises, lattes, pierres de taille, sabots, futailles, meules, marbres, pierres à monuments, animaux (chevaux, mulets, ânes, bœufs, moutons, etc.)....

A la suite du chiffre total en tonnes, on indique aussi le mouvement en bestiaux sur les foires et marchés et par nombre de têtes des espèces (menu et gros bétail), tant de bœufs, tant de moutons..., et enfin en face de ces données on rapproche le montant de la population totale des communes desservies par la gare en question.

Il n'est pas toujours très commode de recueillir ces renseignements à peu près selon la vérité, surtout dans les campagnes où il existe généralement de la méfiance ou de l'exagération chez les particuliers et parfois chez les personnages officiels.

Tel maire de village près duquel on s'informe de ce que la commune récolte, par exemple, de pommes de terre, vous répondra qu'il y en a beaucoup, qu'il y en a considérablement et sans que vous puissiez tirer de lui autre chose que les mots : beaucoup, considérablement et tout plein. Restent les instituteurs ; mais les instituteurs commencent à peine à être à la hauteur de leur mission et, dégagés des intérêts du ciel, à s'occuper de ceux de leur pays.

Il faut donc interroger tous les marchands, maquignons, et jusqu'aux chiffonniers, surtout obtenir des renseignements contradictoires d'où puisse se dégager une moyenne raisonnable.

Chacun est porté à exagérer les ressources de son endroit ou ses affaires personnelles (à moins qu'il ne s'agisse d'augmentation d'impôt ou de patente) ; c'est un premier point dont il faut se défier ; ensuite la rivalité entre commerçants de même article permet de rectifier les amplifications des uns par les réductions des autres.

Enfin, on trouve, dans les communes, des tableaux dressés par les secrétaires des mairies et comprenant les produits de la commune à consommer sur place en tout ou partie et à exporter en tout ou partie.

Pour la question commerciale du chemin de fer, il y a à tenir compte surtout de l'exportation : quant à l'importation, ces tableaux ne donnent rien sur son compte et force est de s'adresser aux négociants, cultivateurs, éleveurs, débitants, etc., à tout individu faisant un commerce ou exerçant une industrie.

Les résultats de ces renseignements sont adressés à l'ingénieur pour lui servir à justifier le classement qu'il a suivi dans ses projets et qui ressort, à première vue et sans autant de détails circonstanciés, de l'importance toute apparente des pays appelés à être desservis.

ENQUÊTES DES STATIONS.

L'emplacement d'une station, devant être fixé par une décision ministérielle, est soumis à une enquête préalable.

Les pièces de l'enquête sont fournies par les ingénieurs ; elles consistent :

1° En extraits d'une carte générale du tracé (souvent à $\frac{1}{40000}$, parfois à $\frac{1}{5.000}$ ou autres échelles) indiquant le plan de la station et la contrée avoisinante.

2° En extraits du profil en long (échelles ordinaires) indiquant les déclivités de la station et celles aux abords.

3° En notices à l'appui des projets donnant les différentes considérations qui ont motivé le choix de l'emplacement, expliquant les accès, etc., notices très sobres en général.

L'enquête des stations précède l'enquête parcellaire ; il faut, en effet, que l'emplacement de la station soit bien arrêté avant de préparer les états indicatifs des parcelles à acquérir, les estimations et autres pièces.

Les enquêtes des stations s'obtiennent par des arrêtés préfectoraux.

Dans ces arrêtés, les Préfets des départements traversés décrètent que les pièces du dossier seront déposées dans les communes intéressées à partir de tel jour et pendant huit journées consécutives, qu'avis de ce dépôt sera préalablement donné par le Maire, publié à son de trompe ou de caisse et affiché à la porte principale des lieux publics (actuellement les plus importants : église et mairie).

Le maire doit certifier ces publications et affiches ; il mentionnera sur un procès-verbal qu'il ouvrira à cet effet et que les parties qui comparaîtront seront requises de signer, les déclarations et réclamations qui lui auront été faites verbalement (les déclarants peuvent les écrire eux-mêmes), il y annexera celles qui lui auront été transmises par écrit.

A l'expiration du délai de huit jours, le Maire clora le procès-verbal qu'il transmettra sans retard au Sous-Préfet avec les plans et autres pièces de l'affaire, pour y être soumis à une commission qui se réunit à l'hôtel de la sous-préfecture et sous la présidence du Sous-Préfet.

Les pièces du dossier (plan, profil et notice) sont envoyées aussi dans chaque commune intéressée à la station, en dehors de celle où elle sera bâtie, et ce dossier est présenté aux Conseils municipaux de ces communes, afin d'avoir leur avis sur la convenance des emplacements proposés.

Les délibérations des Conseils, avec les pièces annexes, sont transmises au Sous-Préfet, pour être exposées à la commission.

Ces commissions sont nommées par le Préfet ; elles comprennent, en général, les conseillers généraux et d'arrondissement, les maires des

communes traversées ou avoisinant le tracé et, en plus, les principaux notables et industriels de la contrée ; l'élément technique y manque généralement.

L'ingénieur en chef de la Compagnie ou son délégué, ou tous deux ensemble, assistent aux réunions des commissions ; ils n'y ont que voix consultative.

Les commissions examinent toutes les pièces soumises et donnent leur avis.

Leurs opérations doivent être terminées dans le délai de huit jours à dater de l'époque de leur réunion ; après quoi, leurs procès-verbaux sont immédiatement transmis à la préfecture qui soumettra le dossier, avec un rapport du contrôle, au Ministre dont la décision viendra enfin arrêter l'emplacement ainsi examiné, et sur l'avis du Conseil général des Ponts-et-Chaussées.

Les arrêtés préfectoraux font partie du dossier d'enquête et les Sous-Préfets doivent en donner connaissance à chacun des membres des commissions.

L'ingénieur en chef de la Compagnie en reçoit aussi ampliation ; souvent enfin ces arrêtés sont insérés dans les journaux de la localité.

Jusqu'à l'époque actuelle, les enquêtes ont en général, du côté du public, un cachet parfois burlesque ; ce fait disparaîtra avec le niveau montant de l'instruction. Il n'en est pas moins à constater que, souvent, la question n'est pas prise dans sa véritable portée ; les conseils municipaux ne renferment pas toujours des hommes aptes à lire des plans et profils, de mêmes que les commissions n'en renferment pas toujours non plus d'aptes à les discuter ; cet état de choses changera également.

Présentement, les registres rapportant les déclarations et réclamations contiennent le plus souvent des considérations étrangères au sujet. Tel conseil municipal que contrarie un passage à niveau établi sur un chemin à peu de distance de la station demande la suppression de ce passage et son remplacement par un pont par dessus ou par dessous, sans s'inquiéter de la position de la station qui est le but de l'enquête ; d'autres demandent des chemins latéraux ou des avenues, le but est bientôt perdu de vue et les réclamations individuelles qui devraient éclairer le jugement de la commission restent sans portée et sans effet.

Nous n'insistons pas sur cet état transitoire, inhérent à notre époque

et pour lequel les générations futures n'auront qu'un mouvement de compassion.

Le rôle des agents de la construction dans cette affaire se borne à prendre copie, dans les mairies, de toutes les déclarations, observations présentées par les particuliers et à se faire délivrer copie certifiée conforme des délibérations des conseils municipaux.

Avec ces données le chef de section fait préparer, pour chaque station, un état en deux colonnes.

Dans l'une on inscrit les réclamations, dires, etc., des registres déposés en mairie, les délibérations des conseils, les réclamations écrites à part, dans l'autre on réfute le plus possible toutes ces assertions, pour la défense du projet et l'on prépare tout un arsenal d'arguments avec lesquels l'ingénieur en chef ou son délégué tâcheront d'avoir raison devant la commission d'enquête.

A cette préparation du plaidoyer se résume tout le rôle du chef de section et de ses collaborateurs.

HALTES OU STATIONS SUPPLÉMENTAIRES.

Il arrive souvent à la suite et dans le cours de cette enquête ou postérieurement que les habitants d'un village aux abords de la ligne mais desservi par une gare plus éloignée, réclament aux préfectures et ministères, parfois par l'intermédiaire de personnages officiels (députés et sénateurs) l'établissement d'une halte ou même d'une station ; cette pétition redescend au Chef de section qui doit, d'office, la réduire à néant et dresser un rapport le plus détaillé, le plus approfondi possible et travaillé de manière à inspirer aux examinateurs une opinion défavorable à la demande en question.

Ces rapports traiteront des origines de la demande, appréciant si elle est l'objet d'une cabale particulière, la pensée d'une coterie ou le vœu général de la population.

Ils rechercheront ensuite si le profil en long se prête à l'établissement de l'arrêt demandé, si l'on peut avoir un palier suffisamment long, suivi et précédé de rampes de transition convenables, etc., si le point d'établissement possible correspond bien aux intérêts du pays, si les dépenses d'aménagement ne seraient pas trop considérables, etc.

Ils analyseront en outre les communications du pays avec les localités avoisinantes, à droite et à gauche du tracé; afin de voir si le

10

point en question n'est pas isolé des autres et sans ressources d'un trafic normal à la ligne, annulé par les difficultés du transport.

Il sera fait aussi un examen parallèle et comparatif de la situation du village-demandeur et des localités avoisinantes par rapport aux stations projetées qui l'englobent sur leur distance intermédiaire.

L'importance du village et des localités avoisinantes, comme population, commerce (les statistiques serviront pour cela) sera également précisée.

Les relations, relativement plus faciles, des localités avoisinantes avec les gares admises seront relevées avec grand soin.

Enfin, dans les conclusions, l'avocat d'occasion devra résumer toutes les raisons qui militent en faveur de l'adoption du projet de la Compagnie sans aucune addition ni modification.

S'il y a des délibérations de conseils municipaux en faveur de la pétition, on fera pour chacune de ces délibérations ce que l'on fait pour la commune demanderesse ; on établira la difficulté des communications, le peu d'importance du trafic, etc., la facilité relative de correspondance avec les gares approuvées, et de fait si ces gares ont été étudiées dans des conditions rationnelles, cette tâche est aisée, parce qu'alors les réclamations sus-visées ne sont plus que des effets d'ambition, des manœuvres dues à des appétits divers, enfin des compétitions faciles à écarter, puisqu'elles ne reposent que sur des intérêts privés qui n'ont parfois de fondement que dans la passion qui les a mis en jeu.

ÉTUDES DES TRAVERSÉES DE ROUTES, CHEMINS ET COURS D'EAU.

Pendant le calcul des profils en travers, tâche plus longue que pénible, nous avons laissé les conducteurs relever le parcellaire avec l'aide des surveillants, et le rapporter, pendant que ceux-ci se mettaient à certains détails du calcul des profils en travers (vérifications et collationnements).

Il s'agit maintenant de préparer, pour l'étude des emprises, les projets de traversées des routes, chemins et cours d'eau, et ceux des ouvrages d'art qui nécessitent des dérivations.

Déjà, dans leur carnet de parcellaire, les conducteurs auraient de quoi rapporter à peu près les plans d'études de ces traversées ; ils peu-

vent, en outre, les compléter sur le terrain, les niveler, et, du même coup, étudier sur place leurs déviations et dérivations.

Ces plans seront ensuite dressés à l'échelle de 0.002 et serviront à l'établissement des projets.

Ces projets doivent être pris en main dans l'ordre selon lequel ils se présentent sur le profil en long ; mais, pour examiner les conditions afférentes à chacun de leurs genres, nous les diviserons en trois sections : 1° passages à niveau ; 2° passages par dessous ; 3° passages par dessus.

1re SECTION. — PASSAGES A NIVEAU.

(Conditions d'établissement.)

Nous donnerons d'abord comme conditions générales et actuelles celles spécifiées dans la Cie P.-L.-M.

1° Aucune maison de garde n'est établie à moins de 8 mètres de l'axe du tracé dans le cas d'une ligne à deux voies.

Cette cote devient 6.215 dans le cas d'un chemin de fer à une voie, avec deuxième voie facultative, et du côté de la première voie, dont l'axe devient celui du tracé. Elle s'obtient en retranchant des 8 mètres ci-dessus la demi-entrevoie (1 mètre), un rail (0.06), un demi-entrerails (0.725), au total 1.785 ; or, 8 — 1.785 = 6.215.

Si, la première voie existant seule, la maison doit être placée du côté de la deuxième voie, les 8 mètres s'augmentent des 1.785 précités et la cote devient 9.785.

De cette façon, si on vient plus tard à établir la deuxième voie, on aura toujours des maisons situées à 8 mètres de l'axe commun aux deux voies.

Dans les chemins uniquement à une voie, la distance est fixée à 3.50 du bord du rail voisin, soit à 4,285 de l'axe de la voie.

La cote de 8 mètres a été recommandée, après expériences, par un ancien ingénieur en chef de la voie (P.-L.-M.) qui, suivant sa circulaire de 1872, s'était toujours trouvé très bien de cette disposition, en ce sens que la vue était plus dégagée, et que, s'il y avait sur quelques points à établir une voie accessoire latérale ou à dévier les voies principales, on n'éprouvait aucune difficulté.

Quant à la cote 3.50 (usitée dans l'ancien réseau sud P.-L.-M.), elle n'est qu'une cote arrondie compensée de la largeur (2 mètres), mini

mum de plate-forme autour des maisons de garde; et de la distance (1m,35) distance minimum d'un objet isolé au rail le plus voisin.

Cette cote (1.35) résulte également d'expériences d'après lesquelles il est reconnu que, pour la sécurité des mécaniciens et chauffeurs, aucun obstacle isolé ne doit être placé à moins de cette distance, s'il dépasse 0.30 de de hauteur ou s'il commence de régner à moins de 4m,50 au-dessus du rail.

En dernier lieu, et pour uniformité, la cote 6.215 a remplacé la cote 4.285 : la vue est ainsi mieux dégagée.

Lorsque, sur un chemin susceptible d'être porté à deux voies, on n'en exécute d'abord qu'une seule, on place, autant que possible, les maisons du côté de cette voie, dans des tranchées en ligne droite, afin que la vue ne soit pas masquée.

Pour ce même motif, dans les tranchées en courbe, on les place indifféremment du côté de la première ou de la deuxième voie, mais toujours du côté de la convexité, autrement dit du côté du plus grand rayon.

Lorsque les maisons de garde dont le plan est un rectangle (5m/8m) ont leur façade la plus petite (ou pignon) tournée parallèlement à la voie, et la façade latérale tournée, dès lors, du côté du chemin, cela permet d'avoir deux ouvertures sur le chemin et de mieux le surveiller.

Lorsque, par des raisons d'emplacement, les maisons de garde ont leur façade latérale tournée vers la ligne, il n'y a plus qu'une ouverture qui surveille le chemin, et, d'autre part, l'une des deux ouvertures de la façade latérale est convertie en porte d'accès sur la voie.

Dans les passages biais pour lesquels l'angle minimum est fixé administrativement à 45 degrés, la maison sera placée, autant que possible, dans l'angle obtus; afin d'être plus rapprochée des barrières.

Autour des maisons de garde qui ont 5m/8m comme dimensions en plan, règne ordinairement une plate-forme de deux mètres au minimum, et sur la façade où se trouvent le bûcher et les lieux d'aisances accolés, cet appentis ayant 0.95 de largeur, alors la plate-forme est de 2m,95 ; cette dernière cote n'a, d'ailleurs, rien d'absolu, et de récentes instructions la font varier de 2m,50 à trois mètres ; avec trois mètres, il existe derrière l'appentis un passage de 2m,05, lequel, avec 2,50, se réduit à 1m,55, ce qui est déjà suffisant pour la circulation.

La largeur maxima de 3 mètres ne s'applique que pour des terrassements insignifiants, ne dépassant pas 0^m,50 de hauteur.

Un écartement de 2 mètres entre le bord de la déviation et la maison de garde est conservé comme un minimum ; cet écartement est nécessaire pour parer à la curiosité du public et maintenir le garde à l'abri des indiscrétions.

Lorsqu'un alignement est établi pour des constructions le long d'une route, la maison de garde ne devra pas faire saillie sur ces constructions et sera, à cet effet, reculée à plus de 2 mètres s'il est nécessaire.

Le seuil des maisons de garde est à 0^m,70 au-dessus du rail et 0,30 au-dessus de la plate-forme qui est dès lors à 0^m,40 au-dessus du rail et a une pente de $\dfrac{0^m,15}{2^m,00} = 0^m,075$ pour l'écoulement des eaux.

Les barrières ont une ouverture normale de 4 mètres pour les chemins et 6 mètres pour les routes.

Les portillons pour piétons ont 0^m,70 de largeur.

Les barrières doivent être établies normalement à l'axe du chemin desservi, à moins que des circonstances locales ne forcent à leur donner exceptionnellement une autre position, par exemple dans les passages très biais (45° et au-dessus) où il vaut mieux les placer parallèlement à la voie, pour qu'elles en soient moins écartées ; elles doivent s'ouvrir du côté de la voie et en cas de difficultés on emploierait des barrières roulantes.

Les portillons doivent au contraire s'ouvrir en dehors du chemin de fer, pour que le bétail ne puisse pas les pousser.

Les barrières ouvertes ne doivent pas former clôture sur la voie. Les poteaux-tourillons doivent être placés de manière que l'extrémité des barrières dans leur mouvement se trouve toujours au moins à 1^m,35 du bord extérieur du rail le plus voisin (fig. 59).

La distance de la paroi aa' du poteau de battement à l'axe de rotation xy est 2^m — 0,06 ou 1^m,94 d'après les détails du type n°. 63 (P.-L.-M.).

Lorsque la barrière ouvre normalement au rail, cette distance (1,94) est constante pour tous les points de la paroi aa' qui doit être à 1^m,35 du bord du rail le plus voisin. C'est dans ce sens que l'on doit calculer la distance de l'axe xy pour tous les passages à 90°.

Dans le cas d'un passage biais, la paroi aa' se présente obliquement

par rapport au rail voisin et alors, c'est, suivant les cas, l'une ou l'autre des arêtes extérieures (a) des parois qui doit être à 1^m,35 du rail voisin.

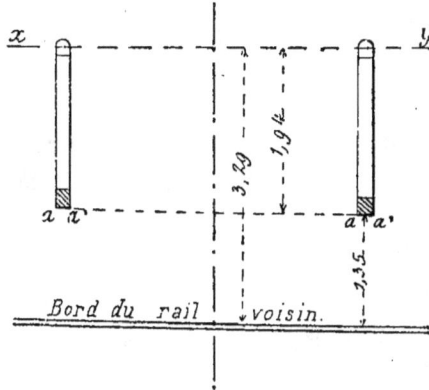

Fig. 59

Cette distance (1^m,35) augmente, suivant le biais, vis-à-vis du milieu (c) de la paroi aa', de la valeur du petit côté (bc) du triangle abc (fig. 60).

Or,

$$bc = ca \sin cab$$

$$cab = 90° - \beta, \text{ d'où } bc = ca \cos \beta.$$

$$ca = \frac{0.07}{2} = 0.035, \text{ d'après le type ;}$$

or $\beta = 45°$ au maximum d'obliquité et cos β ou cos 45° $= 0{,}70711$, donc au maximum :

$$oc = 0.035 \times 0.70711 = 0.0247$$

et la cote 1,35 devient au maximum aussi 1,3747 ou 1,375 en millimètres.

Pour calculer directement la distance Z qui, dans le cas d'un passage normal, est constante et égale à 3^m,29, si le passage est sous l'angle aigu β, on a :

$$Z = 1.94 + mn + no,$$

mais

$$mn = ma \cos \beta, \quad ma = 1.94 + 0.0075 + 0.035.$$

Ici 0,0075 est la moitié du vide 0,015 (fig. 61) qui existe entre les po-

teaux de battements rapprochés et 0,035 est la moitié de l'épaisseur du poteau de battement $\left(\dfrac{aa'}{2}\right)$ d'où

$$ma = 1,9825,$$

d'où

$$Z = 1.94 + 1.9825 \cos \beta + no, \text{ mais } no = \frac{1.35}{\sin \beta}$$

d'où

$$Z = 1.94 + 1.9825 \cos \beta + \frac{1.35}{\sin \beta}$$

pour

$$\beta = 90°, \cos \beta = 0, \sin \beta = 1 \text{ et alors } Z = 1.94 + 1.35 = 3.29$$

comme précédemment.

Pour

$$\beta = 45° \ (valeur \ minimum),$$

$\cos \beta = 1$, $\sin \beta = 0.70711$ et $Z = 5,83$, en chiffres ronds.

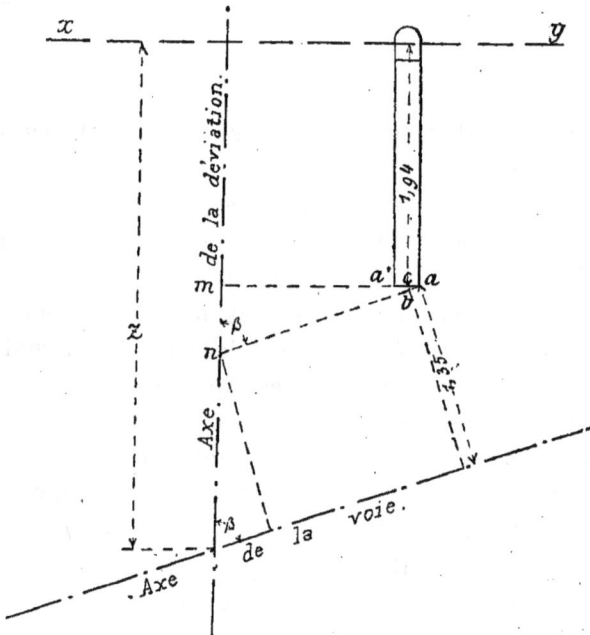

Fig. 60.

C'est là le cas où les barrières seront le plus écartées de la voie et

où l'on pourra les mettre parallèles à cette voie, suivant la remarque citée précédemment.

L'écartement des barrières sera encore augmenté d'environ 0,25,

Fig. 61.

lorsqu'il y aura un aqueduc en dedans d'une barrière de 4 mètres, afin que les semelles et contre-fiches des poteaux qui supportent les vantaux ne rencontrent pas les maçonneries.

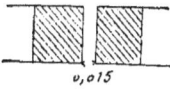

Pour les barrières de 6 mètres, les calculs analogues à ceux exposés et où les dimensions des joints et poteaux de battement peuvent

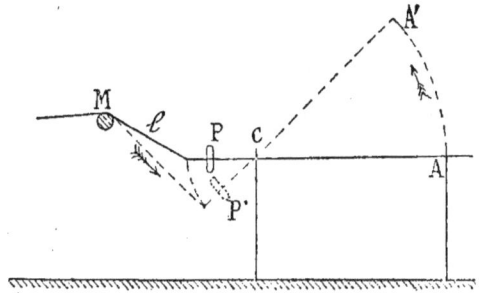

Fig. 62.

varier, fixeront également les distances entre les barrières et l'intersection des deux axes.

Dans certains cas où un passage peu important sera assez rapproché d'un autre, on pourra y supprimer la maison et placer des barrières spéciales se manœuvrant à distance.

Ce sont des barrières à contre-poids qui ne se lèvent que si on allonge le fil qui les relie à un treuil placé près de la maison du garde. La barrière étant rabattue, ce fil est arrêté à la longueur de tension voulue et dès lors, si on essaie de relever la barrière, on ne fait qu'exercer une traction sur le fil et sans pouvoir faire intervenir l'effet du contre-poids ; car la pièce rigide P C A tourne autour de C comme charnière, pour s'appuyer en A dans la gorge d'un montant (fig. 62).

Le poids P, s'il n'était maintenu par le brin *l* passant sur la poulie M et enroulé sur le treuil T, tendrait à lever la barre PCA et à amener le point A en A', mais comme le brin *l* maintient le poids P, si on tend à soulever le point A de manière à l'amener en A', on ne fait qu'exercer une tension sur le brin *l*, maintenu à sa longueur par le treuil T ; l'ouverture de la barrière ne pourra donc avoir lieu sans que le garde

ne déroule le brin *l,* de manière à permettre au contre-poids de relever à lui seul la barrière en question.

Les passages à niveau sont pavés dans les endroits très fréquentés et empierrés seulement dans les autres.

La largeur du pavage et de l'empierrement dépasse de 1 mètre l'ouverture des barrières, en deux parties de $0^m,50$, et ces pavage et empierrement s'arrêtent dans l'autre sens à 1 mètre au-delà du bord extérieur du rail.

Les contre-rails seront composés généralement de rails de 5 mètres et de $3^m,75$ (longueurs usuelles), afin de ne pas créer de coupures dans la voie. ils dépasseront le pavage ou l'empierrement d'un mètre du côté du portillon.

Les chemins, correspondant aux barrières de 4 mètres, auront au moins 6 mètres de largeur sur une longueur de 15 mètres, mesurée à partir des barrières, afin de dégager plus rapidement les passages ou de favoriser le stationnement; ils recevront sur cette étendue un empierrement de $0^m,20$ d'épaisseur jusqu'à $0^m,50$ des arêtes. Le raccordement de la largeur (6 mètres) avec celle du chemin aura lieu sur une longueur de 5 à 10 mètres suivant la différence à rattraper.

La déclivité ne dépassera pas $0^m,03$ par mètre sur une longueur d'au moins 10 mètres (15 en général) en dehors de chaque barrière, à moins de circonstances exceptionnelles.

Fig. 63.

Les aqueducs qui se trouvent sur les fossés des tranchées seront placés, quand il sera possible, en dehors des barrières, et l'eau fera le tour de la maison de garde, les réparations étant plus faciles à exécuter sous le chemin que près de la voie et on les écartera des barrières le plus que faire se pourra.

Telles sont les dispositions principales dont on s'écarte cependant dans beaucoup de cas particuliers.

Ainsi, l'inclinaison des pentes et rampes est souvent prise égale à $0^m,02$ et sur 10 mètres, toutes les fois que les déclivités qui viennent après n'atteignent pas $0^m,6$ et au-dessus; si elles atteignent ce chiffre et au delà, alors on prend $0^m,025$ ou $0^m,03$, et, au lieu de paliers prolongés, on introduit ces déclivités d'après le principe, très juste d'ailleurs en construction, à savoir : qu'une faible pente assainit mieux qu'un palier; les passages les mieux assainis sont ceux où naturelle-

ment le profil présente dans un sens quelconque une montée avant d'arriver au palier et une descente à la sortie de ce palier (fig. 63).

Suivant Endrès, l'inclinaison 0ᵐ,03 est un maximum pour les routes nationales ou départementales; 0ᵐ,05 en est un autre pour les chemins vicinaux; cependant, on est parfois obligé, dans certains pays de montagnes, de dépasser cette limite; ce qui n'est pas étonnant lorsque les chemins ont eux-mêmes des 0ᵐ,15, 0ᵐ,18, 0ᵐ,20 de pente. Du reste, le contrôle peut déroger à ces règles dans les circonstances d'exception.

GÉNÉRALITÉS VARIABLES.

Les conditions ci-dessus ont varié à différentes reprises; ainsi, autrefois, les barrières avaient pour largeur 4 mètres sur les petits chemins, 5 mètres sur les chemins de moyenne et de grande communication, 7 mètres sur les routes départementales, 8 mètres sur les routes nationales.

On comprend que la circulation sur routes étant restreinte aujourd'hui, 6 mètres suffisent grandement pour ces dernières voies.

Les portillons pour piétons avaient 0ᵐ,80 de largeur.

Les barrières ouvertes devaient, suivant les uns, laisser 1ᵐ,50 au moins du bord du rail voisin et 2ᵐ,25 dans le voisinage des gares; d'autres adoptaient uniformément cette dernière distance.

Suivant certains, le seuil des maisons de garde étant à 0ᵐ,70 au-dessus du rail, le terrassement à l'entour était seulement à 0ᵐ,36 au-dessus.

D'anciens types portaient la distance de l'angle de la maison le plus rapproché du bord de la déviation à 1 mètre. Le garde n'était pas chez lui.

A la station de Coucy-les-Eppes (ligne de Reims à Laon), dessin qui par hasard nous tombe sous les yeux, la maison de garde est à 7ᵐ,70 de l'axe de la voie et 4ᵐ,30 du bord du chemin.

Dans les types de l'Orléans (P à N de 4 mètres d'ouverture), la distance de la maison à l'axe de la voie est 8 mètres comme dans le P.-L.-M., pour un chemin à deux voies, mais la distance à l'axe du chemin est 10 mètres, ce qui correspond à une distance du bord de ce chemin égale à 7 mètres; la maison est un peu trop éloignée des barrières.

Les barrières sont placées à 3ᵐ,90 du rail le plus voisin et s'ouvrent

sur le chemin au lieu de s'ouvrir sur la voie ; dans le cas de barrières de 4 mètres d'ouverture, elles sont à un seul vantail.

Dans le cas d'une voie unique, les maisons sont à 6^m,30 de l'axe et toujours à 10 mètres de l'axe du chemin.

Les chemins ont 8 mètres de largeur contre les barrières et seulement 6 mètres à environ 14 à 20 mètres plus loin.

Enfin... on n'en finirait jamais si on voulait passer en revue les différents types des quarante et quelques Compagnies diverses qui ont construit des chemins de fer en France et dont les ingénieurs, chacun dans leur service, se sont évertués surtout à distinguer leurs créations, ne fût-ce que par un centimètre de différence dans une dimension fondamentale du projet.

L'esprit français a de la peine à se plier à l'uniformité d'une donnée, quand même cette donnée réalise d'une façon rationnelle le type du beau, du bien et du vrai ; c'est là un défaut inhérent à la vivacité de notre caractère, c'est le revers d'une autre qualité ; aussi faut-il presque renoncer à chercher dans les travaux publics une simplicité de types que l'on ne trouve même pas dans l'armée, cet idéal pourtant de tout ordre et de toute discipline et dont le développement imposant console un peu des écarts du reste de la civilisation.

PLATE-FORME DES P a N.

La plate-forme des passages à niveau ne peut être un plan horizontal ou incliné, quand même la voie y est en ligne droite et en dehors des longueurs de raccordement des dévers, c'est-à-dire quand même les deux rails y sont à un niveau constant ; *à fortiori* dans les courbes ou raccordements de dévers, où les rails ne sont pas du même niveau.

Elle se compose, en effet, d'un trio de surfaces dont quelquefois deux sont identiques, ayant pour directrices les rails et contre-rails, ainsi que les profils en bombement du chemin au droit des barrières et pour génératrices des droites se mouvant sur ces directrices parallèlement à l'axe du passage à niveau (fig. 64).

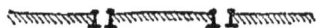

Fig. 64.

Mais toutes ces remarques sont plus théoriques que pratiques ; en exécution, on pose les rails et contre-rails à la cote voulue et on dresse les surfaces entre eux et entre les barrières en s'appuyant sur la voie ferrée d'une part, sur les profils du chemin au droit des barrières de

l'autre, le tout à l'œil ; ce sont des questions de juger qu'un coup de pelle, de dame ou de hie règlent plus vite que ne le feraient les considérations spéculatives de la haute géométrie.

Il faut seulement faire attention à la position à donner aux barrières, dans le cas d'un chemin à deux voies dont l'une est seule construite provisoirement.

Dans le cas de deux voies ou d'une seule unique et définitive, les barrières doivent être placées de part et d'autre, de manière que le poteau de battement ne vienne pas à moins de 1m,35 du bord du rail le plus voisin.

De même dans le cas d'un chemin à deux voies, exécuté d'abord à une seule, il faut placer la barrière (côté de la deuxième voie), comme si cette deuxième voie n'existait pas.

Mais les raccordements des déviations, côté de la deuxième voie, doivent être figurés comme s'il y avait deux voies ; les paliers, les largeurs exceptionnelles données aux chemins, les empierrements ou pavages doivent être prolongés dans cette condition, en un mot, tout doit être arrêté suivant elle, sauf la position de la barrière qui se détermine comme si on avait à affaire à une seule voie.

BOMBEMENT DES DÉVIATIONS.

Le bombement (censé cylindrique) est fixé à 0m,04 par mètre ; il règne des deux côtés de l'axe et le rayon de la cerce qui servirait à le vérifier, est (fig. 65) :

$$R = \frac{\overline{AC}^2 + \overline{BC}^2}{2BC},$$

AC est la demi-largeur du chemin $\left(\dfrac{l}{2}\right)$;

BC est le bombement total ou $\dfrac{l}{2} \times 0.04$;

et

$$R = \frac{\left(\dfrac{l}{2}\right)^2 + \left(\dfrac{l}{2}\right)^2 \times \overline{0.04}^2}{2 \times \dfrac{l}{2} \times 0.04} = 6.26\, l$$

6,26 est un coefficient exact.

Ce bombement est figuré sur les profils-types des déviations ; dans la réalité, il est souvent remplacé par des plans inclinés tels que AB, surtout dans les chemins de peu d'importance, ou par des raccordements faits à l'œil entre les piquets de hauteur placés en A et en B.

DÉSIGNATION DE L'ANGLE DU BIAIS.

L'angle du biais formé en plan par l'axe du passage et l'axe de la voie se désignera par le plus petit des deux angles, l'angle α, que forme la rencontre de ces droites, parce que l'esprit saisit mieux l'obliquité

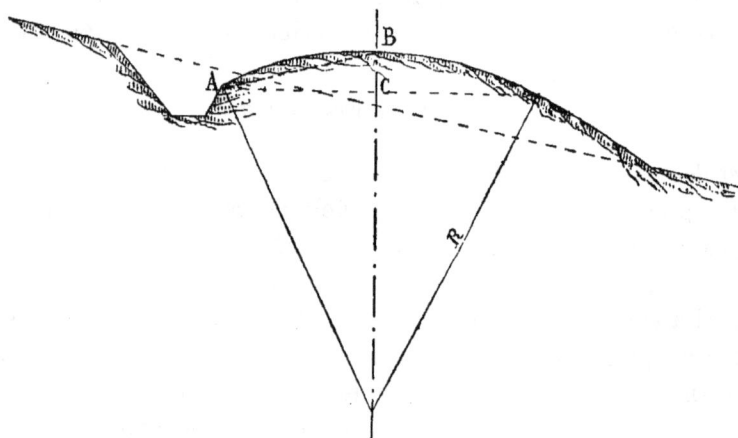

Fig. 65.

de l'un des axes sur l'autre par la conception d'un angle plus petit que 90° ; on est en effet habitué à la ligne à 45° et, par suite, à saisir une position intermédiaire entre cette limite inférieure et la ligne à 90° (fig. 66).

Dans certains services, le sens de l'axe étant celui de la flèche, on désigne le biais par le premier angle à gauche, au-dessus de l'axe, par l'angle β.

Cette définition n'a pas autant de précision que la précédente.

JARDINS DES GARDES.

Les jardins des gardes comportaient 5 à 6 ares autrefois ; de là, on

est descendu à une surface de 3 ares pour revenir à une de 4. Lorsqu'il y a l'emplacement d'une deuxième voie en délaissé, on pourrait

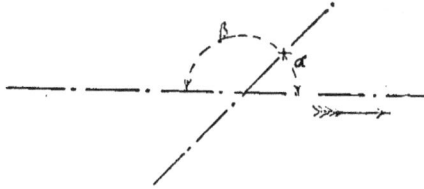

Fig. 66.

s'en passer le plus souvent ; néanmoins à toute éventualité, il vaut mieux réserver une surface et dans les limites de 4 à 5 ares environ.

PRÉPARATION DES PROJETS.

Lever des plans cotés. — Une recommandation à faire à ceux qui dressent ces plans est de les étendre au-delà de ce qui peut sur place leur paraître nécessaire ; le conducteur qui bâtit son projet, tout en relevant ses cotes, voit bien ce qui lui est utile, mais ceux qui viendront plus tard à examiner le travail ne s'en rendront pas compte aussi facilement ; un plan coté est chose morte et n'a pas la vivante apparence du terrain ; il ne peut inspirer comme lui la conception du juste milieu ; aussi n'a-t-on pas seulement à montrer ce que l'on a voulu créer, mais encore à tâcher d'en faire saisir les raisons.

Au plan coté, il convient d'adjoindre comme renseignement un profil en long du chemin à dévier, profil souvent poussé au-delà des limites du plan et dans le but de relater les déclivités assez fortes existant dans le voisinage du tracé.

Enfin un autre renseignement important consiste dans le relevé de l'empierrement des chemins ; il est indispensable de savoir si le chemin traversé est empierré, sur quelle largeur, sur quelle profondeur, et, s'il s'agit d'un chemin rural non entretenu, il convient de s'assurer de la nature de son sol. Toutes ces données sont consignées en des tableaux particuliers.

TABLEAUX D'EMPIERREMENT.

Un premier tableau comprendra les voies classées, routes nationa-

les, départementales et les chemins vicinaux de grande, moyenne et petite communication.

Il renferme :

1° La désignation du chemin rencontré.

2° Le point où le chemin de fer le traverse.

3° La largeur de classement.

4° La largeur de la chaussée actuelle.

5° La largeur de l'empierrement.

6° L'épaisseur de l'empierrement.

7° Une colonne d'observations où l'on indique par exemple la commune sur laquelle se trouve le chemin en question, dans la partie considérée, les variations de plate-forme et d'empierrement aux abords du tracé, s'il en existe, etc.

Le deuxième tableau constitue à l'égard des chemins classés ou non classés, mais non entretenus, un état de lieux, relatant les empierrements grossiers qui peuvent s'y rencontrer, la nature du sol et de l'assiette du chemin, etc.

Il comprend :

1° La désignation du chemin.

2° Le repérage par rapport à l'axe du tracé.

3° La nature de l'empierrement.

4° La largeur de l'empierrement.

5° L'épaisseur de l'empierrement.

6° Une colonne d'observations.

La nature de l'empierrement dans les chemins de ce genre est variable ; aux abords des centres, ces chemins servent parfois de décharges aux glapins de la ville et l'empierrement se compose de débris de moellons, tuileaux, éclats de poterie, vaisselle, mâchefer, tessons, etc.; aux abords des usines, il se compose de scories et résidus ; en rase campagne, il sert d'emplacement pour mettre les pierres que le labourage amène à jour ; dans le voisinage de certaines carrières, il est entretenu avec les débris de ces carrières; nulle part ce n'est un empierrement réglementaire comme celui des routes et chemins vicinaux, mais encore, dans sa grossièreté, cet empierrement rustique peut constituer au chemin considéré un fond solide, et une viabilité convenable qui obligent dès lors à avoir dans les déviations l'analogue d'un pareil état de choses

On suivra donc ces chemins sur une certaine longueur, de part et

d'autre du tracé, avec deux hommes armés de pioches et pelles et on fera l'inventaire d'empierrement grossier, s'il existe soit d'une façon continue, soit par places ; on fera également l'inventaire du sol, s'il n'y a pas d'empierrement.

Ainsi, à gauche du tracé, par exemple, et à tant de distance (en mesurant à la roulette simplement et en cumulant ses cotes à partir du point de rencontre du chemin et de la voie ferrée) on accusera qu'il existe un empierrement se prolongeant jusqu'à tel point sur toute la largeur du chemin, que de ce point jusqu'à tel autre, le chemin est sur un sol pierreux naturellement, que l'empierrement recommence ensuite, etc.

La colonne d'observations contiendra ainsi toutes les données de cet inventaire, le nombre de sondages que l'on fait dans chaque recherche, leur espacement, etc., l'indication des flaques, fondrières et mauvais passages.

La colonne 5 recevra l'épaisseur moyenne des empierrements constatés.

La colonne 4 recevra la largeur moyenne de ces empierrements ; quand il n'y en a pas traces, on marque néant à la colonne 3 et en observation on décrit la nature du sol.

Il y a des chemins qui, sans être traversés par la ligne, sont longés par celle-ci et participent aux déviations comme les autres.

Ils rentrent donc dans les mêmes tableaux et seront repérés par rapport à l'axe du tracé, par leur situation à droite ou à gauche et par les piquets extrêmes au droit desquels le parcours à considérer commence et finit.

Ces renseignements serviront à établir s'il y a lieu de prévoir un empierrement pour les traversées ou déviations latérales correspondant à ces voies et à répondre dans un sens ou dans l'autre aux réclamations qui pourraient se produire à leur sujet.

Les empierrements pour dessertes latérales n'auront pas moins de $2^m,50$ de largeur pour une circulation facile ; les empierrements des chemins de degré supérieur se feront conformément aux données des tableaux. (Routes nationales, 6 mètres de largeur sur $0^m,20$ d'épaisseur. Chemins vicinaux, 4 mètres sur $0^m,20$.) Les chemins ruraux n'auront avec des largeurs variables qu'un empierrement de $0^m,15$ d'épaisseur, ainsi que les dessertes latérales.

Les prolongements de 15 mètres au-delà des barrières avec 6 mètres de largeur seront empierrés sur 4 mètres.

Les avenues des stations, correspondant souvent à des passages à niveau, ont 8 mètres de largeur et un empierrement à 5,50 sur 0,20.

CONFECTION DES PROJETS.

Chaque projet de passage à niveau comporte :

1° Un plan à $0^m,002$; quelques ingénieurs font ces plans à des échelles différentes ($0^m,005$ ou $0^m,001$) ; alors, dans le premier cas, il est souvent difficile de faire entrer le plan dans le format $0^m,31/0^m,21$ à moins de retombées qui se conservent toujours mal et en plus les détails sont surfaits eu égard à l'importance qu'ils ont dans la construction où tout est calculé, où rien n'est laissé au domaine de l'épure ; dans le deuxième cas, l'échelle est celle du parcellaire et alors le dessin est un véritable plan figuratif où les détails sont trop difficiles à rendre minutieusement ; en somme, l'échelle ($0^m,002$) consacrée aux plans d'ensemble pour ouvrages d'art se prête mieux à la circonstance et sans exagération ; les cotes sont faciles à inscrire ainsi que toutes les autres indications et la grandeur du plan rentre mieux dans le format administratif et commode cité plus haut.

2° Un profil en long du chemin à l'échelle de $0^m,002$ pour les longueurs et les hauteurs.

3° Un profil en long de la déviation à mêmes échelles ; lorsque le chemin est conservé tel quel comme emplacement et que ses déclivités sont seules modifiées, les deux profils se résument en un profil unique qui comporte l'état ancien et l'état projeté du chemin.

4° Un profil en travers type de la déviation indiquant les fossés et talus, les banquettes de sûreté, le bombement, la largeur et l'épaisseur de l'empierrement, le tout à l'échelle de $0^m,005$ par mètre.

Lorsque le projet renferme, en dehors de la voie principale traversée, des voies secondaires telles que chemins vicinaux aboutissant à une route et participant à la déviation, on fait figurer, au projet, des profils en long suivant les axes de ces voies secondaires et des profils en travers types, mais s'il s'agit simplement de dessertes latérales, on les représente au plan seulement et on donne en outre le type de leurs profils en travers.

ORIENTATION DU DESSIN. — ÉCRITURES ET NOTATIONS.

Les plans sont orientés dans le sens de la ligne et de l'axe du papier, de gauche à droite (fig. 67).

Le chemin est orienté suivant le point de départ correspondant à sa dénomination ; ainsi, un chemin classé, chemin rural du moulin de Beau au Perron, a pour point de départ le moulin de Beau et pour point d'arrivée le Perron. Les extrémités de ce chemin sur le plan à l'échelle de $0^m,002$ porteront donc ces désignations mises à leur place réelle.

Les profils en long sont orientés suivant la même règle; ainsi le profil du chemin existant sera orienté, le moulin de Beau ⟶ le Perron, le moulin de Beau étant à gauche et le Perron à droite de la figure. Le profil de la déviation sera orienté de même ; en outre, on mettra sur le plan les lettres *a*, *b*, *c*, qui, reproduites sur le profil de la déviation, permettront rapidement de se reconnaître entre ces deux pièces.

Le kilomètre qui précède le point de la ligne où se trouve le passage sera indiqué sur le plan.

Le point de croisement des axes du tracé et de la déviation sera rattaché au chaînage général.

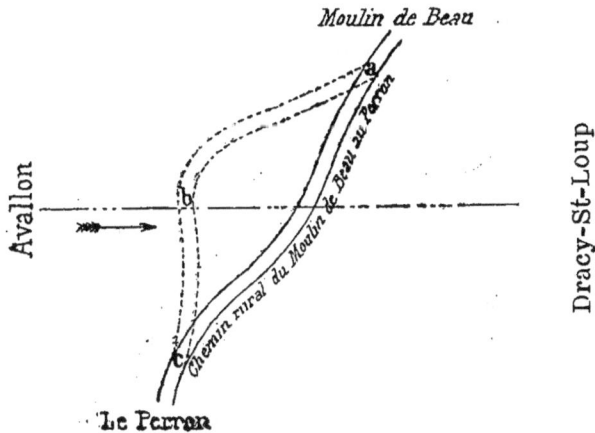

Fig. 67.

On indiquera sur les profils en long les ouvrages anciens ou à construire que le plan pourra renfermer ; les ouvrages anciens seront indiqués en noir et les nouveaux en rouge.

Les profils levés sur les chemins primitifs comportent, entre deux points consécutifs quelconques, l'indication de la déclivité, sans la caractériser par les mots : pente ou rampe.

Les profils levés sur les déviations ne portent pas cette donnée, mais ils renferment les déclivités de la déviation, paliers entre barrières, déclivités de transition (0^m,02 habituellement) et toutes les autres à la suite jusqu'aux endroits où de part et d'autre on entre dans l'ancien chemin. Ils renferment en outre les éléments des droites et des courbes, absolument comme dans le profil en long de la ligne (fig. 68).

Toutes ces indications se condensent sur le même profil, lorsque le chemin est modifié dans les allures de sa plate-forme, sans être dévié. Les courbes et alignements droits ne sont toutefois rattachés aux déclivités que graphiquement, car la précision qui règne dans le pro-

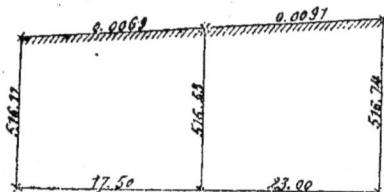

Fig. 68.

fil en long de la ligne n'a pas besoin d'être observée aussi rigoureusement dans ces détails accessoires, la question des alignements et courbures n'ayant plus la même importance.

Il y a même des ingénieurs qui se contentent de mettre les déclivités sur le profil en long et qui considèrent le plan comme suffisant pour représenter les sinuosités de ce profil.

Par contre, les déclivités sont rattachées au profil en long et la somme de leurs longueurs doit correspondre à celle des distances entre cotes noires de ce profil.

Les titres des chemins sont ceux portés aux tableaux de classement; lorsqu'en outre à un passage à niveau aboutissent certains chemins latéraux, créés non pas en vue d'y ramener des chemins classés, mais de desservir des propriétés qui sans cela resteraient à l'état d'enclaves (ce que le parcellaire levé au préalable permet de déterminer) ces chemins particuliers prennent le nom de dessertes ou passages de...

mètres de largeur ; d'autres les appellent chemins latéraux de... tant de largeur, réservant le mot passages pour une autre signification.

En aucun cas ces servitudes ne peuvent être appelées chemin donné ou chemin privé ; car il ne faut pas que les particuliers soient tentés de considérer ce terrain comme leur étant cédé par la Compagnie ; ce terrain fait partie du périmètre de l'expropriation et par suite ne peut appartenir qu'à l'Etat ou aux communes, si celui-ci leur en fait abandon.

Les projets devront porter en marge à l'un des angles et en écritures bien visibles la largeur du chemin d'après le classement, la largeur de l'empierrement et son épaisseur. Si le chemin n'est pas classé, on mentionnera ce fait et on donnera quelques renseignements sur sa nature d'après le deuxième tableau d'empierrement.

Les profils en travers types des chemins non empierrés ne comporteront pas en principe l'indication d'un empierrement.

DÉTAILS DU PLAN.

Les talus des remblais à créer sont indiqués en rose, ceux des déblais en jaune fondu ; les talus existants sont en noir fondu ; les maisons sont lavées à l'encre de chine pâle, les eaux teintées en bleu-clair et les déviations en bistre-clair. Il convient de laver en teintes peu foncées et de ne pas faire des tartines rappelant l'imagerie d'Epinal.

L'angle des traversées sera indiqué sur le plan ; il en sera de même de la cote du rail, à écrire en bleu au passage à niveau et sur l'axe et pour cette cote on tiendra compte des raccordements par des courbes sur le profil en long ; ce sera la cote de la courbe qu'il faudra considérer comme étant celle du rail.

Si le rail a deux cotes (dévers ou raccordement de dévers), ces cotes seront écrites (alors en rouge) aux extrémités du palier ou de la plateforme à surface irrégulière qui existe entre les barrières (les deux voies étant censément exécutées) et alors sur l'axe on mettra en bleu la cote du rail moyen ; enfin des cotes rouges seront mises sur toute la longueur de la déviation, de part et d'autre du chemin de fer, à tous les changements de déclivité et aux extrémités de la déviation ; également on mettra la cote correspondant au sommet de la plate-forme en pente qui règne autour des maisons de garde.

Les cotes d'entrée et de sortie des aqueducs d'assainissement et les

cotes principales des fonds de fossés seront mises aussi sur le projet et le sens des courants sera donné par des flèches bleues.

CONDITIONS DIVERSES D'ÉTABLISSEMENT.

Les rayons de raccordement des chemins peu importants ne doivent pas descendre au-dessous de 10 mètres à moins de difficultés exceptionnelles; les rayons ordinaires sont de 15 mètres et au-dessus; pour les chemins importants, chemins de grande communication et routes, on ne peut guère descendre qu'exceptionnellement au-dessous de 50 mètres et employer 40 mètres au minimum.

Les raccordements de divers chemins nécessitent ce que l'on appelle, en terme de chantier, des pattes d'oie, lesquelles sont plus ou moins compliquées suivant le nombre de voies qui se rencontrent (fig. 69); elles dérivent du principe de circulation ci-après, à savoir : étant don-

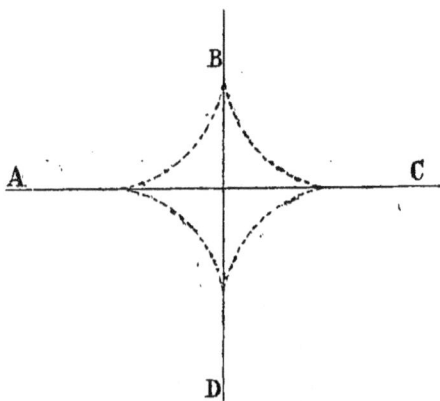

Fig. 69.

nées deux voies de communication par terre (routes de diverses classes, chemins vicinaux, ruraux, etc.), se coupant sous un angle quelconque, par conséquent à 90°, cas où elles sont normales entre elles, ou bien à 0°, cas où elles sont parallèles, il faut qu'un véhicule venant d'un quelconque des points A, B, C, D pris sur les chemins donnés et en dehors du point de rencontre puisse prendre la direction de tous les autres points, ce qui nécessite deux ou quatre courbes de raccordement et trois seulement dans le cas où un chemin CD finit, parallèlement ou non, à AB, en un point C et encore à la rigueur, une courbe

unique peut être intercalée entre C et C' ; par conséquent, on pourrait dire que la patte d'oie contiendra deux courbes lorsque les chemins ne se rencontrent pas, soit par parallélisme ou faute de prolongement,

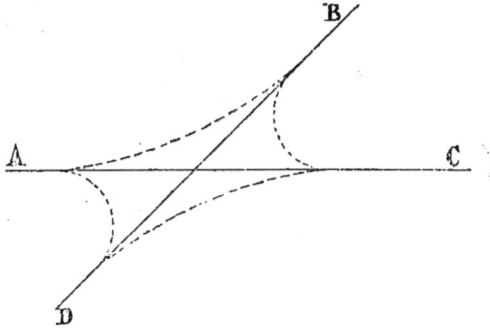

Fig. 70.

et lorsqu'ils se rencontrent à l'extrémité de l'un d'eux, et quatre courbes lorsqu'ils se rencontrent avec prolongement (fig. 69 à 73).

Si plus de deux chemins concourent au même point, alors la patte d'oie devient un véritable rond-point étoilé dans de multiples directions.

Les déviations ne sont employées surtout pour les grandes voies (routes nationales, départementales, chemins de grande communication) que si l'angle de croisement est inférieur à 45°. En principe, un passage normal est évidemment supérieur à un passage biais ; la traversée sur la voie dure moins de temps, la surface de la plate-forme est plus régulière, la circulation des bestiaux est plus facile, vu le rapprochement des vantaux des barrières ouvertes sur la voie ; au contraire, avec un passage très biais, il est plus aisé aux troupeaux de se répandre à droite et à gauche du passage et d'échapper à leurs gardiens.

Cependant on est souvent obligé d'admettre le passage biais, lorsque par exemple les bords du chemin rencontré sont formés par des constructions, murs, maisons, ou des terrains de haute valeur et même en rase campagne, lorsque ce chemin est une voie classée, parce que les administrations de grande et petite voirie ne veulent pas que l'on touche un caillou ou une poussière de leurs routes ; il peut paraître bizarre au bon sens public de voir subordonner le chemin de fer qui est l'élément vital et civilisateur du présent à une route à moitié aban-

onnée, à un chemin vicinal de médiocre importance, mais le chemin de fer est un nouveau venu dont la supériorité incontestable excite, par cela même, les inquiétudes des esprits attachés à l'ancien ordre

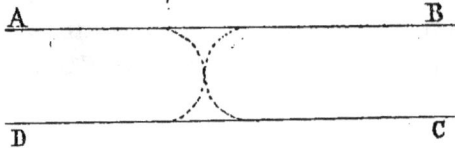

Fig. 71.

de choses. Cela changera peut-être si l'État exécute lui-même le complément du réseau, mais en confiant comme il l'a fait, dès le début, le contrôle des lignes ferrées à des ingénieurs qui ne connaissaient que leurs routes et au lieu de recourir à des commissions d'examen, de surveillance et d'arbitrage choisies et entretenues dans un milieu au courant de la question et intéressé à faire prévaloir le progrès, l'État ne pouvait nécessairement que placer les chemins de

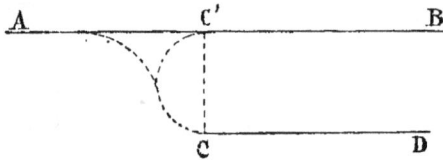

Fig. 72.

fer sous la dépendance des routes qui naturellement aussi devaient accueillir assez mal cette innovation destinée à détruire leur importance et à les reléguer au second plan. Par suite, la plupart du temps, la voie ferrée, c'est-à-dire l'avenir, a été et est obligée encore de subir les exigences d'un passé déclassé et déchu ; le jugement de la postérité sera sévère à cet égard ! heureux, si elle nous tient compte d'avoir vécu à une époque où la routine déconcertée par des attaques imprévues s'efforçait, avec le désespoir et la prescience de sa défaite, d'en arrêter le moment fatal.

Lorsqu'un chemin d'importance quelconque offre un faible biais, on peut le conserver tel quel, si sa plate-forme se prête aux modifications qu'elle a à subir pour s'élever ou s'abaisser au niveau du rail avec des déclivités de transition raccordant aux déclivités actuelles la partie ainsi modifiée.

Mais on doit de préférence se rallier à un passage droit, s'il n'offre pas comparativement à un passage biais une augmentation réelle de dépenses ; nous disons réelle, car souvent on biaise un passage pour diminuer des terrassements et on augmente les acquisitions du terrain, ou inversement, pour éviter une dépréciation, on force les terrassements , mais alors on tombe plutôt dans l'esprit de changement

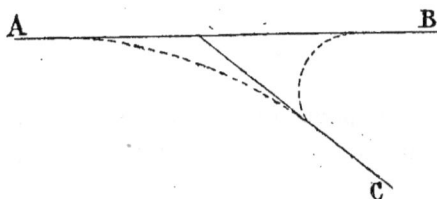

Fig. 73.

que l'on ne reste dans celui de la construction rationnelle et raisonnée.

Une autre considération qui vient encore prendre sa place pour le choix de la solution est celle-ci : les terrassements du corps du chemin de fer ont été calculés de manière à équilibrer les déblais et les remblais ; si cette condition n'est pas suivie pour les déviations, il en résulte des emprunts ou des dépôts : des mouvements de terre consciencieusement établis sur le chemin lui-même sont ainsi dénaturés par l'introduction des terrassements des déviations, lesquels, par insuffisance ou excès, perturbent la marche régulière de la répartition des cubes et obligent quelquefois même à amener des changements dans la plate-forme de la ligne.

Il convient donc autant que possible d'observer dans les déviations, surtout celles assez importantes, l'équilibre des terrassements.

Il y a aussi une autre erreur qui parfois échappe à certains esprits ; il est certain que diminuer les déblais d'un projet donné, c'est faire de l'économie, mais à la condition que les remblais non seulement n'augmenteront pas, mais encore diminueront en même temps, car il faut toujours que ces remblais s'exécutent et, si ce n'est pas à l'aide des déblais, ce sera à l'aide d'emprunts.

De même, si le remblai diminue et que le déblai reste le même ou augmente, un dépôt se forme ou s'agrandit. En résumé, quelle que soit la relation première qui existe entre les remblais et déblais d'un projet, il ne peut être réalisé d'économie qu'à la condition que les sommes

de ces déblais et de ces remblais se réduisent simultanément d'une quantité équivalente.

Aussi tel qui biaisera un passage qu'il aurait pu faire droit, à l'entrée d'une tranchée et sans terrassements, et ce pour éviter une dépréciation de terrain, arrivera, en le ripant côté du remblai, à le placer tout en remblai hors de la parcelle qu'il veut éviter, mais il créera la nécessité d'un emprunt qui détruira sa prétendue économie.

Tel qui biaisera un passage pour échapper à un contrefort latéral à l'entrée d'une tranchée pourra couper en deux une parcelle qu'il ne faisait que côtoyer, et en annulant le déblai, il créera une dépréciation.

Les conclusions, sont faciles à tirer et, pour en finir, rappelons encore diverses conditions que nous n'avons fait qu'effleurer ; d'abord, c'est l'assainissement du passage, l'écoulement des eaux ; généralement, les eaux s'écoulent par les tranchées du chemin de fer et par des aqueducs placés près des barrières.

Celui qui passe devant la maison de garde est toujours très long aussi, toutes les fois que l'on pourra éviter cet aqueduc, soit que les eaux s'en aillent par la déviation même ou fassent le tour de la maison et ne rentrent dans la tranchée que par un aqueduc placé au-delà des barrières, ces solutions seront préférables.

Enfin, les maisons de garde se placent normalement à la voie, le pignon lui faisant face, à moins que, faute d'emplacement, par exemple dans le voisinage des lieux habités, on ne soit réduit à tourner le sens du rectangle et à poser la maison en façade sur la ligne, ce qui offre moins de facilité, comme il a été dit pour la surveillance du chemin.

MÉTHODE PRATIQUE POUR ARRÊTER LES PROJETS DE DÉVIATION ET AUTRES.

Cette méthode s'appliquera probablement dans le vingtième siècle, lorsque les générations d'alors, plus pressées d'aborder les résultats immédiats et les solutions définitives, auront jeté au vent nos procédés de tâtonnements, toute la routine et tout le formalisme savamment échafaudé de la bureaucratie.

Cette méthode consistera en ceci : étant donné un projet fait par des agents qui, en relevant la forme du terrain, auront apprécié sur place toutes les circonstances locales et leur influence et rédigé d'après cela leur étude avec tout le soin et l'application possibles, soutenus qu'ils

seront par l'espoir de voir prendre leurs efforts en considération, les ingénieurs chargés d'examiner ce travail se rendront sur la ligne, assistés des projeteurs et guidés au besoin par un axe du projet jalonné sur le sol, et là, le dessin en main, avec l'image et le terrain simultanément sous les yeux, avec les reliefs de la surface saillants à la vue et spécifiés numériquement par les cotes du plan, avec la présence des parcelles entamées ou évitées, l'aspect des eaux et de leurs conditions d'écoulement, autrement dit, la connaissance directe de toutes les données et circonstances locales et réelles, ils pourront à leur tour, sans être détournés de la vérité par des insinuations théoriques, des opinions à distance ou des dominations que l'on subit quelquefois sans s'en rendre compte, apprécier si et pourquoi le projet est acceptable, comment et pourquoi au contraire il doit et peut être modifié !

Et cette discussion réaliste, tout en gagnant un temps précieux satisfera tout le monde, en même temps qu'elle sera pour les uns l'occasion d'un professorat aussi élevé qu'utile, pour les autres une leçon de premier ordre, pour tous enfin une expansion commune des idées, un échange de forces morales, une fraternisation des intelligences !

Ce sera une simplification immense dans les rouages de la bureaucratie, entraînant la suppression de cribles intermédiaires dont la puissance vive pourra être employée plus utilement au but final de tout le système, c'est-à-dire à la surveillance et à l'exécution des travaux.

Mais en attendant cet avenir, l'avis que l'on peut glisser à l'oreille du projeteur consciencieux pour qui sa fonction est un sacerdoce, qui s'intéresse à ses études avec tout l'amour d'un père et que l'insuccès mordrait au cœur, est celui-ci : en général, et sauf le cas d'exceptions heureuses, mais rares, si l'on veut faire passer un projet, il faut le présenter en dehors de sa pensée ; c'est le moyen de voir le définitif s'en rapprocher, c'est un truc presque infaillible et le grand tact, mais qui dépend de la pratique et des circonstances, est de calculer l'écart de la façon à faire rentrer en plein dans le but.

DEUXIÈME SECTION. — PASSAGES PAR DESSOUS.

Les passages par dessous se subdivisent en plusieurs catégories délimitées administrativement.

Voûtes en plein cintre.

	Ouverture	Hauteur sous clef
Routes nationales.	8 mètres	5 mètres
Routes départementales	7 —	5 —
Chemin vicinal de grande communication .	6 —	5 —
Chemin vicinal de moyenne communication.	5 —	5 —
Chemin vicinal ordinaire	4 —	5 —
Chemins ruraux	4 —	4 —

En dehors de cela, et comme ouvrages mixtes servant tant à des passages d'eau qu'à des circulations rurales, on trouve des ponceaux de 6 mètres d'ouverture et 4 mètres de hauteur sous clef, 5 mètres d'ouverture et $3^m,50$ de hauteur sous clef, et enfin, pour des circulations de bestiaux, 4 mètres d'ouverture et 3 mètres sous clef.

Au-delà on trouve encore des aqueducs-passages (pour piétons et menu bétail) ayant 3 mètres d'ouverture et $2^m,20$ de hauteur, 2 mètres d'ouverture et 3 mètres de hauteur, $1^m,50$ d'ouverture et $2^m,50$ de hauteur, 1 mètre d'ouverture et 2 mètres de hauteur (cas d'un passage exceptionnellement réduit).

TABLIERS MÉTALLIQUES.

Lorsque les passages par dessous sont avec tabliers métalliques, les dimensions varient comme suit :

	Ouverture	Hauteur sous poutres
Route nationale	8 mètres	$4^m,30$
Route départementale	7 —	4 30
Chemin de grande communication . .	6 —	4 30
Chemin de moyenne communication .	5 —	4 30
Chemin de petite communication . .	4 —	4 30

Au-delà, on trouve encore pour les dessertes rurales, les types suivants :

	Ouverture	Hauteur sous poutres
Passages ruraux.	3^m »	3^m »
— pour piétons et bétail . . .	2 »	2 50
— pour piétons seulement . . .	1 50	2 »

L'étude des traversées de chemin à l'aide d'un passage par dessous se fera donc, le type en main, en choisissant celui qui a l'ouverture correspondant au chemin considéré et en établissant le profil en long de la déviation, de telle sorte que la chaussée soit à la hauteur voulue au-dessous de la clef de voûte s'il s'agit d'un pont en maçonnerie, ou au-dessous des poutres s'il s'agit d'un pont à tablier métallique, le type en question étant installé censément à sa place par rapport à la cote de la plate-forme ou du rail au point considéré.

Une légère pente sous un passage par dessous l'assainira mieux qu'un palier.

Maintenant, il n'y a plus à s'occuper de pentes de transition, comme dans les passages à niveau ; les autres conditions (écoulement des eaux, bombement de la chaussée, rayons de courbure du chemin, etc.), restent les mêmes.

L'orientation des plans, des profils, les échelles, les teintes, tous les détails du dessin, en un mot, ne changent pas ; seulement, dans le profil en long, le passage par dessous figure en coupe et l'on donne la hauteur sous poutres ou sous clef, et la cote du rail sur l'axe du passage ; il est donc inutile de revenir sur toutes les indications déjà exposées précédemment.

TROISIÈME SECTION. — PASSAGES PAR DESSUS.

Les types des passages par dessus sont aussi excessivement variables, d'abord selon les services d'une même compagnie et suivant les compagnies, mais en outre, dans un même service, ces types varient encore d'après la nature du terrain ; en effet, entre deux parois de rocher compact mises à nu par une tranchée, on peut hardiment jeter un pont à voûte surbaissée et à culées perdues à une grande hauteur au-dessus de la plate-forme, tandis que, dans le cas d'un terrain ordinaire, il faut faire un pont en plein cintre dont les fondations vont jusqu'à la plate-forme et souvent au-dessous.

La nature du terrain déterminera donc le type que l'on doit considérer, mais, quel que soit ce type, arc de cercle très cintré pour terrains argileux, arc de cercle très aplati pour terrains solides, plein cintre pour fondations basses ou tablier métallique nécessité par le

manque de hauteur, les largeurs entre parapets suivent toujours les dimensions ci-après :

Route nationale	8 mètres
Route départementale	7 —
Chemin de grande communication . .	5 —
Chemin de petite communication. . .	4 —

Au-dessous, on trouve encore des passerelles de moindres dimensions ; on trouve aussi des ponts-canaux, etc.

Certains types en arc de cercle exigent une hauteur de 5ᵐ,25 sous clef à partir du rail, d'autres une hauteur de 5 mètres, d'autres de 4ᵐ,90 ; cela dépend, en effet, de l'ouverture et par suite de l'épaisseur de la voûte.

Les types en tôle demandent 5ᵐ,50, 5ᵐ,42,,5ᵐ,38, 5ᵐ,36 entre le rail et le dessus de la chaussée, suivant l'ouverture plus ou moins grande du pont et l'épaisseur plus ou moins considérable du tablier métallique.

Lors donc qu'une déviation se présentera passant sur une tranchée, on verra si au point considéré on peut loger, vu la profondeur du déblai, un pont en maçonnerie et suivant le type commandé par la nature du terrain, ou bien s'il faut recourir à un pont avec poutres en tôle ; la cote du rail, en ce point, déterminera donc la cote de la chaussée et la donnée efficace du profil en long du chemin.

L'ouvrage, établi avec une légère pente pour l'assainissement, figurera donc sur ce profil en long, avec ces indications, et pour tout le reste du projet, on n'a qu'à suivre identiquement la marche indiquée précédemment pour les passages à niveau et les passages par dessous.

TRAVERSÉES DES COURS D'EAU.

Les traversées des cours d'eau, ou sont de peu d'importance comme les traversées de ruisseaux de divers débits, ou s'appliquent à des rivières de dernière catégorie, mais déjà classées, ou à des rivière flottables ou navigables ; alors, dans le premier cas, ce sont des aqueducs ou ponceaux qui rentrent dans la section des ouvrages d'art proprement dits ; dans le deuxième cas, les projets deviennent des ponts souvent de grande importance et forment alors des projets spéciaux étudiés généralement chez les ingénieurs ; nous ne ferons donc que les

rappeler pour mémoire à cet endroit, et nous les retrouverons plus loin à propos des sondages pour ouvrages d'art.

Il importe de soumettre au contrôle le plus tôt possible, avant la rédaction des emprises et l'enquête parcellaire, tout au moins avant l'acquisition des terrains, l'ensemble des projets de traversée, afin de les faire accepter, si possible, et arrêter d'une façon définitive, car, dans l'hypothèse où l'enquête parcellaire ne viendrait à les modifier en rien, si la compagnie achetait le terrain nécessaire, en se basant sur l'approbation de la commission d'enquête, et demandait pour occupation desdits terrains un arrêté de cessibilité, un préfet ne pourrait encore le rendre sans avoir pris au préalable l'avis des ingénieurs du contrôle (du moment que les projets n'émanent pas des ingénieurs de l'État). En conséquence, il est préférable de présenter à l'enquête des projets déjà approuvés par le contrôle et, si la commission elle-même n'y apporte aucune modification, dès lors les réclamations ultérieures ne sont plus admissibles et peuvent être combattues avec quelques chances de succès.

Le dossier approuvé par le contrôle, après entente avec le service ordinaire, est enfin arrêté, sur l'avis du conseil général des ponts-et-chaussées, par décision ministérielle et comme on le voit par cet énoncé, les formalités ne pèchent pas par le manque d'abondance dans les rouages administratifs de toute cette organisation.

Lorsque le dossier des routes, chemins et cours d'eau est envoyé à l'approbation du contrôle, c'est le moment d'étudier les ouvrages d'art, du moins certains d'entre eux, ceux qui ont des dérivations nécessitant une emprise spéciale. Quant aux autres, par exemple certains aqueducs d'irrigation qui, souvent, se rachètent à l'amiable, ou certains aqueducs de fond dont le radier est placé presque à fleur du sol et qui, par conséquent, ne comportent à l'amont et à l'aval que des fossés insignifiants et ne dépassant pas l'emprise courante, on peut remettre leur étude à plus tard et la laisser pour les agents qui ne s'occuperont ni de l'établissement des emprises, ni de leur application

sur le sol, ni des enquêtes parcellaires. Il en est de même pour les ouvrages généralement de peu d'importance (des aqueducs ordinairement) à construire sous les déviations. Ces projets n'ont besoin d'être faits que pour la rédaction du dossier des adjudications. Toute la section pourra donc, en premier lieu, s'occuper des ouvrages les plus pressants, pendant que les surveillants feront exécuter les sondages nécessaires ; néanmoins, comme la marche à suivre dans ces études est la même, nous la comprendrons tout d'une fois dans l'énoncé des renseignements ci-après.

Il sera nécessaire, malgré les données du parcellaire et des profils en travers, de lever quand même un petit plan côté spécial à l'endroit de chaque aqueduc. Cela a un avantage direct, celui d'amener l'opérateur à faire pour ainsi dire le projet sur le terrain. Le reste n'est plus au bureau qu'une application de types et une question de dessin.

L'opérateur pourra du reste s'arranger de manière à avoir directement un profil en travers là où il veut installer son aqueduc, et, aussi, une série de cotes à l'amont et à l'aval, disposées de telle sorte que les sorties et entrées de l'ouvrage, même déplacé, se trouvent sur les lignes ainsi nivelées (voir *Regains scientifiques*, fascicule n° 4) ; de cette façon, il pourra établir son projet sans avoir besoin de calculer des cotes intermédiaires sur le plan coté, et il sera sûr en outre que les extrémités de ce projet ainsi établies s'accorderont convenablement avec la surface du terrain.

Le chef de section fait d'ailleurs des tournées auprès des opérateurs et arrête avec eux, sur place, l'endroit où l'on projettera l'ouvrage, de telle sorte que le travail de bureau est décidé par avance et peut marcher sans tâtonnements.

Si le parcellaire ne sert pas d'une façon absolue dans le levé de ces plans, il a du moins l'avantage de vérifier certains points : de plus, dans l'étude de ces ouvrages, comme dans celle des traversées de routes, chemins et cours d'eau, il attire l'attention sur une question très importante que nous n'avons pas encore mentionnée.

Lorsque, pour l'établissement d'un terrassement quelconque (déviation de chemin, dérivation de ruisseau, etc.), certaines parcelles ne

sont expropriées que pour quelques mètres carrés, les propriétaires, s'ils ont des bâtiments attenant à la parcelle atteinte ou même dans le voisinage, profitent de l'occasion pour demander des indemnités de dépréciation considérables ; si, par malheur, l'expropriation atteint un bâtiment de peu d'importance, mais rattaché au reste du logis, alors ils réclament l'application de l'art. 50 de la loi du 3 mai 1841, ainsi conçu :

« Art. 50. — Les bâtiments dont il est nécessaire d'acquérir une portion pour cause d'utilité publique seront achetés en entier, si les propriétaires le requièrent par une déclaration formelle adressée au magistrat-directeur du jury, dans les délais énoncés aux articles 24 et 27. »

Par conséquent, dans les projets de traversées, d'ouvrages d'art et aussi dans les simples terrassements, il importe, surtout dans le voisinage des lieux habités; de ne pas attaquer d'une façon insignifiante une parcelle qui pourrait amener les réclamations précitées.

Le plan parcellaire, levé à l'époque rationnelle que nous avons fixée immédiatement après celle des profils en travers, devient donc d'un usage journalier pour les études qui précèdent celles des emprises. C'est ce que nous avions annoncé plus haut et que l'occasion nous amène à mentionner encore ici.

SONDAGES.

L'emplacement des aqueducs étant ainsi arrêté au fur et à mesure du levé des plans cotés, celui des passages par dessous et par dessus ayant été déterminé auparavant dans les projets de traversées, la liste de ces emplacements est remise aux surveillants qui font exécuter des sondages, afin de déterminer avec assez d'approximation les fondations que ces ouvrages viendront à nécessiter.

Lorsqu'il s'agit d'aqueducs de peu d'importance et que l'on connaît à peu près la coupe géologique générale du terrain, on peut se contenter d'une série de sondages faits à la barre à mine, suivant le profil en travers xy du projet (fig.74). On en fait ensuite le long de deux autres lignes parallèles ab et $a'b'$; on a ainsi trois coupes transversales qui donnent la profondeur du terrain solide au-dessous du sol.

Ces sondages à la barre à mine laissent parfois à désirer. Souvent, la barre s'arrête sur un caillou, contre une racine ou par l'effet du

frottement dans les trous argileux. Ce ne sont pas, en somme, des indications bien précises ; ensuite, elles ne donnent jamais que la distance du terrain résistant à la surface du sol ; au contraire, des sondages restreints autant que possible et pratiqués au nombre de trois, l'un sur l'axe et les deux autres aux deux têtes donnent à peu de frais des renseignements bien plus intéressants, d'abord la nature des terrains traversés (sables, argiles, marnes, etc.), la présence de l'eau en plus ou moins grande quantité, la cohésion des parois de la fouille, l'épaisseur des couches à resserrer par des battages de pieux, etc. Ces

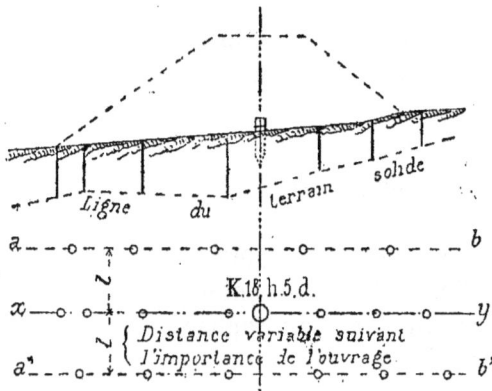

Fig. 74.

sondages, d'ailleurs provisoires, que l'on rebouche une fois les renseignements pris et qui ne s'enfoncent pas généralement à de grandes profondeurs, se font très étroits, par gradins, et leur longueur dépend du niveau auquel on doit descendre.

Lorsqu'il s'agit de passages par dessous, on les fait à l'emplacement des culées. Deux sondages suffisent alors, et, pour les passages par dessus, on les fait également à l'emplacement des culées perdues, à hauteur de moitié talus de tranchée, et on les pousse jusqu'à la plate-forme, si la tranchée par elle-même n'a pas de sondages dans le voisinage, ou tout au moins jusqu'à ce qu'on trouve le solide, afin que l'on sache quel système de pont par dessus il convient d'employer, soit le type à culées perdues, soit le type à plein cintre, etc.

Tous ces sondages, implantés par les surveillants d'après les croquis remis par les conducteurs, sont relevés ou au moins contrôlés par ces derniers et couchés sur un carnet que l'on consultera au bureau

pour prévoir *à priori* les fondations toujours modifiables en exécution, mais qu'il est utile d'arrêter à peu près pour évaluer les dépenses auxquelles elles donneront lieu.

Souvent on ne pousse pas à profondeur ces sondages, lorsque par analogie on connaît le sol que l'on trouvera un peu plus bas et alors on peut faire intervenir partiellement la barre à mine pour achever la détermination du terrain solide, sans descendre plus loin l'excavation. Il y a économie de temps et de déblai.

GÉNÉRALITÉS SUR LES AQUEDUCS.

Lorsqu'on remarque des aqueducs sous lesquels passe peu d'eau, on est tenté de croire en général à une trop grande section. Cependant un aqueduc, conçu rationnellement, doit offrir un débouché suffisant pour les crues locales habituelles, 1er principe, et une section suffisante pour le nettoyage presque toujours nécessaire à la suite de ces crues, 2e principe.

Il suit de là qu'un aqueduc exposé à ces éventualités ne devrait pas avoir moins de 0m,60 d'ouverture et 0m,70 de hauteur, afin de laisser pénétrer dans son intérieur un homme de petite taille qui puisse enlever les matériaux à la truelle ou faire quelques réparations, par exemple, du rejointoiement. L'administration des Ponts-et-Chaussées semble, du reste, dans ces derniers temps, prendre cette mesure à cœur et certes, au point de vue énoncé plus haut, c'est une sage précaution.

Néanmoins, les Compagnies demandent et obtiennent d'employer des sections inférieures, pour de faibles débits.

Ces aqueducs de 0m,25 ou 0m,30 d'ouverture ne doivent pas être admis, malgré le peu de débit reconnu, en face de labours en terrain arénacé ou délayable, parce qu'ils sont susceptibles d'être bouchés à la suite d'averses et, d'autre part, qu'ils sont très difficiles à nettoyer, pour peu qu'ils aient de la longueur, en raison de la petitesse de leur section. Or, dans les chemins de fer, il faut éviter de couper la voie même en partie, et un aqueduc sous la voie n'est plus dans les conditions d'un aqueduc sous une route ou sous un chemin vicinal, même à hauteur égale de remblai superposé. Il faut donc que l'on puisse nettoyer l'aqueduc, sans avoir à le découvrir et par suite en pénétrant à l'intérieur.

Les petits aqueducs sont à réserver seulement dans les prés, pour rigoles d'irrigation où l'eau se promène hors de son lit naturel, où la crue ne se manifeste pas dans son intensité ; mais il convient de ne pas les placer dans les fonds, à moins qu'il ne s'agisse d'un bassin en prés et encore d'un terrain non exposé à être délayé, corrodé et charrié par les eaux, et enfin comme l'état de culture peut changer, comme un pré peut devenir labour, comme un bois peut devenir une culture, le présent ne garantit pas l'avenir.

Ils doivent donc, en somme, être écartés des lits sauvages et réservés aux filets d'eau purs et tranquilles et d'un volume presque constant, tels que des sources ou des rigoles d'arrosage et autres canaux généralement de construction ou d'aménagement artificiel.

Les irrigations aux abords des villes sont encore chargées de résidus et d'impuretés de toute sorte, eaux d'égouts, d'abattoirs, de tanneries, etc...

Il convient, dès lors, de construire à l'amont de ces aqueducs et surtout, dès qu'ils atteignent une certaine longueur (10 à 12 mètres au plus), un puisard appelé dépotoir, disposé en contre-bas du radier et dans lequel s'arrête la plus grande masse des détritus entraînés. Ces puisards peuvent être exécutés en pierres sèches dans la plupart des cas ; on leur donne un volume correspondant à la propreté reconnue pour les eaux ($0^m,70$ à $0^m,80$ de longueur sur $0^m,50$ de profondeur et la largeur de l'aqueduc ($0^m,30$), ou mieux une largeur de $0^m,50$ à $0^m,60$ (avec des murs de $0^m,30$ dans les cas ordinaires). Ces dépotoirs arrêtent aussi les atterrissements qu'un orage pourrait charrier sur le parcours toujours restreint du filet d'eau qui correspond à ces aqueducs.

Lorsqu'un aqueduc a une pente assez forte, il importe de ne pas arrêter brusquement cette pente à l'extrémité aval du radier, si l'on ne veut créer à cet endroit un barrage formé par les débris entraînés : cependant lorsqu'un aqueduc est suivi d'un cassis traversant un chemin, c'est généralement ce qui arrive, parce que le cassis ne peut pas recevoir une pente transversale bien prononcée et alors il faut souvent le nettoyer si l'on veut assurer son usage régulier.

Il y a, en outre, dans certains terrains rocailleux qui courent le risque d'être ravinés, à considérer la formation d'atterrissements souvent considérables et instantanés et qui peuvent, à un moment donné, obstruer l'ouverture de l'aqueduc.

En dépit des types, ces aqueducs, sans varier dans les largeurs admises, devraient recevoir une hauteur assez considérable (1,30 à 1ᵐ,50)
pour qu'un homme puisse y pénétrer courbé et déblayer aisément
l'obstruction. Il convient aussi de préparer la dérivation amont sous
la forme de fossés en pays de montagnes, perreyés au besoin avec

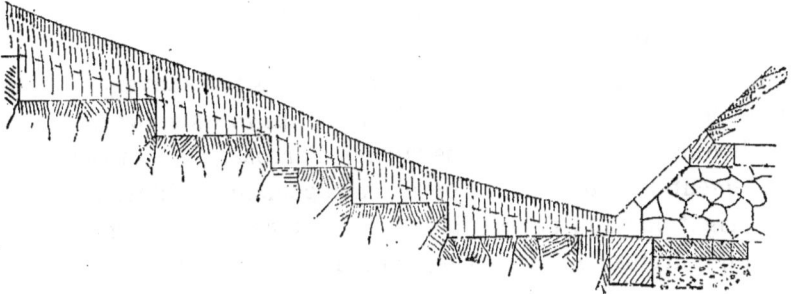

Fig. 75

chutes successives et gradins en paliers et même en contre-pente,
pour diminuer la vitesse de chute des atterrissements et en conserver
une partie. En entretenant de temps à autre ces gradins et l'aqueduc,
on sera assuré de pouvoir compter sur un fonctionnement certain
(fig. 75).

COMPOSITION DU DESSIN.

Quel que soit le genre d'aqueduc à projeter, le dessin sera ordonné
comme il est indiqué ci-dessous : on commencera par le plan général,
disposition qui a l'avantage de représenter immédiatement l'endroit
où est situé l'ouvrage et de ramener l'attention sur ce point et sur
tout ce qui s'y rattache.

Plan général.	Coupe longitudinale.	Élévation des têtes.	Détails divers.
Profil en long.	Plan.	Coupes diverses.	

Au-dessous, un profil en long donnera la dérivation telle qu'elle doit
être exécutée.

Certains projeteurs mettent le plan général à la queue du dessin. C'est travailler au rebours; car on est obligé d'aller chercher ses cotes tout au bout de son rouleau pour construire à son origine la coupe longitudinale, le plan, les élévations et en outre si l'on déroule un projet, on a beau voir le piquetage sur le titre, on n'est pas fixé sur sa position aussi bien que lorsque le plan général se présente immédiatement sous les yeux ; c'est donc une disposition peu rationnelle et à laisser de côté que de reléguer ainsi à l'extrémité du dessin la figure que l'on a tout avantage à consulter à première vue.

Le plan général se fait à l'échelle de 0,002 par mètre ; il en est de même du profil en long qui vient immédiatement au-dessous. Ce profil en long n'est guère indispensable que lorsque l'aqueduc correspond à deux dérivations amont et aval ayant une certaine longueur et un certain cube ; car il s'agit de faire aux deux têtes en prolongement du radier et même avec des sinuosités, une rigole de 0^m,20 à 0^m,30 de profondeur, eût-elle 0^m,60, 0^m,70 et même 0^m,80 de largeur, le moindre terrassier venu avec sa pioche et deux ou trois piquets, avec des points de hauteur, un centre de courbe, une ficelle et quelques broches de bois pour guider sa rigole de crête, exécutera une dérivation convenable, tournant aussi gracieusement que l'on voudra et sans le secours des hauts calculs et des fins dessins qui seraient venus agrémenter la surface du projet, après force ratures, grattages et pertes de temps.

Les coupes longitudinales, plans, élévations des têtes, coupes sur l'axe, coupes aux plans de têtes, s'il y a lieu, se font à l'échelle de 0^m,02 lorsqu'il s'agit de petits ouvrages (ouverture, 0^m,30, 0^m,50, 0^m,60 et jusqu'à 1 mètre et même jusqu'à 1^m,50) : au-delà, pour des aqueducs-passages de 3 mètres, on peut revenir à l'échelle de 0,01.

Les détails des plinthes, des appareils des têtes (voussoirs, crossettes, rampants, dés, garde-radier) se font à l'échelle de 0^m,05 afin d'être cotés plus facilement.

PRESCRIPTIONS DIVERSES.

Le plan sera placé dans le sens de la ligne, de gauche à droite du papier et le profil en long sera orienté comme si le spectateur lui faisait face en tournant le dos à l'origine de la ligne, quel que soit le sens de l'écoulement des eaux qui, d'ailleurs, est indiqué sur le plan par

une flèche bleue ; au besoin, on met des lettres A et B aux extrémités de la dérivation.

Il serait plus logique, suivant les données de la descriptive, de placer le profil en long au sommet du papier et le plan au-dessous, mais orienté de manière que la ligne soit au bas du papier.

On aurait ainsi l'aspect d'un dessin géométrique, tel qu'il résulte de l'emploi des deux plans de projection rabattus tous les deux sur le dessin, le profil en long appartenant au plan vertical.

Seulement, l'usage contraire prévaut, par l'habitude que l'on a dans

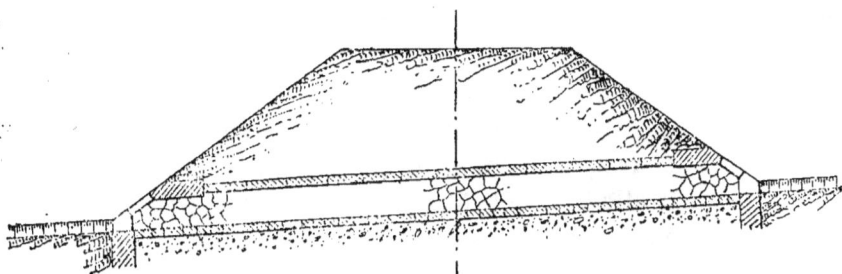

Fig. 75

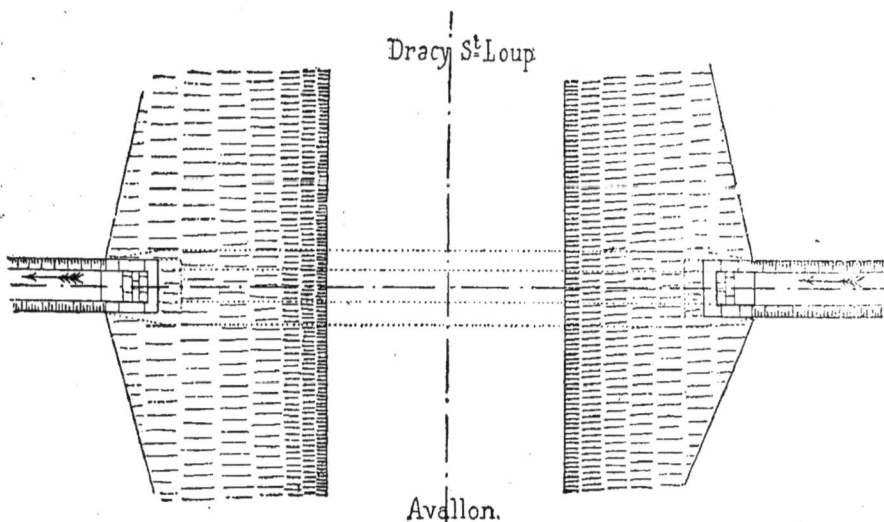

Dracy St Loup

Avallon.

Fig. 77.

les parcellaires et autres plans, d'orienter la ligne de gauche à droite du papier.

Quant à la coupe longitudinale (grande échelle) et au plan qui lui correspond, on les dispose comme le montrent les figures 76 et 77, le spectateur étant censé regarder l'ouvrage, en tournant le dos à l'origine de la ligne et en faisant face à son extrémité ; alors le dessin rentre dans les données de la descriptive.

Dans le plan d'ensemble, on indiquera le rayon, si le chemin de fer est en courbe en cet endroit ; on mettra aussi le kilomètre qui précède soit le piquet, soit le point où est projeté l'ouvrage.

Sur le profil en long on donnera la cote de la plate-forme et même la cote du rail.

Sur la coupe longitudinale on indiquera dans les fondations la nature du béton employé, béton gras composé d'un mètre cube de pierre cassée et d'un demi-mètre de mortier ou béton maigre dans lequel il n'entre qu'un quart de mètre cube de mortier.

Pour asseoir les fondations sur le terrain, il est convenable d'y faire des redans, dérasant pour ainsi dire la surface de la couche solide ou encastrés un peu dans cette couche ; ces gradins seront indiqués au projet d'après la ligne affectée par le terrain solide et modifiés en exécution suivant les besoins de la cause.

Le radier a une pente de l'amont à l'aval pour l'écoulement des eaux ; suivant le sens selon lequel ils se placent, les uns appellent cette déclivité tantôt pente, tantôt rampe. Le mot « inclinaison » mettrait tout le monde d'accord.

Certaines personnes tiennent à ce que cette inclinaison soit toujours exprimée par un nombre rond. Il faut dire, en somme, que ce coefficient est d'un usage assez restreint pour que la question n'ait point de valeur. Si l'on détermine, par des raisons spéciales estimées sur place, que l'entrée de l'aqueduc à l'amont doit être à la cote (a) à $0^m,30$ ou $0^m,40$ au-dessous du terrain naturel et que la sortie doit être à la cote (b) à $0^m,30$ ou $0^m,25$, ou moins encore, au-dessous du terrain naturel, on a donc, par rapport au profil en long levé sur l'emplacement de l'ouvrage, sous les deux pieds de talus, deux points à des altitudes données (fig. 78). La différence de ces altitudes divisée par la distance l des pieds de talus donnera l'inclinaison du radier $\frac{a-b}{l}$, quantité commensurable ou non, peu importe, car, en pratique et en implantation, on placera les garde-radiers aux altitudes (a) et (b) sans avoir besoin du coefficient d'inclinaison ; aussi est-ce à tort que souvent les correcteurs modifient une inclinaison donnée, ce qui amène à changer l'altitude

de l'un ou l'autre des garde-radiers. Cela vient de ce que les correcteurs, dans leurs habitudes bureaucratiques, ne comprennent pas l'implantation des radiers qui se fait d'après le repère de nivellement voisin avec les cotes des garde-radiers et sans s'inquiéter aucunement si l'inclinaison traîne après son zéro et sa virgule un nombre plus ou moins considérable de décimales. En somme, le radier doit être déterminé d'après les appréciations du projeteur portant sur la profondeur à donner aux dérivations à l'amont et à l'aval de l'aqueduc ; on peut changer ces profondeurs, mais pour un motif moins futile que celui d'arrondir le chiffre d'une inclinaison. Cette modification oblige à recalculer les cotes du projet, à le surcharger de ratures et d'écritures bleues : après quoi le projeteur, avec l'aide d'un simple terrassier et deux ou trois coups de pelle, rétablit, s'il lui plaît, en exécution, ses entrées et sorties d'eau à la profondeur où il les voulait au-dessous du terrain.

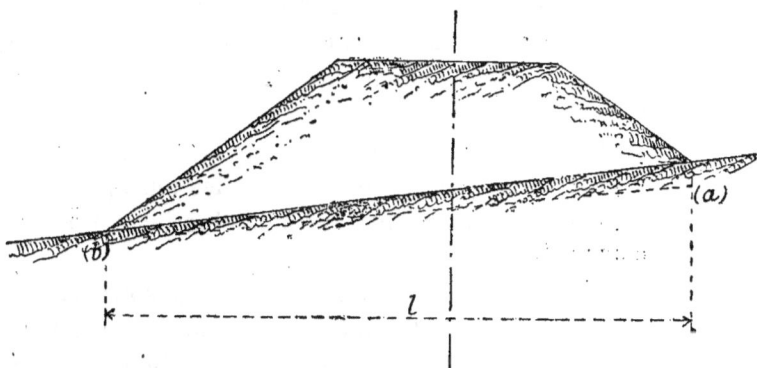

Fig. 78.

Il peut le faire en conscience ; la modification qu'on a fait subir à son projet n'est qu'une modification de quelques centimètres, sans portée, puisqu'elle repose sur une question de convenance de chiffres et non sur une question technique, et, si l'autorité technique est inaliénable en droit, il n'en est pas de même de tout ce qui touche à la manie du changement ou à l'inexpérience des théoriciens.

La coupe longitudinale devra porter en fondations et en pointillé la ligne du terrain solide, les différentes couches superposées avec la désignation de leur nature, en un mot, toutes les indications résultant des sondages.

Ces mêmes indications, pour n'en plus parler, se répètent aussi sur la coupe en travers faite sur l'axe de l'ouvrage et suivant le sondage qui a été exécuté au droit de cet emplacement.

Pour en terminer avec les fondations, il faut dire que les empâtements (ou élargissements au-delà du corps de l'ouvrage) qu'on leur donne dans le cas de terrains peu résistants seront représentés en plan et en coupes et cotés par rapport à l'axe.

Lorsque le terrain inférieur aux fondations aura besoin d'être consolidé à l'aide de grillages ou de pieux battus, il en sera fait une mention spéciale.

Depuis quelques années, on a introduit dans les fondations l'emploi de petits pieux ou pilots de $0^m,10$ à $0^m,12$ de diamètre, de $1^m,10$ à $1^m,20$ de longueur, lesquels n'ont pour but que de resserrer sous les fondations le terrain peu consistant et cela sur leur hauteur de $1^m,10$ à $1^m,20$.

Ce système est ainsi préconisé dans une instruction du 3 juin 1874 (ligne de Clermont à Montbrison, Bertin ingénieur en chef) :

« On peut larder le terrain au moyen de petits pieux ou piquets en bois de chêne à brûler ordinaire, que l'on achète au stère. On les affûte et on les bat à la masse en les espaçant d'environ $0^m,50$; le bois à brûler a ordinairement $1^m,30$ de longueur; on l'emploie avec cette longueur si c'est nécessaire, ou bien on le coupe en deux morceaux, si la demi-longueur suffit.

« Le stère en bois choisi bien droit, de $0^m,12$ à $0^m,10$ de diamètre,

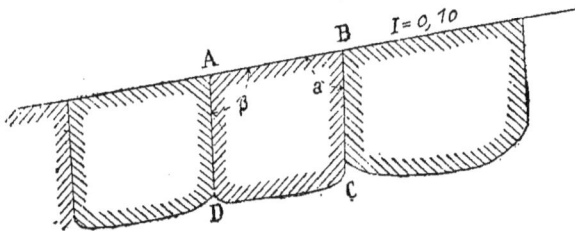

Fig. 79.

vaut environ de 15 à 20 fr. rendu sur les travaux, suivant qu'ils sont rapprochés ou éloignés du chantier de bois. Le stère contient environ 50 bûches, ce qui porte le prix des pieux de 0 fr. 30 à 0 fr. 40.

« L'affûtage et le battage à la masse coûtent environ 0 fr. 15 par pieu.

« Prix total, 0 fr. 55 à 0 fr. 65 par pieu, ce qui fait par mètre carré de fondations à raison de cinq pieux environ par mètre, 3 francs en moyenne. »

Ce mode de fondation est souvent plus économique et plus efficace, ajoute la circulaire, que l'augmentation d'épaisseur du béton ou de la maçonnerie.

Lorsqu'on devra employer ce système, comme on ne peut prévoir *à priori* si un écartement de 0ᵐ,50 sera suffisant ou supérieur aux besoins de la cause, ni prévoir la longueur des pieux, laquelle peut être inférieure à la longueur de coupe du bois, on inscrira simplement, sur le dessin, une note qui relatera la consolidation prévue par pilots sans autres données préalables. Le nombre, la longueur et l'écartement des pilots se détermineront sur place après essai du fond de la fouille.

Au-dessus des fondations nous trouvons le radier et les garde-radiers.

Les garde-radiers seront placés normalement à l'inclinaison du radier, cela évite des angles aigus et des tailles biaises. Les joints des moellons du radier seront normaux à cette inclinaison. On comprend, en effet, que, si dans un radier incliné à 0ᵐ,10 ou telle autre pente, il fallait tailler un pavé *a b c d* de manière à reproduire au sommet (fig. 79) les angles α et β différents de 90°, égaux en somme à 180° et dépen-

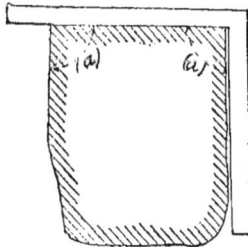

Fig. 80.

dant de l'inclinaison du radier, on créerait là des impossibilités d'exécution ; on a déjà assez de peine à obtenir, de la part des piqueurs de moellons, des angles (a) taillés à l'équerre (fig. 80). Ce serait bien autre chose, s'il fallait avoir des biseaux ou des angles obtus. L'amour de la verticale est certainement louable, même chez les dessinateurs ; cependant il faut encore que cette direction soit réalisable à l'équerre, au têtu, aux broches et au ciseau.

Il en sera de même pour les joints des dalles et, sans qu'il soit besoin d'insister davantage sur cette question, toutes les fois que le dallage sera parallèle au radier.

Le dessus des dalles, étant une partie brute, sera tracé à la main, afin que le dessin participe un peu de la réalité de l'exécution.

On aura soin, enfin, au point de vue des recommandations générales, d'indiquer la trace des maçonneries cachées, aux élévations des têtes, de signaler en coupe et en plan la pénétration des garde-radiers et du radier sous les piédroits, de mettre le triangle du biais dans le cas d'ouvrages biais, enfin de détailler l'emploi des matériaux.

Ainsi pour un aqueduc de 0^m,70, on mettra une légende conçue comme il suit :

« Les garde-radiers seront en libages.

« Les têtes (dés, rampants et plinthes) seront en pierre de taille.

« Les parements vus seront en mosaïque (ou par assises).

« Les dalles seront en libages, les angles en moellons, etc. »

Cette légende sera complétée plus tard par les numéros de la série auxquels correspond chaque nature de travail. D'autre part, les attaches des cotes devront être régulièrement observées, les cotes elles-mêmes seront cumulées ou détaillées suivant les besoins futurs de l'implantation de l'ouvrage ; on suivra pour les calculs de ces cotes les recommandations déjà données précédemment ; les cotes peuvent se calculer au millimètre et doivent s'arrondir au centimètre, car le centimètre c'est le plus que l'on puisse exiger en pratique de la part du tailleur de pierre et surtout du maçon ; il y a toujours dans une épaisseur (de 0^m,75 par exemple) observée, mais avec un soin inouï et comme pour une véritable gageure, en un massif de maçonnerie, ici 0^m,75 faible et là 0^m,75 fort ; par suite, il est suffisant, pour les besoins de la pratique, d'avoir le chiffre des centimètres exact et c'est niaiserie que de courir après les millimètres, si ce n'est pour déterminer les centimètres dans les cotes subséquentes.

La pente 0^m,6666..... ou 2/3 se retrouve souvent dans les ouvrages d'art et le calcul gagnerait certainement de la simplicité à l'emploi de la fraction ordinaire remplaçant la fraction décimale proposée.

Enfin, il convient, dans les abords de l'ouvrage, d'indiquer les perrés que l'on se propose de faire aux dérivations amont et aval, et quand nous disons indiquer, nous voulons plutôt dire amorcer, car la limite d'arrêt ne se détermine bien qu'en cours d'exécution.

On n'oubliéra pas non plus de donner la coupe transversale des cassis faisant suite aux aqueducs sur *les* chemins latéraux (fig. 81).

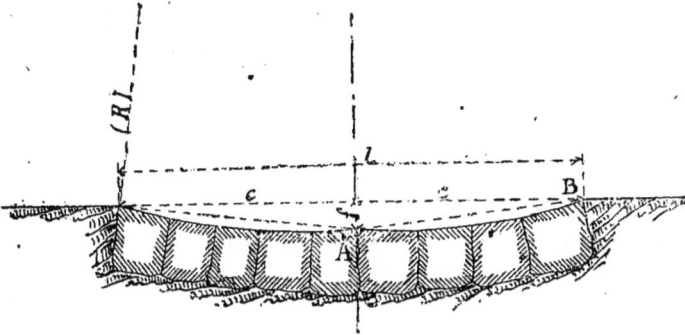

Fig. 81.

Ces cassis concaves se calculent de telle façon que la pente de A en B ne dépasse pas $0^m,10$ et que l'on ait :

$$\frac{f}{c} = 0,10$$

d'où

$$R = \frac{c^2 + f^2}{2f} = \frac{c^2 + 0,01\,c^2}{2 \times 0,10\,c} = 5,05\,c = 2,525\,l.$$

La largeur (l), adoptée pour le cassis, en détermine donc toutes les conditions.

MISE EN TRAIN DU TRAVAIL ET APPLICATION DES TYPES.

La mise en train du travail consiste, pour un aqueduc, à déterminer le profil en travers de l'ouvrage et à installer sur ce profil la ligne du radier ; ainsi supposons que l'on veuille établir un aqueduc au profil *a* (fig. 82) où les cotes des pieds de talus sont $403^m,29$ et $402^m,12$, que l'on veuille entrer à $0^m,30$ de profondeur à l'amont et sortir à $0^m,20$ à l'aval, c'est-à-dire aux cotes $402^m,99$ et $401^m,92$, la pente du radier sera dès lors :

$$\frac{402,99 - 401,92}{12,14} = 0,0881.$$

Connaissant la ligne du radier, rien n'est plus facile que de placer

son épaisseur, puis d'installer suivant le type les garde-radiers, dés, etc., et, avec la ligne $x\,y$ du terrain solide, les fondations. Après quoi, connaissant la hauteur sur l'axe, on mène une parallèle à la ligne du radier pour avoir le sommet de la voûte ou le dessous du dallage. En

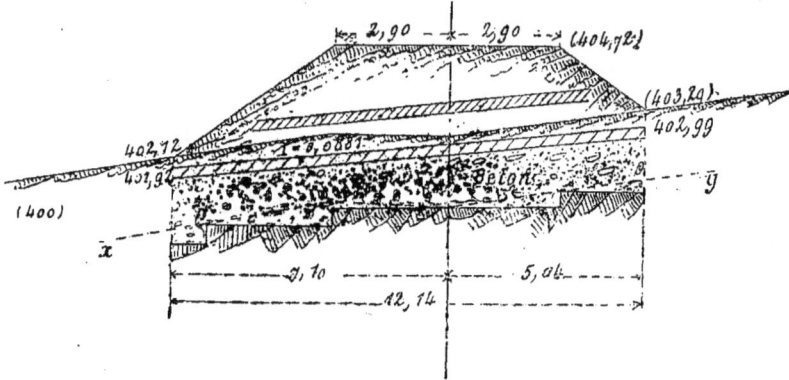

Fig. 82.

même temps que la coupe longitudinale, on fait marcher concurremment le dessin du plan, des élévations, des têtes et des coupes en travers. Toutes ces figures se construisent simultanément et ne sont plus qu'une application des dimensions données, l'essentiel étant d'établir le profil en travers de l'ouvrage ou ligne du radier.

Les cotes que l'on choisit sur le terrain pour établir deux points de cette ligne, soit directement, soit à des niveaux inférieurs à ces cotes, sont déterminées par diverses considérations que nous avons déjà citées dans l'étude préliminaire des ouvrages d'art. L'entrée de l'ouvrage doit être placée en amont, de manière à capter les eaux, sans remous, ni soubresaut, droit en prolongement de leur direction prise sur une longueur uniforme et maximum. La sortie des eaux peut, au contraire, se faire au niveau du terrain, surtout s'il s'agit d'eaux destinées à être utilisées comme irrigations. Il y a des cas où la cote d'aval est forcée par suite d'une irrigation préexistante. Les cotes d'entrée et de sortie sont donc ainsi des cotes locales et, comme elles déterminent le profil en travers, la pente du radier, et par suite l'ouvrage tout entier, il n'y a à conclure à ce sujet qu'une chose, c'est qu'il convient d'établir son inclinaison suivant les besoins de la cause et que le reste n'est plus qu'une application du type sur le profil en travers ainsi déterminé.

PASSAGES PAR DESSOUS.

Les principes et les prescriptions que nous venons d'énumérer s'appliquent non seulement aux aqueducs ordinaires, mais encore aux aqueducs singuliers avec puisards, bavettes et pentes fortes, ainsi qu'aux aqueducs-siphons, aux aqueducs à plancher et également à toute autre espèce d'ouvrages d'art, tels que passages par dessous et passages par dessus. Seulement, dans ces deux derniers cas, l'emplacement de l'ouvrage et son profil en travers ont été déterminés lors de l'étude des déviations ; le travail est donc très avancé et n'est plus qu'une application du type pur et simple.

Dans les cas d'aqueducs à plancher ou de ponts à tabliers métalliques où les poutres sont de même hauteur, le dévers doit porter nécessairement sur les longrines et on le fait porter tout entier sur l'un d'elles, la longrine du plus grand rayon.

Les planchers et tabliers s'établissent alors sur des coussinets réglés à la cote qui est nécessaire à la répartition du demi-dévers sur chaque file de rails.

Si les longrines sont en raccordement de dévers, les deux longrines sont à délarder en sens inverse. (Voir, pour plus amples renseignements, le calcul des sections des longrines. *Regains scientifiques*, fascicule n° 8.)

PASSAGES PAR DESSUS.

Le profil en travers des passages par dessus est aussi déterminé dans l'étude des déviations ; le restant du travail n'est plus qu'une application des types.

Les types sont en général non seulement variables dans les diverses Compagnies, mais encore variables dans les services d'une même Compagnie. Il n'y a donc, à moins d'en faire une étude spéciale, ce qui n'est pas le cas ici, aucune indication bien précise à donner à leur égard et d'ailleurs leur maniement est des plus aisés, dès que le profil en travers de l'ouvrage est établi ; voilà pourquoi nous avons insisté uniquement sur cette clef de l'opération, dont le mécanisme une fois bien compris permet à tout dessinateur connaissant un peu de descriptive d'ajuster à cette donnée première la forme d'ouvrage que lui donne la série de types en usage dans son service.

Tous les calculs possibles sont des calculs d'intersection de lignes droites et, par conséquent, dépendant d'équations du premier degré, tant que l'ouvrage ne s'éloigne pas de la forme prismatique et de ses

dérivées ; lorsque l'ouvrage affecte des parties courbes, cette courbure a pour directrice généralement une circonférence de cercle, la surface cylindrique qui en résulte rentrant mieux comme simplicité dans le domaine des appareilleurs, tailleurs de pierre, maçons, etc. ; alors les problèmes que peut présenter la question dépendent de la ligne droite et de la circonférence du cercle et, par conséquent, se résolvent par des équations du deuxième degré.

Donc, en résumé, tous ces exercices sont d'une naïveté exemplaire et il serait inutile d'y insister davantage ; l'établissement des projets est une opération qui va de soi, lorsque l'on a à passer uniquement par l'application d'un modèle donné sur un profil connu.

OUVRAGES D'ART SPÉCIAUX.

Les ouvrages d'art spéciaux comprennent deux classes, les viaducs et les tunnels.

Les projets de viaducs se font rarement dans les sections. C'est un travail aussi ordinaire qu'un autre, mais que se réservent les ingénieurs ; il y a, dans le cas de piles élevées, à calculer la résistance des assises inférieures à l'écrasement, lorsque la hauteur sort des types et à augmenter en conséquence l'épaisseur des fûts et des socles, mais, en somme, il n'y a encore là aucune sorcellerie, grâce aux modèles nombreux et aux exemples exécutés qui abondent un peu partout, résolvant avantageusement presque tous les cas.

Si la section n'est pas appelée à faire ce travail, même pour les maçonneries (nous ne parlons pas des tabliers métalliques, affaire de spécialistes, reposant encore sur bien des données d'usage et ne pouvant intéresser que pour la première fois où l'on se plonge dans ces calculs et ces épures pour lesquels il y a une routine, un pli à prendre, un tour de main comme dans toutes choses), elle est chargée de fournir le plan coté et les sondages qui servent à déterminer les fondations.

Ces sondages sont un peu plus compliqués que ceux des ouvrages courants. Souvent, en effet, ils se font en rivière et alors il faut l'emploi de pompes Letestu et autres et de boisages, souvent même de vannages intérieurs garnis d'argile et formant bâtardeau.

On doit choisir, pour les faire, l'époque des plus basses eaux, on en fait ordinairement deux sur chaque rive à l'emplacement des culées et un ou plusieurs en rivière, à l'emplacement des piles et dans la par-

tie desséchée du lit ; ces sondages suffisent en général pour donner la

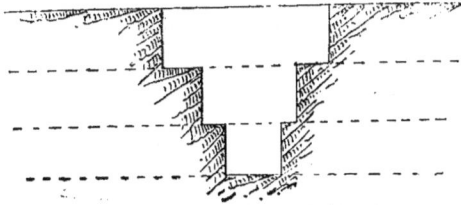

Fig. 83.

coupe du terrain, sans qu'il soit besoin de s'installer au beau milieu du courant restant.

D'après les sondages faits sur berge, on juge à peu près de la profondeur du terrain solide au-dessous du sol apparent et, par suite, on calcule aisément sur quelles dimensions on doit attaquer les sondages intermédiaires pour se rétrécir successivement, suivant que l'eau

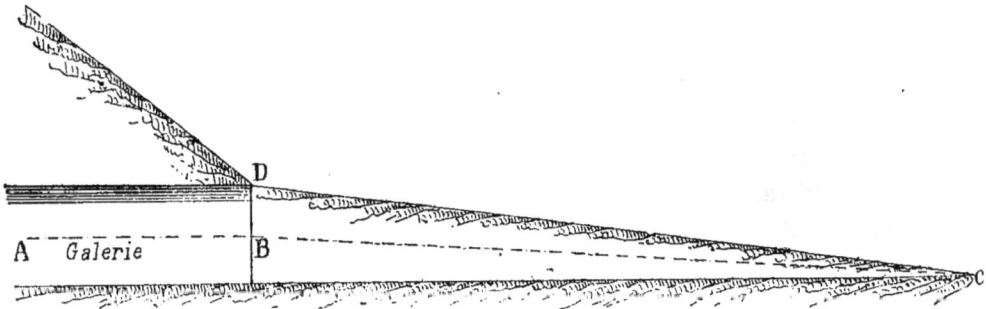

Fig. 84.

vient avec plus ou moins d'abondance, par attaques de plus en plus étroites et offrant par suite moins de surface aux filtrations de l'eau. En fin de compte, on ne peut guère se rétrécir à plus de 1m,20 sur 1m,20 ; car il faut encore cette dimension pour qu'un ouvrier puisse, à côté du tuyau de la pompe, piocher et charger en une petite benne le déblai à enlever (fig. 83).

Tunnels. — Les tunnels sont déterminés, depuis l'établissement du profil en long. En fait de maçonneries, il n'y a à considérer, à leur égard, que les maçonneries des têtes et les revêtements intérieurs ; nous ne parlons pas des aqueducs latéraux ou de l'aqueduc central qui sont des points peu importants.

Les têtes de tunnels varient suivant la nature du terrain ; il y a des types pour les terrains argileux, d'autres pour les terrains solides, etc. En somme, une tête de tunnel est une sorte de mur de soutènement plaqué contre le déblai et destiné à le retenir. Souvent la tête fait avance sur le talus du fond, pour retenir les matériaux qui pourraient se détacher et rouler sur la voie. Parfois même sur ces têtes passent des ruisseaux ou des chemins ; le choix entre les types divers est donc excessivement local.

Quant aux revêtements intérieurs, complets ou incomplets, ils dépendent de la nature des terrains traversés.

Il est d'usage, et c'est là le travail de la section, de faire faire en régie, soit directement par des ouvriers, soit plutôt par des tâcherons intéressés, des sondages : 1° dans les tranchées de tête lorsqu'il s'agit de souterrains très longs ; 2° dans l'ensemble du tunnel, lorsqu'il s'agit de souterrains très petits (150 à 200 mètres et au-dessous). Ces sondages se font, pour les tranchées, sous forme de cunettes, dont la plate-forme ne correspond pas à celle de la voie, mais atteint en montant à partir du point de passage la hauteur du bas de la galerie, dite trou de rat ou galerie d'avancement et que l'on pratique au sommet de la section du tunnel ; ces sondages doivent être commencés, dès que le profil en long est arrêté, car souvent ils durent très longtemps, des mois et même une année et plus, et cependant il est assez utile de les avoir dans leur entier pour établir les prix de percement des tunnels, lors de la mise en adjudication (fig. 84 et 85).

Ils donnent, en outre, un aperçu des revêtements probables, quoique ceux-ci, du moins dans certains cas, par exemple celui d'un rocher de consistance variable, ne se déterminent bien qu'au fur et à mesure de l'enlèvement de la section entière.

A côté des tunnels, on peut citer encore les galeries voûtées, sortes de tubes en maçonneries logés contre un rocher à pic et qu'on ne pourrait déblayer, sous un talus doux, sans aller chercher un cube considérable (fig. 86).

Enfin, vient la classe des murs de soutènement ; pour cette classe, il y a des types et des formules très variables, souvent le tout insuffisant. Il s'agit, en effet, de distinguer si l'on a à soutenir un terrain solide susceptible de s'ébouler sous un angle donné, ou un terrain en mouvement capable de se fissurer à distance et de se séparer

par grandes masses glissant avec ensemble suivant une inclinaison donnée.

Ce sont donc là des études particulières que nous aborderons un

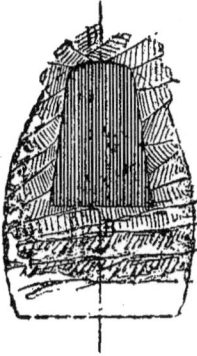

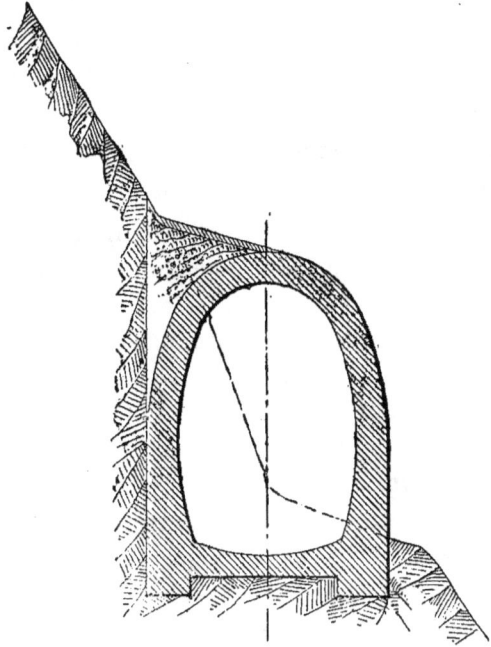

Fig. 85.   Fig. 86.

jour, mais qui ne peuvent rentrer dans le présent cadre, d'autant plus que ces sortes de projets ne font pas généralement partie des études même définitives. La nécessité même de ces ouvrages ne se révèle guère qu'en cours de travaux. Au contraire, les études définitives ont pour but d'établir l'assiette du chemin de fer sur une base solide, d'éviter les remblais sur terrains instables, les tranchées en sol glissant : par conséquent, de bonnes études, en admettant qu'elles aient été conduites sans chances d'erreurs, ne doivent pas donner lieu à des projets semblables, sous peine d'avoir manqué le but pour lequel elles ont été mises à exécution.

OUVRAGES SUR DÉVIATIONS.

Les ouvrages sur déviations se composent généralement d'aqueducs

et de cassis. Lorsqu'un aqueduc sur déviation est en prolongement
d'un ouvrage du chemin de fer, on le comprend dans le même plan et
la même étude, et pour les autres objets isolés, on n'a qu'à se conformer aux règles exposées plus haut et cette seule remarque nous dispense d'en dire plus à ce sujet.

ÉTUDES DES EMPRISES.

On appelle emprises les quantités de terrains nécessaires tant à
droite qu'à gauche de l'axe pour l'exécution des travaux. Ces emprises
se déterminent, en général, au moyen d'abscisses prises sur l'axe et
d'ordonnées menées normalement à cet axe.

Le périmètre des emprises se rattache encore, dans certains cas, à
un système d'abscisses et d'ordonnées, pris sur le prolongement d'une
ordonnée menée à l'axe de la voie, laquelle ordonnée devient ainsi
une ligne secondaire d'opérations.

Ce périmètre se rattache aussi parfois à des points singuliers tels
que : angles de maisons, bornes de diverses catégories, etc., entrées
de clos ou jardins, en un mot, à des points parfaitement définis sur le
terrain et sur le plan.

Certains ingénieurs rattachent les emprises exclusivement à des
coordonnées sur l'axe. Si le parcellaire est levé exactement, ce sys-

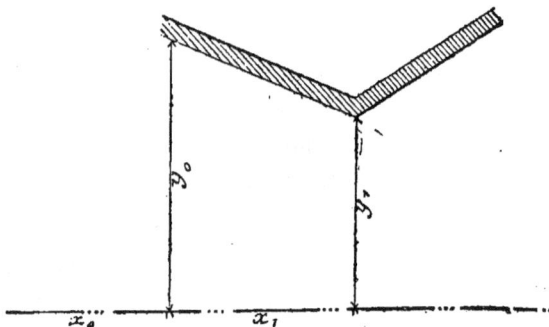

Fig. 87.

tème n'a pas d'inconvénient ; mais s'il a été levé à la tâche et au ga-
lop, et, en outre, si les autographies ne sont pas la reproduction exacte
du plan-minute, en supposant que celui-ci le soit du terrain, il peut
arriver des mécomptes dans l'application des emprises. Ainsi, suppo-

sons deux ordonnées cotées à l'angle d'un mur et sur son prolongement. Si le mur n'est pas à sa place sur le plan où l'on prend au kutsch
les longueurs y_0 et y_1 (fig. 87) ,celles-ci seront fausses en application
sur le terrain, elles tomberont en avant du mur, sur le mur ou derrière lui et puis, en outre, comment pourra-t-on arrondir en mètres
ou en 50 centimètres les cotes y_0 et y_1 et tomber juste au pied du mur
suivant l'intention du projeteur ?

Ce que nous disons de l'angle du mur peut s'appliquer à tout autre
point singulier bien défini, à un angle de haie, une entrée de clos, un
bord même de chemin; il y a ainsi des cas nombreux où l'on peut placer des points de limite (borne ou piquet) suivant l'esprit du plan, mais
sans abscisses ou ordonnées ou tout au moins sans ordonnées déterminées *à priori*. Si le plan parcellaire est exact et si l'autographie
est soignée, on arrivera à ce résultat, rien qu'en interprétant sur
place le tracé graphique et sans qu'il résulte d'erreur appréciable
dans l'estimation des surfaces à acquérir.

On distingue les emprises, en emprises courantes et en emprises
sur projets. Les emprises courantes sont celles établies dans les parties où le chemin de fer présente une succession de tranchées et remblais avec quelques ouvrages d'art sans déviations ni dérivations et
où il n'y a à considérer comme accessoires du corps du chemin de fer
que des objets de peu d'importance, tels que fossés latéraux, revers
d'eau et autres pour l'étude desquels suffisent les profils en travers de
la ligne.

Les emprises sur projets sont celles établies à l'emplacement des
gares, des passages à niveau, passages par dessus et par dessous, déviations et dérivations de toute sorte, chemins latéraux, dérivations
latérales, etc.....; tous objets nécessitant des études spéciales et des
plans à part.

Observons toutefois que, dans le principe, on peut étudier les dessertes latérales sur les profils en travers, lorsqu'on n'a pas d'autres
données à sa disposition.

En résumé, il s'agit d'établir un plan représentant non seulement
le corps du chemin de fer, mais encore tous ses accessoires, chemins,
passages, etc.....

Ce plan, par lequel on commence l'étude des emprises, se nomme
plan figuratif.

DU PLAN FIGURATIF.

Le plan figuratif se fait sur une autographie du parcellaire, à l'échelle de 0,001 par mètre ; il comporte la largeur de la plate-forme, tant en remblai qu'en déblai, avec indication de l'arête des fossés dans les tranchées, les talus de déblai et de remblai, les ouvrages d'art courants (aqueducs et autres), mis à leur place d'après le piquetage du projet, les passages à niveau avec l'indication de la maison de garde et de la plate-forme qui l'entoure, les déviations avec leurs axes, leurs talus et leurs rayons de courbure, les passages par dessous avec leurs déviations ou leurs dérivations détaillées comme ci-dessus, les plans de gare réduits à l'échelle d'un millimètre, etc..., en un mot, tout ce que donnent les profils en travers ainsi que les projets déjà étudiés. Les hauteurs de déblai et de remblai sont mises en outre à chaque piquet du plan.

Les talus de déblai sont teintés en jaune, avec une teinte d'encre de chine dégradée à partir de la crête du talus.

Les talus de remblai sont teintés en rouge et reçoivent aussi une teinte d'encre de chine dégradée semblablement.

Les eaux sont teintées en bleu, les chemins existants en bistre ou en légère teinte de sépia et les déviations en terre de Sienne. Les chemins particuliers ne sont pas teintés pour être distingués des autres.

Les limites des lieux dits, des cantons, des communes, etc., sont indiquées par les mêmes liserés que sur le parcellaire-minute.

RATTACHEMENT DES EMPRISES A L'AXE.

Avant d'indiquer les emprises, il est bon d'être fixé sur la manière de les rattacher à l'axe. Cela dépend, en effet, du système de piquetage adopté dans l'ensemble et reproduit sur le parcellaire.

Dans les services où l'on n'emploie pas les hectomètres, on rattache les emprises aux piquets, lorsqu'elles ne sont pas à l'emplacement même de ces piquets.

Ainsi, les piquets 3 et 5 peuvent recevoir des ordonnées, de même que les ordonnées (A) et (B) seront rattachées aux piquets 3 et 5 par des abscisses complémentaires 7 et 8,00 placées au-dessous ou au-dessus de l'axe, suivant la position de l'ordonnée par rapport à cet axe (fig. 88).

Dans les services où l'on emploie les hectomètres, on supprime gé-

néralement les piquets intermédiaires et on rattache les abscisses
entre elles et aux hectomètres seulement.

Ainsi, dans l'exemple ci-contre, les abscisses sont portées tantôt

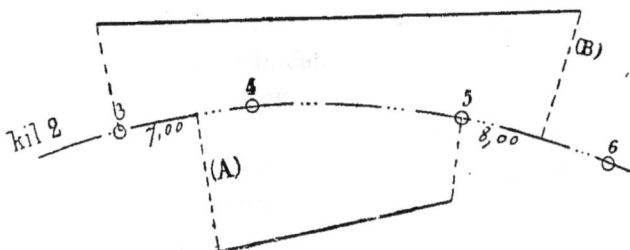

Fig. 88.

au-dessus, tantôt au-dessous de l'axe et rattachées entre elles et à
l'hectomètre 4 ; 7,50, 16,00, 32,00 en dessus 23,50, 32,00, 21,00 en dessous (fig. 89).

L'abscisse partielle 32,00 ne s'écrit qu'en dessus lorsqu'elle est
commune aux deux côtés de l'axe ; les distances complémentaires de
l'hectomètre (ici 44,50 en dessus et 23,50 en dessous), s'inscrivent
toujours. Elles font au besoin (44,50 dans le présent exemple) partie
d'une distance totale (ici 44,50 + 4,00) entre deux ordonnées consécutives (les ordonnées en dessus 8 et 16).

Il arrive souvent qu'une même ordonnée comporte plusieurs points
A, B, C, appartenant au périmètre des emprises ; alors, les distances
de ces points à l'axe se mettent en cotes cumulées, 18,00, 34,00, 50,00
(fig. 90). Il en est de même lorsqu'une ordonnée devient une ligne
d'opération auxiliaire, les pieds des nouvelles ordonnées se repèrent
par des distances cumulées, 22,00, 36,00, 54,00, 68,00 (fig. 91).

En résumé, les distances suivant les normales à l'axe se cumulent
seules, tandis que les distances sur l'axe sont des distances entre les
pieds des ordonnées et ne se cumulent pas.

RÈGLES GÉNÉRALES RELATIVES A LA CONCEPTION DES EMPRISES.

En règle générale, on doit s'appliquer à ne pas laisser d'espaces
inutiles : 1° entre le pied ou la crête des talus du chemin de fer et les
clôtures sèches ; 2° entre la limite des terrains acquis et les chemins
latéraux, ou les déviations et dérivations de toute nature.

Il est cependant des circonstances exceptionnelles qùi fixent la grandeur des francs-bords et qu'il convient d'examiner.

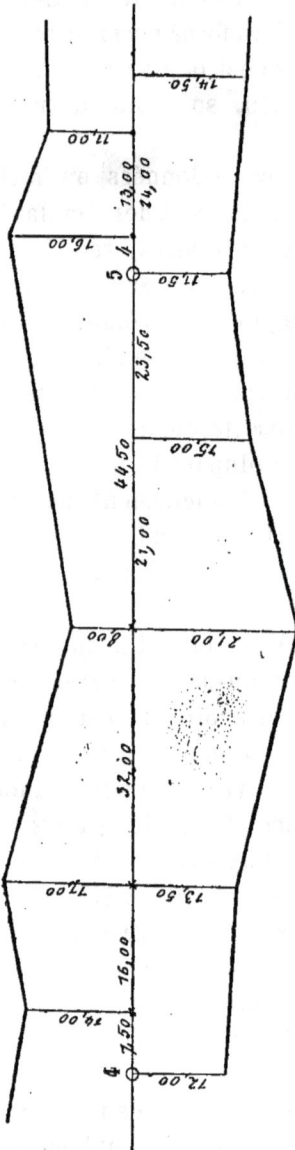

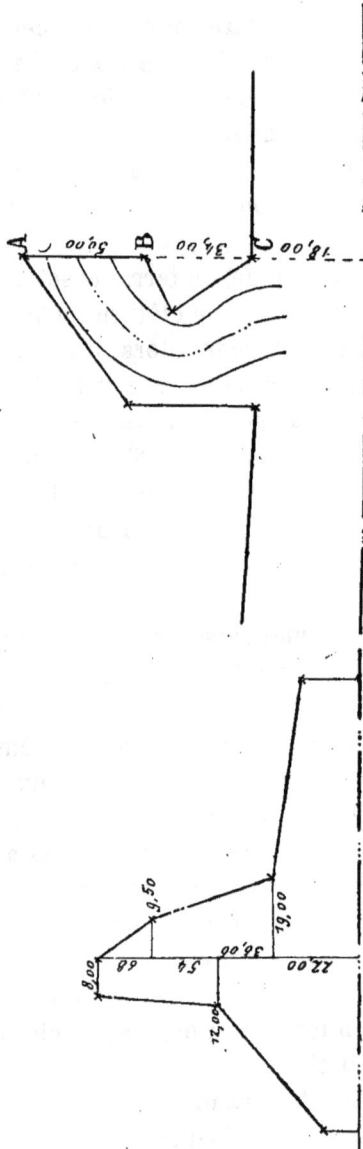

Fig. 89.

Fig. 90.

Fig. 91.

Tout d'abord, en supposant un demi-profil à zéro, ne comportant ni déblai ni remblai, la largeur de la demi-plate-forme, pour une voie,

serait 2m,90, ou 3 mètres, suivant les types. Si l'on réserve 1 mètre pour la clôture vive et 0m,50 pour la circulation nécessaire à l'entretien de la haie, on a déjà 4m,40 à 4m,50 de largeur ; il y a lieu ensuite de ménager 1 mètre pour l'emplacement d'un fossé possible et éventuel. Il convient donc, dans ce cas où l'emprise est la plus restreinte, de ne pas descendre au-dessous de 5m,40 ou 5m,50, soit cette dernière cote en chiffres ronds.

Car il est bon aussi d'arrondir les ordonnées en mètres ou demi-mètres pour la simplification des calculs et des implantations. Le franc-bord (1m,50) suffit dans les cas ordinaires, remblais (d'une hauteur moyenne) en terrains solides et tranchées sans revers d'eau. En supposant qu'une clôture sèche seule puisse être établie, par exemple sur un sol aride, alors il n'y aurait plus qu'à se réserver une circulation contre la clôture et 1 mètre suffirait, et même moins, dans le cas d'un talus peu élevé (*Regains scientifiques*, fascicule n° 7, complément des profils, pages 80 à 88), mais il y a, la plupart du temps, à parer à l'avachissement des talus de déblai, ou à l'épanchement des talus de remblai, à détourner les eaux qui tendent à se rendre dans les tranchées ou sous les remblais, à créer des revers d'eau, des fossés et des drains.

Dans les mauvaises tranchées du côté du versant d'où descendent les eaux, on peut, en prenant 2 mètres et au-dessus, parer jusqu'à un certain point aux chances d'éboulement et avoir la facilité d'ouvrir une petite rigole en décapement (système du réseau Pyrénéen, fascicule n° 7, page 82), qui reçoive les eaux et les verse dans la tranchée par des descentes gazonnées ou en maçonnerie. S'agit-il de forts courants d'eau, alors on réserve des fossés assez importants, comme dans les types de l'Est (page 82), et des francs-bords de 2m,70. Si le terrain est très incliné comme dans les chemins Lozériens (page 83), les fossés et les francs-bords prennent de plus grandes dimensions. Bref, la détermination du franc-bord, dans le cas de fossés et revers d'eau, est une question locale qui est à apprécier par les ingénieurs, sur les propositions du chef de section.

Au pied des grands remblais et principalement dans la traversée des prés imprégnés d'eau, certains ingénieurs réservent l'emplacement d'une banquette de 1 mètre en plus de celle de 1m,50; ce supplément est souvent utilisé pour y installer des drainages latéraux.

Enfin, d'autres ingénieurs recommandent aussi la prévision d'une

largeur égale à 1/10 de la hauteur du remblai pour faciliter les règlements et prévoir les avachissements des terres de mauvaise qualité. Si on a déjà réservé une banquette pour les collecteurs au pied des talus, cette autre considération devient superflue, elle l'est encore si on a mené la confection des talus de manière à ne jamais dépasser le pied réel, chose assez difficile à obtenir en pratique, les chefs de chan-

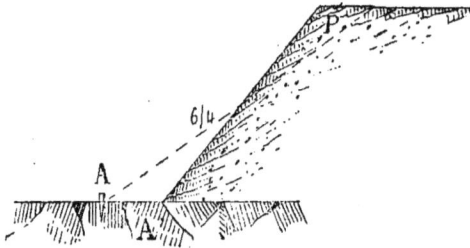

Fig. 92.

tiers, les tâcherons et même beaucoup d'agents ayant la tête dure et la pensée rebelle à la réalité pourtant bien simple du prisme supérieur (P), rabattu pour donner le talus à 6/4 le long d'un talus à pente plus raide, et, par suite, devant nécessairement dépasser le pied du talus réel A, si on a laissé malheureusement trop approcher la décharge (fig. 92). On trouvera dans le fascicule 7 également la question des zones de sûreté et la conclusion finale de toutes ces observations, à savoir : qu'il faut prévoir l'entretien facile des revers d'eau et fossés et prévoir, dans une certaine limite, leur durée qui correspond à la stabilité des pieds de remblais ou à l'éloignement des crêtes de déblai

En dehors de ces considérations, il faut encore rappeler ici celle relative aux parcelles touchées par un point, et dont nous avons déjà parlé lors de la confection des études d'ouvrages d'art.

« C'est surtout dans la traversée des villages (comme le dit la circulaire 161 du service de la Construction dans les chemins de fer P.- L.-M., 23 mai 1878) qu'il importe d'examiner de très près le résultat que l'expropriation pourra produire afin de remplacer, quand cela est possible, un talus par un petit mur de soutènement, afin de ne pas toucher une propriété bâtie, d'éviter aussi ses dépendances nécessaires, chemins d'accès, cours, etc., ou même afin de s'en éloigner un peu plus. »

Lors donc que l'on est fixé sur les dimensions des francs-bords,

après entente préalable avec les ingénieurs, il convient, en pratique et dans l'application de ces francs-bords et des ordonnées correspondantes, de se méfier des convexités des courbes de petit rayon. Ainsi

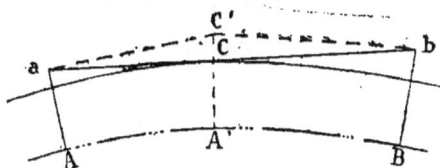

Fig. 93.

il peut arriver que deux profils, servant à déterminer deux ordonnées, soient trop éloignés l'un de l'autre, et dès lors que la ligne passant par les extrémités *a* et *b* de ces ordonnées ne laisse plus vers le milieu *c* le franc-bord suffisant (fig. 93).

Le plan figuratif doit, du reste, guider dans ces circonstances et indiquer s'il convient d'intercaler entre les points A et B un point intermédiaire A' et une nouvelle ordonnée A' *c*' à l'aide de laquelle on rétablira, en face du sommet de la convexité, le franc-bord nécessaire ; quelquefois, sans introduire une ordonnée intermédiaire, on peut arriver au même résultat en forçant la cote de l'une ou l'autre des ordonnées *a* et *b*.

RÉDACTION DES EMPRISES.

Avec les bases ci-dessus, la rédaction des emprises est chose facile; d'abord, en voie courante, on commence par prendre les profils en travers (déblai ou remblai), sur lesquels sont toujours calculées les longueurs telles que *l*, autrement dit les distances des pieds ou crêtes des talus à l'axe (fig. 94).

On ajoute, à ces distances *l*, le franc-bord prévu (*a*) par les circonstances locales et adopté par le service. On arrondit ensuite les distances (*l* + *a*) en mètres ou en cinquante centimètres (en les forçant plutôt qu'en les réduisant, à moins qu'il n'y ait que de 0ᵐ,01 à 0ᵐ,10 de différence), et on les porte sur le plan figuratif à droite et à gauche du tracé ; on joint ensuite les extrémités des ordonnées d'un même côté de l'axe, tantôt en dessous et tantôt en dessus, et on a ainsi une certaine longueur d'emprises.

Comme il convient de ne pas trop multiplier les ordonnées et les sinuosités du périmètre, lorsque plusieurs emprises se suivent avec peu

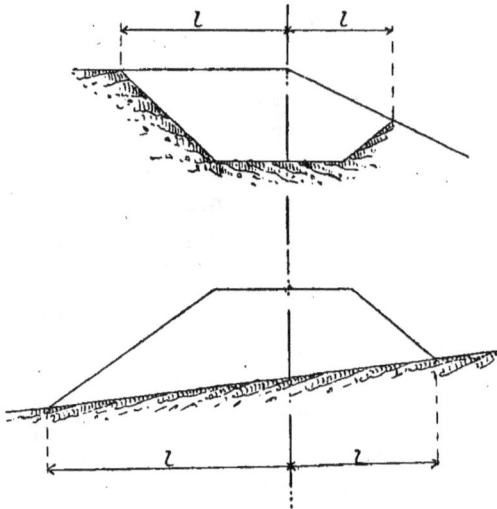

Fig. 94.

de différence, en ligne droite, par exemple, on peut supprimer une ou
plusieurs ordonnées intermédiaires en faisant passer une ligne unique
par les sommets des deux plus grandes (fig. 95). En thèse générale,
quand trois ordonnées donnent à peu près une droite, on supprime
l'ordonnée intermédiaire, surtout si elle est un minimum.

Fig. 95.

Si l'on est en courbe, il faut se méfier de la convexité de la courbe,
surtout du côté du grand développement et ne supprimer d'ordonnée
intermédiaire qu'autant que le franc-bord prévu conserve son inté-
grité.

Lorsqu'on a à établir les emprises des projets, on peut les essayer
à priori sur ces projets même, sur les plans à l'échelle de 0^m,002, et

ensuite les rapporter sur le parcellaire. Là, l'étude se faisant au kutsch il y a avantage à se servir du plan des projets, il en est de même pour les emprises des gares que l'on détermine *à priori* sur les plans spéciaux qui en ont été dressés.

ÉTUDES DES CHEMINS LATÉRAUX ET DÉRIVATIONS.

Si l'on a voulu prévoir, *à priori*, et dans l'étude des traversées, tous les chemins latéraux ou dessertes nécessaires, il a fallu (et c'est le moment de rappeler cette loi primordiale : il importe au plus haut point de ne pas se dessaisir d'une pièce-mère, plan coté ou non, sans en garder à part soi un calque, ne fût-il que levé sommairement et dans ses détails directement utiles), prendre à la hâte, avant de l'envoyer aux ingénieurs, un calque du parcellaire, sur lequel calque on a installé le plan figuratif et procédé à l'examen de communications des parcelles ; c'est une mesure indispensable, car les autographies n'arrivent le plus souvent qu'au moment où l'on est obligé d'étudier les emprises, et non seulement on n'aurait pu prévoir tous les chemins latéraux aboutissant aux passages à niveau et autres, mais encore on n'a plus le temps alors de rechercher sur le terrain des cotes supplémentaires levées entre des profils en travers, qui ne suffisent pas toujours pour l'étude d'un chemin latéral, car entre deux profils peuvent exister des irrégularités du terrain en dehors de la zone des terrassements ordinaires, et que les chemins latéraux atteignent parfois.

Si on a bien disposé ses profils en travers, les différences que peut donner l'absence de cotes intermédiaires se réduisent à peu de chose. En résumé si, par oubli de ce nivellement complémentaire, on est obligé d'établir, au moment du calcul des emprises, la plupart des chemins latéraux que l'on n'a fait qu'amorcer dans les projets de déviations, on les étudie à l'aide des profils en travers, en supposant le terrain allant régulièrement d'un profil à l'autre ; on fait avec ces profils une sorte de plan coté, incomplet il est vrai, à grande échelle ($0^m,002$) ou plus si l'on veut, sur lequel on place son chemin avec ses tournants, et dont on reporte la coupe en travers sur les profils ; on étudie ainsi, chemin faisant, ces dessertes que l'on modifiera un peu plus tard, en refouillant d'avantage la question et en la traitant surtout au point de vue d'utiliser le terrain acquis jusqu'à sa limite, et

de laisser au contraire le plus de terrain possible en dedans de la clôture du chemin de fer.

Les dérivations latérales de ruisseaux ou rivières s'établiront également à l'aide des profils en travers, si l'on n'a pas de plans cotés spéciaux, et une fois toutes ces emprises calculées et arrondies, on les portera sur le plan en les réduisant à leur minimum, sous la double observation du terrain nécessaire dans les parties droites et de l'effet de la convexité dans les parties courbes, deux questions à ne jamais perdre de vue.

TOURNÉE SPÉCIALE POUR ÉTUDE DES EMPRISES.

Lorsque les conducteurs se mettront à la rédaction des emprises, le chef de section fera une tournée spéciale sur le terrain, avec une autographie parcellaire à la main et mieux un plan figuratif, dressé rapidement pour son usage, s'il a la chance d'obtenir plus d'un exemplaire autographié pour l'étude des emprises. Ayant ainsi sous les yeux ses tranchées et remblais figurés à leur place, il pourra examiner si les tranchées sont, par la configuration du sol ou par suite d'irrigations artificielles, exposées à recevoir beaucoup d'eau à la partie supérieure et si les remblais sont assis sur des fonds solides. Il se fera accompagner de manœuvres et de barres à mine pour essayer le terrain. Dans les prés humides et vaseux, s'il rencontre ce que l'on appelle des mouilles, il en relèvera la profondeur et le périmètre rattaché à l'axe et déterminera sur place les assainissements par drains, en épi, en V, ou latéraux, etc... Dans les bois on trouve également des fondrières qui nécessitent des assainissements. Il déterminera aussi, outre les drainages, les fossés latéraux, les revers d'eau, les zones de sûreté, enfin tous les accidents des emprises, même parfois des ouvrages d'art passés inaperçus et reconnus nécessaires un peu plus tard, également la suppression de certains autres et leur remplacement par des fossés prolongés et, après cet examen minutieux, il remettra au conducteur son parcellaire chargé des indications notées par lui, pour appliquer les emprises en tenant compte de tous les travaux supplémentaires ainsi étudiés.

Les emprises sont ensuite arrêtées par les ingénieurs, qui taillent, rognent, retranchent ou ajoutent suivant leur manière de voir ; néanmoins, pour que ces corrections, faites à distance du terrain et des

circonstances locales, n'atteignent pas des proportions graves en pratique, il convient d'appuyer l'envoi du parcellaire d'une notice parfaitement détaillée, avec croquis au besoin, expliquant mot à mot et point par point, le pourquoi de chaque limite déterminée en dedans ou en dehors des règles ordinaires et du courant des choses prévues, en appuyant sur la nature du sol, sur le volume des eaux, en un mot, sur tous les motifs accumulés et approfondis qui ont pu amener le projeteur à telle ou telle détermination. Il ne faut craindre ni les redites, ni les répétitions, ni l'insistance sur les mêmes causes, ne rien négliger en un mot pour faire rayonner la lumière à flots jusqu'au fond du cerveau des examinateurs et pour avoir le droit d'envisager tranquillement l'avenir, sous la pensée calme et heureuse du devoir accompli.

ÉTATS INDICATIFS.

Lorsque les emprises reviennent approuvées, il faut dresser les états indicatifs.

Ces états se composent de tableaux en plusieurs colonnes renfermant les éléments ci-après :

1º Numéros du plan parcellaire.

2º Indications cadastrales. — Section.

3º   id.   Numéros du plan.

4º Noms, prénoms et domiciles des propriétaires, inscrits à la matrice des rôles.

5º Noms, prénoms et domicile des propriétaires actuels ou présumés tels.

6º Lieux dits.

7º Nature des propriétés.

8º Contenances des emprises (cette colonne se subdivise en trois autres pour les hectares, ares et centiares).

9º Observations.

10º Folios de la matrice cadastrale.

Les numéros du parcellaire vont dans l'ordre naturel des nombres 1, 2, 3, 4, etc., le numéro 1 s'appliquant à la première parcelle rencontrée, au début de la commune considérée, par l'axe du chemin de fer. Les numéros du parcellaire sont des numéros d'ordre ayant pour

but de distinguer les ¡propriétaires, les affaires diverses d'expropriation et aussi les affaires diverses d'une même expropriation.

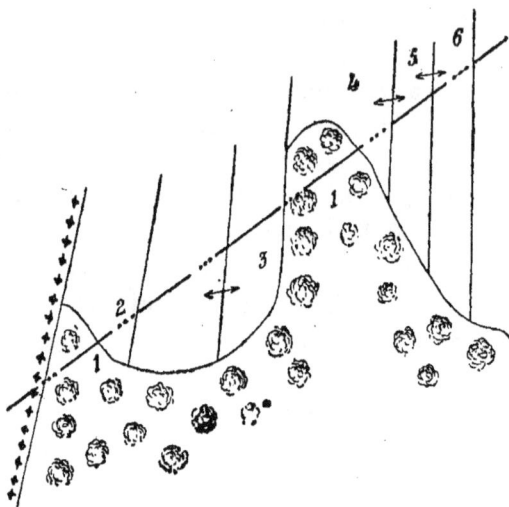

Fig. 96.

Lorsqu'une même parcelle dont l'état de culture ne change point
pas plus que l'importance vénale, par exemple un bois de même valeur, est rencontrée deux ou trois fois de suite par le tracé, cette parcelle conserve le même numéro dans les deux ou trois rencontres.
(Exemple : la parcelle 1, fig. 96.)

Lorsque deux ou plusieurs parcelles consécutives, appartenant au
même propriétaire, n'ont pas besoin d'être distinguées au point de vue
de l'état de culture, on leur donne un même et unique numéro. (Exemple : la parcelle 3.)

Lorsque deux ou plusieurs parcelles consécutives (prés, bois, vigne,
terre, etc...) appartenant à un même propriétaire ont besoin d'être
distinguées à cause de leur état de culture différent, on donne à chaque parcelle un numéro différent.

Le nombre des numéros ne concorde donc pas généralement avec le
nombre des parcelles rencontrées.

Les règles ci-dessus ne sont pas toujours suivies ; ainsi quelques-
unes donneraient à la 2ᵉ rencontre de la traversée de la parcelle 1 par
le chemin de fer, le n° 2. Çomme il n'y a rien d'absolu dans cette ma-

tière, c'est la loi du bon sens, visant à la simplification des choses tout en conservant leur clarté, qui doit présider à la question.

Les indications cadastrales (sections, numéros du plan, noms, prénoms et domiciles des propriétaires inscrits, lieux dits et folios) doivent être copiées mot à mot, servilement, sur la matrice, avec les fautes d'orthographe au besoin, suivant certains ingénieurs ; elles doivent être, d'une façon absolue, la reproduction de cette matrice.

La nature des propriétés est, au contraire, relevée dans l'état actuel des choses et suivant les indications du parcellaire.

Les noms, prénoms et domiciles des propriétaires actuels ou présumés tels, sont pris sur le terrain, par des informations, auprès de personnes compétentes. Les instituteurs, qui jadis s'occupaient plus d'arpentages que de classes, possédaient assez bien ces données ; les gardes-champêtres qui, par profession, devraient être les personnes des communes les mieux renseignées, les connaissent beaucoup moins, ayant été occupés autrefois à des questions de surveillance politique, à des agitations électorales, ou passant leur temps à faire les commissions des mairies. Malgré cela, dans certaines contrées, on les trouve encore aptes à fournir ces renseignements et il faut espérer que l'avenir les fortifiera dans cette voie ; à défaut, les gens les plus éveillés des hameaux ou villages peuvent être de grande utilité. Déjà les inscrits à la matrice cadastrale forment une liste à laquelle il n'y a que quelques changements à appporter. On commence donc par vérifier cette liste, rayer les parties non douteuses et, pour les parties douteuses, interroger les voisins qui les enclavent ; en procédant ainsi par élimination, on arrive à dresser la liste des actuels.

On observera que la contenance des emprises, vis-à-vis d'un seul propriétaire et sous un seul numéro parcellaire, peut atteindre plusieurs numéros cadastraux. On doit donc décomposer cette contenance en plusieurs surfaces afférentes aux numéros cadastraux envisagés.

Exemple : Au numéro 50 du parcellaire (commune de Saulieu), section F du cadastre, on trouve les numéros cadastraux 83, 84 (fig. 97), Pimet (Jean) et Fichot (Charles), jardiniers à Saulieu (folio 123) ; 86 et 87, Bolâtre (Saturnin), au Bras-de-Fer (folio 1,296) ; 85, 88 et 121, Brenot (Gustave), Greffier à Avallon (folio 1,298). Pourquoi ces noms et ces numéros divers ? alors qu'aujourd'hui un seul propriétaire (Brenot) est possesseur de la parcelle 50. Cela provient de ce qu'il y a eu con-

fusion de numéros à la suite de différents actes de vente et d'échange entre Brenot et Pimet d'une part, entre Brenot et Bolâtre de l'autre. Or, on prend, dans la parcelle 50, une surface totale de 30a,58c ; on la subdivisera en 3 parties : la première (2a,86), correspondant aux numéros 83 et 84, parcelles attribuées à Pimet ; la deuxième (13a,92),

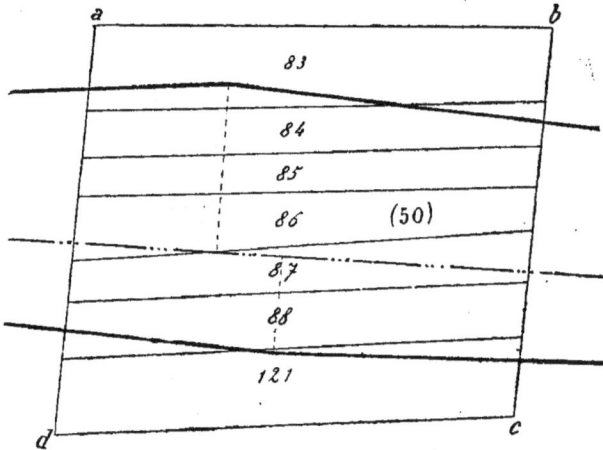

Fig. 97.

correspondant aux numéros 86 et 87, parcelles attribuées à Bolâtre ; la troisième (13a,80), correspondant aux numéros 85, 88 et 121, parcelles attribuées à Brenot ; et pour cela on rétablit sur le parcellaire et au crayon les divisions anciennes du cadastre et on décompose la surface numéro 50, d'après ces divisions.

Voici du reste deux principes dont l'application se rencontre assez fréquemment dans ce genre de travail :

1° Lorsqu'une parcelle a, b, c, d (fig. 98) formée de numéros divers 300 — 303 — 307 — 311 (ou plus ou moins), qui, lors de la confection du cadastre, appartenaient à quatre propriétaires différents, est coupée par le chemin de fer, il peut se faire que l'on ne touche qu'à une seule des quatre parcelles ou à deux, ou encore qu'on en laisse une entièrement intacte.

On rétablira donc les divisions du cadastre au crayon sur la parcelle et l'on ne fera figurer à l'état indicatif que la ou les parcelles touchées.

2° Lorsqu'une parcelle a été subdivisée depuis l'époque du cadastre,

14

fait que l'on indique en affectant le numéro du cadastre de l'exposant
p (ainsi 312^P, fig. 99) et en donnant ce numéro ainsi affecté à toutes
les subdivisions, si l'emprise touche trois de ces parcelles, elles formeront au plan et à l'état indicatif trois numéros parcellaires, au
droit de chacun desquels on ne devra porter dans la colonne des inscrits à la matrice des rôles que le nom d'un seul propriétaire (à moins

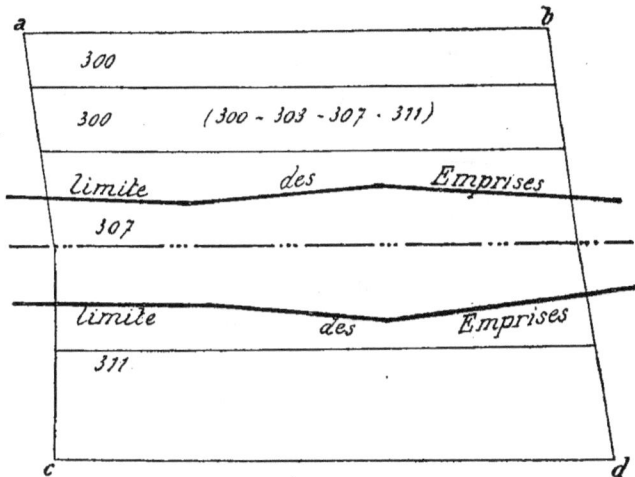

Fig. 98.

que les parcelles 312$_P$ considérées ne soient indivises entre plusieurs).
Ainsi, dans l'exemple choisi, il y a trois parcelles 312$_P$ rencontrées
dans les emprises, il y aura donc trois numéros parcellaires et trois
propriétaires différents inscrits à ia matrice des rôles, chacun en
face de son numéro parcellaire correspondant, ce seront les trois
propriétaires véritablement touchés.

En résumé, on ne doit porter sur l'état indicatif que les numéros
cadastraux des parcelles réellement atteintes et non pas tous les numéros compris dans une propriété que l'on rencontre et, si une parcelle cadastrale a été subdivisée, on ne doit faire figurer que les parties atteintes et leurs propriétaires inscrits.

Ces vérifications se font dans les parcelles à plusieurs numéros et
dans les parcelles à numéros à exposants, en appliquant le cadastre sur
le parcellaire, au crayon, et en barrant sur le parcellaire tous les numéros qui ne sont pas touchés par les emprises.

On vérifiera sur les matrices cadastrales l'existence des exposants *p*, afin de les reproduire exactement dans les états indicatifs.

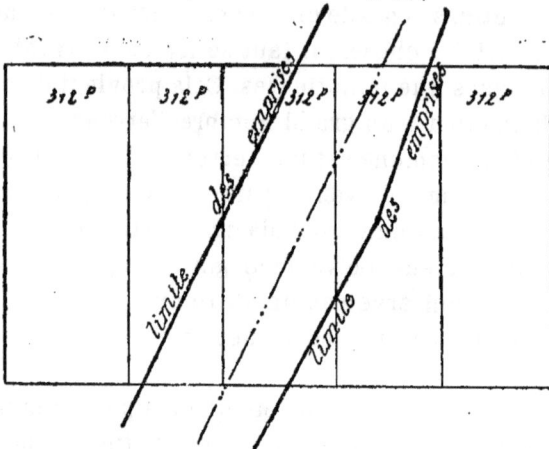

Fig. 99.

Les numéros cadastraux, avec ou sans exposants, doivent être conformes à ceux des matrices ; il faut aussi y mettre l'orthographe des noms, des résidences, l'ordre des prénoms, les lettres et désignations des sections. Si la matrice porte par erreur des numéros d'une section dans une autre, dans ce cas on inscrit sur les états indicatifs la section à laquelle le numéro appartient et on note ce fait dans la colonne des observations.

Lorsque entre un inscrit et un propriétaire présumé tel, il n'y a qu'une différence dans les noms et prénoms, quelquefois une désignation d'état, ainsi lorsqu'on trouve dans la colonne des inscrits : Bureau (Jacques-Albéric), sabotier, à Précy, et dans la colonne des actuels : Bureau (Albéric), à Précy, il faut s'assurer si c'est bien le même Bureau, ou si c'est son fils, petit-fils, neveu ou parent d'un autre degré.

Enfin la colonne des observations devrait recevoir trois colonnes supplémentaires, l'une portant le total de la contenance à attribuer à un propriétaire, contenance divisée, comme nous l'avons vu, en plusieurs parties correspondant aux anciennes parcelles touchées par l'emprise et ne formant aujourd'hui qu'une même propriété. Les deux autres

recevraient les surfaces des excédants, quand il y en a, avec la distinction : excédant à droite, excédant à gauche.

D'après ce qui précède, on voit que le cadastre et ses annexes ne sont pas précisément des types de clarté et d'exactitude et que, pour débrouiller l'état actuel des choses, il faut se livrer souvent à des recherches aussi longues que minutieuses. Cela provient de ce que les mutations ont donné lieu à un grand nombre d'erreurs.

1° La cause la plus commune est une erreur d'attribution, c'est-à-dire qu'à la suite d'un acte de vente partielle, on a porté au folio du propriétaire acquéreur un numéro cadastral, au lieu d'un autre, ce qui constitue une double erreur. Le vendeur garde un numéro qu'il ne devrait plus avoir et ne conserve pas un autre numéro qu'il devrait garder. L'acquéreur a, par contre, les mêmes erreurs en sens inverse à son folio.

2° En cas de partage, il arrive souvent qu'on a porté à la matrice, au nom de chacun des co-partageants, la moitié, le tiers ou le quart d'une ou plusieurs parcelles, tandis que telle parcelle toute entière devrait être attribuée à un seul et telle autre parcelle aussi à un seul.

3° En cas de vente totale faite à plusieurs particuliers, les erreurs d'attribution sont également assez ordinaires et suivent la même marche ; après quoi, si ces parcelles viennent à subir une ou plusieurs ventes successives, la question ne fait que s'embrouiller.

4° Enfin, il faut considérer qu'il y a parfois omission de mutations et encore souvent manque de déclarations.

En résumé, les matrices cadastrales ont 60 ans et plus de date ; beaucoup de personnes y ont travaillé, instituteurs, percepteurs et contrôleurs. Dès lors le débrouillement d'une question, qui a pour but d'expliquer les indications de la matrice vis-à-vis du propriétaire actuel, demande encore un examen long, détaillé, et souvent des démarches spéciales près les anciens possédants ou témoins de la possession s'ils existent. Il faut suivre toute une filière pour trouver le point où l'erreur a pu se commettre.

Ces recherches microscopiques n'existent pas toujours, heureusement, dans tous les services et nous avons donné ici l'aperçu du maximum du genre. Le jugement d'expropriation ne vise en effet que les parcelles réellement touchées, avec leur numéro cadastral, et, comme complément de leur définition, les noms des derniers inscrits au rôle, ainsi que le veut l'article 5 de la loi du 3 mai 1841.

« Art. 5. Le plan desdites propriétés parcellaires, indicatif des noms de chaque propriétaire, tels qu'ils sont inscrits sur la matrice des rôles, reste déposé, etc. »

Quant aux propriétaires réels, on les retrouve assez, lorsqu'il le faut, munis de tous leurs droits, aptes à les faire valoir, et à expliquer comment et de qui ils tiennent la propriété.

Les états indicatifs aussitôt remplis sont envoyés aux ingénieurs qui vérifient leur conformité avec la matrice et demandent, s'ils le jugent utile, les relations qui relient les derniers inscrits avec les propriétaires actuels ou se donnant comme tels.

Il n'en résulte pas moins, dans l'état actuel des choses, que le cadastre aurait besoin d'une réfection complète, tellement il a changé de forme depuis le développement des chemins de fer, chemins vicinaux, etc., et qu'en même temps, il y aurait lieu de chercher des combinaisons nouvelles plus en rapport avec les besoins modernes, le morcellement des propriétés et leur changement fréquent de possesseurs.

C'est ainsi que les lignes d'opérations du cadastre, dont le premier établissement coûte beaucoup, devraient être fixées sur le terrain par des signaux à demeure, qui, en les maintenant d'une façon permanente, permettraient la modification facile des plans cadastraux. En outre, des plans-minutes et inaliénables seraient déposés dans les chefs-lieux d'arrondissement, et il y aurait lieu d'appliquer l'autographie aux reproductions qui se trouveraient dans les communes et au besoin dans les mains des particuliers.

Les modifications de limites pourraient être indiquées sur les autographies communales, lors des mutations ; ces autographies seraient refaites en outre à périodes fixes, en même temps que les états de sections ; les matrices seraient aussi refaites et débrouillées aux mêmes périodes, tous les vingt ans par exemple : il y aurait également quelque chose à imaginer pour le numérotage des parcelles réunies en une seule ou subdivisées.

Ainsi, lorsqu'une parcelle 3 est divisée en plusieurs parties, on indique chacune d'elles par 3p et l'inscrit reçoit, en face de son nom, le numéro 3p, sans que l'on sache autrement que par la contenance quelle est celle des parties 3p qui lui revient ; on pourrait, au lieu de cela, distinguer ces parties par des indices 3_1, 3_2, 3_3. Si une parcelle

3_1 venait à se subdiviser encore, on mettrait un nouvel indice 3^1_1, 3^1_2, 3^1_3.

Les indices successifs feraient ainsi remonter à l'origine des par-celles. Tous les vingt ans ou plus, cette nomenclature disparaîtrait pour être remplacée par le remaniement général des numéros corres-pondant aux limites d'alors reproduites par une nouvelle autographie relevée à l'aide du plan-minute et mise conforme aux délimitations annoncées par la série des mutations et consignées sur l'autographie communale qui resterait aux archives de l'arrondissement, remplacée qu'elle serait par cette nouvelle autographie.

C'est donc une question à étudier et qui sort du présent cadre, mais qu'une loi de révision mettrait vite à l'ordre du jour et imposerait à la sollicitude de tous.

VÉRIFICATION DU CALCUL DES SURFACES.

Les surfaces sont dressées pour l'état indicatif et par numéro par-cellaire, tout en étant quelquefois décomposées comme nous l'avons vu déjà. Ces surfaces se calculent par division en triangles, trapèzes, etc. Le moins de figures possible est le meilleur, par la raison que, pour beaucoup de cas, les dimensions sont prises au kutsch ; quelquefois, on pourrait arriver à des calculs mathématiques, comme dans l'exem-ple ci-contre (fig. 100) choisi en courbe, c'est-à-dire avec le maximum de complications ; nous voulons parler de l'évaluation des trapèzes à périmètre en partie curviligne $abcd$ et $cdef$.

En admettant qu'ils soient dans une même parcelle, connaissant la distance dc, on aurait l'angle α et par suite la surface du triangle abo dont on connaîtrait deux côtés $R + y_0$, $R + y_1$ et l'angle compris α. En retranchant le secteur doc on aurait le trapèze curviligne $abcd$.

De même, on ferait la surface du triangle eof dont on connaît deux côtés $R - y_2$ et $R - y_3$ et l'angle α et, en retranchant cette surface du secteur doc, on aurait le trapèze curviligne $cdef$, mais ceci est plutôt de la théorie que de la pratique, car souvent l'ensemble de la surface $abfe$ est traversé par une ou plusieurs limites et alors les considéra-tions ci-dessus ne deviennent plus que de la pure géométrie ; on pren-dra donc des mesures au kutsch autant, mais pas plus qu'il n'en fau-dra. Pour vérifier la somme des surfaces partielles, on fait ce que

l'on appelle les surfaces par masses, on élimine alors les limites pour prendre les plus grandes figures possibles que puissent offrir les em-

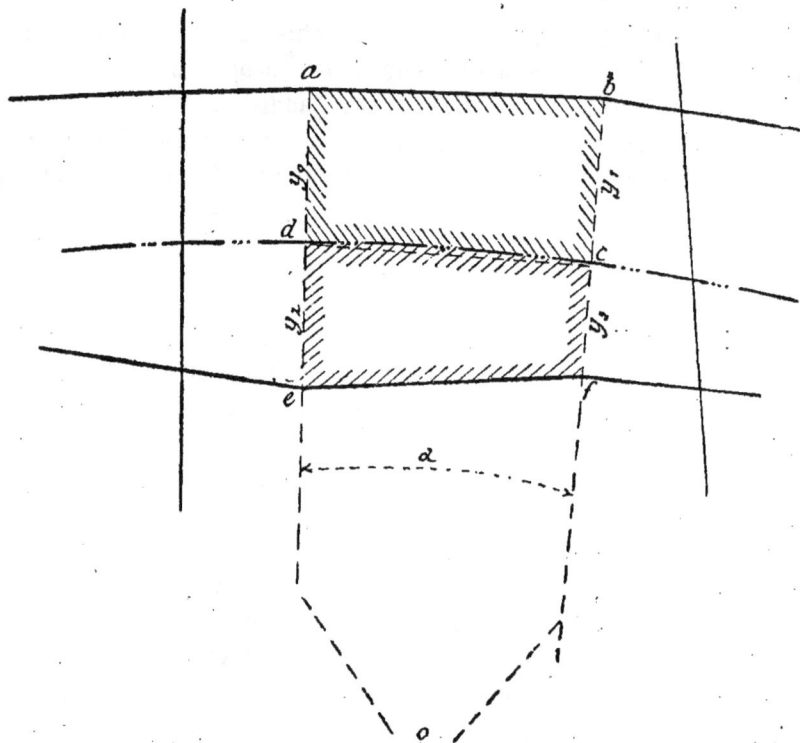

Fig. 100.

prises et on compare le total de ces masses à la somme des surfaces par numéros parcellaires.

Il y a une tolérance admise dans cette vérification : le coefficient est $\frac{4}{1,000}$ par kilomètre de voie ferrée; soit l la longueur d'une commune, soient Σ la somme des surfaces partielles et s la somme des surfaces par masses, la différence $\delta = \frac{(\Sigma - s)}{l}$ est celle qui existe par kilomètre, quel que soit son signe, et l'on doit avoir d'une façon absolue

$$\frac{\delta}{\frac{\Sigma}{l}} = \text{ou} < 0,004$$

et :

$$\delta = \text{ou} < 0,004 \frac{\Sigma}{l}$$

Aux états indicatifs, on joint encore une liste alphabétique des propriétaires désignés à l'état parcellaire avec indications des parcelles appartenant à chacun d'eux.

Cette liste sert à mettre sur les autographies définitives, dans certains services, les noms et résidences des propriétaires à côté des numéros cadastraux des parcelles, et cette addition est souvent d'une grande utilité en dispensant de recourir aux états indicatifs pour la recherche des particuliers auxquels on peut avoir à faire dans la suite.

NOTICES DU PARCELLAIRE.

Les notices explicatives se font par commune : elles ont pour but d'indiquer les dispositions projetées à la rencontre des routes, chemins et cours d'eau, sur le territoire de la commune considérée.

On commence par une description sommaire du tracé, indiquant la longueur du parcours sur la commune, le point d'entrée, les principaux lieux dits rencontrés sur son passage, ainsi que les routes, chemins vicinaux, etc. ; on note les stations prévues, leur mode d'alimentation et de desserte, enfin le point de sortie du tracé.

On achève par une énumération des traversées des routes, chemins et cours d'eau et par l'exposé des assainissements divers, le tout suivant l'ordre du plan ; ainsi on commence par :

1° Assainissement au lieu dit : Mouille-Guillemette, aqueduc de 0m,70 d'ouverture ;

2° Chemin d'exploitation rencontré en face le moulin de Mongin-le-Beau, ramené au passage à niveau suivant, etc.

On indique aussi le but des dessertes latérales, le point où elles commencent et le passage auquel elles sont rattachées.

Ces notices servent, pendant les enquêtes, à éclairer le public sur les dispositions prises à l'égard des passages, servitudes et autres questions intéressant les propriétaires expropriés ou attenant à l'expropriation.

TABLEAUX DES AQUEDUCS PROJETÉS.

A ces notices, on joint les tableaux explicatifs des aqueducs à établir sur la traversée de la commune.

Ces tableaux se composent de plusieurs colonnes comportant :

1º L'emplacement de l'ouvrage ; on donne son piquetage tel qu'au projet ;

2º La nature de l'ouvrage ; on indique son ouverture tout simplement ;

3º Le caractère de l'ouvrage ; on répond par les mots : intérêt général ou intérêt privé ;

4º Les observations ; celles-ci ont pour but d'expliquer pourquoi l'aqueduc est d'intérêt général. Un aqueduc est d'intérêt général, quand il assainit un bas-fond, un pli de terrain, lorsqu'il écoule un ruisseau ou une vallée. Il est d'intérêt particulier, s'il est motivé par une irrigation ne regardant le plus souvent qu'un seul propriétaire.

Les aqueducs présentant le caractère d'intérêt privé sont placés à la file dans le même tableau, mais à la suite des aqueducs d'intérêt général.

Ceux-là doivent figurer aux enquêtes, et on retranche du dossier tous les petits ouvrages pour irrigation n'ayant qu'une utilité particulière et pouvant être rachetés à l'amiable aux propriétaires intéressés.

Ces aqueducs, ne figurant pas au parcellaire, ne peuvent donc constituer titre et, une fois rachetés, ne peuvent pas dans la suite devenir, de la part des successeurs ou nouveaux propriétaires, des objets de réclamation.

TABLEAUX DES LIEUX DITS D'APRÈS LES ÉTATS DE SECTION.

Ces tableaux constituent encore une autre pièce que l'on envoie aux ingénieurs pour reviser et mettre d'accord le parcellaire et les états indicatifs.

Sur le parcellaire les lieux dits sont pris sur le cadastre ; sur les états indicatifs ils sont pris sur la matrice cadastrale. Enfin, il existe une troisième source, l'état de section qui est le relevé des données du cadastre à l'époque de son établissement et, en somme, c'est à cet état que l'on s'en rapporte. Pourquoi ? c'est ce que l'on ne saurait trop apprécier. Car, en somme, la première pièce créée par le cadastre a été le plan. C'est donc la pièce-mère sur laquelle les autres ont été établies ; ce devrait être la base de la question. Les géomètres ont recueilli sur place ces indications et les ont portées séance tenante sur leur plan. Si plus tard on les a altérées en les copiant et en les trans-

crivant, il semble que le cadastre devrait faire foi en première main.

On remarque d'ailleurs que, dans le public, les grands écarts de l'état de section ne fournissent pas les dénominations usuelles et on retrouve dans le langage plutôt les noms portés au cadastre et à la matrice : cela se comprend, parce que chaque génération consulte plutôt le cadastre et la matrice que l'état de section et se familiarise avec les termes inscrits au plan.

Quoiqu'il en soit, on fournit aux ingénieurs, par commune, des tableaux ainsi conçus :

1re colonne. Désignation des sections.

2e colonne. Désignation des lieux dits d'après l'état de section. Chaque lieu dit est accompagné des numéros cadastraux qu'il renferme, sinon en détail, du moins des numéros extrêmes ; ainsi l'on mettra les Mouilles (257-261), le village de La Roche (76 à 169), etc.

3e colonne. Désignation des lieux dits d'après le plan cadastral ; chaque lieu dit est accompagné de ces numéros extrêmes dont le chiffre ne correspond pas toujours aux précédents ; ainsi on aura le village de la Roche (75 à 168), il y a ainsi chevauchement des numéros d'un lieu dit sur l'autre.

DOSSIER DES ENQUÊTES.

Le parcellaire, avec ses emprises, l'état indicatif vérifié comme noms, etc., la liste des propriétaires actuels, la notice explicative, le tableau des aqueducs et le tableau des lieux dits, tel est l'ensemble des pièces que la section envoie à l'ingénieur pour former son dossier d'enquête et là s'arrête son rôle, jusqu'à ce que vienne l'examen des réclamations que cette enquête pourra amener.

APPLICATION DES EMPRISES SUR LE TERRAIN.

En attendant les enquêtes et une fois les emprises arrêtées par les ingénieurs, il est bon de reporter ces emprises sur le sol, afin que les propriétaires puissent se rendre compte de la surface qui leur est expropriée et en même temps entrer en voie d'accommodements et de cession à l'amiable. En outre, les acheteurs de terrain voient mieux eux-mêmes l'état des parcelles, leurs dépréciations, etc., et peuvent

dresser leurs tableaux estimatifs plus facilement qu'avec le plan seul.

Deux systèmes sont en présence pour le mode de représentation des emprises.

Le premier consiste à mettre des bornes à tous les sommets du périmètre de ces emprises.

Le deuxième consiste à y placer simplement des piquets et à tracer d'un piquet à l'autre une rigole bien visible, qui dispense de mener à l'œil ou autrement les alignements que l'on est obligé de se figurer mentalement avec l'emploi des bornes.

Le rigolage est ainsi un véritable dessin exécuté en grandeur naturelle et sur le terrain.

Il est plus indicatif que le bornage.

D'autre part, le bornage n'étant pas d'une nécessité immédiate pour les Compagnies, sauf le cas où il doit être fait à frais communs avec les propriétaires limitrophes qui pourraient l'exiger, il n'y a pas lieu de le préétablir avant la mise en demeure de l'Etat, d'après l'article 29 du cahier des charges, d'autant plus que la clôture sèche, étant plantée, tant que faire se peut, suivant le périmètre, délimite suffisamment le terrain du chemin de fer en beaucoup d'endroits et que, d'ailleurs, le plan parcellaire est là pour garantir ce terrain aussi bien que celui qui est remis préalablement à l'Etat où aux communes, sous forme de chemins de toute catégorie. A vrai dire, il y a des pays où le rigolage serait impossible à travers les clapiers, rochers, terrains dénudés et où il faut souvent établir des bornes et même des bornes ne tenant qu'à l'aide de maçonneries.

Ensuite le prix de revient comparatif entre le bornage et le rigolage dépend d'éléments assez variables ; cependant, en bons terrains, un rigolage, même bien entretenu, coûte généralement beaucoup moins cher qu'un bornage, à moins que la pierre pour bornes ne se trouve sur place, ne soit d'une taille facile, etc.

En somme, le choix entre l'un et l'autre des deux systèmes doit être soumis à une appréciation locale et arrêté après examen par les ingénieurs.

BORNES D'EMPRISES.

Ces bornes sont faites en granits, grès ou calcaires non gélifs.

Leurs dimensions sont habituellement celles consignées au croquis d'autre part (fig. 101); la tête est taillée sur 0,20/0,20 de section et 0,20 de hauteur; elles ont l'avantage de pouvoir servir de repères de nivellement, lorsqu'elles sont maçonnées à cet effet. (*Regains scientifiques*, fascicule n° 3.)

Sur certaines lignes, elles reçoivent des numéros d'ordre gravés sur la pierre (Ligne de Roanne à Lyon, par Tarare).

Dans les expropriations, lorsqu'un jury est appelé à fonctionner et que les récoltes peuvent empêcher de voir d'une borne à l'autre, on place provisoirement des échalas à toutes les bornes et ainsi on reproduit nettement le périmètre des emprises.

RIGOLAGE.

L'établissement des piquets de rigolage se fait, comme se ferait l'implantation des bornes, à l'équerre et au ruban décamétrique. Les

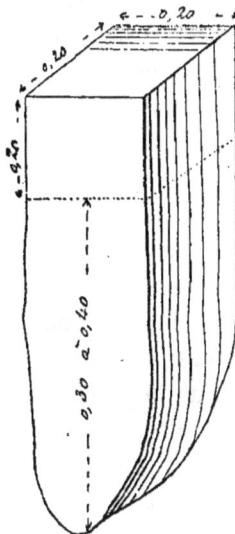

Fig. 101.

perpendiculaires sont élevées avec grand soin, surtout lorsqu'il s'agit d'ordonnées, qui servent à leur tour de bases d'opérations pour en mener d'autres; on emploie alors, dans les courbes, la méthode du

tracé par l'ordonnée (*Annales des travaux publics; n° 10*). Les piquets de rigolage sont des rondins de 0ᵐ,50 à 0ᵐ,60 de longueur et de 0ᵐ,05 à 0ᵐ,07 de diamètre ; on les enfonce presque entièrement dans le sol, qu'ils ne dépassent que de 0ᵐ,06 à 0ᵐ,07, afin d'avoir la hauteur nécessaire pour tendre le cordeau, de manière qu'ils touchent le périmètre de l'emprise, tout en restant à l'intérieur de cette emprise. On fait ensuite, pour le tracé des rigoles, passer le cordeau sur la face du piquet extérieur à l'emprise, et la ligne, ainsi tendue, d'un piquet à l'autre, sert de délimitation.

Voici, du reste, les principales conditions de l'exécution des rigoles tirées d'un marché relatif à ce genre de travail :

« Les rigoles, dont l'ouverture sera comprise dans la surface à acquérir, auront 0ᵐ,20 de largeur et autant de profondeur (on observera que les pelles ordinaires ayant 0ᵐ,28 de largeur, les ouvriers préfèrent, en général, les faire à cette largeur plutôt que de se procurer des pelles spéciales).

« Les parois seront dressées à la bêche dans les terres, prés, pâtures, et, en général, dans tout terrain dépourvu de souches et racines ou pierrailles et permettant ce dressage.

« Dans les bois, genêts, ronceraies et terrains pierreux, les rigoles seront faites à la pioche, avec les dimensions indiquées précédemment, sans qu'il soit nécessaire, soit d'enlever les souches d'arbres ou taillis (les autres élagages étant faits à part), soit d'enlever les pierres de fortes dimensions qui barreraient la rigole.

« Les élagages consistent en tranchées de 1 mètre environ, dont la face externe occupe la limite d'acquisition ; lorsqu'un arbre d'une certaine grosseur est traversé par cette limite, on le laisse debout provisoirement.

« Dans les terrains suffisamment rocheux pour que la pioche ne puisse être employée, il sera passé outre à la confection des rigoles.

« Les rigoles seront tirées au cordeau afin de suivre exactement sur la face externe, et d'un sommet à un autre, les lignes droites entre les piquets plantés par les soins des agents de la Compagnie.

« Les déblais provenant des rigoles seront rejetés du côté de l'axe du chemin de fer.

« Les rigoles s'exécuteront au mètre courant mesuré après confection ; ces travaux seront payés aux prix ci-après :

Prix n° 1. Déblai de toute nature, y compris la fouille, la mise en

dépôt du déblai du côté de l'axe du chemin de fer, le dressement des parois à la bêche dans les terres, prés, pâtures et autres variétés de terrain où ce dressage est applicable, le mètre courant... (le prix minimum, en 1879, a été 0,020 sur la ligne d'Avallon à Dracy-St-Loup).

Prix n° 2. Déblai de toute nature, y compris la fouille et la mise en dépôt du déblai du côté de l'axe du chemin de fer, le dressement des parois à la pioche dans les bois, genêts et ronceraies et généralement où la bêche est inapplicable, le mètre courant... (Le prix minimum a été 0,025).

Ces deux prix se sont ramenés sur certains lots à 0,024 en moyenne; eu égard à la cherté progressive de la main-d'œuvre, ces prix ne peuvent faire qu'augmenter et arriver, au minimum, à une moyenne de 0,03 dans des terrains de la condition de ceux précités (3/4 du travail se rapportant à l'art. 1 et 1/4 à l'art. 2.)

On peut, du reste, faire un essai préalable sur des longueurs données, pour en déduire, par rapport au prix de l'heure et au temps employé, le prix de revient du mètre courant suivant le terrain dont on expérimente les principales variétés.

On observera qu'en traçant les emprises, soit pour le rigolage, soit pour le bornage, on peut s'assurer si les parcelles sont coupées ou morcelées dans la forme indiquée sur le parcellaire, si les chemins concordent, en un mot, si quelque erreur de levé ou plutôt de rapport ne se serait pas glissée dans le plan.

ACQUISITIONS DE TERRAIN.

Les estimations et acquisitions de terrain sont faites par des hommes spéciaux, non seulement exercés dans ces sortes d'affaires, mais encore en ayant le goût et la vocation ; car il faut pour cela une aptitude commerciale qui n'est pas donnée à tout le monde ; sans prendre le mot en mauvaise part, il faut être maquignon d'affaires, dans la plupart des cas, pour lutter à armes égales contre les convoitises, les ruses et tout l'arsenal des expropriés ; en outre, il faut connaître un peu de droit et un peu de travaux, soit pour suivre la marche légale dans certaines acquisitions, soit pour ne pas se laisser aller, vis-à-vis des propriétaires traitant à l'amiable, à des promesses inconsidérées.

Sur ce dernier point, il est vrai, les agents des études sont à consulter pour savoir s'il y a facilité de concéder ou de déplacer un aqueduc, de donner un passage ou d'en reporter un autre plus loin, etc.

A cela se borne le rôle de la section ; nous rappellerons, sommairement et comme renseignements complémentaires, les principales phases du travail des acheteurs de terrain.

Les agents chargés de ces acquisitions ont, sur les matrices cadastrales, les numéros des parcelles rencontrées avec leur classement sur le cadastre et leur revenu annuel ; ils se font délivrer, au bureau de l'enregistrement, dans chaque canton, le relevé des ventes qui se sont faites dans le pays depuis cinq années.

Ces prix de ventes sont parfois un peu faussés, car les contractants déclarent souvent au-dessous du prix vrai pour diminuer les frais, mais on augmente ces déclarations d'un coefficient (1/3 à 1/4 environ) ; en outre, les ventes, faites par voie de justice, donnent des prix réels qui aident à redresser les premiers. Avec ces renseignements, et après des tournées diverses sur le terrain, les acheteurs dressent un état indicatif, comprenant les indemnités à offrir à chaque propriétaire, état dressé avec une certaine élasticité qui permet d'augmenter, s'il est besoin, la somme, pour conclure une affaire amiablement, et par conséquent fixé en dessous, avec un coefficient donné ; outre la valeur du terrain acheté, il y a à tenir compte des dépréciations pour les parties restantes.

Une parcelle est dépréciée, lorsque, rognée sur un côté par le chemin de fer, elle perd sa forme régulière et devient par suite plus difficile à exploiter, ou lorsqu'elle laisse un excédant inférieur à l'emprise, quoique supérieur au 1/4 de la propriété et à 10 ares (cas auquel l'exproprié ne peut forcer la Compagnie à prendre le tout), également lorsque cet excédant n'est, si grand qu'il soit, exploitable qu'avec un allongement de parcours.

Une parcelle est encore dépréciée, lorsqu'elle est coupée en deux, de manière à laisser, de part et d'autre de l'emprise, deux excédants au compte du propriétaire ; elle l'est encore davantage, lorsque l'un de ces excédants ne peut être exploité qu'avec un allongement de parcours.

La dépréciation n'existe plus autant, pour les excédants qui sont contigus à des parcelles appartenant au même propriétaire ; une fois son état estimatif approuvé, l'acheteur de terrain peut commencer ses

acquisitions à l'amiable, aidé par les notaires des cantons. Les contrats provisoires ou bulletins de cession sont soumis à l'approbation des ingénieurs et sont convertis en actes définitifs après le jugement d'expropriation.

ENQUÊTES PARCELLAIRES.

Le dossier d'enquête, comprenant par commune la notice descriptive du tracé, le plan parcellaire, le tableau indicatif, est adressé au Préfet, qui prend un arrêté pour désigner les communes traversées, l'époque des enquêtes et les membres de la commission. Cet arrêté est placardé dans chaque commune et la partie du dossier qui regarde la commune reste déposée, huit jours durant, à la mairie. A chaque mairie, il y a un registre destiné à recevoir les observations des parties, et un autre destiné à recueillir les déclarations d'élection de domicile, afin que les expropriés puissent recevoir notification du jugement d'expropriation (art. 15 de la loi du 3 mai 1841).

Avant que le registre des réclamations ne soit sorti des mairies, le chef de section envoie des agents dans chaque commune prendre copie de ce registre, sous forme de tableaux en trois colonnes ;

1re colonne. Réclamations.

2e colonne. Observations des conducteurs et sous-chefs.

3e colonne. Observations du chef de section.

Les observations de la colonne 2 ont pour but, dans la minute, d'aider le chef de section à établir les observations de la colonne 3; puis la colonne 1 et la colonne 3, recopiées en expédition, sont envoyées aux ingénieurs pour leur fournir des éléments de défense ou de recherches postérieures, afin d'établir leurs dires, à l'encontre des réclamants, par devant la commission d'enquête.

Cette commission doit terminer ses opérations dans le délai de dix jours (art. 9 de la loi du 3 mai 1841) .

Cette loi du 3 mai 1841, loi sur l'expropriation pour cause d'utilité publique, est une de celles qui intéressent au plus haut point les agents des services de construction; elle renferme 8 titres et 77 articles, parmi lesquels les titres II, III et IV, traitant des mesures d'administration relatives à l'expropriation, des mesures hypothécaires, du règlement des indemnités et du jury chargé de les régler, sont les plus indispensables pour la connaissance même sommaire de ces sortes de formalités.

Le procès-verbal de la commission étant clos, ainsi que l'enquête et sans sursis, sur l'avis conforme du Préfet, qui prend ensuite un arrêté de cessibilité, la Compagnie adresse une requête au procureur de la République avec tous les dossiers d'enquête, à seule fin d'obtenir le jugement d'expropriation à rendre par le tribunal civil; ce jugement, aussitôt rendu, est reproduit, ainsi que les tableaux désignant les propriétés traversées, dans un journal d'arrondissement, ou, à défaut, du département, puis publié et affiché par extrait dans chaque commune. Il est, en outre, notifié séparément à chaque intéressé, et, en cas d'absence, à son représentant, considéré comme gardien et régisseur de l'immeuble exproprié. Ces formalités étant accomplies, le jugement est transmis au bureau des hypothèques de l'arrondissement, et, pendant la quinzaine de cette transcription, la situation hypothécaire est arrêtée pour chaque immeuble exproprié. Dans ce temps, la Compagnie dresse, d'après son état estimatif, le tableau des offres légales, les fait insérer dans le journal, publier et afficher dans les communes et notifier aux intéressés et à leurs représentants.

Les intéressés ont quinze jours pour accepter les offres légales ou indiquer le montant de leurs prétentions.

Après quoi, la Compagnie les cite devant un jury institué par le tribunal, lequel jury se transporte généralement sur place, pour apprécier les offres et les demandes et l'état des lieux. Cette tournée terminée, chaque affaire se plaide au tribunal par les avocats des parties adverses, puis le jury prend sa décision au sujet de l'indemnité à accorder.

Les décisions du jury sont ensuite rendues exécutoires par le tribunal, qui envoie l'Administration en possession de la propriété, sauf à remplir les formalités de payement ou de consignation, formalités dont on trouve tous les détails dans la loi du 3 mai 1841.

Enfin, il ne reste plus à faire, après la prise de possession, que les mutations pour dégrèvement des propriétés expropriées, travail que les agents des acquisitions préparent par la rédaction du terrier et de l'état de mutation, et qu'achèvent les contrôleurs des contributions directes dans le ressort de leurs attributions.

Nous n'insistons pas davantage sur ces données dernières, qui s'éloignent aux limites extrêmes du domaine affecté à la construction.

Il existe, d'ailleurs, entre autres manuels sur la matière, un dictionnaire législatif et réglementaire des chemins de fer, datant de

1864 (par G. Palaà, chef de bureau au service du contrôle. — Librairie Eugène Lacroix), — où toutes ces questions sont traitées de façon à satisfaire les personnes qui désireraient de plus amples renseignements.

Dans ce qui précède, nous avons laissé les conducteurs s'occuper de l'établissement des emprises et de leur application, ainsi que des enquêtes, pendant que le reste de la section travaillait au dossier des ouvrages d'art et que les surveillants aidaient au rigolage ou au bornage. Il est encore d'autres études qui se font par les premiers agents disponibles, ou en suspendant le courant des autres travaux, suivant les besoins de la cause ; ce sont, en général, les études pour prises d'eau et alimentation des gares, projets qui nécessitent des expropriations que l'on englobe dans celles de la ligne proprement dite ; viennent ensuite, mais dans un ordre moins pressant, les études définitives pour chemins latéraux, fossés perreyés, assainissements des stations, revêtements des talus, ouvrages concédés lors des acquisitions de terrains, ainsi que les sondages de bâtiments, l'assainissement des caves et les sondages supplémentaires pour l'établissement du profil géologique, toutes données qui se retrouvent lors de la confection du dossier d'adjudication.

PRISES D'EAU.

Les prises d'eau pour alimentation des gares sont ordinairement de deux natures :

1° Prises d'eau dans un cours quelconque ou dans un réservoir, avec élévation au moyen d'une machine à vapeur ;

2° Prises d'eau, dans un réservoir à niveau supérieur et par la seule action de la pesanteur.

Ce dernier mode est, en général, le plus économique ; il dispense des embarras d'une machine fixe, de sa conduite et de son entretien.

Les projets de prises d'eau sont soumis à l'approbation ministérielle quand même les prises ont lieu dans des cours qui ne sont ni navigables, ni flottables, et ce, afin d'éviter les contestations que les riverains pourraient élever au sujet du détournement de ces eaux.

La prise d'eau, directe dans un cours d'eau quelconque, est une question de conduite plus ou moins longue, de machine plus ou moins puissante, avec bâtiments pour la machine, et qui se résout avec des types donnés ; mais ces études ont lieu en dehors des sections qui fournissent seulement des plans cotés et des renseignements de natures diverses sur les terrains rencontrés dans le parcours de la conduite et pour les fondations des bâtiments.

La prise d'eau dans un réservoir inférieur ou supérieur conduit, dans un cas comme dans l'autre, à l'établissement de ce réservoir ; c'est là le point unique sur lequel nous nous arrêterons un instant, parce que l'étude de ce réservoir incombe généralement aux sections.

ÉVALUATION DES EAUX.

Les réservoirs sont, dans quelques cas, des capacités maçonnées, en partie ou en totalité souterraines et le plus souvent extérieures, alimentées par des sources dont un jaugeage régulier est fait *à priori* aux diverses époques de l'année et notamment à l'instant du maximum de sécheresse.

Les sources se jaugent en récoltant les eaux dans un conduit en planches sous forme de V (fig. 102). Ce conduit se dispose presque

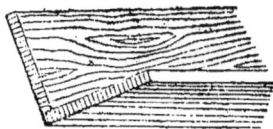

Fig. 102.

horizontalement. Le bout (côté de la source) est ajusté au centre d'un petit barrage en argile qui a pour but de bien faire passer toute l'eau par le conduit; à l'autre bout, on place à un moment donné un récipient d'un volume connu. Lorsque le courant régulier est bien établi, avec une montre à secondes, on mesure le temps écoulé à remplir le récipient, on répète l'expérience un certain nombre de fois et jusqu'à ce que l'on arrive à un résultat constant; en divisant le volume du récipient par le nombre de secondes, on a le débit par seconde, et, par suite, le débit par heure et par 24 heures ; inutile de

dire, que plus le débit est fort, plus il faut avoir un récipient de grande capacité, afin de faire durer son remplissage un temps facile à estimer ; on peut encore diviser le débit en plusieurs que l'on mesure séparément ; bref, la solution à prendre se conçoit sans peine sur place. L'essentiel est : 1° de récolter complètement les eaux ; 2° de connaître très exactement le volume du récipient ; 3° d'observer très minutieusement le temps qu'il faut pour le remplir.

Dans les autres cas, les réservoirs sont des bassins à l'air libre, établis sur des dépressions de terrain et alimentés tant par l'écoulement des eaux sauvages (ruisseaux ou rigoles) que par les filtrations du sol à l'amont de leur emplacement.

Si le ruisseau est apparent et d'un certain volume, on le jauge par les formules de Prony, en choisissant l'endroit du cours le plus régulier et sur le maximum de distance ; cette question est traitée dans tous les manuels et cours d'hydraulique.

Si le volume du ruisseau n'est pas considérable, on le traite comme une source.

Enfin il peut arriver que l'eau, par suite d'irrigations ou d'infiltrations, soit divisée ; qu'il ne soit guère facile d'en estimer le volume, du moins à l'endroit où l'on veut établir le réservoir ; alors, dans ce cas, et d'ailleurs pour certifier la valeur annuelle des eaux sauvages, il faut rechercher la quantité d'eau susceptible d'être recueillie par le bassin hydrographique correspondant au pli du sol

Pour cela, on commence par relever un extrait du plan cadastral embrassant le vallon considéré à partir de l'emplacement du barrage projeté et jusqu'à sa naissance, et, sur place, en s'appuyant sur les limites des parcelles, on détermine le périmètre du partage des eaux, on indique ce périmètre sur l'extrait du cadastre, on parcourt l'intérieur de la surface ainsi délimitée pour noter en outre les sources apparentes renfermées dans cette enceinte et on les jauge au besoin, si elles en valent la peine ; puis on recueille, auprès de l'administration des ponts-et-chaussées, dont les conducteurs sont d'une grande bienveillance envers leurs collègues de profession, le relevé des quantités d'eau tombées par année et observées depuis le plus d'années possible.

Ces données sont fournies par les pluviomètres établis dans la localité ; on en prend la moyenne, le minimum et le maximum, pour appliquer successivement ces trois chiffres à la surface hydrographi-

que du pli de terrain considéré, surface que l'on calcule sur l'extrait cadastral

On obtient ainsi trois cubes représentant la moyenne, le minimum et le maximum de l'eau que peut récolter le bassin envisagé.

Ces quantités d'eau ne sauraient être utilisées en entier. Il faut tenir compte de l'absorption par le sol et par la végétation, ainsi que de l'évaporation.

Cette première condition, d'après des observations diverses, réduit environ à 40/100 le volume des eaux sauvages. Ainsi, en supposant un bassin de 45 hectares et une hauteur d'eau annuelle de 1 mètre, on obtient un chiffre de 450,000 mètres cubes ; sur ce chiffre, le barrage sera susceptible d'en récolter 180,000 mètres.

Pour savoir si le cube fourni par un bassin hydrographique est suffisant, il faut connaître le volume que réclame l'alimentation de la gare ; si on suppose un chiffre de 100 mètres cubes en 24 heures, on aura par année une consommation de 36,000 mètres cubes. Ce chiffre de 36,000 devra, en outre, être augmenté du cube perdu par les filtrations dans le bassin et par l'évaporation de l'eau.

Les filtrations, dans le bassin même, diminuent par la saturation du sol et le dépôt toujours inévitable d'une couche superficielle de vase ; elles dépendent du terrain et ne sont appréciables que par des expériences directes.

L'évaporation est une question variable, suivant beaucoup de circonstances ; on l'évalue au chiffre de $1^m,50$ de hauteur par mètre superficiel du réservoir ; ce serait donc $1^m,50 \times S$ pour le réservoir entier.

Par suite, le cube fourni par le bassin hydrographique doit être au moins de $\dfrac{36,000 + 1,50 \times S}{0,40}$ dans l'exemple précité ; la surface S dépend du cube du réservoir.

Ce cube n'a pas besoin, même dans les cas de consommation de 36,000 mètres, d'être égal à ce chiffre ; si dans l'année il y a six mois de sécheresse au maximum, le cube se réduira à 18,000 mètres cubes accumulés en prévoyance, plus au chiffre d'évaporation. Si le réservoir a une profondeur moyenne de 2 mètres, sa surface sera de 9,000 mètres carrés.

En vertu de l'évaporation, il y aurait théoriquement 13,500 mètres cubes de perdus, mais comme les pluies suppléent à cette évaporation

pendant une partie de l'année, le coefficient $1^m,50$ se réduit à la hauteur de la pluie qui tombe annuellement; si cette quantité minimum est un mètre, le coefficient devient $0^m,50$, et alors le cube du bassin n'a pas besoin de dépasser $18,000^{mc} + 4,500 = 22,500^{mc}$ en chiffres ronds. Quant au bassin hydrographique, son rendement total doit être, dans l'hypothèse de $S = 9,000^{ms}$ et de $h = 1$, do $101,250^{mc}$ en chiffres ronds.

Sa surface ne doit pas être inférieure à $\dfrac{101,250^{mc}}{1}$ ou $10_h,12^a, 50_c$.

Ce résultat servira à faire apprécier si le pli de terrain choisi est susceptible de fournir à l'alimentation projetée; le rendement minimum, au point de vue de l'établissement du réservoir et de son usage non interrompu, est seul à considérer, et les rendements supérieurs, moyens et maximums, servent à estimer la quantité d'eau qui pourra être restituée, par le déversoir du barrage, aux terrains inférieurs.

ÉTUDES COMPARATIVES DES RÉSERVOIRS.

Il y a des cas où la solution du problème d'alimentation est une, et où l'on n'a pas le choix entre un réservoir à niveau supérieur ou une machine élévatoire ; si on a le choix entre les deux, il faut séparément faire chaque projet, en établir une estimation comparative et adopter celui qui, avec le minimum de dépenses, promet le plus de sécurité dans les résultats.

Mais il arrive aussi que l'on peut avoir à opter entre plusieurs réservoirs à air libre et c'est ce point que nous allons examiner.

Nous supposons que les eaux sont d'égale qualité dans les divers cas ; en effet, la pureté de l'eau est une condition première qui, à elle seule, suffirait pour éliminer de la comparaison tout système où elle ne se présenterait pas à égal degré.

Si maintenant deux ou trois projets de réservoirs sont en ligne, il faut d'abord considérer leurs distances à la gare alimentée ; la conduite de longueur minimum sera en général préférable, si elle n'offre pas des difficultées locales d'établissement, vis-à-vis des autres conduites plus étendues.

En second lieu, il y a à considérer si les eaux que l'on se propose de capter ne servent pas, en dessous du réservoir, à des usages indus-

triels ; si ces eaux, par exemple, ne s'accumulent pas à peu de distance dans un bassin inférieur faisant marcher un moulin, un foulon,
une scierie ou servant à une tannerie ou à toute autre industrie. Les
dépréciations industrielles sont plus coûteuses que les dépréciations
purement agricoles.

Celles-ci sont aussi à examiner comparativement ; si les eaux en-
tretiennent des jardins maraîchers, la dépréciation sera encore plus
forte que pour des prés ordinaires ; il y a donc à établir, pour chaque
solution, la liste des dépréciations de tout genre et à opter pour le
chiffre minimum.

En troisième lieu, viennent les dépenses de construction du barrage,
auquel la forme du terrain se prête plus ou moins ; enfin il faut s'assurer de l'état du sol, et ce par des sondages établis aux abords de
l'emplacement de la digue : il faut, autant que possible, un sol résistant, sans plans de glissements par minces couches argileuses, et qui
permette d'établir le barrage sur une assiette solide et imperméable.
Enfin, on fera entrer en compte le prix d'acquisition des terrains.

En récapitulant ces divers [éléments de dépense pour chaque réservoir, on comparera entre elles les sommes totales, et par là on arrivera à fixer son choix.

Ces études, comme on le voit par l'énoncé ci-dessus, doivent donc
êtrs traitées d'une façon complète, sans oublier l'élévation des réservoirs au-dessus du niveau de la gare, car il faut encore que cette élévation soit suffisante pour assurer couramment un débit voulu et en
rapport avec la longueur etles sinuosités de la conduite qui correspond
au réservoir considéré.

PROJET D'UN RÉSERVOIR A AIR LIBRE.

Les pièces à fournir dans un projet de ce genre sont :

1° Un extrait du cadastre, déterminant le bassin hydrographique ;

2° Un parcellaire s'étendant depuis le point où la conduite rejoint la
voie ferrée, jusques et un peu au-delà de l'emplacement choisi pour le
réservoir ;

3° Ce même plan, sans indications cadastrales, mais nivelé dans
toute son étendue, peut servir à l'étude des diverses conduites que la
question peut encore comporter ;

4° Un plan, à l'échelle de 0ᵐ,002 et coté également, embrassant l'emplacement du réservoir et ses abords ;

5° une coupe longitudinale du réservoir et un profil en long de la conduite adoptée ;

6° Une série de profils transversaux à l'axe du réversoir et permettant d'en apprécier la capacité ;

7° Le relevé des sondages faits à l'emplacement de la digue ;

8° Un rapport à l'appui du projet.

L'extrait du cadastre se prend comme tous les extraits cadastraux et doit dépasser un peu le périmètre du bassin hydrographique proprement dit.

Le parcellaire se lève et se rapporte comme le parcellaire courant de la ligne, nous n'insistons pas là-dessus.

Le plan coté général n'est qu'un décalque du parcellaire, sur lequel on cote tous les points principaux du terrain ; ces deux pièces sont à l'échelle de 0ᵐ,001.

Le plan général à l'échelle de 0ᵐ,002 renferme le projet du réservoir

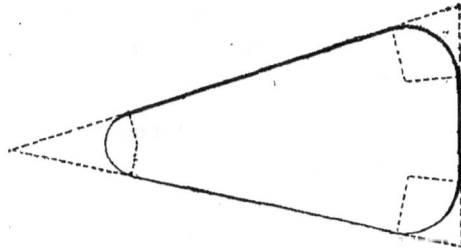

Fig. 103.

et sa disposition, le point d'origine de la conduite, l'emplacement du déversoir et l'aqueduc de vidange ; on donne le plus souvent à ces réservoirs la forme de triangles plus ou moins allongés, suivant la pente du pli de terrain et à base plus ou moins large, suivant l'ouverture de ce pli, les angles sont rachetés par des raccordements circulaires de 20 à 30 mètres de rayon (voir fig. 103). Le plan comporte encore l'indication de la contenance du réservoir, du cube de la digue, du déblai à effectuer à l'emplacement du réservoir et de la superficie de terrain à acquérir.

La coupe longitudinale du réservoir est à l'échelle de 0ᵐ,02 pour les longueurs et 0ᵐ,005 pour les hauteurs, elle indique le niveau du

rop plein et en même temps le niveau de la ligne de distribution. La charge varie en effet à l'entrée de la conduite, selon que le réservoir est plein ou suivant que pendant la sécheresse on utilise l'eau accumulée. Il y a donc un maximum et un minimum de charge à l'entrée de la conduite et cette donnée variable influe également sur la charge totale qui est la différence de niveau entre la surface d'eau dans le bassin et la sortie de l'eau à l'extrémité de la conduite en gare : les calculs, relatifs à la conduite et à l'établissement de son diamètre, eu égard au débit par vingt-quatre heures, doivent être faits par rapport à la charge totale minima.

Le profil en long de la conduite est à l'échelle de 0^m,001 pour les longueurs, de 0^m,002 pour les hauteurs; la conduite doit être placée en un fond de fouille distant de 1 mètre environ de la surface du sol, en prévision des gelées et des remaniements superficiels du terrain nécessités par la culture.

Les profils en travers sont à l'échelle de 0^m,002 pour les longueurs et 0^m,005 pour les hauteurs ; le fond de l'étang est disposé en général de manière que ces profils offrent une section triangulaire composée de deux pentes à peu près égales et uniformes se terminant à la coupe longitudinale, de façon à ramener la plus grande partie des dépôts dans le pli ainsi creusé face à l'aqueduc de vidange (fig. 104).

Fig. 104.

Les digues se font de plusieurs façons, soit tout en remblai, avec cloison d'argile et perreyage du côté de l'étang, pour éviter l'effet des vagues contre les talus, soit avec un mur cimenté soutenu de part et d'autre ou d'un côté seulement par des remblais, soit tout en maçonnerie ; on trouvera dans tous les traités de construction les conditions d'exécution afférentes à ces divers systèmes ; d'ailleurs, la question des réservoirs comporte toute une série d'études approfondies que nous ne pouvons qu'effleurer ici.

Les sondages, faits à l'emplacement choisi pour la digue, sont rapportés sous forme de coupes dont la position est définie par rapport à l'axe du projet.

Enfin le rapport à l'appui du projet mentionne les considérations qui ont déterminé l'emplacement du réservoir et de sa conduite, et qui porte sur l'évitement des fonds marécageux ou des terrains en rocher compact, sur la manière de tranchir les chemins ou de contourner les habitations et sur toutes les autres circonstances locales. Il indique en outre les vitesses et les débits théoriques, le choix du diamètre des tuyaux, problème dont on trouve la marche détaillée dans les traités d'hydraulique et dans le formulaire de Claudel.

Les conduites d'eau ne nécessitent vis-à-vis des propriétaires que l'acquisition du sous-sol et une servitude relative aux réparations éventuelles, en même temps que la construction à demeure de regards établis aux points bas et hauts, pour renfermer les vannes, robinets et réservoirs à air.

Le long des voies ferrées, les conduites se posent à $0^m,60$ ($0^m,80$ et même 1 mètre valent mieux pour parer aux gelées dans certaines localités), au moins au-dessous de la plate-forme dans les tranchées et elles suivent les pieds de talus ou les banquettes dans les remblais (cela dépend, s'il y a ou non à craindre du tassement).

RÉSERVOIRS COUVERTS.

Nous ne parlons pas des réservoirs maçonnés, parce que ces projets

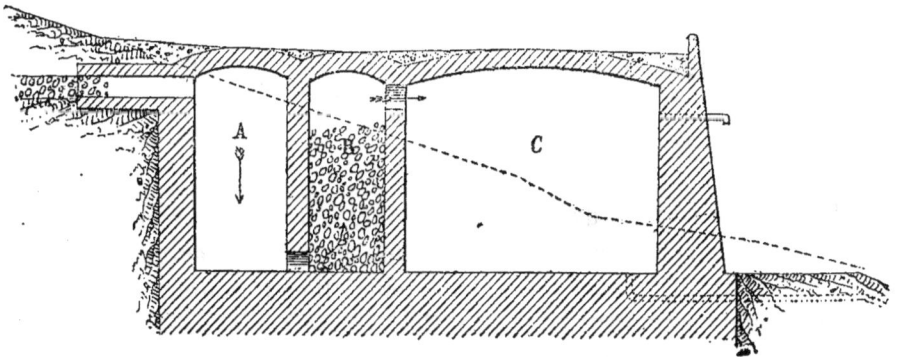

Fig. 105.

sont étudiés généralement par les ingénieurs, bien qu'en somme ils n'offrent rien d'extraordinaire.

On peut se figurer aisément l'eau d'une source, arrivant dans une première chambre A, et s'en échappant par le bas, de manière à remonter dans une deuxième chambre B, remplie de pierres très

propres et formant filtre (fig. 105) ; puis, après avoir traversé le filtre, cette eau se répand par le haut dans le récipient de réserve C, muni d'un trop-plein et comportant tous les tuyaux de distribution, l'échelle de hauteur d'eau, etc. ; en somme, le principe est de faire subir à l'eau, un mouvement de haut en bas à son arrivée, et de bas en haut à travers un filtre à pierres sèches, avant de se rendre dans le réservoir ; toutes ces chambres sont complètement cimentées avec un soin tout particulier. Si le réservoir est enterré dans le sol, en totalité, il ne doit pas moins en compter trois compartiments, le bassin de décantation, le filtre et le récipient des eaux filtrées.

ANALYSE DES EAUX.

Ces analyses se font en des laboratoires spéciaux au service central de la Compagnie. Avant de dresser un projet, il faut avoir soin d'expédier un certain nombre de litres étiquetés et dûment cachetés, renfermant un échantillon des eaux destinées à alimenter le réservoir.

S'il s'agit d'un étang existant et à agrandir, on envoie les eaux de l'étang même et un deuxième échantillon d'eaux prises en dehors et à l'amont ; s'il s'agit d'un ruisseau ou de sources, un seul échantillon suffit. L'analyse spéciale qui est faite a pour but d'établir si les eaux considérées sont incrustantes ou non et si leur emploi est d'un usage possible pour l'alimentation des chaudières à vapeur. Il serait inutile d'étudier un projet pour un cours d'eau dont les eaux n'auraient pas la pureté voulue, et on doit commencer par cette analyse, pour ne pas perdre du temps à des études qui, sans cette garantie préalable, ne sauraient aboutir.

CHEMINS LATÉRAUX.

L'étude préliminaire des chemins latéraux, telle qu'elle a été faite pour l'établissement des emprises, comporte quelques améliorations postérieures. En effet, pour diminuer le nombre des sommets du périmètre de l'emprise et ses sinuosités, on supprime diverses ordonnées, ainsi que nous l'avons vu, en prenant un léger excédant de terrain. Comme il importe, en fin de compte, de réserver au chemin de fer proprement dit, la plus grande superficie dans l'emprise, on procède à un remaniement des chemins latéraux, de manière à éviter toute dé-

perdition de surface entre la limite d'acquisition et l'arête de ces chemins.

On construit un plan figuratif à l'échelle de 0^m,002 comprenant moitié du chemin de fer, s'il ne s'agit que d'un chemin latéral soit à droite, soit à gauche de l'axe ou comprenant tout le corps du chemin de fer, s'il y a deux chemins latéraux l'accompagnant à la fois.

Les emprises sont rapportées sur ce plan, ainsi que les cotes des profils en travers et les cotes supplémentaires que l'on a pu lever entre ces profils.

Si on n'avait pas eu le temps d'en lever jusqu'alors et si, dans les études préliminaires, on s'était simplement servi des profils en travers, on lève alors des profils supplémentaires normaux à la ligne des emprises, en prenant cette ligne comme base ; on modifie les déclivités et les tournants des chemins de manière à se rapprocher le plus possible de cette limite et sans perte de terrain, sans toutefois faire descendre les rayons au-dessous de 10 mètres et sans avoir des déclivités au-dessus de 0^m,10 et sur de petites longueurs ; tout dépend d'ailleurs de l'importance de ces dessertes, auxquelles on fait suivre généralement à zéro toutes les ondulations du sol. S'il s'agissait de chemins vicinaux ramenés latéralement à la ligne, il faudrait passer alors par des conditions différentes de pente et de rayon, mais, comme il n'est question, dans ces dessertes, que de circulation rurale, il suffit de proportionner la viabilité aux besoins de la cause, et, dès lors, le projet comporte un peu plus de latitude dans ses conditions d'être.

Le plan sera accompagné d'un profil en long sur l'axe de la desserte, à l'échelle de 0^m,002 pour les longueurs et les hauteurs ; dans les cas où il y a déblai, il faut, autant que possible, utiliser ce déblai en remblai correspondant sur le chemin même, de telle sorte qu'il y ait équilibre dans les terrassements et que, par suite, la construction de ces chemins ne demande ni emprunt ni dépôt, car ces deux particularités troubleraient l'équilibre des terrassements du corps du chemin de fer proprement dit.

Lorsqu'une desserte arrive à son point de rencontre avec un passage, soit à niveau, soit d'un autre genre, le projet est fait *à priori*, et, dès lors, il n'y a plus qu'à raccorder le profil en long de la desserte avec l'amorce préalablement étudiée, et ce, en observant la loi d'équilibre déjà citée.

Enfin, sur le même dessin, on indique encore, à l'échelle de 0m,005, le profil en travers courant du chemin, avec ou sans empierrement, suivant les circonstances. On rattachera, en outre, sur le plan, toutes les inflexions de l'axe du chemin latéral à l'axe du chemin de fer par des ordonnées normales et des abscisses partant des piquets voisins. Ces coordonnées, prises à l'échelle, serviront en exécution à reporter rapidement le projet sur le terrain ; on s'assurera, ensuite, si la surface restant entre la limite des emprises et l'axe ainsi déterminé est partout suffisante pour l'établissement du projet, ce qui doit être, si l'on a opéré avec soin sur un dessin rapporté aussi exactement que son échelle le permet.

Au lieu de ces projets spéciaux pour chemins latéraux, certaines personnes se contentent de mettre, sur les profils en travers, les coupes normales ou biaises de ces chemins au droit des profils prolongés ; elles mettent, en plus, les coupes des fossés, les limites des emprises, etc., et surchargent ainsi ces figures du maximum d'accessoires. Or, les profils en travers (en cahier ou rouleau) sont des pièces à consulter simplement au bureau et d'un transport comme d'un usage peu commodes sur le terrain. En outre, ces coupes isolées n'ont pas l'avantage de développer à la vue, comme un plan, l'ensemble du projet.

Cette idolâtrie des profils en travers est, en somme, une singularité à laisser de côté ; des plans spéciaux seront toujours préférables comme représentation des détails en conception et maniement en exécution, et il faut laisser les séries à leur vrai rôle, celui de servir en somme à cuber les terrassements du chemin de fer proprement dit.

SONDAGES SUPPLÉMENTAIRES POUR PROFIL GÉOLOGIQUE.

Jusqu'ici, les sondages faits dans les tranchées ont été ouverts surtout pour déterminer les inclinaisons à donner aux talus ; mais, comme aujourd'hui on a abandonné, presque partout et avec raison, le système de classification des terrains pendant ou après l'exécution des déblais, et de prix divers afférents à la terre végétale, au terrain au pic et au rocher à la poudre, pour le remplacer par la méthode d'un prix moyen applicable à chaque tranchée et mieux encore par celle d'un prix unique applicable à tout un lot de terrassements, méthodes qui empêchent en principe toute réclamation comme toute malversa-

tion, il convient de multiplier les sondages en tranchées afin de faire une classification préalable qui serve à établir ce prix unique de revient.

On dresse donc, à l'échelle de 0ᵐ,001 pour les longueurs, et 0ᵐ,01 pour les hauteurs, les profils en long de chaque tranchée à la suite les uns des autres et sur un même rouleau, puis on commence par rapporter sur ces profils les coupes des premiers sondages exécutés.

Si, comme dans l'exemple ci-dessus (fig. 106), les sondages officiels

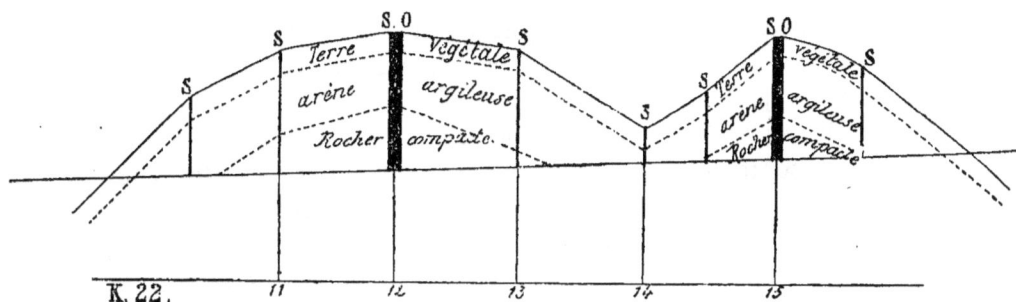

Fig. 106.

S O indiquent, au-dessous de la terre végétale, une couche d'arène argileuse à laquelle succède un rocher compact, il s'agit de délimiter

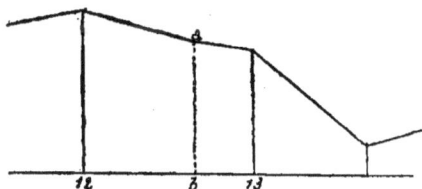

Fig. 107.

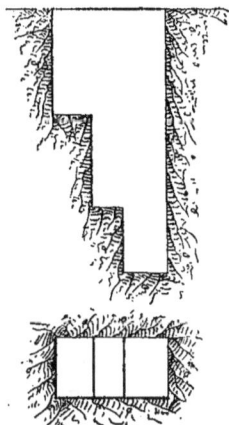

Fig. 108.

l'espace occupé par ce rocher dans la tranchée entière ; pour cela, on ouvre des sondages à droite et à gauche du piquet 12 aux piquets 11

et 13 et on les pousse jusqu'à la rencontre du rocher, on en ouvre également autour du piquet 15, pour délimiter la deuxième apparition du rocher compact sur ce point. Ces sondages n'ont besoin, du reste, d'être poussés que jusqu'à la rencontre du rocher.

Si le sondage fait au piquet 13 échappait le rocher, c'est que ce rocher finirait avant ce profil, et alors on ferait un sondage intermédiaire *ab* entre 12 et 13 (fig. 107).

Il s'agit, en un mot, de poursuivre le massif rocheux à droite et à gauche du sondage qui l'a révélé, jusqu'à ce qu'on le perde à la hauteur de la plate-forme des terrassements.

Ces sondages ne sont que provisoires ; ils se font donc très étroits, à parois droites autant que possible, et s'achèvent parfois à la barre à mine, si celle-ci suffit pour faire reconnaître le rocher au fond du sondage (fig. 108).

Les surveillants sont occupés à ce travail, sitôt après l'implantation des emprises, dernière besogne à laquelle nous les avons fait assister.

Lorsque les données géologiques du sondage sont relevées, on rebouche ce sondage, puis on rapporte les terrains observés sur le profil géologique et on voit alors, par la correspondance des points obtenus, s'il est nécessaire de faire de nouvelles sondes et en quels points.

Lorsqu'une tranchée a été ainsi explorée à l'aide de 5, 6, 7, 8, 10 sondes semblables, ou plus ou moins, on est sûr d'avoir sa composition avec une approximation suffisante pour la classification des terrains.

Il arrive cependant quelquefois que le rocher apparent, à la surface, sur l'un des côtés du profil en travers, se perd à peu près sur l'axe et que le terrain change absolument sur l'autre côté du profil (fig. 109) ; dans des cas semblables, pour approcher davantage de la vérité, on fait, en dehors du sondage sur l'axe, un deuxième sondage au droit de l'extrémité de la plate-forme, afin de bien délimiter la partie du profil occupée par le rocher.

Lorsque le rocher se rencontre sur l'axe, à peu de distance du sol, il est bon de rechercher par d'autres sondages S faits à droite et à gauche, si le rocher se continue à peu près à la même profondeur au-dessous du terrain (fig. 110).

Ces sondages ont encore l'avantage de faire connaître le régime et l'abondance des eaux dans les terrains traversés, les plans de glissement, les terres effritables, en même temps que les matériaux suscep-

tibles d'être utilisés comme moellons, pierre de taille, sable ou ballast.

L'établissement de ce profil géologique est donc de la plus grande

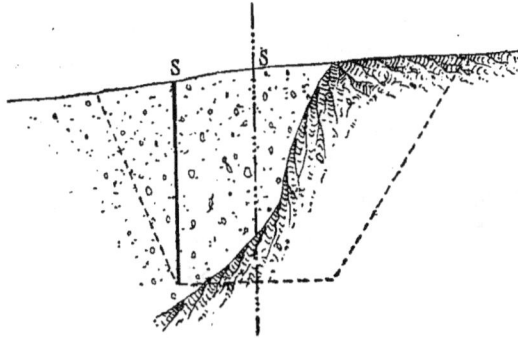

Fig. 109.

utilité, indispensable pour une classification rationnelle et l'établissement d'un prix unique sérieux, utile pour la prévision des travaux de défense (fossés perreyés et revêtements de talus), avantageux par la mise en évidence des ressources que l'entreprise pourra trouver

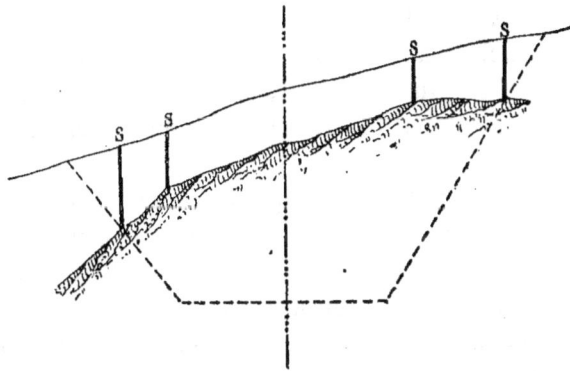

Fig. 110.

dans les déblais comme matériaux pour ballastage ou maçonneries. Nous en verrons l'application principale lors de la confection du dossier d'adjudication.

FOSSÉS PERREYÉS.

Les fossés perreyés sont nécessaires dans les tranchées à forte pente,

où règne un certain courant d'eau ; ils le sont encore dans les paliers où, pour donner de l'écoulement, on est obligé, en partant de la profondeur du fossé ordinaire, d'arriver à des profondeurs exceptionnelles, qui raidissent les talus du fossé en raison de l'uniformité de sa largeur en gueule, et, par suite, demandent l'emploi des maçonneries soit à pierre sèche, soit à mortier.

Lorsqu'une tranchée est susceptible de recevoir une certaine quantité d'eau superficielle, on arrête bien cette eau par les revers établis sur les crêtes, mais ces revers se déchargent toujours dans la tranchée par des bavettes et, par suite, dans le fossé inférieur.

Si la tranchée est en terrain friable, à hauteur de la plate-forme, ce qu'indique le profil géologique, il convient de prévoir, dans ce cas, un fossé perreyé.

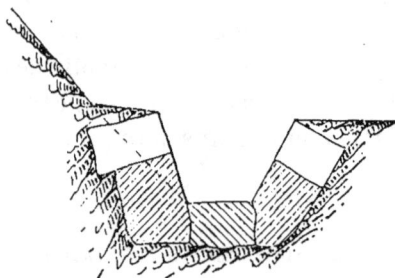

Fig. 111.

Il en est de même si les suintements sont abondants, ce que révèlent les sondages ; ou bien il arrive encore que des chemins ruraux ou privés, des fossés, des plis de terrains, sont coupés par la tranchée, et que, dans certaines saisons, à la fonte des neiges, ou dans les grandes pluies, il vient une grande affluence d'eau par ces voies ; le fossé perreyé est encore nécessaire, si le fond de la tranchée n'est pas dans un terrain solide.

Ces fossés perreyés se font souvent en maçonnerie à pierres sèches, mais, lorsque le courant d'eau est assez rapide, il convient de maçonner le radier et le premier rang de moellons (fig. 111). Lorsque le courant d'eau est permanent, on maçonne entièrement le fossé et l'on fait même un radier en béton.

Les types de ces fossés varient à l'infini suivant les services, nous ne pouvons nous y arrêter ici ; observons simplement qu'il ne sera

pas fait de projets spéciaux pour ces fossés qui, d'ailleurs, ne se déli-mitent bien que sur le terrain, lorsque la tranchée est déblayée.

Il suffira de les prévoir pour telle ou telle tranchée et d'ajouter sur la série des profils en travers qui la représentent, le type de fossé que l'on se propose d'employer, à l'échelle de 0m,02 par mètre, pour en faire bien apprécier les détails.

REVÊTEMENTS DE TALUS.

Les revêtements de talus, soit en maçonnerie, soit en terre végétale avec semis et plantations, sont encore de ces travaux élastiques comme étendue et qui ne se délimitent bien qu'en cours d'exécution ; on peut les prévoir cependant, en majeure partie, avec le profil géolo-gique, et il convient de le faire pour introduire leurs dépenses en li-gne de compte, dans l'estimation des travaux. Ces études ne sont donc que des études préparatoires servant à établir des chiffres approxima-tifs et sur lesquelles nous n'insisterons pas, car en dehors du motif ci-dessus, elles appartiennent moins aux préliminaires du travail qu'à ses parachèvements.

ASSAINISSEMENTS DES STATIONS.

Jusqu'ici, nous avons considéré les sondages du profil géologique sur l'axe ou près de l'axe du projet ; mais lorsque l'on a une station tout ou partie en déblai, il convient de multiplier ces sondages sur les profils en travers et jusqu'aux limites du déblai.

Ceci posé, une station en déblai aura généralement une partie de son terrassement exposé au déversement des eaux superficielles et aux suintements d'un talus ; il conviendra donc d'établir un fossé au pied de ce talus, et, comme les stations sont ordinairement en palier, ce fossé, pour avoir de l'écoulement, devra avoir une profondeur crois-sante, et, dès lors, il sera nécessaire d'employer un fossé perreyé.

Le projet de ce fossé se fait alors avec le plan de la station, on écoule les eaux, soit dans une seule direction, soit dans certains cas, suivant deux directions opposées, en plaçant le point d'origine au milieu de la longueur du fossé total; cette disposition réduit la lon-gueur du parcours d'eau, suivant le palier, à moitié distance, et per-met, dès lors, d'avoir des fossés moins profonds.

Cette étude est donc soumise à des conditions locales et topographiques ; ce qui la distingue de celle des fossés perreyés ordinaires, c'est qu'en raison des sinuosités du pied du talus des gares; il est plus commode de faire un projet spécial que d'employer simplement les coupes sur profils en travers. La vue d'ensemble se saisit mieux et, en outre, comme il y a souvent à ménager, dans ce fossé de gare, les écoulements de drainages établis pour les assainissements des voies ou des cours, le projet spécial permet d'agencer toutes ces constructions particulières intermédiaires le plus souvent aux profils en travers, et qui justifient ainsi la nécessité d'une étude à part.

OUVRAGES DONNÉS.

Il arrive assez souvent, lors des acquisitions de terrain, que certaines irrigations sont maintenues ou déplacées, bien que l'on doive s'efforcer, au contraire, d'en racheter le plus possible à l'amiable et de débarrasser le corps du chemin de fer de toutes ces sujétions. Ces projets imprévus se traitent comme les ouvrages d'art courants. Seulement, il convient de les étudier, autant que possible, avant la mise en train du dossier d'adjudication, si l'on veut arriver à une estimation très serrée des travaux. C'est à ce seul point de vue que nous avons à les mentionner ici, en rappelant encore ce trait qui les caractérise, à savoir que, dans les aqueducs d'irrigation, on a souvent à rendre les eaux à un point donné, et que, dès lors, la question de sortie forme une base plus importante que dans les aqueducs d'utilité générale placés au fond des plis de terrain.

SONDAGES DE BATIMENTS.

Une autre série de sondages, aussi indispensable que celle concernant le profil géologique, a trait à la connaissance du sol, à l'emplacement des bâtiments divers, tels que bâtiments des voyageurs, abris, lieux d'aisance, remises, halles à marchandises, maisons de garde et autres, s'il y en a.

Les surveillants, aussitôt leur profil géologique terminé, ou chemin faisant, feront exécuter ces sondages :

1° au centre de toutes les maisons de garde ;

2° à l'emplacement des caves dans les stations ;

3° aux périmètres des fondations dans les halles-abris et autres constructions qui ne comportent pas de caves.

Les sondages seront poussés au moins à la profondeur du sol des caves dans les deux premiers cas, et seulement jusqu'au solide dans le troisième. En effet, dans les cas d'existence des caves, il s'agit encore de savoir si les eaux ne viendront pas nécessiter des assainissements particuliers.

La profondeur des caves est donnée sur les types du service et par rapport au rail ; il est donc facile, en se repérant sur les piquets voisins, de rapporter au plan général de comparaison les cotes de ces profondeurs et d'y arrêter les sondages.

En thèse générale, il ne faut pas craindre de faire ces derniers un peu grands, ou du moins de les élargir, si l'on rencontre le moindre suintement, et dans la direction de ce suintement, car il arrive souvent qu'un sondage placé au beau milieu d'une cave n'indique qu'une quantité d'eau insignifiante, et plus tard, lorsque la fouille est faite dans toute sa largeur, des voies d'eau latérales se déclarent, et l'on est obligé de prendre des mesures extraordinaires là où l'on comptait sur un travail courant.

Ces sondages ne seront pas rebouchés, afin que les entrepreneurs de bâtiments, s'ils prennent les fondations à forfait, système désastreux sur lequel nous reviendrons un jour, puissent apprécier les fondations. Ensuite, l'eau qui vient à s'y rencontrer finit par y prendre le niveau de la couche aquifère, et ce renseignement sert également à prévoir les profondeurs des puits qui sont au-dessous des maisons de garde et des stations.

ASSAINISSEMENTS DES CAVES.

Lorsque les sondes indiqueront, à n'en pas douter, la présence de l'eau dans les caves, on pourra, à priori, étudier la manière de l'évacuer et faire entrer cette dépense dans l'estimation des travaux.

Il y a divers systèmes de pierrées pour enlever l'eau des caves ; une méthode assez usitée consiste à se servir de tuyaux en poterie, à emboîtement, et de $0^m,06$ de diamètre intérieur, emboîtés à joints libres, et placés au centre d'une couche de pierre cassée recouverte de mousse et au-dessus de laquelle on rejette les terres des fouilles (fig. 112).

Le diamètre (0,06) est un peu faible et il est préférable d'employer des calibres supérieurs (0.08) et même (0.10).

L'enveloppe en pierre cassée entoure le tuyau d'un milieu incompressible, et en même temps perméable aux eaux et fonctionnant quand même le tuyau viendrait à être obstrué ou dérangé ; la couche

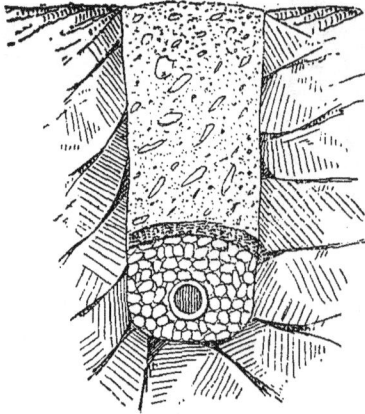

Fig. 112.

de mousse, sur la pierre cassée arrondie à la main, empêche l'infiltration des terres à travers la pierre cassée jusqu'à ce que ces terres se soient tassées et aient pris consistance.

Une pente de 0.005 est un minimum pour l'évacuation des eaux ; on dispose le sol de la cave légèrement en pente ($0^m,02$ par mètre), vers le point où on a laissé dans le mur une barbacane de $0^m,20$ de hauteur sur $0^m,20$ de largeur, dont le fond est à $0^m,10$ au-dessous du sol de la cave ; le tuyau repose au fond de la barbacane et est entouré de pierre cassée sur les côtés (fig. 113 et 114.) Le terrain de la cave est disposé en avant du tuyau, de manière que l'eau s'y rende directement, grâce à un petit épaulement en mortier, qui prend le tuyau jusqu'à mi-épaisseur ; le surplus, au besoin, s'écoulerait par la pierre cassée, qui reçoit, d'ailleurs, les eaux venant le long des fondations ; on couvre l'entrée de la barbacane avec deux briques ou deux pierres plates, pour empêcher les détritus de s'introduire dans le caniveau.

Lorsque la pierrée d'assainissement passe sous la voie ferrée, on est obligé de lui donner un peu plus de consistance, et alors on entoure le tuyau d'une enveloppe maçonnée en pierres sèches, représentant un petit aqueduc solidement construit (fig. 115).

Mais, en thèse générale, il faut éviter de faire passer même ces drains à profondeur, sous la voie, et pour toute maison de garde si-

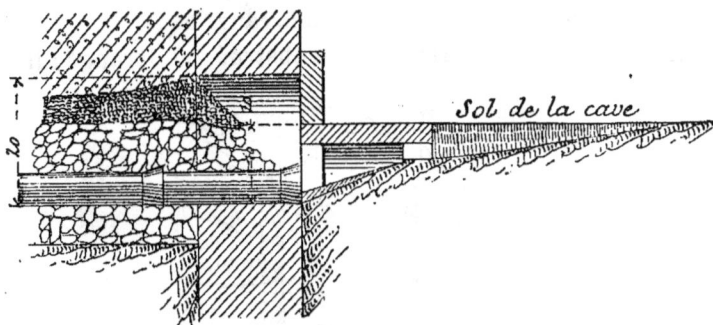

Sol de la cave

Fig. 113.

tuée ordinairement à un point de passage, il faut diriger les eaux latéralement à la voie et du côté du remblai (fig. 116). Si la maison de

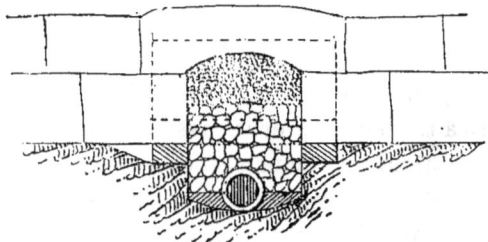

Fig. 114.

garde est entre deux tranchées, il faut sortir les eaux dans le fossé de l'une ou l'autre des tranchées, mais toujours latéralement à la voie ; tel est le principe auquel on doit se rattacher dans tous les cas possibles, la conduite dût-elle augmenter de longueur.

Ces projets se font à l'aide d'un décalque du passage à niveau, à l'échelle de 0m,002 ; on donne également le profil en long et la coupe de la conduite.

Le plus souvent, on arrête sur place la direction et le profil en long.

L'essentiel est de tenir compte de ces assainissements, lors de l'estimation des travaux et pour en terminer avec ces études préparatoires, il convient de mentionner que certains travaux qui ne rentrent pas dans les ouvrages d'art courants tels que pierrées diverses, cani-

veaux, drainages et autres constructions que l'on peut néanmoins prévoir *à priori* comme utiles, seront étudiés sommairement pendant cette
période et de façon à apporter leur contingent de dépense au devis gé-

Fig. 115.

néral. Avec une appréciation aussi complète de tous les frais présumés, la somme éventuelle risquera d'être beaucoup plus restreinte

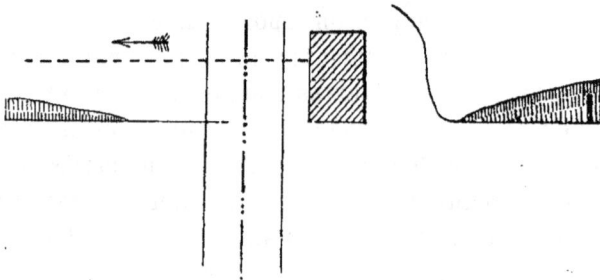

Fig. 116.

et le montant total de la construction se rapprochera en fait du chiffre
prévu, ce qui ne laisse pas d'être une satisfaction sans égale pour les
projeteurs consciencieux qui ont le dévouement à leur cause et l'amour
de leur profession.

ETUDES DU DOSSIER D'ADJUDICATION.

Le dossier de ces études se compose des pièces ci-après :
1° Calcul des terrassements par nature de déblais ;
2° Calcul des surfaces de talus pour règlements, semis et plantations ;

3° Tableaux des matériaux à employer avec indications des provenances ou lieux d'extraction ;

4° Tableau spécial des provenances du ballast ;

5° Tableau des fondations pour bâtiments ;

6° Tableau des profondeurs des puits ;

7° Profil en long centrographique pour le mouvement des terres ;

8° Tableau du mouvement des terres ;

9° Profil de distribution des cubes ;

10° Analyse de prix ;

11° Série de prix ;

12° Situations provisoires ou devis des travaux ;

13° Tableau des quantités pour terrassements et déviations ;

14° Tableau des quantités pour travaux d'art ;

15° Tableau des quantités pour pose de la voie et ballastage ;

16° Tableau des quantités pour bâtiments.

CALCUL DES TERRASSEMENTS PAR NATURE DE DÉBLAIS.

A l'aide du profil géologique, on reporte, au crayon, sur les profils en travers, des lignes généralement parallèles à l'inclinaison du sol et qui séparent entre elles les diverses couches de terrrain rencontrées.

Dans le cas de plusieurs sondages faits sur un même profil en travers, cas examiné précédemment, on reporte le faciès observé pour le rocher et ses irrégularités de stratification ; on décompose ainsi chaque profil en travers en 2, 3 ou 4 surfaces partielles que l'on calcule avec des dimensions prises au double décimètre. La dernière surface s'obtient en retranchant la somme des précédentes de la surface totale du profil. On multiplie ensuite chaque surface correspondant à une nature spéciale de terrain au point de vue de l'exploitation (c'est-à-dire au point de vue du terrain à la pioche, au pic ou à la poudre) par la distance sur laquelle le profil est applicable on obtient ainsi différents cubes dont la somme représente le volume de déblais afférent au profil précité.

Comme on a opéré pour les surfaces partielles, de même on peut opérer pour les cubes partiels, c'est-à-dire que le dernier cube partiel s'obtient en retranchant du cube total correspondant au profil la somme des cubes partiels antécédents.

On récapitule ensuite par tranchée : 1° le volume du terrain à la

pioche; 2° le volume du terrain au pic; 3° le volume du terrain à la poudre.

On dresse ensuite un tableau qui comporte plusieurs colonnes.

1° Désignation des tranchées ;
2° Cubes totaux des tranchées ;
3° Terrain à la pioche ;
4° Terrain au pic ;
5° Terrain à la poudre ;
6° Observations.

Si la coupe géologique du sol n'est pas très complexe d'un bout à l'autre du profil en long, si elle contient, par exemple, sur un sol granitique, les éléments ci-après:

Terre végétale, arène, rocher délité, rocher compact, on peut adopter, dans les colonnes, les divisions du profil géologique et dresser le tableau comme il suit :

1° Désignations des tranchées ;
2° Cubes totaux des tranchées ;
3° Terre végétale ;
4° Arènes ;
5° Rocher délité ;
6° Rocher compact.

Mais si le profil géologique est plus compliqué, s'il renferme, outre une partie en terrain granitique, une autre en terrain calcaire; alors il faut faire intervenir dans la classification, des argiles, des marnes, des calcaires plus ou moins compacts. La distinction des éléments géologiques peut amener trop de colonnes ; il vaut mieux employer le premier genre de division basée sur le mode d'exploitation d'autant plus qu'on peut résumer aux articles 3, 4 et 5 les diverses natures de terrain et également ne faire des surfaces partielles, sur les profils, que suivant la même base de décomposition.

Ainsi, dans le profil ci-joint (fig. 117), on ne fera qu'une surface pour la terre végétale, le sable et l'argile qui s'extraient facilement à la pioche, et le profil ne comportera que deux autres surfaces à part celle des calcaires au pic et celle des calcaires nécessitant l'emploi de la poudre.

Les colonnes sont ensuite totalisées avec report à chaque page, de telle sorte qu'à la fin du tableau on devra arriver à des sommes égales

pour la colonne 2 d'une part, et la somme des colonnes 3, 4 et 5 d'autre part.

Si on a des déviations ou des dérivations importantes, on les fait entrer en ligne de compte dans le même tableau, parce que le prix

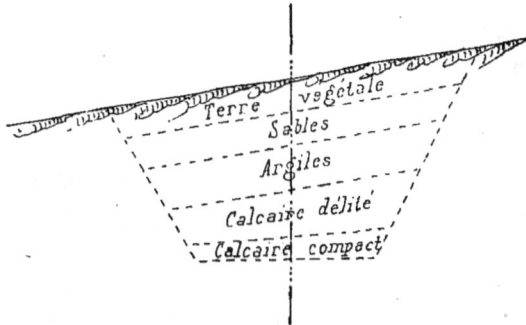

Fig. 117.

unique de terrassements s'applique tout aussi bien à ces travaux qu'au corps du chemin de fer proprement dit. Il n'y a que les faibles déblais (qui en général se font dans le terrain de première catégorie) que l'on peut négliger d'inscrire au tableau, bien qu'on en fasse participer le cube dans l'appréciation du prix de revient.

CALCUL DES SURFACES DE TALUS POUR RÈGLEMENTS, SEMIS ET PLANTATIONS.

Les surfaces de talus se font au moyen d'un tableau en plusieurs colonnes ainsi composées :

1º Numéros des profils ;
2º Longueur du talus à gauche ;
3º Longueur du talus à droite ;
4º Longueur totale de talus par profils ;
5º Longueur moyenne de talus entre deux profils consécutifs ;
6º Distances entre profils et distances au point de passage ;
7º Surfaces partielles ;
8º Surface totale par tranchée ;
9º Surface totale par remblai ;
10º Observations.

Les colonnes 1, 2, 3, 4 sont faciles à interpréter ; la 5e colonne s'obtient en faisant la moyenne de deux nombres consécutifs de la colonne

4, dont l'un est zéro dans les cas où il y a point de passage. Les nombres de la colonne 5 multipliés par ceux de la colonne 6 donnent, dans la colonne 7, les surfaces des talus tant à droite qu'à gauche entre deux profils consécutifs et dans la colonne 8 on porte les résultats additionnés par tranchée, et dans la colonne 9 les résultats additionnés par remblai ; ces colonnes 8 et 9 se totalisent ensuite avec reports, et à la fin du tableau on obtient la somme des surfaces de talus en tranchées et celle en remblais ; d'ailleurs ces surfaces totales sont d'une nécessité secondaire, parce que, dans la situation des terrassements, chaque objet, tranchée ou remblai, comporte à son décompte sa surface de règlement. Elles ne peuvent intéresser que dans la recherche approximative des quantités totales de semis ou de plantations.

Les talus d'une même tranchée renferment souvent une partie dans le roc vif et le reste dans toute autre nature de terrain, et comme il y a deux prix de règlements différents affectés à ces deux catégories de terrains, la surface totale de la tranchée se décompose en deux autres que le profil géologique sert à évaluer.

Il y a donc à faire, à ce point de vue, une classification par tranchée, lorsque le terrain n'est pas d'une nature homogène et afférent à l'un ou l'autre des deux prix, et cette classification sert à évaluer, et encore en excès, les semis et les plantations possibles en déblai ; quant aux remblais, on affecte à leur règlement un prix unique dans toute leur étendue.

La surface des fossés non perreyés entre aussi en ligne de compte dans l'évaluation des talus des tranchées et se classe suivant la nature du terrain des fossés.

Enfin, on peut évaluer, à la suite, les talus des déviations et des dérivations, si ces objets sont susceptibles, par leur importance, d'y donner lieu.

TABLEAUX DES MATÉRIAUX A EMPLOYER AVEC INDICATIONS DES PROVENANCES ET LIEUX D'EXTRACTION.

Ces tableaux sont de deux sortes : Il y a le tableau relatif aux terrassements et ouvrages d'art et le tableau relatif aux bâtiments.

Ces tableaux doivent être approuvés par les ingénieurs, avant tout travail postérieur reposant sur leurs données.

On y indique les diverses provenances du sable, de la chaux hydraulique, des moellons bruts, des moellons de choix destinés à être équarris ou épincés pour les parements vus à sec et à mortier, des moellons d'appareil, des libages, de la pierre de taille, des briques, des pavés et des pierres cassées, en expliquant avec quelle sorte de matériaux sont entretenus les chemins et routes que l'on a à remplacer. On indique aussi la nature de ces matériaux, silex, arkose, calcaire, etc.

On donne les distances des carrières ou provenances aux points où elles atteignent le chemin de fer par des voies praticables, ainsi que les distances moyennes de l'emploi pour chaque entreprise ou partie d'entreprise limitée à l'étendue de l'emploi.

On note les épaisseurs des bancs et les prix approximatifs des matériaux rendus à pied-d'œuvre.

On ajoute des renseignements sur les emplois spéciaux ou courants auxquels certains matériaux ont été ou pourront être employés ; on cite les constructions publiques ou particulières plus ou moins voisines dans lesquelles ils ont été appliqués, en relatant la manière dont ils se sont comportés depuis l'époque où ces constructions ont été établies.

Lorsqu'il s'agit des bâtiments, on recherche, tout en observant les lois de la solidité, des matériaux plus tendres et d'un prix moins élevé que ceux employés dans les ouvrages d'art.

COMPOSITION D'UN TABLEAU DES MATÉRIAUX.

Un tableau de ce genre comporte 11 colonnes.

1° Indication de numéros de la série des prix auxquels correspondent les matériaux étudiés ;

2° Désignation des matériaux (chaux hydraulique ou grasse, sable, gravier, etc.) ;

3° Provenance des matériaux (donner le nom de la carrière ainsi que celui de la commune, du canton et de l'arrondissement, dire si les voies d'accès sont faciles) ;

4° Nature et résistance des matériaux (dire si c'est un calcaire, un grès ou un granit, s'il est dur ou tendre, facile à tailler ou non, indiquer la couleur, donner, si on le peut, la résistance à l'écrasement et

à la flexion, indiquer les qualités du sable, le degré de l'hydraulicité des chaux, etc.) ;

5° Classification géologique (quoique cet article soit moins important que les précédents, il fait, à ce qu'il paraît, très bien... dans le tableau) ;

6° Epaisseur des bancs (indiquer la qualité de bancs superposés et leurs épaisseurs maxima et minima);

7° Transport moyen au lieu d'emploi par voiture. Donner les distances des carrières au point où les matériaux atteindront le chemin de fer et celles à parcourir du chemin de fer au lieu d'emploi, indiquer séparément ces deux distances ;

8° Transport moyen au lieu d'emploi par chemin de fer ou par canal (ce transport peut s'appliquer à des matériaux venant du parcours d'une ligne voisine, tels que pierres de taille, briques, tuiles, chaux, bois, etc.) ;

9° Prix courants actuels aux usines et aux carrières ;

10° Prix probables des matériaux rendus à pied-d'œuvre, ces prix se calculeront au moyen des colonnes 7, 8 et 9;

11° Observations. — Indiquer dans cette colonne :

1° Les emplois spéciaux auxquels certains matériaux ont été et pourront être particulièrement appliqués ;

2° Les constructions publiques ou particulières où ils ont été employés, etc.;

3° Et enfin, tous les renseignements utiles au choix proposé.

Pour les bâtiments, mêmes observations, notamment sur la valeur des briques et tuiles du pays et de la chaux, s'il s'en fait une exploitation.

SOURCES DIVERSES DE RENSEIGNEMENTS.

Il convient, en première ligne, de s'adresser à l'administration des ponts-et-chaussées ; en deuxième ligne, au service des chemins vicinaux, dans le cas où ils forment une administration distincte de la première ; en troisième ligne, aux entrepreneurs municipaux et autres ; en quatrième ligne, aux dépositaires de matériaux, marchands de bois, fabricants de chaux ou de tuiles, directeurs de scieries, et autres industriels du pays,

L'administration des ponts-et-chaussées peut fournir des renseignements de la nature et forme ci-après.

I. Entretien des chaussées d'empierrement ; cette pièce est un tableau en plusieurs colonnes, comprenant sur la ou les routes qui avoisinent le projet de chemin de fer :

1º La désignation des sections de la route où sont déposés les matériaux ;

2º La nature des matériaux ;

3º La désignation des lieux d'extraction, commune, section et numéro du cadastre, noms des propriétaires ;

4º La distance moyenne des transports, autrement dit, la distance au centre de la section considérée ;

5º Les distances de la carrière envisagée et les points où aboutissent les voies d'accès de la carrière ;

6º Les prix de revient à pied-d'œuvre, en matière brute ;

7º Les prix de cassage.

Ces tableaux comportent encore des prix de régie applicables à l'extraction, au transport, au cassage.

II. L'état des matériaux expérimentés sur les routes avoisinantes.

Ce tableau comprend :

1º La désignation géologique des matériaux (granit, arkose, porphyre rouge, etc.) ;

2º Les données définissant la carrière (département, commune, lieux de provenance) ;

3º Les gisements-circonstances (masses compactes ou blocs errants), importances (épaisseur des couches, hauteur du découvert, largeur des veines à exploiter, etc.) ;

4º Les données définissant l'emploi des matériaux (consommation actuelle, prix moyen à la carrière, prix moyen dans la subdivision) ;

5º Les observations sur la dureté, la lourdeur, la facilité de prise, l'état des chaussées, le mode d'extraction, le plus ou moins de choix à effectuer.

III. Les séries de prix afférentes à la restauration des ouvrages d'art.

Ces séries comprennent la désignation de la nature d'ouvrages (mètre cube de maçonnerie de moellons neufs, de moellons épincés, moellons smillés, pierre de taille, dalles, etc., le mètre superficiel de taille, de smillage, d'enduits de rejointoiements, etc.), et les prix d'unité de ces divers ouvrages.

On trouve aussi dans ces bordereaux les bases des prix, telles que

journées de manœuvre, maçons, tailleurs de pierres, etc., et à la suite le sous-détail des prix portés au tableau précédent.

IV. Les extraits des devis et cahiers des charges en usage dans la localité, indiquant, entre autres choses, les lieux d'extraction, qualité et préparation des matériaux, sable, chaux, moellons, tailles, libages, etc.

V. Les recherches statistiques sur les matériaux de construction; ces tableaux contiennent la désignation, la provenance et la position géologique, la nature et les qualités de la pierre, son genre de taille, les emplois anciens, les emplois récents, les prix de l'unité en carrière et à pied-d'œuvre, les prix de l'ébauchage et de la taille, et enfin les observations sur l'importance des carrières.

Les chaux, sables, pouzzolanes, etc., rentrent aussi dans les mêmes tableaux.

VI. Les procès-verbaux des expériences faites sur divers matériaux, pour la résistance à l'écrasement ou à la flexion.

VII. Le poids du mètre cube des matériaux considérés.

VIII. Les notices particulières sur les carrières de première importance qui peuvent se trouver dans la localité. Ces notices renferment, en général, le nom de la commune et les indications cadastrales, le nom de la carrière et de ses exploitants, la date de l'origine de l'exploitation, le nombre d'ouvriers qui y sont occupés, les productions annuelles, la hauteur du découvert, l'épaisseur de la masse, l'épaisseur des bancs, les dimensions ordinaires des blocs, en hauteur, en surface, la nature et la qualité des matériaux, l'usage et l'emploi, l'étendue du débouché, et les exportations, le mode de transport et les distances diverses, le prix de l'unité en carrière et sur d'autres points.

On conçoit qu'avec de pareilles données, la mise en train du travail est singulièrement facilitée; on passe ensuite aux renseignements à prendre auprès du service vicinal; ces renseignements diffèrent peu des précédents pour la plupart. Les prix sont en général plus faibles, car les travaux sont faits avec un peu plus de rusticité; on recueille néanmoins toutes ces données pour les comparer à celles préétablies.

Après quoi on s'adresse aux entrepreneurs de travaux publics ou privés de la localité, en leur fournissant une liste toute prête à laquelle on n'a qu'à ajouter, sous leur dictée, les provenances, prix, qualités relatives; les prix sont généralement exagérés, comparativement.

Enfin on passe aux divers fournisseurs, tuiliers, marchands de bois, et autres dont les prix sont inférieurs à ceux faits par les entrepreneurs.

Une fois toutes ces données recueillies, on les classe en un tableau synoptique qui sert de base en mettant en regard les prix divers fournis pour un même objet, et l'on n'a plus qu'à procéder à la visite des carrières, sablières, etc., et en même temps à la recherche des provenances plus rapprochées, pour moellons bruts, empierrements, arènes, etc., on connaît d'ailleurs à l'aide du profil géologique toutes les ressources que la ligne peut offrir et on les fait comparativement entrer en ligne de compte dans son tableau des matériaux ; il faut également tenir compte, pour l'appréciation de ses prix, des soins apportés à la construction du chemin de fer et de la plus-value qui en résulte, de l'élévation croissante des salaires en raison de la cherté de la vie et, enfin, les distances de transport, tant à la rencontre de la ligne qu'au lieu d'emploi présumé.

Lorsque deux carrières de nature différente ou non peuvent concourir à la fois à être employées sur un certain parcours, à dépenses égales, il convient de rechercher le point d'équilibre, c'est-à-dire le point de la ligne auquel les deux prix de revient sont exactement les mêmes.

Soient pour la première carrière, P le prix de revient du mètre cube de matière considérée, augmenté du prix du transport jusqu'à la rencontre de la ligne et p le prix de transport du mètre cube évalué par tonne et par kilomètre, P' et p' les données analogues pour la deuxième carrière et d la distance qui sépare les deux points de rencontre.

Les équations de la dépense seront :

d'où
$$P + px = P' + p'y \quad \text{et} \quad x + y = d,$$

$$x = \frac{P' + p'd - P}{p + p'} \quad \text{et} \quad y = \frac{P + pd - P'}{|p + p'}.$$

Les prix p et p' s'obtiennent en multipliant le prix de transport de la tonne par kilomètre, par la densité de la matière ; les prix P et P' ajoutent, aux prix de revient en carrière, les prix de transport obtenus en multipliant le prix de la tonne également par la densité de la matière et par la distance en kilomètres de la carrière à la ligne.

Les valeurs de x et de y donnent ainsi le point mort qui limite la distance d'application des deux carrières considérées.

CAISSES D'ÉCHANTILLONS.

On a soin de récolter, sur place, des échantillons de sable, d'arène et de chaux, renfermés en des sacs, des pierres de différentes natures, des tuiles, briques, etc., le tout muni d'étiquettes indiquant la provenance, et on en forme des caisses que l'on envoie aux ingénieurs, à l'appui du tableau des matériaux.

TABLEAU SPÉCIAL DES PROVENANCES DU BALLAST.

Le ballast est une question importante, car, pour une seule voie, il en faut 2 mètres au moins par mètre courant, et une section ordinaire de travaux de 18 kilomètres en exige déjà 36,000, sans compter les gares, ce qui peut porter à 40,000 mètres, et plus le cube à approvisionner, et, s'il doit être en pierre cassée, on conçoit qu'il y ait de l'intérêt à savoir où le prendre *à priori*.

Le profil géologique est encore là d'une incontestable utilité ; on dressera donc un tableau des ressources fournies par le projet ; on peut, en effet, ouvrir des carrières en 2e voie ou latéralement à la ligne, ce qui est préférable, plutôt que de recourir à des carrières plus éloignées.

Ce tableau comprendra un certain nombre de colonnes renfermant les éléments ci-après :

1o Lieux d'extraction. Cette colonne désignera la tranchée ou le lieu voisin de la tranchée, et les piquets entre lesquels se trouve l'exploitation présumée ;

2o Le cube que cette exploitation doit fournir, entre deux limites prévues par ses ressources personnelles et par la position des exploitations voisines et leurs richesses présumées ;

3o Le cube que pourra fournir la 2e voie, d'après la classification des terrains et les surfaces des profils en travers ;

4o Le cube qu'il sera nécessaire d'emprunter latéralement à la 2e voie ; la somme des cubes des colonnes 3 et 4 doit représenter le cube de la colonne 2 ;

5o Les lieux d'emploi ou indication du piquetage sur le parcours duquel le ballast doit être fourni par la carrière considérée ;

6o La longueur ballastée, résultant de l'indication du piquetage ;

17

7° La distance de transport, jusqu'au commencement de la longueur ballastée ;

8° La distance moyenne de transport applicable à la longueur ballastée et se composant du chiffre de la colonne 7, augmenté de la moitié du chiffre de la colonne 8.

En multipliant les chiffres de la colonne 2, par ceux de la colonne 8, et en divisant la somme des produits par la somme des cubes inscrits dans la colonne 2, on aura la distance de transport moyenne applicable à l'ensemble du ballast et devant entrer dans l'analyse de son prix de revient.

La première condition est donc, lorsqu'on a reconnu les diverses carrières, de voir d'abord ce qu'elles peuvent fournir en 2e voie, puis de n'attribuer à chacunes d'elles un chiffre d'emprunt qu'autant qu'il n'y a pas d'avantages à passer à la carrière suivante, enfin de les utiliser suivant le minimum de distances, tout en réservant les chiffres d'emprunt aux carrières les plus abondantes. C'est ainsi une question de tâtonnements que quelques sondages supplémentaires faits aux abords de la 2e voie viennent encore éclairer ; les circonstances locales sont très variables, et l'on ne peut, en fin de compte, que recommander dans l'application, les principes ci-dessus exposés.

TABLEAU DES FONDATIONS POUR BATIMENTS.

Ce tableau est dressé à l'aide des sondages spéciaux dont il a été question plus haut.

La 1re colonne porte la désignation des constructions ; on met toutes les maisons de garde à la suite les unes des autres, puis on dispose les stations en énumérant successivement le bâtiment des voyageurs, l'abri, les lieux d'aisances, les quais, etc.

La 2e colonne donne les profondeurs prévues au-dessous du sol des caves.

La 3e colonne donne les profondeurs prévues pour les murs des terre-pleins, en contre-bas de la ligne des terrassements.

Les sondages ont été poussés, d'une part, jusqu'au sol des caves ; d'autre part, jusqu'à la ligne des terrassements ou au solide, quand les bâtiments sont en déblai, et toujours jusqu'au solide quand ces bâtiments sont en remblai.

Une dernière colonne, sous la rubrique : observations, indique les

cas où il a fallu faire plusieurs sondages pour la profondeur des fondations sur leur périmètre.

Ce tableau sert pour établir la situation des bâtiments aux articles: Déblai et maçonnerie en fondation.

TABLEAU DES PROFONDEURS DES PUITS.

Lorsque les sondages des caves ont déjà révélé la présence d'une nappe aquifère, ce renseignement sert à délimiter la profondeur minimum des puits ; à défaut, on nivelle les hauteurs d'eau des puits des habitations les plus proches de la maison de garde considérée ou des fontaines avoisinantes, des abreuvoirs et tous autres amas d'eau entretenus par des filtrations permanentes.

On dispose, par suite, un tableau en plusieurs colonnes ; la 1re contient la désignation des puits et leur emplacement par rapport à l'axe, la 2e l'altitude du terrain à l'emplacement de ces puits, relevée sur le plan général du passage à niveau ; la 3e colonne contient l'altitude de la nappe d'eau la plus voisine (eau du sondage, eau de source, etc.) ; la 4e colonne donne l'altitude des fonds des sondages, puits, fontaines, etc. ; la 5e colonne renferme enfin la profondeur présumée des puits au-dessous du sol de leur emplacement ; on obtient ces résultats en retranchant des nombres de la colonne 2 les nombres de la colonne 3 diminués de 1m,10, par la raison qu'il faut assurer un minimum de 1m,10 d'eau dans les puits en question ; on obtient ainsi avec assez d'approximation, au moins pour une étude d'estimation, les profondeurs cherchées.

Il faut tenir compte aussi de l'époque où l'on fait les sondages et les nivellements ; en hiver, on rencontrerait facilement de l'eau à une profondeur où il n'y en aurait pas trace en été ; les eaux des sources et puits doivent être relevées à leur minimum et les indications des sondages ne sont bonnes, qu'autant que ces sondages sont pratiqués en temps de sécheresse, alors on est sûr d'avoir rencontré une nappe permanente et non une filtration momentanée. Si un puits est entre deux sources, l'une supérieure, l'autre inférieure, c'est au niveau de cette dernière qu'il faut s'en rapporter ; en un mot, il faut étudier la question sous toutes ses faces et discuter les diverses données du terrain si l'on veut se rapprocher de la réalité.

PROFIL EN LONG CENTROGRAPHIQUE POUR LE MOUVEMENT DES TERRES.

Sur un rouleau de papier continu (hauteur 0^m,31 on trace une ligne

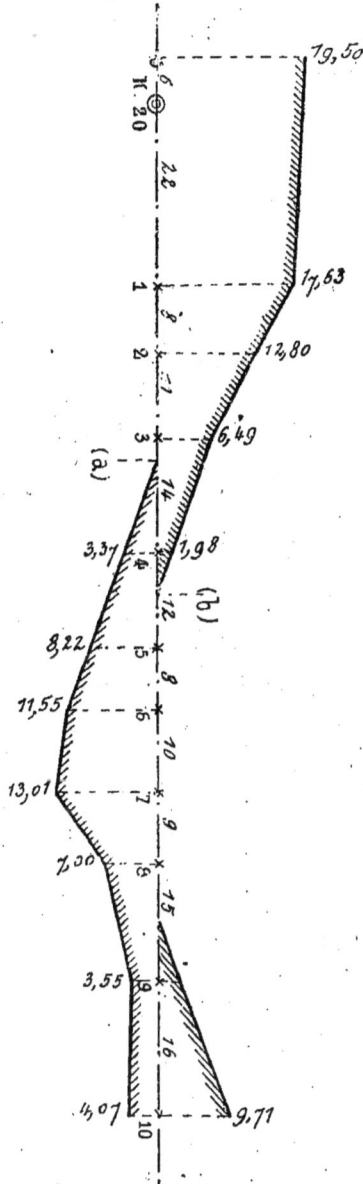

Fig. 118.

rouge au milieu du papier et, sur cette ligne rouge, on porte à l'échelle

de 0,001 par mètre, les distances entre profils en travers, autrement dit les distances noires du profil en long, en commençant par l'origine de la section, là où naît le mouvement des terres considéré.

On a soin de diviser l'axe, d'abord en kilomètres, puis en hectomètres, de manière à ne pas faire d'erreurs sur les distances partielles entre piquets, que l'on marque d'ailleurs en cumulant d'hectomètre en hectomètre, ou de kilomètre en kilomètre, si on a affaire au système des profils en travers répartis entre kilomètres consécutifs.

Ceci posé, on élève des perpendiculaires à tous les points ainsi obtenus, au-dessus de l'axe, pour les déblais, au-dessous pour les remblais et prolongées des deux côtés pour les profils mixtes, d'ailleurs généralement peu nombreux (fig. 118).

Sur ces ordonnées on porte à l'échelle de 0,001, les surfaces des profils exprimées en mètres superficiels et fraction de mètre. On joint aussi un à un les points obtenus ; lorsqu'on arrive à un profil mixte tel que le profil 4 pour limiter le déblai, on prend entre 4 et 5 une longueur qui donne le point (b) et qui est égale à la distance d'application de la partie en déblai du profil 4 ; le point (a) s'obtiendra en prenant entre 3 et 4, à partir de 4 et dans la direction du profil 3, une longueur égale à la distance d'application de la partie en remblai du profil 4.

Lorsqu'on arrive à deux profils consécutifs, l'un tout en déblai 7,60 l'autre tout en remblai 6,50 (fig. 119), on joint simplement les extré-

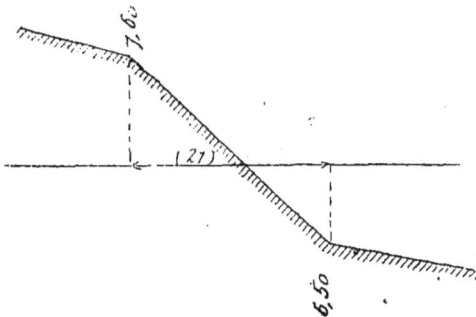

Fig. 119.

mités des ordonnées de signe contraire et la distance 21 se trouve ainsi divisée proportionnellement aux surfaces de déblai et de remblai.

Si l'on n'avait pas calculé le point de passage proportionnellement aux surfaces, on appliquerait les distances données par d'autres méthodes ; on arriverait ainsi à avoir 2 points *a* et *b* qui se superpose-

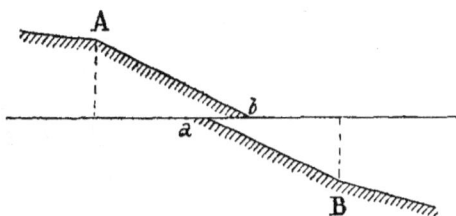

Fig. 120.

raient rarement et ne seraient pas davantage sur la direction AB (fig. 120).

Le graphique est donc simplifié, quand on suit le premier mode de faire.

En résumé, les surfaces comprises entre les périmètres passant par les têtes des ordonnées, au-dessus et au-dessous de l'axe, représentent les cubes des tranchées et des remblais, du moment que les ordonnées représentent les surfaces des profils en travers, et que les distances entre ordonnées et celles entre ordonnées et rencontres des périmètres avec l'axe, représentent les longueurs applicables à ces surfaces.

On donne, à partir de l'origine, un numéro à chaque remblai, un nom de baptême tiré du lieu dit à chaque tranchée ; on inscrit ces indications comprenant, en outre, le piquetage du remblai et de la tranchée, et au-dessous le cube total du terrassement afférent, bien en face du milieu de la surface représentant la tranchée ou le remblai.

Enfin, à un centimètre environ du bord supérieur du papier, on trace une ligne rouge continue, sur laquelle on place toutes les déclivités du profil en long ; ces longueurs s'accordent d'ailleurs avec celles de l'axe du dessin et se rattachent aux mêmes points que sur le profil en long (fig. 121).

On a ainsi constamment sous les yeux les allures de la plate-forme et cela est intéressant en ce sens que, dans certains cas, si l'on peut faire varier une distribution de cubes, on voit si, par cette variation, on augmente ou l'on diminue le volume des déblais remontés en rampe, circonstance que l'on doit atténuer autant que faire se peut.

Le profil ainsi disposé, et toutes les écritures faites en rouge pour pouvoir être chlorées et modifiées facilement, il y a lieu de procéder à la recherche des transports partiels.

Cette recherche est singulièrement facilitée par les conditions d'équilibre, suivant lesquelles on a étudié : 1º le profil du tracé définitif relevé sur le plan coté à l'échelle de 0,0005 ; 2º le profil en long du tracé adopté, relevé directement sur le terrain, et sur lequel profil en long on a encore essayé et tâtonné une ligne rouge définitive placée de manière à assurer cet équilibre.

On peut dire même que le mouvement des terres est tout fait, qu'il n'y a plus qu'à évaluer les distances de transport et à tenir un compte un

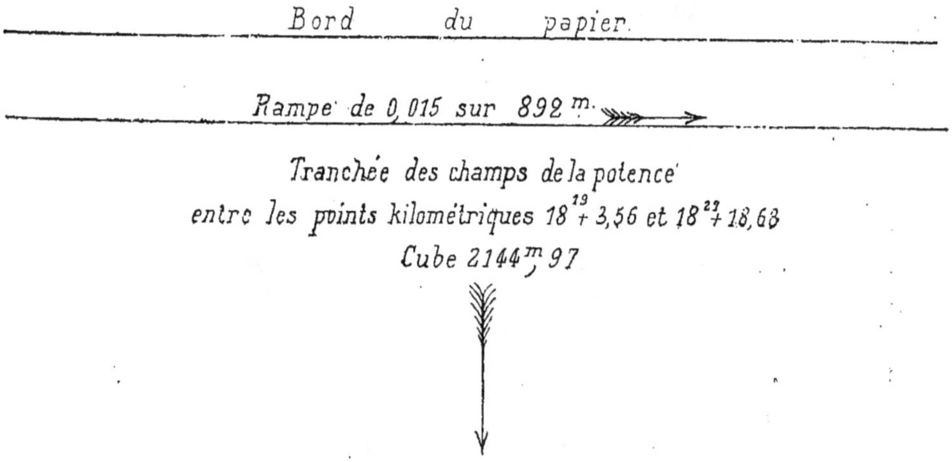

Fig. 121.

peu plus serré de tous les éléments qui entrent dans la question, à savoir :

Les terrassements des gares, des chemins latéraux, des passages à niveau, des déviations et dérivations quelconques, des fossés et enfin des fouilles importantes d'ouvrages d'art ; il faut aussi déduire les vides, occasionnés dans les remblais par les ouvertures des travaux marquants, user du foisonnement avec prudence et modération, et, en résumé, tenir compte de toutes les singularités du projet, mesure d'exactitude que l'avancement général des études permet de réaliser dans une limite suffisante pour la pratique et au-delà de laquelle on pourrait être accusé de s'attarder à des minuties.

On n'oubliera pas que le prix unique pour terrassement s'applique dans un lot donné, non seulement au corps du chemin de fer, mais encore aux dérivations ainsi qu'aux déviations de tout genre, aux fossés et aux chemins latéraux.

Il est donc convenable de faire le mouvement de terre partiel de chacun de ces détails, afin de l'agglomérer dans le mouvement général et de déduire de l'ensemble la valeur du transport moyen.

ÉVALUATION DES TRANSPORTS PARTIELS (MÉTHODE CENTROGRAPHIQUE).

Tous les manuels possibles (Sergent, Claudel, Endrès, etc.,) et tous les cours de travaux publics indiquent que le transport moyen d'un cube donné en déblai et employé à former un cube de remblai, transport exécuté par directions parallèles, est égal à la distance qui existe entre le centre de gravité du solide de déblai et le centre de gravité du solide de remblai.

Si donc une tranchée, ou portion de tranchée D (fig.122), est destinée à former un remblai ou portion de remblai R, la distance moyenne de transport serait la distance des points G et G'; mais en pratique comme il y a peu de différence entre la ligne GG' et sa projection sur l'horizontale, c'est cette projection que l'on prend comme longueur du transport.

Il serait, du reste, sinon impossible de déterminer la position du centre de gravité d'une portion de tranchée, dans l'hypothèse d'un terrain homogène, du moins très fastidieux, d'entrer en de pareils calculs, car il faudrait décomposer le volume considéré en solides géométriques, prismes ou pyramides, déterminer les centres de gravité de ces parties, et leur distance à un plan vertical, passant par un profil quelconque (le profil zéro ou point de passage), puis appliquer le théorème des moments par rapport à ce plan. Soient $v, v'\ v''$ les solides géométriques, $l, l'\ l''$ les distances de leur centre de gravité au plan, la distance du centre de gravité de la portion de tranchée à ce même plan s'obtiendrait par la relation.

$$X = \frac{vl + v'l' + v''l'' + \cdots}{v + v' + v'' + \cdots}$$

Il faudrait en faire autant pour la portion de remblai correspondante ; ce système n'est que de la pure théorie.

En pratique, on remplace la distance des centres de gravité réels des solides, ou du moins sa projection, par la projection de la distance des centres de gravité des surfaces qui représentent ces solides sur le profil que nous avons décrit plus haut, toujours dans l'hypothèse d'un terrain homogène qui substitue les centres des volumes aux centres des poids, et élimine l'action de la pesanteur pour la remplacer par

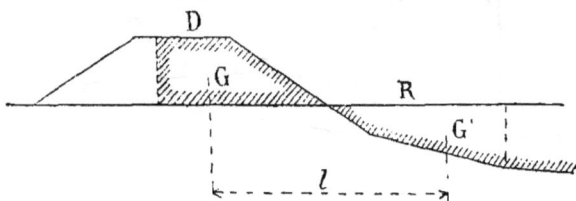

Fig. 122.

une force indéfinie dont les effets sont proportionnels aux volumes seuls.

Il reste maintenant à passer des volumes aux surfaces. Considérons 2 profils MNOP et *mnop* (fig. 123), dont l'un est placé dans le plan vertical ABCD, et dont l'autre est parallèle à ce plan et placé en avant à la distance *l* ; puis normalement au plan ABCD et parallèlement au plan des axes des profils, le plan (XY, X'Y'), faisons passer une infinité de plans sécants qui décomposeront le solide total en tranches que nous prendrons assez minces pour que l'on puisse considérer les sections (Y*dx*) (faites par deux plans consécutifs dans l'un ou l'autre des profils MNOP et *mnop*) comme des rectangles, bien que les lignes MN et *mn* ne soient ni horizontales ni parallèles.

Ces tranches, infiniment minces, seront tantôt des prismes à sections trapézoïdales, dans le sens longitudinal du volume considéré, et limités par des faces rectangulaires distantes de *l* et formées chacune par les éléments superficiels Y*dx*, tantôt des troncs de pyramides, et cela arrive dès que le plan sécant, parallèle au plan (XYX'Y'), passe par la ligne *hq* et le point *n*, autrement dit dès que ce plan échappe le profil *mnop* supposé moindre en surface que le profil MNOP, car le plan continuant sa marche dans la pyramide *hNqn* détermine les troncs de pyramide dont les bases sont $y \times \dfrac{U}{2}$ (U étant une variable décroissant de *l* à *o*) et dont la hauteur constante est *dx*. Or, ces troncs de

pyramides sont à remplacer par des moitiés de prismes ayant pour base toujours l'élément superficiel Ydx et pour hauteur la distance l entre les deux profils. Cette substitution, il est vrai, amène à la place de la pyramide la moitié du prisme de même base et de même hauteur et augmente ainsi de la moitié de sa valeur le volume réel (car V étant

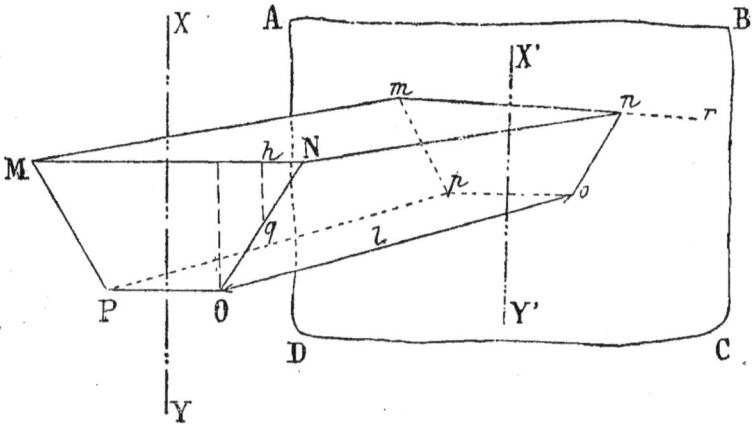

Fig. 123.

le volume de la pyramide, celui du prisme de même base et de même hauteur est 3V; sa moitié est 1m,50 V, l'excès est donc 1,50V—V=0,50V), mais elle a pour but de faire concorder la somme de tous ces volumes avec celui donné par la formule usitée entre les deux profils MNOP et *mnop*.

Chacune des tranches, qui vont d'un profil à l'autre, est donc un prisme trapézoïdal dont le volume est

$$\frac{Y+y}{2}\, ldx,$$

et soit z la distance variable du centre de gravité de chacun de ces prismes au plan ABCD, le moment partiel d'une tranche est

$$\frac{Y+y}{2}\, ldxz$$

et le moment total

$$\int \frac{Y+y}{2} ldxz$$

Quant aux tranches, qui ne vont pas d'un profil à l'autre, elles sont ainsi remplacées par des tranches triangulaires dont la base est Ydx et dont le sommet est sur la ligne *nr* dans le plan ABCD, *nr* étant la

parallèle à hN, menée par le point n ; le volume partiel de l'une d'elles est

$$\frac{1}{2}\mathrm{Y}ldx$$

et le volume total de leur ensemble

$$\frac{l}{2}\int \mathrm{Y}dx,$$

le moment partiel est

$$\frac{1}{2}\mathrm{Y}ldxz$$

et le moment total

$$\frac{l}{2}\int \mathrm{Y}dxz$$

Y et y sont les hauteurs des sections $\mathrm{Y}dx$ et ydx comprises entre 2 plans sécants consécutifs, tant que ceux-ci atteignent les deux profils à la fois ; au delà, il n'y a plus de sections $\mathrm{Y}dx$ que sur le plus grand des profils ou demi-profils considérés, car la même décomposition est applicable à deux demi-profils inégaux séparés toujours sur le plan XYX'Y' et par suite, si le demi-profil mpX'Y' était plus grand que le demi-profil MPXY, il y aurait encore des sections ydx sur le demi-profil mpX'Y' quand il n'y en aurait plus sur le demi-profil MPYX.

Sur le plus petit des profils ou demi-profils considérés, la section (ydx) se réduit, du reste, à un point ; ceci posé, la somme des moments de ces tranches équivaut, d'ailleurs, au moment du volume compris entre les deux profils MNOP et $mnop$.

Ce volume est $\frac{\mathrm{S}+s}{2}\,l$, d'après la règle admise entre profils en travers et interprétée dans la décomposition en tranches ; soit Z la distance de son centre de gravité au plan ABCD, le moment est, dès lors,

$$\frac{\mathrm{S}+s}{2}l\times \mathrm{Z}.$$

Si maintenant conservant les plans ABCD et POpo perpendiculaires entre eux, on prend toutes ces tranches les unes après les autres et qu'on les superpose en les supposant élastiques, ce qui les ramène à des prismes équivalents dont aucune arête n'est plus normale au plan des sections rectangulaires ($\mathrm{Y}dx$), mais dont la distance des centres de gravité au plan ABCD ne change pas, on arrive à former au-dessus et au-dessous du plan POpo deux prismes trapézoïdaux qui n'en consti-

tuent qu'un par la suite, composés : celui du dessus par les tranches comprises à gauche du plan XYX'Y' dans le solide MNOP *mnop* ; celui du dessous, par les tranches comprises à droite du même plan dans le même solide (fig. 124).

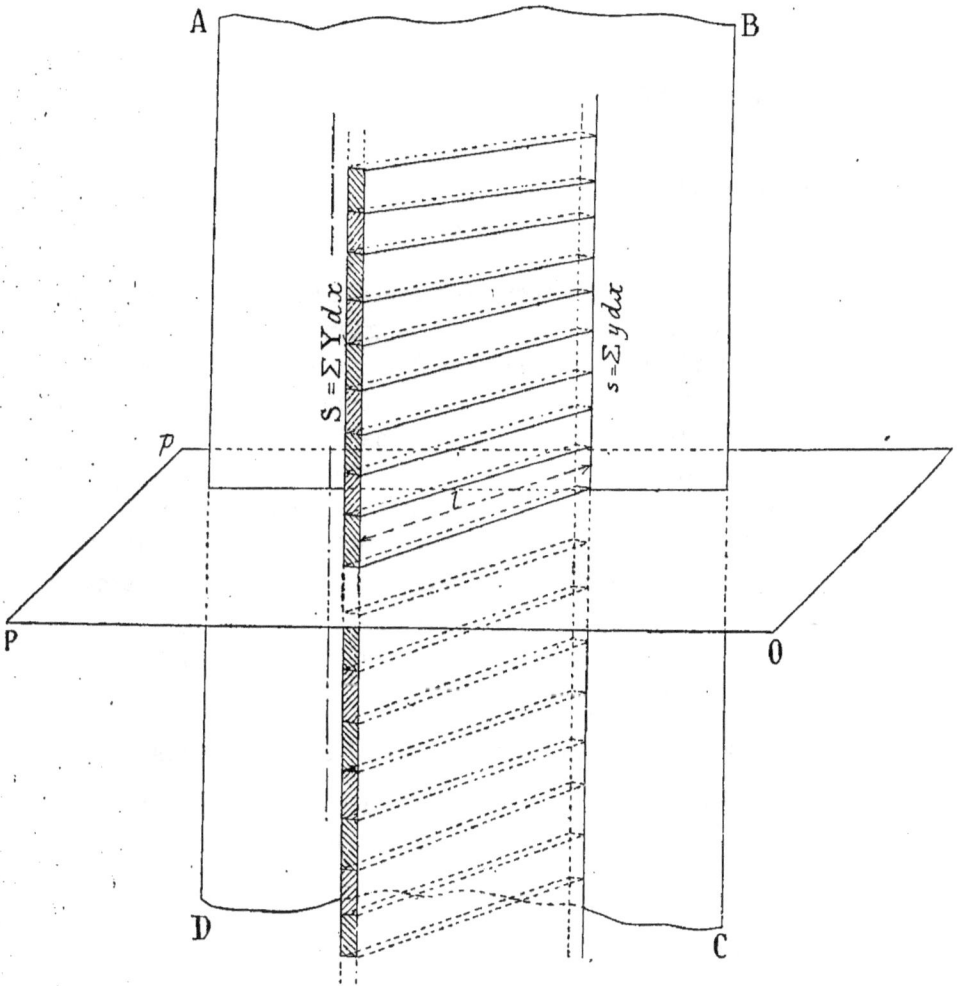

Fig. 124.

Le prisme trapézoïdal, qui représente ainsi l'ensemble des tranches superposées et juxtaposées dans cette superposition, a la hauteur constante *l* ; en outre, l'une de ses faces rectangulaires est formée par

la somme des rectangles Ydx, et la face rectangulaire opposée est formée par la somme des rectangles $y dx$.

La somme des moments des divers prismes élémentaires représentant les tranches superposées et juxtaposées est égale à la somme des moments de ces diverses tranches. Ces tranches minces peuvent, en

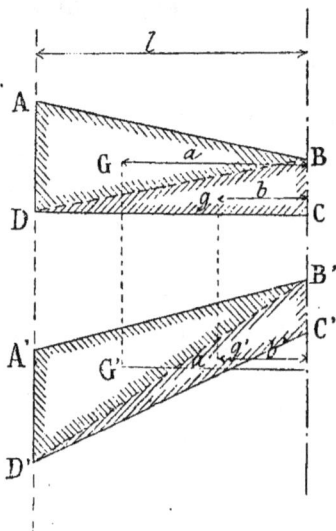

Fig. 125.

effet, être considérées à la limite comme des trapèzes et triangles ; or, le trapèze ABCD (fig. 125) et son équivalent A'B'C'D', qui ont même hauteur l, mêmes bases AD = A'D', BC = B'C' ont toujours un même moment, car le moment de ABD est surface ABD $\times a$, le moment BCD est surface BDC $\times b$, le moment A'B'D' est surface A'B'D' $\times a'$ le moment B'D'C' est surface B'D'C' $\times b'$.

Or $a = a' = \frac{2}{3} l$, $b = b' = \frac{1}{3} l$, surf. ABD = surf. A'B'D', surf. BDC = surf. B'D'C' et surf. ABCD = surface A'B'C'D', donc la somme des moments est constante, et surface

$$\frac{\text{ABD} \times a + \text{surf.BDC} \times b}{\text{surf. ABCD}} = \frac{\text{surf.A'B'D'} \times a + \text{surf.BDC} \times b}{\text{surf.A'B'C'D'}}$$

Donc, enfin, la distance des centres de gravité des tranches minces et élastiques au plan ABCD n'a pas varié par la superposition.

Mais la somme de ces moments est égale au moment du prisme trapézoïdal total résultant de cette superposition.

Ce prisme trapézoïdal total a pour volume la moyenne de ses faces rectangulaires opposées, multipliée par leur distance l; il est égal à :

$$\frac{\Sigma Y dx + \Sigma y dx}{2} l \text{ ou } \frac{S + s}{2} l$$

et la distance de son centre de gravité étant Z', son moment est $\frac{S + s}{2} lZ'$; mais si l'on prend la variation dx de plus en plus petite, la face rectangulaire $\Sigma Y dx$ s'allonge tout en restant égale à S et tend à devenir une ligne, la face rectangulaire $\Sigma y dx$ en fait autant; le prisme trapézoïdal total s'allonge en même temps que ses faces rectangulaires, sans que pour cela la distance Z' de son centre de gravité puisse varier, puisque la somme des moments des prismes superposés reste constante et toujours égale à la somme des moments des tranches minces en lesquelles on décompose le solide et dont le nombre seul vient à changer.

A la limite, la face rectangulaire $\Sigma Y dx$ peut être considérée comme remplacée par une ligne égale à S; l'autre face $\Sigma y dx$ est remplacée par une ligne égale à s, et le prisme trapézoïdal l'est par un trapèze dont le centre de gravité est distant du plan ABCD de la quantité Z'; la surface $\frac{S + s}{2} l$ se substitue ainsi au volume qui a même expression, et la valeur de Z' donne celle de Z ; on établirait de même que si le volume considéré entre deux profils est représenté en surface par un triangle,

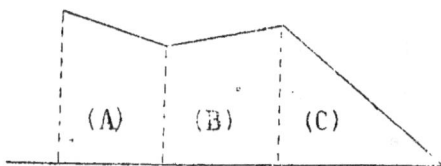

Fig. 126.

le centre de gravité du triangle peut remplacer celui du volume par rapport au plan des moments ABCD.

Ceci posé, si on a une suite de volumes représentée par des trapèzes et triangles, le théorème précédent s'appliquera au volume V représenté par (A), au volume V' représenté par (B), au volume V" repré-

senté par (C), et la somme des moments des volumes V, V', V" sera remplacée par la somme des moments des surfaces (A) (B) (C) et, par suite, au lieu de déterminer le centre de gravité de l'ensemble des volumes V, V', V", on aura à déterminer celui de l'ensemble des surfaces

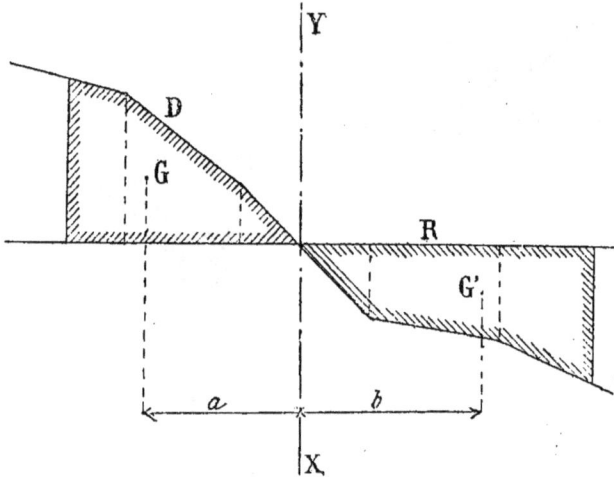

Fig. 127.

(A) (B) (C), autrement dit de la surface représentant le volume total (fig. 126).

Par suite, si une surface D doit fournir la surface R, on prendra le centre de gravité G de la surface D, par rapport au plan YX se projetant au point de passage, ce qui donnera la distance a (fig. 127); de même, le centre de gravité G' de la surface R, par rapport au même plan, donnera b, et la distance moyenne de transport sera $(a + b)$, ou la distance horizontale des centres de gravité des surfaces considérées.

On pourrait déterminer, par le calcul, les distances a et b, en prenant les moments des trapèzes et triangles dont se composent les surfaces D et R, et par rapport au plan YX; mais le côté pratique de la méthode consiste à trouver ces distances par un procédé graphique rapide et suffisant comme approximation.

DÉTERMINATION DES CENTRES DE GRAVITÉ.

Le cube de déblai ABC (fig. 128) devant fournir le cube de remblai BDE, on décalque les figures ABC et BDE à l'aide d'un papier diopti-

que, et on les reporte sur du carton mince, que l'on découpe ensuite à la règle et au canif, de manière à reproduire le plus exactement les figures ABC et BDE, puis sur une paroi MN verticale et plane autant que possible (fig. 129); on trace à la règle et à la bulle une horizontale

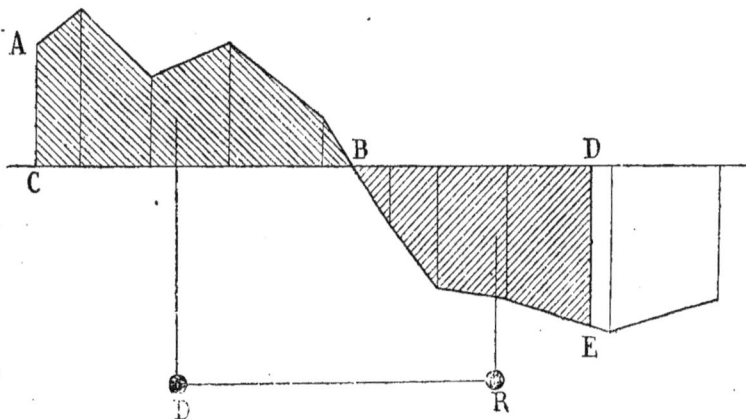

Fig. 128.

LT un peu au-dessous de laquelle·on enfonce horizontalement une aiguille très fine (a).

Cela fait, on prend la figure découpée ABC; on la perce d'un petit trou avec une autre aiguille en (a) (fig. 130), point présumé appartenir à la verticale passant par le centre de gravité de la figure ABC. Si ce fait avait lieu, la ligne CB resterait parallèle à la ligne LT; si le point présumé n'est pas bon, on le voit de suite, car la figure qui peut tourner autour de l'aiguille s'incline, et la ligne CB prend la position de la ligne C'B'; on essayera donc un deuxième trou (a'), et si la ligne CB prend la position C"B", alors le bon point devra se trouver entre (a) et (a'), et il n'y sera pas difficile d'y arriver par un ou deux essais supplémentaires. Le point est bon lorsque la ligne CB se dégauchit bien parallèlement à LT, en supposant, bien entendu, le carton homogène: on marque donc d'un coup de crayon le trou qui satisfait à la condition d'équilibre, puis on enlève la figure découpée et on la rapporte sur le profil du mouvement des terres. On donne à travers le trou désigné un coup de pointe de crayon, et, par ce point, on fait passer à l'équerre une verticale; on agit de même pour la figure BDE, on obtient ainsi deux verticales sur lesquelles sont les centres de gra-

vité des figures de déblai et de remblai ; on prend au kustch, la distance de ces deux verticales, et on a ainsi la distance moyenne de transport applicable aux deux volumes considérés.

Lorsque l'on doit compter un certain foisonnement, comme dans

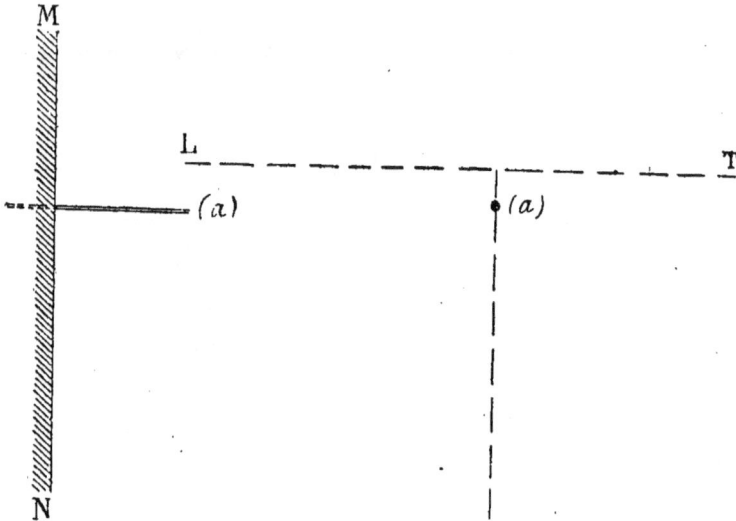

Fig. 129.

l'exemple ci-contre, on l'ajoute au cube de déblai et l'on cherche un chiffre en remblai, correspondant à la somme des deux premiers cubes.

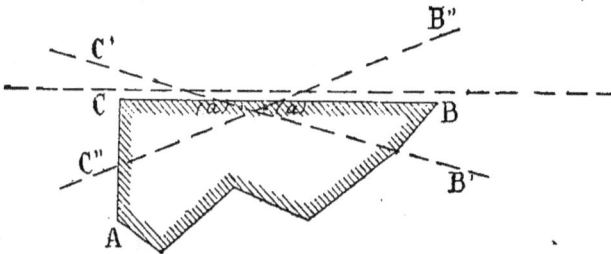

Fig. 130.

Les lignes de séparation, telles que XY, sont faciles à trouver, avec le tableau des terrassements, qui donne toutes les valeurs des triangles et trapèzes successifs du profil en long du mouvement (fig. 131) ; il s'agit de trouver la place en remblai ici pour 971mc,85. Quand on a

additionné le premier triangle et les deux trapèzes consécutifs, on arrive à un cube de 845,33 ; il faut donc prendre sur le trapèze suivant (971,85 — 845,33) = 126,52 ; on le fait en prenant à l'échelle XY et Z, de manière à arriver, par tâtonnements, à avoir :

$$\frac{pq + XY}{2} \times Z = 126,52.$$

Il est bien plus simple de diviser 126,52 par la valeur de pq pour avoir approximativement la place de la ligne XY, surtout si les or-

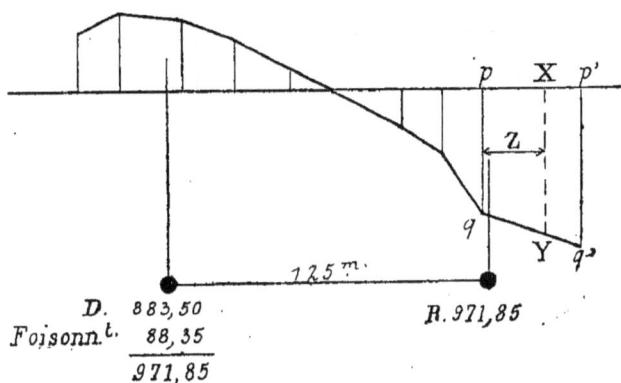

D.   883,50
Foisonn.ᵗ   88,35
971,85

R. 971,85

Fig. 131.

données pq et $p'q'$ sont peu différentes et, dans tous les cas, cette division sert à éviter beaucoup de tâtonnements pour la détermination de XY et de Z.

Lorsque la figure, que l'on considère en déblai ou en remblai, est un triangle (fig. 132), sans recourir à la méthode de suspension, on marque le point de la verticale aux 2/3 de la longueur BA ou au premier tiers de la longueur AB.

Lorsque c'est un trapèze (fig. 133), on commence par mener la ligne st qui joint les milieux des ordonnées, on prolonge DC d'une quantité CB' = AB et AB d'une quantité AD' = DC, on joint D'B' et on obtient ainsi le point o par lequel on fait passer la verticale.

En dehors de ces figures, qui se présentent quelquefois, on recourra au procédé général de détermination de la verticale contenant le centre de gravité, par la méthode de suspension. Il faut avoir soin de percer les trous de suspension le plus près possible de la base de chaque figure découpée (le côté par lequel cette figure touche l'axe du profil en long du mouvement), afin que la figure balance plus folle-

ment autour de l'aiguille. Il faut aussi que la figure entre librement sans frotter sur l'aiguille et, enfin, il faut l'avancer contre la paroi, de manière qu'elle laisse toujours, entre elles deux, un petit vide et qu'il n'y ait pas de frottement.

Quels que puissent être les petits défauts inhérents au manque d'homogénéité du carton et aux différences que la figure découpée

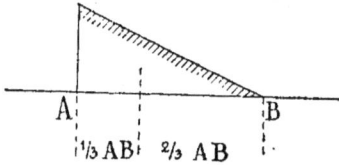

Fig. 132.

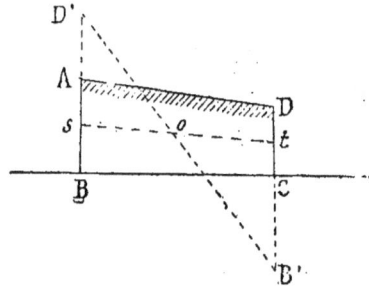

Fig. 133.

peut présenter avec la figure première, telle qu'elle existe sur le profil en long du mouvement, on arrive à une détermination de la verticale comprenant le centre de gravité au-delà de tout ce que peut produire l'œil le plus exercé et avec une exactitude qui dépasse les besoins de la question.

FORMULES DE TRANSPORT.

Les bases de l'appréciation des distances sont, en outre, les formules de transport :

1° Le prix de relais de brouette de 30 mètres (A);

2° Le prix de relais de voiture de 100 mètres (B) ;

3° La constante à ajouter au prix de relais de voiture (C) ;

4° Le prix du relais de wagon de 100 mètres (D) ;

5° La constante à ajouter au prix des relais de wagon (E).

Ces prix varient avec la main-d'œuvre, la cherté des journées de chevaux, etc...; ils sont en général donnés par les ingénieurs au chef de section.

D'après les valeurs attribuées aux quantités A, B, C, etc., il est facile de voir jusqu'à quelle distance on emploiera la brouette, puis la

voiture, avant d'appliquer le transport par wagon ; soit x le nombre de relais de brouettes à faire avant d'employer la voiture :

$$A x = B + C \text{ et } x = \frac{B + C}{A} = \delta'$$

Soit y le nombre de relais de voitures à faire, avant d'employer le wagon :

$$B y + C = D y + E \text{ et } y = \frac{E - C}{B - D} = \delta'$$

Lors donc que l'on trouvera entre deux centres de gravité une distance moindre que $\delta \times 30$, on indiquera l'emploi de la brouette par la lettre B mise à côté du chiffre de la distance (fig. 134).

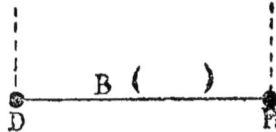

Fig. 134.

Si la distance est comprise entre 30δ et $100\delta'$, on indiquera le mode de transport par les initiales T (tombereau) ou V (voiture) ; au-delà de la distance $100\delta'$, le wagon sert exclusivement et s'indique par la lettre W.

THÉORÈMES RELATIFS AU MOUVEMENT DES TERRES.

1° Lorsqu'un remblai doit être formé par deux cubes, empruntés aux tranchées adjacentes, tout en n'étant délimités en aucune façon, il faut former le remblai, avec des cubes choisis de telle sorte que la distance de tranport soit un minimum. Soient x et y ces parties (fig. 135); et V le volume du remblai, $x + y = V$, les distances de transport étant δ et β, le transport total est $x\delta + \beta y$ et doit être un minimum ; or,

$$\delta x + \beta y = (V - y) \delta + \beta y = V\delta - \delta y + \beta y = V\delta + y (\beta - \delta)$$

et pour que cette somme soit un minimum, V et y n'étant pas nuls, il faut $\beta - \delta = 0$, ou $\beta = \delta$, c'est-à-dire que le remblai devrait être partagé en deux parties, telles que la distance de leurs centres de gravité aux centres de gravité des volumes de déblai correspondants soit égale ; cette condition théorique est assez difficile à remplir exacte-

ment, mais elle sert de base pour juger de la valeur relative des résultats obtenus dans la recherche de ce minimum de transport.

2° Lorsqu'un cube de déblai est à transporter à une distance assez
considérable, il n'y a avantage à mettre ce cube en dépôt et à proximité, et à le remplacer, en son lieu d'emploi en remblai, par un emprunt qu'autant que le prix de revient de cet emprunt est plus petit
que la différence entre le prix de transport du cube de déblai à son
lieu d'emploi et la somme des prix de transport et du cube

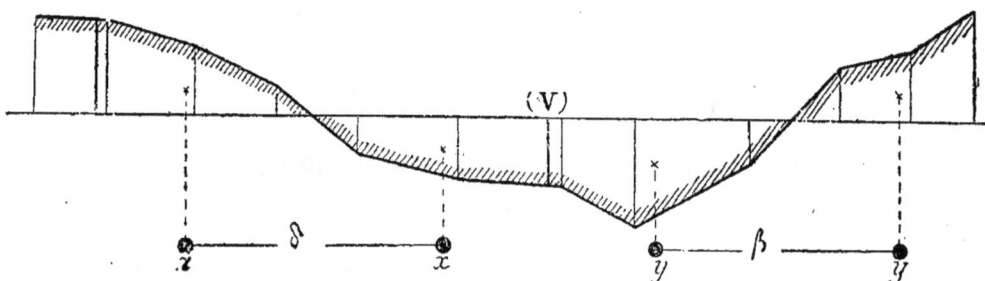

Fig. 135.

mis en dépôt et de l'emprunt transporté au lieu d'emploi, en remblai.

Soient V le cube de tranchée en question, P son prix de transport
au lieu d'emploi et (a) le prix de la fouille et charge, soient p le prix
de transport en dépôt du cube V, p' le prix de transport au lieu d'emploi de l'emprunt, et b le prix de l'emprunt (fouille, charge, indemnité
de carrière).

La dépense dans le premier système est :

$$Va + VP \text{ ou } V(a + P).$$

Dans le second système il faut quand même déblayer la tranchée
et mettre le cube V en dépôt, la dépense est, de ce premier chiffre :

$$Va + Vp = V(a + p).$$

Mais il faut, en outre, emprunter un cube V au prix b et le transporter suivant le prix p' au lieu d'emploi en remblai ; de là une
deuxième dépense

$$Vb + Vp' = V(b + p').$$

Pour qu'il y ait économie à contracter l'emprunt et le dépôt, on doit
avoir :

$$V(a + P) > V(a + p) + V(b + p')$$

ou

$$a + P > a + p + b + p'$$

ou enfin,

$$P > p + p' + b$$

et finalement,

$$b < P - (p + p').$$

C'est-à-dire que le prix du mètre cube d'emprunt doit être plus petit que la différence entre le prix de transport du cube de tranchée et la somme des prix de transport de ce cube mis en dépôt et de son remplaçant sous forme d'emprunt mis en remblai.

Il n'y a donc à faire ni dépôt ni emprunt toutes les fois que l'on arrive pas pour b à une valeur pratique, et il faut maintenir le long transport au wagon.

Ces longs transports, qui sont logiques dans la théorie pure du mouvement des terres, sont parfois difficiles ou coûteux en exécution, car ils nécessitent une grande longueur de voie et une dépense de temps pour parcourir quelquefois, 17, 18, 20 relais, soit 1,700 à 2,000 mètres.

Mais comme on laisse généralement aux entreprises la faculté de détourner des matériaux, sous la seule condition de fournir un cube équivalent en bon remblai, l'entrepreneur s'arrange pour supprimer ce cube de long transport, en remplaçant avec son aide, les matériaux détournés dans son voisinage (la question de dépôt est annulée, car le cube s'est transformé en ballast, moellons, etc.) ensuite il fait un emprunt le plus voisin possible du lieu d'emploi en remblai, et ainsi évite le grand parcours qui néanmoins doit tenir sa place sur le profil en long du mouvement.

DÉTAILS A FAIRE FIGURER SUR LE PROFIL EN LONG DU MOUVEMENT.

Jusqu'à présent nous avons vu seulement sur ce profil la représentation des déblais et remblais, mais on y fait figurer également les chemins latéraux, les traversées de toute sorte, etc...

Les chemins latéraux ont un mouvement de terre tantôt isolé, tantôt se reliant au mouvement de terre général. Ce mouvement des chemins s'estime sur le plan et le profil du projet de ces chemins. La distribution des cubes s'y fait d'après le métré de ces cubes évalués avec la cote sur l'axe, vu leur peu d'importance.

L'appréciation des centres de gravité se fait également à l'œil sur le plan et sur le profil en long, les excédants sont portés en remblai

au chemin de fer et le plus près possible, les manques sont emprun-

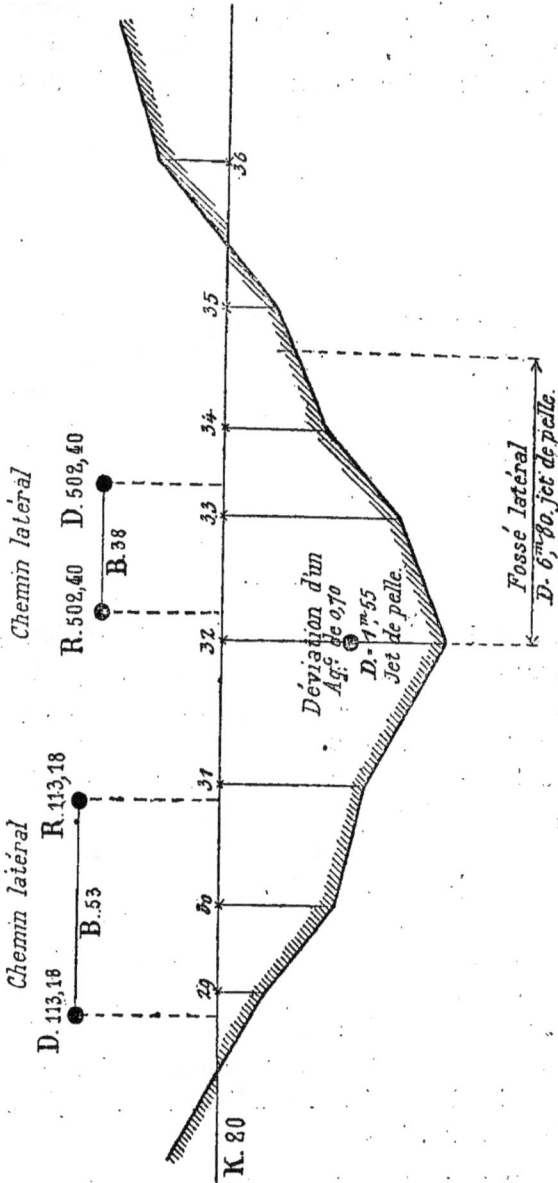

Fig. 136.

tés à une tranchée voisine et le plus près possible également. Les po-

sitions des centres de gravité sont repérées par rapport aux piquets du chemin de fer et portées au-dessus et au-dessous de la ligne rouge (fig. 136), suivant la place disponible, avec les indications des cubes et la distance de transport, comme dans l'exemple ci-contre ; même chose pour les fossés latéraux qui sont rapportés aux piquets, on

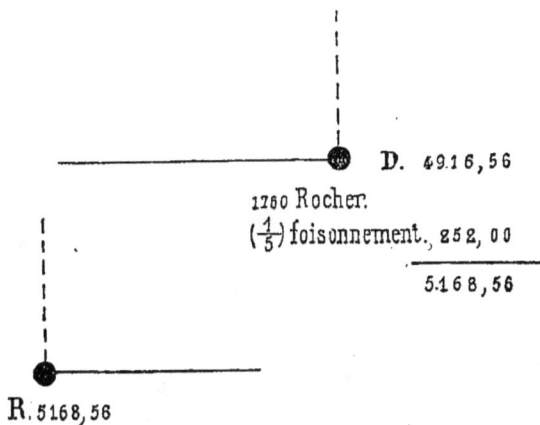

D. 49.16,56

1760 Rocher.

$(\frac{1}{5})$ foisonnement., 252,00

5.168,56

R. 5168,56

Fig. 137.

n'indique pas de points de centres quand il n'y a qu'un jet de pelle sur un parcours longitudinal ; la dérivation d'un aqueduc, avec jet de pelle, se représente comme ci-dessus (fig. 136), par un point unique, indiquant absence de transport.

Lorsqu'un cube de déblai renferme une partie en rocher, on le met en évidence pour justifier le foisonnement (fig. 137).

Le remblai correspondant comporte la somme du déblai et du foisonnement 4916,56 + 252 = 5168,56.

Lorsqu'un profil de la voie courante est partie en déblai, partie en remblai, perdu entre des profils voisins tout en remblai ou en déblai, dans le 1er cas on a ce qu'on appelle un décapement, et dans le 2e un remblai en corps de tranchée ; les transports afférents à ces terrassements isolés ne comportant généralement que le jet de pelle, ils s'indiquent en face du piquet où le fait a lieu et de la façon consignée au croquis ci-dessous (fig. 138).

Souvent et notamment à l'endroit des passages à niveau, on a à tenir compte, dans la déviation correspondante, de transports obliques au tracé, on les indique en marquant la distance des points par une ligne pointillée, souvent cette distance pointillée s'annule et le trans-

port oblique se représente par une verticale et un point lorsque cette obliquité arrive à 90 degrés (fig. 138).

Dans les gares on a parfois de ces transports perpendiculaires au plan du profil en long.

Les mouvements de terre, dans les gares, se font non seulement avec

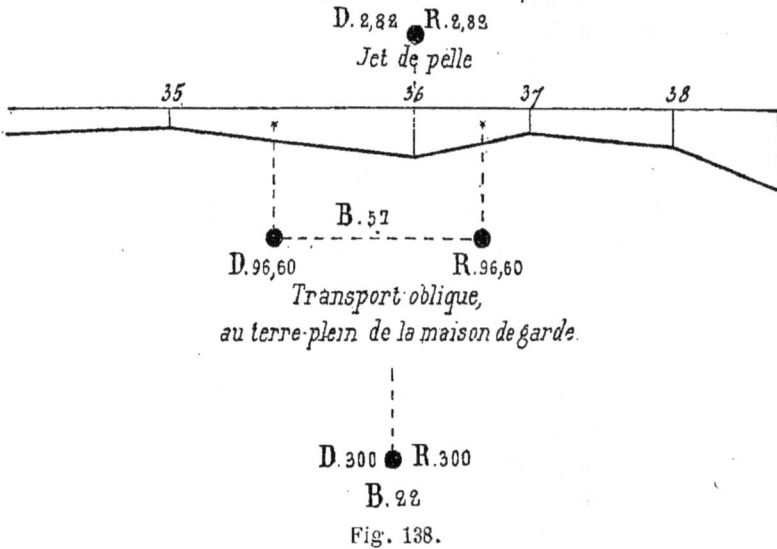

Fig. 138.

l'aide du profil en long, mais encore à l'aide du plan de la gare, comme il a été dit pour les chemins latéraux et les projets de déviations.

Les indications diverses de transports s'y font en ligne pleine pour les transports parallèles à l'axe, en pointillé pour les transports obliques, et on emploie le point sur une verticale pour les transports normaux.

En résumé, en se servant de ces notations diverses, on peut faire figurer sur le profil en long tout cube de provenance quelconque avec l'indication de sa distance de transport ; on en excepte uniquement les fouilles d'ouvrages d'art et pierrées peu considérables et qui viennent compenser en partie les pertes de matériaux de remblai ; du reste ces fouilles sont payées à des prix différents du prix unique des terrassements ; on doit agir de même pour les déblais des formes d'empierrement qui sont, fouille et transport, payés à part dans le prix de l'empierrement ; il n'y aurait à considérer leur emploi, quand il s'agit d'ouvrages pouvant fournir un grand cube, que comme rem-

plissage de remblai à déduire sur les cubes à fournir par les déblais voisins, et sans appliquer à ce cube aucun transport, en ne le traitant en un mot, que comme une déduction analogue à celle que l'on fait pour le vide des ouvrages d'art de grande ouverture.

Un profil en long ainsi complété a l'avantage sur les autres méthodes (tableaux de différents genres ; Sergent en cite deux ou trois) qu'il parle aux yeux par la disposition des figures plus éloquemment que ne peuvent le faire des chiffres rangés dans des colonnes ; les transports s'effectuent ou se modifient, sous le regard même de l'opérateur ; en même temps, les cubes sont délimités dans leur extraction comme dans leur emploi en remblai ; c'est, en un mot, une image réduite de la réalité éventuelle et qui, par suite, se prête d'elle-même à la conception, au raisonnement et à la réflexion.

PROFIL EN LONG AVEC REPORT DU MOUVEMENT DE TERRES.

Si l'on n'envoie pas aux ingénieurs le profil en long du mouvement, ce qui serait néanmoins utile pour rassurer leur dévotion, on leur adresse un calque du profil en long, sur lequel on indique les tranches de séparation des volumes, les verticales des centres, etc., et où on reproduit enfin toutes les données du profil centrographique.

De même que sur celui-ci, les surfaces diverses y sont teintées suivant le mode de transport.

Le transport au wagon se teinte en rose.

Le transport à la voiture, en bleu.

Le transport à la brouette, en jaune.

Les emprunts se teintent en vert.

Les dépôts se teintent en violet.

TABLEAU DU MOUVEMENT DES TERRES.

Aux profils en long est joint un tableau du mouvement de terres, qui n'est que le relevé du profil centrographique augmenté de quelques résultats postérieurs utiles à la détermination du transport moyen pour la section de terrassements considérée.

Ce tableau se compose de 16 colonnes :

1° N° des profils ; dans cette colonne, on met le piquetage des limites de la tranchée ou du remblai envisagé, le piquetage des limites

des chemins latéraux, celui des déviations, des fossés latéraux, des dérivations (aqueducs), des stations, etc. ;

2° Désignation des ateliers ; dans cette colonne on met le nom de la tranchée, le n° du remblai, le nom des chemins, l'indication des ouvrages d'art, etc.;

3° Déblais en masse ; cette colonne comprend le cube total de la tranchée, du déblai des chemins, de la dérivation des aqueducs, etc. ;

4° Déblais fractionnés suivant l'emploi ; les nombres inscrits dans cette colonne doivent reproduire dans leur somme ceux de la colonne précédente ; en outre, lorsqu'il y a du foisonnement, ces chiffres s'écrivent en rouge à la suite des premiers, sans s'additionner avec eux ;

5° Emprunts pour remblais ;

6° Remblais en masse ;

7° Remblais fractionnés suivant l'emploi ; les chiffres de la colonne doivent reproduire dans leur somme ceux de la 6me ;

8° Dépôts de pierres pour divers usages ; ce sont des excédants de tranchées ou de terrassements quelconques dont la nature est prévue par le classement géologique ;

9° Dépôts en cavaliers ou en élargissements de remblais ou jet sur berge. Cette dernière classification s'appliquera aux fossés latéraux, déviations d'aqueducs et autres menus déblais qui ne comportent que le jet de pelle compris dans la fouille et charge ;

10° Distance des transports à la brouette ;

11° Distance des transports à la voiture ;

12 Distance des transports au wagon ; ces distances s'inscriront en chiffres reproduisant les longueurs inscrites au profil du mouvement ;

13° Les produits des cubes par la distance à la brouette ;

14° Les mêmes éléments à la voiture ;

15° Les mêmes éléments au wagon ;

16° Une colonne d'observations ; dans cette colonne on mentionne les mots : jets de pelle en face des cubes indiqués en jet sur berge. On indique ensuite à quels remblais sont employés les cubes fractionnés de la colonne 4 ou l'endroit des dépôts en élargissements. S'il s'agit d'un chemin. on inscrit également en face des cubes fractionnés leur destination, soit en remblai sur le chemin, soit en remblai dans le corps du chemin de fer.

Les colonnes 3, 4, 5, 6, 7, 8, 9, 13, 14 et 15 se totalisent avec reports, en ne faisant pas figurer dans cette opération les chiffres rouges qui représentent les foisonnements.

A la fin du tableau on arrive à avoir : 1° le cube total des déblais de toute espèce (tranchées, chemins, fossés) donné par la colonne 3 ;

2° Le même cube donné par la colonne 4 ;

3° Le cube total des emprunts donné par la colonne 5 ;

4° Le cube total des remblais de toute espèce donné par la colonne 6 ;

5° Le même cube confirmé par la colonne 7 ;

6° Le cube des dépôts de pierres donné par la colonne 8 ;

9° Le cube des dépôts de toute autre nature donné par la colonne 9 ;

10° La somme des moments des transports à la brouette ;

11° La somme des moments des transports à la voiture ;

12° La somme des moments des transports au wagon.

Il faut encore prendre, dans le tableau, tous les cubes transportés à la brouette, tous ceux transportés au tombereau, enfin tous ceux transportés au wagon et en former 3 nombres particuliers.

On additionnera aussi tous les nombres rouges représentant le foisonnement et, comme vérification, on devra arriver à la relation ci-après.

Le cube total des déblais de toute espèce, augmenté du cube total des foisonnements, est égal à la somme des trois données suivantes :

1° Le cube total des remblais de toute espèce ;

2° Le cube total des dépôts utiles ;

3° Le cube total des dépôts de toute espèce (dépôts hors remblai, dépôts en élargissement de plate-forme, dépôts au jet de pelle, considérés comme régalage sur berge, sur et hors le chemin de fer et travaux accessoires).

CLASSIFICATION DES TRANSPORTS.

Le prix du jet de pelle étant compris dans celui de fouille et charge, il n'y a à faire figurer dans les transports que les cubes réellement déplacés à l'aide de la brouette, de la voiture ou du wagon. La somme de ces cubes est plus petite que le total donné par la colonne 3 et la

différence représente tout ce qui est enlevé par le premier jet de pelle et régalé sur berge et tout ce qui est affecté à des dépôts utiles et sur place, et pour lesquels aucun transport n'est payé.

Ceci posé, en divisant séparément les totaux des moments de tranport à la brouette, à la voiture, au wagon, par les cubes réellement transportés à la brouette, à la voiture, au wagon, on obtient trois quotients qui représentent les distances moyennes de transport dans les trois cas observés.

Il est d'usage de compter en entier tout relais commencé pour dédommager l'entrepreneur de l'allongement de parcours sur le relais précédent et pour parer largement aux écarts des estimations de transport faites à l'œil.

On transformera, par suite, les distances moyennes de transport en nombre de relais.

Si la brouette donne 79 mètres ou deux relais, plus 19 mètres, on indiquera trois relais.

A la voiture, 245 mètres seront estimés trois relais, etc. Ceci posé, on appréciera ces relais en argent : Ainsi trois relais de brouette à 0 fr. 12 vaudront 0 fr. 36, pour une certaine valeur du prix de la journée, trois relais de tombereau à 0 fr. 06 feront 0 fr. 18 et avec une constante de 0 fr. 30 donneront 0 fr. 48, douze relais de wagon à 0 fr. 04 feront 0 fr. 48 et avec une constante de 0 fr. 40 donneront 0 fr. 88.

Ces prix 0 fr. 36, 0 fr. 48, 0 fr. 88, s'appliqueront séparément aux trois cubes transportés, l'un en brouette, l'autre en voiture et le dernier en wagon.

Les trois sommes résultantes seront additionnées et le total sera divisé par celui des trois cubes et donnera ainsi la dépense moyenne par mètre cube, autrement dit le coût du transport moyen.

PROFILS DE DISTRIBUTION DES CUBES.

On laisse aux entreprises, en général, le soin de calculer leur prix de transport moyen et sans leur remettre un mouvement de terres complet, on dresse, pour leur usage, un simple profil de distribution des cubes. On place les points et les verticales indiquant les centres de gravité, tels que sur le profil en long, on écrit les chiffres de déblais et de remblais au bout des points soudés deux à deux, et ceci

nous amène à observer sur le type que nous avons sous les yeux, une absurdité d'écriture ; on y désigne en effet les cubes sous la forme 230³. Or, 230³ (que le chiffre soit souligné ou non), c'est le symbole du cube du nombre 230.

Il serait pourtant bon d'être un peu plus régulier dans toutes ces indications et de se conformer davantage aux règles de l'arithmétique, de la logique et en somme du bon goût.

Les tranches de séparation des divers solides ne sont pas non plus indiquées sur ces profils. C'est aux entrepreneurs à refaire tout ce travail, du moment qu'ils ont la liberté et conséquemment la responsabilité de leur estimation.

ANALYSE DE PRIX.

L'analyse de prix est une de ces pièces qui, avec le tableau des matériaux et le mouvement des terres, forment le dossier à étudier spécialement par le chef de section, pendant que le restant de ses collaborateurs a assez de besogne pour établir tout l'avant-métré des travaux.

L'analyse des prix débute par les bases de prix évalués sur une journée de 10 heures, pour manœuvre, terrassier, chargeur, mineur, maçon, tailleur de pierre et charpentier, tombereau à 1, 2 ou 3 colliers et par les prix adoptés pour relais de brouette, voiture et wagon.

L'analyse des prix devra porter en outre sur l'emploi des matériaux approuvés par les ingénieurs.

Le premier prix à établir et le plus important de tous, est le prix unique des terrassements, qui peut représenter à lui seul la moitié ou même plus de l'entreprise totale.

La classification des terrains, d'après le profil géologique, donne pour le cube total des déblais de toute sorte, tranchées, fossés, déviations, etc ; les divisions en terrain à la pioche, terrain au pic, terrain à la poudre.

On établit d'abord le prix brut du terrain à la pioche (tant d'heures de terrassier à tant l'heure pour la fouille et tant pour la charge). Mêmes considérations pour le terrain au pic. Pour celui à la poudre, il y a en plus la poudre et les mèches employées. Le terrassier devient en outre un mineur. On applique ensuite ces prix bruts aux cubes des terrains des trois catégories et en divisant la somme des trois produits

par la somme des trois cubes, on obtient le prix moyen de fouille et charge.

Ce prix est augmenté du prix moyen de transport et du prix de déchargement et régalage. La somme est à son tour augmentée de 1/20 pour outils et faux frais et le résultat l'est de 1/10, pour bénéfice de l'entrepreneur. Il s'applique à tous les terrassements, sauf aux fouilles d'ouvrages d'art et aux formes d'empierrement, quantités qui ont des prix d'extraction à part et ne figurent pas comme transport dans le mouvement des terres, mais peuvent seulement venir en déduction dans certains remblais, tout comme le vide des ouvrages d'art.

Nous ne passerons pas en revue tous les prix d'une analyse ordinaire, d'abord parce qu'ils sont variables avec le prix de l'heure, avec les matériaux de la localité, etc.

Nous rappellerons seulement que, dans l'évaluation de ces prix, entrent des quantités non pas absolues, mais en général moyennes et applicables dans l'espèce, sans grandes variations, par exemple : les temps employés à faire tel ou tel travail ou façons, les proportions des matériaux ou dosages, et, en outre, les déchets des matériaux.

Ces données expérimentales varient un peu, mais beaucoup moins que les salaires, par exemple. On trouve ces coefficients en différents traités. Sergent, entre autres, y a consacré tout un volume bon à consulter.

Un prix, dont l'importance vient après celui des terrassements, est le prix du ballastage. Le tableau spécial des provenances du ballast comporte, comme nous l'avons vu, le mouvement de ce ballast et en donne la distance de transport moyen, chiffre qui influe déjà sur le prix de revient et est applicable aux ballasts de diverses natures qui ont à part des prix d'extraction et de préparation (cassage ou pilonnage, triage, etc...)

Après l'établissement des prix de terrassements, emprunts, fouilles d'ouvrages d'art, remaniements, pilonnages, dressement des talus, revêtements des talus, semis et plantations (si ce dernier article rentre dans l'entreprise générale), on aborde, dans un autre chapitre, le prix de revient des matériaux fournis à pied-d'œuvre et y compris le déchet à l'emploi, pour les chaux, sables, matières d'empierrements, moellons bruts, moellons d'appareil, pierres de taille, libages, briques, pavés, etc..., puis on traite les prix de revient résultant de la fourniture et emploi des matériaux dans des proportions données (mortier, bé-

ton, maçonnerie à pierres sèches, maçonnerie ordinaire à mortier, maçonnerie de moellons épincés, maçonnerie de moellons d'appareil, libages, pierre de taille, briques, etc., pavages, empierrements, enrochements, dallages, parements vus de toute nature et rejointoiements); enfin on termine par la charpente, la ferronnerie, les battages de pieux, les cintres, le goudronnage, les prix de percement et revêtement des souterrains, etc..., de façon à avoir un prix spécial applicable à l'unité de chaque nature d'ouvrages (mètre cube, mètre superficiel et parfois mètre courant).

SÉRIE DE PRIX.

La série de prix s'établit avec l'analyse ci-dessus; c'est un tableau en trois colonnes indiquant :

1º Les numéros et objets des sous-détails, distingués par des numéros d'ordre ;

2º Les détails des fournitures et main-d'œuvre ;

3º Les prix de l'unité.

Ces tableaux sont imprimés et il n'y a qu'à remplir les vides laissés pour l'écriture des prix en chiffres dans la troisième colonne et déjà énoncés en toutes lettres dans la première.

SITUATIONS PROVISOIRES OU DEVIS DES TRAVAUX.

Ces situations sont établies, comme si tous les travaux projetés étaient réalisés ; à proprement parler, elles ne forment à cette époque qu'un avant-métré ou devis des travaux.

Elles sont divisées par articles et chapitres; la nomenclature de ces articles et chapitres dépend de la classification des dépenses adoptée par la Compagnie considérée. Cette classification étant variable, nous ne nous y arrêterons pas davantage et nous suivrons simplement, dans les citations et comme exemple, une de celles adoptées au P.-L.-M.

Au chapitre III, article 1er et paragraphe I se rangent les dépenses afférentes aux terrassements de la ligne proprement dite et aux travaux accessoires de ces terrassements.

Ainsi une tranchée comporte outre le déblai, des fossés perreyés, des dressements de talus, des semis, des bavettes en maçonnerie, des

revêtements ou murs de soutènement, etc..., toutes ces dépenses font partie du paragraphe 1er ; un remblai comporte des dressements de talus, semis, maçonnerie pour pierrées, consolidations, etc..., ces dépenses, accompagnent le devis du remblai considéré.

Les situations provisoires sont des tableaux dressés par colonne renfermant :

1° Les détails sur la quantité et la nature des ouvrages exécutés et dépenses faites par les entrepreneurs ;

2° Les quantités d'ouvrages en mètres cubes, ou mètres superficiels, ou mètres courants ;

3° Le prix de l'unité ;

4° Les numéros de la série ou sous-détails ;

5° Les montants partiels ;

6° Les montants totaux par objet (tranchée, remblai, ouvrages d'art, etc. .

Cette dernière colonne se totalise, avec reports, par paragraphe.

Le paragraphe 2 de l'art. 1er du chap. III, renferme les déviations de routes, chemins et cours d'eau, comprenant pour chaque objet les dépenses accessoires pour empierrement, cassis, travaux de consolidation, pierrées, dressement de talus, semis s'il y a lieu, etc...

Dans ce paragraphe se rangent les cours et avenues des stations, les fossés latéraux, les dérivations ; les dépenses par objet sont ensuite totalisées avec reports, dans la dernière colonne, absolument comme dans le paragraphe précédent.

L'article 2 du chapitre III comprend les ouvrages d'art et se subdivise en plusieurs paragraphes.

Paragraphe 1er, ouvrages d'art courants sous le chemin de fer (aqueducs, passages par-dessus, passages par-dessous).

Paragraphe 2. Ouvrages d'art sous les déviations. Paragraphe 3. Ouvrages d'art spéciaux (tunnels et viaducs) ; ces trois paragraphes ont des tableaux à part.

Enfin il reste le ballastage qui fait partie du chapitre IV, article 5 (pose et ballastage de la voie).

Les autres travaux accessoires, tels que pose de clôtures, de tabliers métalliques, de barrières, etc., font partie généralement d'entreprises spéciales et ne rentrent pas dans les estimations étudiées par les sections.

A la fin de la situation on dresse une récapitulation générale des paragraphes, articles et chapitres.

Les sommes des paragraphes, sont totalisées en accolades, par articles, et les sommes des articles par chapitres, et le montant final donne la dépense à laquelle s'élèvera le travail fait par l'entrepreneur des terrassements et ouvrages d'art dans la tâche qui lui est généralement affectée.

A la suite de cet avant-métré il faut encore établir ceux relatifs aux bâtiments qui forment une entreprise à part.

On dresse 2 pièces, la 1re afférente aux maisons de garde et puits, chapitre III, article 5.

Il existe pour ces objets des métrés tout faits d'après les types et la partie invariable en élévation ; il n'y a lieu que de faire intervenir la partie en fondations qui est variable et se détermine avec le tableau des sondages exécutés dans cette intention.

Egalement on ne refait pas une analyse de prix et une série relative aux bâtiments. Ces prix sont, en effet, pour la plupart des prix d'usage qui ne dépendent pas d'un aléa dans la nature des terrains, comme les prix de déblai et de fouilles quelconques, et qui ne varient guère avec la localité, du moins dans un certain rayon et à moins qu'il n'y ait augmentation du transport sur les marchandises premières.

Les entrepreneurs de bâtiments sont d'ailleurs des spécialistes ayant leurs ouvriers et leurs fournisseurs, et par suite, restent indépendants des prix du pays, sauf en ce qui concerne certains matériaux de provenance locale, comme pierres, chaux, sable, etc... il n'y a donc qu'à modifier la série en usage dans le service de l'ingénieur en chef, au point de vue de ces seules quantités, c'est-à-dire : que le béton, l'empierrement, le mortier, la maçonnerie de moellons bruts ou de briques auront des prix en relation avec ceux de l'entreprise générale, mais autrement on ne modifie pas les prix de menuiserie, vitrerie, peinture, tenture, serrurerie et tous autres analogues, qui se déplacent ou peuvent se déplacer, en quelque sorte, avec l'entreprise tout en conservant une valeur constante qui ne pourrait être augmentée que par suite de difficultés d'approvisionnement et de frais de transport tout particuliers.

Les maçonneries de fondations des caves s'estimeront donc d'après les dimensions du type, poussées à la limite donnée par la présence

du terrain solide et se composant, par suite, d'une partie variable et d'une partie invariable.

Les maçonneries, en élévation, comporteront des quantités toutes faites et des prix tout faits, sauf dans les cas cités plus haut.

On comprendra, dans le même article, les puits et les assainissements des caves.

Enfin l'on fera la récapitulation générale de l'art. 5 et on passera à l'article 1er chapitre V, qui comprend les stations, ateliers et accessoires divers.

L'article 1er, de son côté, comprend les bâtiments des stations de voyageurs et leurs dépendances, telles que cours, voies d'accès, lieux d'aisances, abris, trottoirs et appareils de chauffage.

On subdivise l'article en plusieurs paragraphes concernant : 1° les bâtiments, 2° les cabinets, 3° les abris, 4° les trottoirs.

Chaque métré d'un objet particulier comprend la partie en fondations et la partie en élévation ; à leur tour, les fondations se composent d'une partie variable et d'une partie invariable.

Quant aux prix d'application, les uns seront communs à la série générale des travaux, les autres seront ceux de la série courante des bâtiments.

La partie en élévation est, comme quantités, donnée *à priori* ; on récapitulera les dépenses partielles d'abord pour chaque bâtiment des voyageurs, afin d'en indiquer l'importance.

On fera à la suite tous les cabinets d'aisances et le total pour chacun d'eux, tous les abris et le total pour chacun d'eux, tous les trottoirs avec mêmes considérations.

Puis une récapitulation donnant le prix de revient de chaque station considérée et le total de ces prix, celui de chaque abri et le total de ces prix, etc., établira enfin la somme de ces dépenses qui formera le montant de l'article 1er du chapitre V.

L'article 2 du chapitre V comprendra à son tour les quais de chargement, gares des marchandises, d'abord par stations, puis récapitulera finalement la dépense afférente à cet ensemble de travaux.

L'article 2 du même chapitre V comprendra les fosses à piquer le feu, les dépôts de machines, les remises de voitures, les grues hydrauliques, tours de réservoirs, etc., et complétera l'énoncé du travail qui fait partie de l'entreprise des bâtiments.

A la fin, une récapitulation se fera pour l'article 5 du chapitre III,

les articles 1, 2, 3 du chapitre V et le montant de ces chapitres donnera celui de la 2e partie de l'adjudication générale. (Entreprise spéciale pour bâtiments et accessoires.)

TABLEAUX DES QUANTITÉS.

A cet avant-métré, indispensable à la Compagnie, pour établir ses adjudications ,s'ajoutent les pièces complémentaires, qui sont nécessaires aux entrepreneurs pour formuler leurs soumissions. Ce sont les tableaux des quantités. Toutes ces quantités existent dans l'avant-métré ou devis, mais il faut les en distraire, sous forme d'un détail qui, sans applications de prix présumés, peut être communiqué à tout entrepreneur appelé à soumissionner.

Ces tableaux se subdivisent comme il suit :

1. Tableau des quantités pour terrassements ou déviations ; ce tableau comprend un assez grand nombre de colonnes renfermant les données ci-après :

1o Désignation des terrassements et des travaux accessoires ;

2o Terrassements dans toute nature de terrain pour le chemin de fer, les déviations et les emprunts (art. tant du sous-détail); disons, une fois pour toutes, que chacune des natures d'ouvrages mentionnées dans ce tableau comporte avec elle le numéro de la série qui lui est propre, afin que l'entrepreneur puisse rapprocher le prix qu'il veut mettre de la quantité à laquelle il doit l'appliquer ;

3o Plus-value pour mise en dépôt et emmétrage de matériaux restant à la Compagnie. (On met dans la colonne les cubes afférents à cette plus-value) ;

4o Plus-value pour emmétrage derrière les maçonneries. (Même considération);

5o Terrassements pour emprunts latéraux (les indemnités de terrains étant à la charge de l'entrepreneur);

6o Fouilles de tranchées pour pierrées, murettes, perrés, etc., cette colonne se subdivise en deux, comprenant les fouilles qui vont jusqu'à 2 mètres de profondeur et celles qui vont de 2 à 6 mètres ; on notera que ces chiffres-là sont variables avec les services. En thèse générale, on fait toujours un premier prix pour la profondeur de 2 mètres, au-delà de laquelle il faut des jets de pelle supplémentaires, et autres frais qui changent nécessairement le prix de revient ;

7° Remaniements de remblais ;

8° Pilonnages de remblais ;

9° Dressements de talus ; on distingue encore en dédoublant la colonne, les dressements dans le roc vif et les dressements dans tout autre terrain de déblai et dans les remblais ;

10° Les revêtements de talus en terre végétale;

Si l'on en a prévu en plusieurs épaisseurs, on subdivisera la colonne en autant de parties qu'il y a d'épaisseurs adoptées ;

11°Les gazonnements de talus (deux colonnes dans le cas où on distingue le gazonnement avec transport à une distance donnée et transport au-delà de cette distance ;

12° Le semis des talus : 1° en remblais ; 2° en déblais ;

13° Le béton avec 0ᵐ,50 de mortier (béton ordinaire), 0ᵐ,25 de mortier (béton maigre);

14° Les maçonneries en moellons bruts à sec, dito à mortier; en moellons épincés à sec, dito à mortier ;

15° Les fossés perreyés dans les tranchées marneuses (à pierres sèches ou à mortier) ;

16° La fourniture et l'emmétrage de pierres brutes réservées à la Compagnie ;

17° Les pavages en pavés réguliers ou en galets ;

18° Les empierrements en pierre cassée ; autant de colonnes que de natures de pierres prévues, si toutefois la série fait des distinctions ;

19° Dalles de recouvrement des dallots de tranchées ;

20° Tuyaux en fonte ; autant de colonnes que de diamètres divers (ces tuyaux servent pour des irrigations) ;

21° Charpente avec assemblages, premier emploi et emploi ultérieur; sans assemblages, premier emploi et emploi ultérieur ;

22° Planches, premier emploi et emploi ultérieur ;

23° Madriers de 0ᵐ,04 d'épaisseur, premier emploi et emploi ultérieur;

24° Les observations qui pourront se présenter.

Ce tableau n'est pas complet, et, dans certains cas, peut l'être, plus qu'il ne le faut, car l'avant-métré indique toutes les natures d'ouvrages qui entrent en ligne de compte, et dès lors on doit supprimer de ces tableaux (et ce d'une façon générale), toutes les colonnes pour lesquelles la situation provisoire n'annoncerait aucun résultat.

Ces tableaux peuvent avoir plusieurs pages avec même titre, addi-

tions et reports et premiers totaux pour tout ce qui concerne le paragraphe 1er de l'art. 1er du chap. III.

Le paragraphe 2 du même article se traitera identiquement, et à la fin, on récapitulera les chiffres par paragraphes en des totaux donnant les quantités afférentes à l'article 1er : tant de déblais, tant de surfaces de règlement, etc.

Inutile d'ajouter que, dans la désignation des terrassements et travaux accessoires, on suit pas à pas et mot à mot l'ordre de la situation.

II. Tableau des quantités relatives à la construction des ouvrages d'art.

Les colonnes sont aussi multipliées que les natures de dépenses et les numéros du sous-détail correspondants ; elles comprennent :

1° La désignation des ouvrages d'art; on commence par le paragraphe 1er de l'art. 2 du chap. III (ouvrages d'art courants sous le chemin de fer) ;

2° Fouilles de pierrées, murettes, perrés, etc. (jusqu'à 2 mètres, de 2 à 6 mètres) ;

3° Fouilles d'ouvrages d'art (dans le roc, à la poudre ; dans tout autre terrain), jusqu'à 2 mètres, et de 2 à 6 mètres ;

4° Dragages ;

5° Béton, avec 0m,60, 0m,50, 0m,25 de mortier (extra-gras, gras ou maigre) ;

6° Maçonnerie de moellons bruts à sec, de moellons bruts à mortier ; moellons épincés à sec, moellons épincés à mortier ; moellons d'appareil de 0m,30 de queue, de 0m,30 à Cm,40 ; libages, pierres de taille, briques ;

7° Pavages, en pavés réguliers, en galets ;

8° Enrochements ;

9° Dalles de recouvrement à sec ; dalles de recouvrement à mortier, et suivant les épaisseurs que comportent les numéros de la série ;

10° Chapes en mortier (différentes épaisseurs);

11° Parements vus (moellons d'appareils 1er choix ; moellons d'appareils 2° choix ; libages, pierre de taille, droite ou courbe, refouillée, en hélice) ;

12° Rejointoiement (moellons d'appareils, briques, pierre de taille, libages) ;

13ª Charpente avec et sans assemblages (premier emploi et emploi ultérieur) ;

14° Planchers et madriers ;

15° Chêne en grume pour pieux et équarri pour palplanches ;

16° Pilots en bois de moule pour fondations ;

17° Charpente en chêne assemblé ;

18° Fer forgé pour ouvrages provisoires ; premier emploi et emploi ultérieur ;

19° Fer forgé pour ouvrages définitifs ;

20° Sabots de pieux (système ordinaire, système spécial) ;

21° Battages de pieux, de palplanches, de pilots ;

22° Cintres et échafaudages (de diverses ouvertures) ;

23° Goudronnage ;

24° Peinture à l'huile ;

25° Observations.

Inutile de dire qu'un pareil tableau doit être réduit à la nomenclature des quantités seulement employées.

III. Tableau de ballastage.

Ce tableau comprend la pose des voies, les voies courantes, les voies de gare, les passages à niveau, plaques tournantes, etc., mais ces quantités ne sont pas fournies généralement par les sections qui ont à amener là leur ballastage, et dès lors se résument aux colonnes ci-après :

1° Relèvement des voies nécessité par le tassement des remblais (ce chiffre dépend de la longueur des remblais de la section, en tant qu'ils ont assez d'importance pour faire prévoir un tassement postérieur à la pose de la voie) ;

2° Fourniture et transport et emploi de ballast (autant de colonnes que de ballasts divers et de numéros de série) ;

3° Cassage, transport et emploi d'un mètre cube de ballast (les matériaux étant fournis par la Compagnie) ;

4° Remaniement d'un mètre cube de ballast ;

5° Maçonneries pour murettes soutenant le ballast ou pour dallots sur les fossés des tranchées.

Ces trois tableaux renferment tout ce que la section doit fournir à l'entreprise générale, et les ingénieurs complètent le dernier par l'énoncé du matériel en fer ou en acier et de son emploi, et par les longueurs de voie à poser entre tels et tels points.

TABLEAU POUR BATIMENTS.

L'entreprise des bâtiments reçoit aussi des tableaux spéciaux, mais qui ne renferment que les quantités prévues par la partie variable de ces bâtiments.

Un premier tableau contient les quantités afférentes aux maisons de garde et à leurs puits (art. 5 du chap. III) ; pour chaque passage à niveau, on considère successivement :

1° la maison de garde ; 2° l'appentis ; 3° l'assainissement de la cave s'il est nécessaire ; 4° le puits.

Les quantités qui s'y rapportent (fouilles, remaniements, pilonnages, béton maçonneries, parements, enduits, charpente, fer, etc.) sont ensuite totalisées.

Un deuxième tableau est dressé pour l'article 1er du chapitre 5 (lieux d'aisances, abris et trottoirs) et comprend les fouilles, le béton, la maçonnerie, les enduits en ciment, les bordures, etc.

Un troisième tableau concerne l'art. 2 : quais couverts et quais découverts. Il est dressé dans les mêmes conditions ; et enfin le quatrième tableau (art. 3 du chap. V) donne les quantités pour les fosses à piquer, tours de réservoirs, etc.., quantités dont le détail serait trop long à énumérer, et qui, d'ailleurs, figurent toutes dans l'avant-métré des bâtiments.

Tel est l'ensemble des pièces composant le dossier d'adjudication proprement dit ; il y a bien quelques travaux spéciaux qui échappent à cet ensemble et font l'objet de marchés particuliers. Ces travaux, dont les prix sont connus par analogie, ne figurent pas dans l'estimation préalable de la ligne, mais on les retrouve lors de l'établissement de son prix de revient.

Ces marchés spéciaux se traitent en dehors des sections ; nous indiquerons, dans le dernier chapitre de cette revue, le travail qui revient aux sections, à leur endroit.

Enfin, les prises d'eau dont il n'a pas été parlé, bien qu'elles comportent généralement beaucoup de terrassements et de maçonneries, sont distraites également des entreprises générales, pour faire le bonheur de quelques spécialistes, privilégiés toujours au-delà de leur indispensabilité et, le plus souvent, de leur réelle valeur.

ÉPOQUE RATIONNELLE DES ADJUDICATIONS.

Il importe de donner les adjudications à des époques telles que l'on puisse utiliser la fraction d'année que l'on a à sa disposition ; or, pour ne considérer que l'entreprise générale des terrassements et ouvrages d'art, il arrive ceci : 1º que les terrassements sont arrêtés par les maçonneries (aqueducs et passages par dessous) ; 2º que les maçonneries ne se font pas, faute d'approvisionnements. L'entrepreneur espère toujours trouver dans ses déblais le moellon brut et, quelquefois, des moellons d'appareil, de la taille par exception, de la pierre pour béton, etc..., de manière qu'il ne se presse point d'aller s'approvisionner de ces matériaux dans les carrières hors du chemin de fer. Les ouvrages d'art ne se font donc pas et les terrassements traînent, s'ils sont commencés à la même époque ; il faut, au contraire, que les terrassements précèdent les ouvrages d'art et utilisent une saison pendant laquelle ceux-ci ne sont pas possibles ; de là résulte cette loi presque sans exceptions : il convient de donner les adjudications en automne.

On ne fait pas de maçonneries, il est vrai, mais on fait tous les terrassements qui sont possibles et on prépare, pour le printemps suivant, des matériaux, tant sur la ligne que dans les carrières extérieures.

Si, dépassant l'automne, on fait les adjudications en plein hiver, on enlève du temps à l'entreprise et des chances de réussite dans l'à-propos de ses approvisionnements.

Si on adjuge à la fin du printemps, on peut compter, en général, sur une campagne presque perdue.

L'époque rationnelle des adjudications semble, par suite, devoir se limiter aux mois de septembre et d'octobre ; l'installation est facilitée avant l'hiver, et le travail de fin automne, ainsi que le travail travail intermittent de la plus mauvaise saison concourent, avec celui des premiers mois du renouveau (mars et avril), à assurer une somme de préparatifs qui permettent à la campagne suivante de se développer avec efficacité.

DERNIERS PRÉPARATIFS.

Réfection finale des tracés. — Entre l'achèvement du dossier d'adjudi-

cation et la venue des entrepreneurs s'écoule en général un certain temps qu'il convient d'utiliser, de manière à pouvoir se consacrer entièrement à la surveillance des travaux, dès le premier coup de pioche donné.

On commence d'abord par remettre le piquetage du tracé en bon état ; les balises que le vent a pu déplomber sont redressées, les piquets d'axe ou de courbe manquant sont remplacés ; ceux qui ont pu être dérangés sont remis à leur place.

Enfin, en quelques jours, on peut réparer tous les dégâts commis par la malveillance ou par la négligence des laboureurs, et, on doit le faire, afin que les entrepreneurs aient, sous les yeux, dans leurs tournées premières, un axe aussi complet que possible et parfaitement à découvert.

Du reste, ce travail n'est rien, si on entretient, dès l'origine, le tracé en bon état : si, à chaque saison de labourage, on replace les piquets déplantés ou détruits, les propriétaires eux-mêmes, en voyant ces réparations immédiates, y portent un peu plus d'attention ; également le travail de réfection va très vite, du moment qu'il ne s'agit que de parties isolées et qu'on n'a pas laissé s'accumuler les dégradations.

Il y a maintes occasions que l'on peut saisir pour entretenir le tracé, par exemple : le levé du parcellaire, le levé des plans spéciaux, le tracé des emprises, etc., et il faut, d'ailleurs, dresser les surveillants à relater dans leurs tournées tout ce qui demande une prompte réparation.

VÉRIFICATION DES TRACÉS DANS CERTAINS CAS.

Lorsque l'on est chargé d'une section dont on n'a pas fait les études, on doit, avant d'entreprendre les travaux, constituer un inventaire du tracé tel qu'il existe sur le terrain.

Cette révision a pour but de s'assurer qu'aucune erreur notable ne s'est glissée dans la confection de ce tracé, et de se rendre compte du soin apporté à son exécution ; cet inventaire est établi sans rien changer à la position des balises et des piquets quelconques dans leur état actuel.

Un mode rationnel à suivre pour dresser cet inventaire consiste :

1o A chaîner sur une certaine longueur (plusieurs kilomètres) les

distances entre balises, en notant en passant les abscisses des points de contact; ce chaînage se fait en partie double, et les deux chaînes doivent se suivre d'aussi près que possible, et les résultats du chaînage se contrôler dans la même mesure;

2º A chaîner les bissectrices, dès que l'on atteint les balises d'arrivée (afin de ne pas en oublier au départ lors de la reprise du chaînage);

3ª A revenir ensuite, dans une autre séance, vérifier simplement et sans cumul les distances partielles des piquets;

Ces distances sont des chiffres ronds, en mètres le plus souvent.

Il suffira, sur le profil en long servant sur le terrain, de marquer d'un point au crayon tous les piquets où les distances sont bonnes, et de noter sur un carnet ceux entre lesquels il y aurait des différences.

Lorsque trois piquets consécutifs ont entre eux deux distances comportant des fractions de mètres, il y a lieu de regarder si l'ensemble de ces deux distances donne bien la somme ronde accusée au profil en long.

Ce fait est à observer aux points de contact et aux sommets d'angle, où il se reproduit, pour ainsi dire, constamment.

Quelquefois, quatre piquets consécutifs ont entre eux trois distances comportant des fractions de mètre et formant somme ronde; ce fait est également à vérifier.

Lorsque tous les chaînages sont ainsi terminés sur un parcours d'une certaine longueur, on procède à la vérification des angles sur ce même parcours, afin d'en terminer avec cette portion du tracé, avant de porter plus loin son centre d'opérations.

Les angles des sommets peuvent se lever par les deux angles a et b, pris le plus loin possible du sommet S (fig. 139). Il est préférable, cependant, d'opérer en installant l'instrument sur l'emplacement des balises; mais si la vérification donnée par la méthode ci-contre approche suffisamment du résultat consigné au profil en long, cela évite de déplanter et de replanter les balises, travail qui demande du temps, à moins qu'on ne veuille profiter de cette mise à bas pour repeindre les balises, ou remplacer celles cassées en partie ou tordues par le vent; dans le cas de différences sensibles, on n'hésite pas à relever les angles directement.

Il est inutile d'ajouter que ces vérifications sont faites pour chercher les grosses erreurs toujours possibles (des erreurs de lectures ou

d'écritures), et non pas pour mettre en évidence des différences minuscules.

Si deux chaînages différents de 0^m,10 par kilomètre et proportionnellement, ils sont aussi bons l'un que l'autre et aussi bons que possible d'une façon absolue; si la longueur d'une tangente tombe sur le

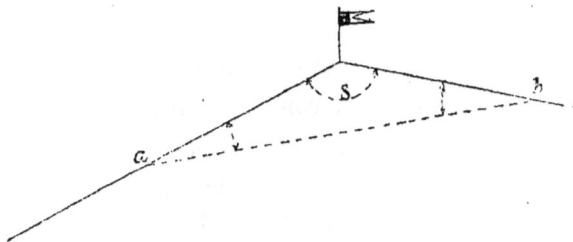

Fig. 139.

bord d'un piquet au lieu de tomber en son milieu, si les angles n'accusent pas plus d'une minute de différence, le tracé est à accepter les yeux fermés, et, même avec des tracés d'une bonne facture moyenne, ces approximations-là ne sont pas atteintes.

Pour le chaînage, rien d'étonnant à cela, car il faudrait que les chaînes soient absolument semblables et, pour les angles, il faudrait que les balises aient été plantées bien au-dessus de la broche en fer, et d'abord que celle-ci existât, ce qui n'a pas toujours lieu.

On dresse ensuite un tableau à plusieurs colonnes comprenant :

1° Les numéros des courbes considérées ;

2° Les rayons de ces courbes ;

3° Les angles aux sommets, suivant le tracé ;

4° Les angles aux sommets, suivant le profil ;

5° Les différences des angles ;

6° Les tangentes (côté de l'origine de la ligne) ;

7° Les tangentes (côté de l'extrémité de la ligne);

8° Les tangentes suivant le profil ;

9° Les différences des tangentes avec celles du profil (côté de l'origine de la ligne);

10° Les différences des tangentes avec celles du profil (côté de l'extrémité de la ligne);

11° Les bissectrices, suivant le tracé ;

12° Les bissectrices, suivant le profil;

13° Les différences de ces bissectrices;

14° Les numéros des alignements entre courbes;

15° Les alignements, sur le terrain;

16° Les alignements, sur le profil;

17° Les différences des alignements;

18° Les numéros des sommets d'angle (chaque sommet a même numéro que la courbe qui lui correspond) et la colonne (18) indique que l'on considère le chaînage de tel sommet à tel autre qui vient immédiatement après;

19° Les distances des sommets sur le terrain;

20° Les distances des sommets sur le profil;

21° Les différences de ces distances;

22° Observations.

Quand une vérification donne des angles qui diffèrent de 20" le plus souvent et exceptionnellement de 1', 1'5 et même 2' au plus, et encore que ces écarts maximum ne portent que sur de courtes distances entre sommets d'angles, quand les tangentes n'accusent que des différences maximum de $0^m,03$ à $0^m,10$, c'est-à-dire l'épaisseur d'un piquet, que les bissectrices donnent au plus $0^m,05$ à $0^m,06$, que les alignements donnent aussi $0^m,08$ à $0^m,10$, et qu'enfin les distances entre sommets d'angle n'accusent pas au-delà de $0^m,20$ avec des longueurs de 400 mètres au minimum, un pareil tracé doit être considéré comme ayant été fait avec beaucoup d'habileté, beaucoup de goût, beaucoup de soin (ligne d'Avallon à Dracy-Saint-Loup. — Vérification d'une partie de la 1re section d'études. — Tracé dirigé par Découland, sous-chef de section), et les différences observées viennent surtout de ce que les balises ont pu ne pas être exactement placées ou replacées au point où l'opérateur avait établi des sommets, ce qui justifie la nécessité de la broche en fer à enfoncer dans le terrain, ainsi qu'il a été recommandé au début de ces études.

Notons enfin que, pour la vérification des chaînages, il est toujours bon, dans le principe, et lors de la confection du piquetage, de mettre une pointe de repère sur la tête des piquets du profil en long. C'est à cette pointe que s'arrêtait la distance trouvée par les premiers opérateurs, et c'est à elle que doivent se rapporter les vérifications.

RAFRAICHISSEMENT DES EMPRISES.

Les emprises, comme le piquetage, demandent à être entretenues, et c'est par un entretien répété, quoique minime, que l'on arrive, à peu de frais, à les conserver intactes. Lorsqu'un piquet d'emprises se trouve dérangé, il convient de le rétablir immédiatement ; quant aux rigoles, elles n'ont pas besoin d'une réfection continue. Dans les prés et les bois, rien ne les dérange, sauf les taupinières, qui les remplissent de terre, ou les feuilles sèches, qui viennent à s'y pourrir ou à les combler. Dans les labourages, par exemple, elles disparaissent régulièrement à chaque façon de culture.

L'essentiel est de bien conserver ses piquets, puis il arrive également que, pour le passage du Jury, on procède à un rafraîchissement ou à une réfection des rigoles sur toutes les propriétés qui n'ont pas été cédées à l'amiable.

Comme le passage du Jury précède de peu la venue des entrepreneurs, on n'a pas pour ceux-ci grands frais à faire pour mettre toutes les rigoles en état. Dans cette dernière reprise, afin de rendre les piquets plus stables, on les enfonce à leur place jusqu'au fond de la rigole, pour avoir plus tard à les découvrir et retrouver par un simple coup de chaîne, lorsqu'on implantera les clôtures, ou encore, pour servir antérieurement au besoin. Cette précaution évite toujours de retracer complètement les emprises à la fin des travaux, et change cette opération en une simple vérification.

Les rigoles sont encore assez utiles aux entrepreneurs (auxquels généralement on ne remet pas de plans parcellaires) pour voir le terrain sur lequel ils peuvent faire différents dépôts, moyennant l'avis de l'administration préalablement consultée.

RAFRAICHISSEMENT DES SONDAGES.

Dans la forme actuelle usitée dans les Compagnies pour les adjudications, adjudications à l'amiable et en famille, la formule de soumission des entreprises porte souvent les conditions suivantes qui devraient être inscrites partout en première ligne, et faire la base même de tous ces marchés, à savoir :

« Nous déclarons en outre que les documents dont nous avons pu prendre connaissance dans les bureaux de la Compagnie, tels que

profils en travers, avant-métrés, mouvement des terres, dessins d'ouvrages d'art, indications résultant des sondages qui ont pu être effectués, etc., ne sont considérés par nous que comme renseignements *officieux* et *approximatifs* qui ne déterminent nullement l'importance et les difficultés des travaux pour lesquels nous avons arrêté, après un mûr examen, nos prix à forfait pour chaque unité d'ouvrage.

« Il est de convention expresse que l'aléa qui peut se présenter dans l'importance des travaux et dans leurs difficultés d'exécution de tout genre, telles notamment que la nature ou la dureté des roches à déblayer dans les tranchées ou à percer dans les tunnels, *que la Compagnie ait exécuté ou non des sondages ou des galeries avant l'adjudication ;* etc., reste à notre charge, toutes ces chances, en bien ou en mal, en gain ou en perte, constituant l'objet et la matière du présent traité. »

Ces conditions sont de nécessité première, et c'est au soumissionnaire à se rendre compte par lui-même de la nature et des difficultés du travail, à étudier les terrains, les prix de la localité, en refaire en un mot l'analyse et la série du chef de section, à appliquer ses prix personnels aux tableaux des quantités qui lui sont remis, à dresser enfin l'estimation du lot qu'il a en vue.

En principe, on devrait donc boucher toute espèce de sondage, laissant l'entrepreneur libre d'en faire à son gré et c'est une mesure radicale que l'on pourrait introduire à l'avenir dans les adjudications, en donnant, entre le jour de la convocation et le délai de la soumission, le temps moral nécessaire pour que les soumissionnaires puissent étudier la question.

Mais jusqu'à présent, on laisse ouverts les sondages officiels, c'est-à-dire ceux qui ont servi à la détermination des talus, et quelquefois même on les fait rafraîchir pour faciliter le travail de l'entrepreneur. Cette précaution, toute d'amabilité, pourrait être laissé de côté, en fin de compte, et il serait préférable d'habituer les soumissionnaires à faire leur travail par eux-mêmes et sérieusement.

PIQUETAGE DES BATIMENTS SUR LE TERRAIN.

Les emplacements des bâtiments seront désignés, sur le terrain, par des piquets placés aux angles. Cette mesure est utile à la classe d'entrepreneurs qui suivent ce genre de travaux. Ils pourront se rendre compte des terrains sur lesquels seront établis les bâtiments, des

abords comme dépôts et établissement de chantiers, enfin des accès. Ils pourront ensuite faire, à l'intérieur ou au périmètre des emplacements, tous les sondages pour fondations qu'il leur paraîtra utile d'exécuter.

POTEAUX — LIMITES DES SECTIONS.

Il arrive généralement, sur une ligne composée de plusieurs sections ou lots, qu'un même entrepreneur suit le tracé d'un bout à l'autre ; pour le guider dans ce parcours, on place aux extrémités de la section, un poteau indicateur composé d'une planche sur un fragment de balise, avec deux flèches indiquant la fin et l'origine des deux divisions contiguës (fig. 140).

CIRCULATION DES ENTREPRENEURS.

D'ailleurs il convient de préparer aux entrepreneurs, gens souvent d'âge et de corpulence, une circulation facile sur toute la ligne ; à cet effet, on ouvrira des brèches dans les clôtures sèches ou vives, on

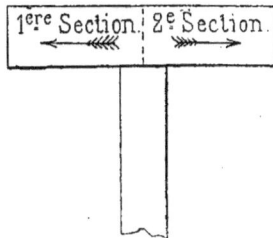

Fig. 140.

supprimera les échaliers, on fera des gradins dans les talus, on jettera des passerelles sur les petites rivières et sur les ruisseaux, des petits ponts en branches (prises dans les haies et bois du terrain acheté par la Compagnie), recouvertes de fascines et de mottes de gazon. On disposera des gués en pierres dans les parties marécageuses, etc. ; bref, on établira un chemin praticable, si on ne l'a déjà fait pour le passage du Jury.

De cette façon, les entrepreneurs jugeront de la bonne tenue des études et de l'esprit de bienveillance, en même temps d'ordre et de dis-

cipline du personnel de la section. Cet avis préalable, tout à leur adresse, est ainsi un témoignage de sollicitude et également une preuve de loyauté.

Tout d'abord, sur des travaux bien ordonnés, une série de repères de nivellement est établie à proximité de chaque entrée en tranchée, ou de chaque ouvrage un peu important. (*Regains scientifiques*, fascicule n° 7).

Lorsqu'une ligne reçoit un bornage, dès l'implantation des emprises, on choisit, parmi ces bornes, celles qui satisfont à la condition d'être à l'entrée des tranchées ou aux abords des ouvrages d'art.

Dans le 2° lot de la ligne du Puy à Saint-Georges-d'Aurac, (chemins de fer P.-L.-M.), ces bornes ont été ainsi établies, sur l'initiative du

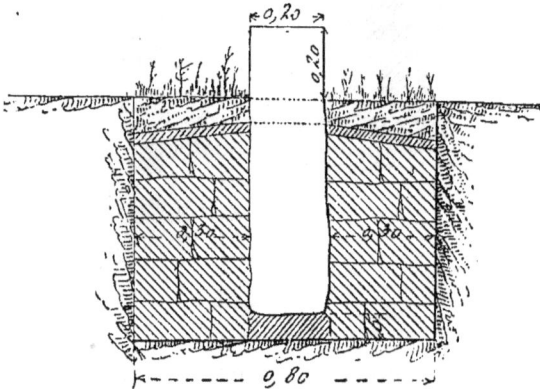

Fig. 141.

chef de section Damblé, actuellement ingénieur à la même Compagnie.

La borne ayant 0^m,20 sur 0^m,20 de section, sortait de terre de 0^m,20 également (fig. 141).

La fouille avait environ $\dfrac{0^m,80}{0^m,80}$, sa profondeur était égale à la hauteur de culasse de la borne (0^m,40 environ), plus à une hauteur de 0^m,05 réservée pour un lit de mortier, sur lequel la borne reposait.

La maçonnerie était arasée un peu au-dessous de la tête de la borne, et terminée par un lit de mortier incliné, lequel recevait une couche de gazon.

La maçonnerie de 39 bornes de cette espèce (fouilles et autres mains-d'œuvre comprises, et les pierres et le sable se trouvant sur le terrain), est revenue à 141 fr. 90, somme représentant 33 fr. 15 de chaux et 108 fr. 75 de main-d'œuvre ; ce qui mettrait la borne d'emprise ainsi maçonnée à 3 fr. 65 (fourniture de la borne non comprise).

Ces bornes avaient le seul inconvénient de trop faire saillie au-dessus du sol, et par suite d'attirer la malveillance.

Pour obvier à ce fait, nous avons établi les bornes sur la 2ᵉ section d'Avallon à Dracy-Saint-Loup, avec 0ᵐ,05 de hauteur de tête seule-

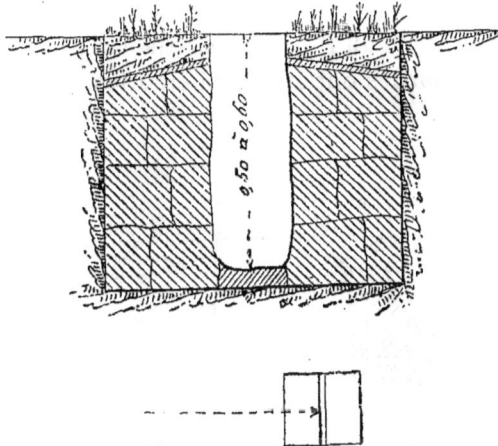

Fig. 142.

ment, et par suite à fleur du sol (fig. 142). Ces bornes ne comportant plus en fait de taille que le dessus (0ᵐ,20 × 0ᵐ,20), et les 4 côtés (4 × 0ᵐ,20 × 0ᵐ,05), ont coûté beaucoup moins cher comme fourniture (1 franc la pièce en granit) ; leur transport à pied-d'œuvre est revenu à 50 centimes ; les fouilles et autres façons afférentes, à 50 centimes ; leur maçonnerie, en raison des transports de chaux, d'arène et de recherches de pierre sur place, s'est élevée environ à 3 fr.50, et ces bornes (au nombre de 70 sur 18 kilomètres) sont revenues à 5 fr. 50 la pièce, tous frais compris.

On observera qu'un trait a été fait au ciseau sur le milieu de la tête et parallèlement aux faces. La borne étant placée d'équerre à la ligne,

ce trait sert à repérer la distance de l'axe dans les parties droites et, dans les parties courbes, elle repère le point d'équerre de la ligne ; ces bornes deviennent ainsi, surtout dans le premier cas, des repères du tracé.

Il convient de s'ingénier à placer ces bornes le plus possible en dehors de toute atteinte, de tout dépôt ; ainsi, dans les lignes à deux voies, dont une seule doit être exécutée au préalable, on les placera toujours entre l'emprise et la voie à exécuter, et pas sur la deuxième voie qui peut servir de lieu d'emprunt ou de dépôt.

Il faut également les placer à proximité du point de passage, presque contre le remblai, là où le talus de la tranchée est insignifiant, et toutefois,en dehors d'un fossé éventuel et assez haut en déblai, pour que les tombereaux entrant dans la tranchée, ne viennent pas à passer par dessus ; bref, on fait pour chacune d'elles une étude locale où l'on recherche le maximum de bonnes chances propices à leur conservation.

Ces bornes sont ensuite nivelées avec grand soin à l'aide des repères du tracé définitif, puis on dresse un tableau que l'on remet aux ingénieurs et aux emtrepreneurs.

Ce tableau comprend :

1º Les numéros d'ordre des repères ;

2º Leur piquetage en plan ;

3º Leur ordonnée ou distance de l'axe ;

4º Leur cote d'altitude.

Parmi ces repères définitifs, on peut toujours intercaler ceux qui ont servi pendant les études, lorsqu'ils se trouvent à portée d'être utilisés pour les travaux.

La hautenr de tête (0,05) et l'affleurement du sol rendent quelquefois moins commode la découverte immédiate du repère et pour suppléer à cette difficulté, il faut relever la borne, dans la maçonnerie, de 0,05, en lui donnant même, si l'on veut, 0,10 de hauteur de tête, pour plus de régularité ; de cette façon, le terrain rapporté sur la chape laissera toujours voir la borne sur 0,05 de découvert latéral, et suffisamment pour fixer l'attention.

ORGANISATION DU PERSONNEL.

Il convient, à l'approche des travaux, de disposer, au moins en principe et même lorsque cette appréciation ne doit se borner qu'à de simples vœux, l'organisation du service des travaux.

Une section de travaux, suivant son importance et sa longueur, doit être partagée en plusieurs subdivisions, limitées de manièrs que chaque conducteur ou sous-chef de section n'ait pas à remplir un office de facteur rural et à perdre son temps en des courses de trop longue durée.

Il convient donc de multiplier les bureaux détachés, autant qu'il est préférable de les supprimer pendant le cours des études.

Chaque bureau détaché reçoit un conducteur, un piqueur, un agent chargé des écritures et un nombre variable de surveillants.

Il importe que ces subdivisions soient complètement organisées à l'ouverture des travaux, que les employés aient eu le temps de trouver des logements, souvent fort rares dans les villages; d'y construire le plus souvent des bureaux provisoires et que ces bureaux soient munis de tout l'outillage nécessaire.

On procédera donc d'abord à la délimitation des lots, ensuite à la préparation de toutes les pièces qui sont nécessaires à ces diminutifs du service central.

OUTILLAGE DES BUREAUX.

En dehors des instruments (jalons, rubans métalliques, mires, niveaux d'eau et niveaux à bulles d'air, théodolites, — si on peut en obtenir, masses, avant-pieux, pelles, pioches et autres outils, ainsi que des règles, équerres, jeux de courbes et autres objets de bureau), il faut munir le conducteur de toutes les pièces écrites et dessins pouvant servir à l'exécution des travaux.

A cet effet, on lui délivrera des calques sur toile et des copies sur papier rayé, comprenant :

1º Le profil en long de la subdivision (échelle ordinaire) ;

2º Les profils en travers ;

3º Les passages à niveau ;

4º Les ouvrages d'art ;

5º Les projets de chemins latéraux ;

6º Les calques des types de bâtiments ;

7º Un exemplaire du parcellaire ;

8º Le profil en long de la subdivision (grandeur pour l'exécution, c'est-à-dire à l'échelle de 0,001 pour les longueurs et 0,005 pour les hauteurs ; ce profil reçoit en outre le mouvement des terres complet);

9° Le tableau des repères ;

10° Le tableau des chemins classés ;

11° Le cahier des cubes de terrassements ;

12° L'inventaire du tracé (s'il y a lieu de le faire) ;

13° Le profil en long géologique ;

14° Les conditions particulières convenues avec les propriétaires qui ont traité à l'amiable, ou déterminées par le Jury ;

15° Les plans généraux des stations ;

16° Les profils en travers types des stations ;

17° Les profils en travers courants ;

18° Les types et cahier des charges pour clôtures définitives ;

19° L'instruction concernant la tenue des carnets de surveillants ;

20° Les arrêtés préfectoraux concernant les alignements demandés par les propriétaires et les approbations de travaux exécutés par eux dans la zone des emprises, à la suite de demandes ou conventions préalables ;

2I° Le recueil des circulaires de toute nature qui peuvent intéresser, dans le cours des travaux.

On complètera plus tard cet envoi, par la copie des dossiers d'adjudication, et toutes autres pièces, instructions, marchés, types de situations ou de comptabilité, etc., au fur et à mesure que ces pièces arriveront au bureau de la section.

Les calques fournis aux conducteurs seront toujours complets et reproduiront exactement les dessins-minutes de la section. Ils comporteront toutes les cotes de terrain et toutes les indications géologiques, détails que l'on supprime sur les mêmes calques, lorsqu'ils sont destinés aux entrepreneurs.

Les circulaires, instructions et ordres de service peuvent se classer en diverses séries :

1° Circulaires et ordres de service concernant les travaux proprement dits, travaux courants et bâtiments (prescriptions de l'ingénieur aux entrepreneurs, autorisations diverses, instructions de la direction, etc.) ;

2° Circulaires et ordres de service concernant la pose de la voie et des appareils fixes ;

3° Circulaires et ordres de service concernant le personnel, (déplacements, frais de résidence, permis de circulation, caisse des retraites, service militaire).

Tous ces renseignements sont utiles pour l'instruction du personnel ; ils doivent lui être prodigués et le premier souci d'un chef de section doit être de rechercher le concours d'agents éclairés et consciencieux, de développer constamment leur valeur, d'exercer leurs facultés, d'encourager leurs efforts, et, par suite, de s'assurer en eux une collaboration dévouée. Une section doit former une famille, où le chef, suivant son âge, est un père ou un frère aîné ; confiance mutuelle et sans arrière-pensée, esprit d'ensemble, d'ordre et de discipline, assistance continue et réciproque, telles sont les bases qui doivent former du tout un faisceau harmonique, une union à toute épreuve. Dans de semblables conditions le travail est facile et même agréable, le devoir commande à lui seul et chaque individualité, heureuse de se développer en franchise, peut consacrer toutes ses forces à l'accomplissement de sa tâche.

Tel doit être d'ailleurs, à notre époque de transformation, le désir d'un chef, quelle que soit sa fonction, et s'il est permis à quelqu'un de rêver un piédestal, cette élévation ne peut reposer que sur l'estime et l'affection de ceux qui reçoivent ses conseils, interprètent ses vues, partagent ses luttes, l'aident de leurs avis et de leur personne et le traitant en homme, comme ils en sont traités, réalisent ainsi, dans les limites de la pratique possible, le triple rêve de l'égalité, de la liberté et surtout du principe des principes de la fraternité.

Les paresseux, les esprits malsains et les cerveaux rétrogrades n'entreront jamais dans cette famille. Peu importe : de ce que l'humanité n'est pas parfaite et ne peut l'être, doit-on renoncer pour cela à la foi démocratique et à ses applications permanentes ? Non ! Quand même on éprouverait des déceptions partielles, il faut toujours marcher en avant ; le bien ne vient pas en un jour, et surtout si l'on se croise les bras en attendant sa venue. Ce n'est d'ailleurs que par des essais continus et des exemples multipliés que l'on arrivera, par voie de sélection, à former des générations libérales, progressistes, indépendantes et honnêtes, par leur indépendance même. C'est le rêve de l'avenir, dont il ne faut pas, pour résumer l'état actuel des choses, désespérer dans le présent.

PROFILS DE POCHE.

Il est une pièce sur laquelle nous appellerons une attention spéciale, c'est le profil de poche, facile à emporter sur les chantiers.

Ce profil est fait à l'échelle de 0,005 pour les longueurs et de 0,0025 pour les hauteurs. Il est ainsi moitié du profil en long, grandeur pour l'exécution.

Grâce à des chutes adroitement combinées, on le fait tenir sur une hauteur totale de dix-neuf centimètres ($0^m,19$) et on le plie ensuite sur $0^m,10$ de largeur. Il entre donc $0^m,50$ de toile et 5 plis par kilomètre. Ces plis sont toujours pris, dans leur fond, par des onglets en papier ou en toile, reliés ensemble, de telle sorte que le profil s'ouvre comme un livre et à l'endroit que l'on veut.

Si le profil était ramassé simplement sur lui-même, à plis libres, il pourrait lui arriver des accidents lorsque le vent viendrait à s'engouffrer dans ses plis, tandis que, de l'autre façon, son maniement est assuré avec sécurité.

Le profil en long, ainsi réduit comme surface, est néanmoins complet ; il comporte les ouvrages d'art, le mouvement des terres, les talus des tranchées, etc., et c'est pour pouvoir caser aisément tous ces détails, que l'on a choisi une échelle intermédiaire entre le profil pour l'exécution qui reste au bureau et le profil officiel dont les échelles (0,0002) pour les longueurs et (0,0001) pour les hauteurs sont un peu trop restreintes, pour permettre sous la hauteur de $0^m,19$ de réunir autant d'écritures et de notations. A la suite du profil en long, on fait relier, sur le même format, un certain nombre de feuilles de papier quadrillé, sur lesquelles on inscrit les données ci-après :

1° Liste avec piquetage et numéros d'ordre des ouvrages sous le chemin de fer; cette liste comprend encore l'ouverture de l'ouvrage et son genre de construction (Aqueduc dallé, aqueduc voûté, passage avec tablier métallique, pont par-dessus, en arc de cercle, etc.) ;

2° Liste avec piquetage et numéros d'ordre des ouvrages sur déviations ;

3° Liste avec piquetage et numéros d'ordre des passages à niveau. Cette liste indique également l'ouverture des passages, la nature des barrières (avec maison de garde ou manœuvrées à distance), et les dénominations suivant le tableau de classement des chemins traversés ;

4° La liste des stations avec le piquetage de l'axe des bâtiments ;

5° Le tableau des repères ;

6° Le tableau des coordonnées pouvant servir à retracer les courbes

portées au profil en long et celui des angles si on trace ces courbes à l'instrument ;

7° Les séries des prix et la série des travaux en régie ;

8° Les coupes transversales et les détails de taille des ouvrages types employés sur les travaux. Ainsi les types, aqueducs de $0^m,30$, $0^m,40$ $0^m,50$, $0^m,90$, 1 mètre, $1^m,50$, 3 mètres, etc. Les types des passages par dessous ou par-dessus, la section des souterrains s'il y en a, en un mot les figures générales dont l'usage peut être constant, sans qu'il soit besoin d'avoir le projet complet avec soi, et que l'on utilise, par exemple à la réception des dalles, de la pierre de taille, du moellon d'appareil, etc. ;

9° Les formules et renseignements autres que chacun juge aptes à figurer dans ce recueil.

Le tout est contenu dans une reliure en carton fort, recouvert de toile grise, sous le format $\frac{0,20}{0,11}$ qui peut facilement entrer dans les poches, et on a ainsi, sous l'épaisseur de 1 à 1 centimètre et demi, un *vade mecum* portatif appelé à rendre sur le terrain des services journaliers.

Chaque subdivision en reçoit deux semblables, un pour le conducteur, un pour le piqueur, et le chef de section lui-même en adopte un qui résume l'ensemble des subdivisions.

ORDINATION DES OUVRAGES D'ART ET PASSAGES A NIVEAU.

Dans les services bien ordonnés, il est d'usage d'attribuer des numéros aux ouvrages d'art et aux passages à niveau. Cette nomenclature finit par former un langage simple et précis, clair pour tout le monde et évite le fatras des appellations diverses, tirées du nom des lieux dits, des circonlocutions par lesquelles on est obligé d'arrêter l'attention sur l'objet que l'on veut désigner, et enfin des complications d'une appellation basée sur le piquetage.

D'abord il n'est guère possible de s'incruster dans la mémoire le piquetage de 50 à 60 ouvrages d'art, aqueducs et autres ; ce serait vraiment imposer une servilité dégradante à cette faculté intellectuelle.

La désignation par le piquetage est inadmissible. Au contraire, par numérotage, on n'a qu'à être familiarisé avec la connaissance de quelques numéros qui servent de repères pour retrouver rapidement tous

les autres en promenant sa pensée sur le terrain ou sur le profil en long, et principalement sur le terrain où l'on s'habitue à voir, par avance, le travail tel qu'il doit être exécuté.

De même, il est bien long de désigner un passage à niveau par des périphrases telles que celles-ci. « Le passage à niveau à l'entrée des bois de Montmartin, où à la sortie de la tranchée du champ du Loup. » Il serait plus simple de dire le n° 4 ou le n° 11.

L'on voit dans le chaînage officiel des chemins de fer (*Regains scientifiques* n° 5) que les courbes et les ouvrages d'art, les souterrains, les passages à niveau reçoivent des numéros d'ordre, pour n'avoir pas à reproduire les indications d'un piquetage primitif qui ne serait plus en accord avec le nouveau chaînage, il serait donc rationnel et avantageux d'habituer les esprits dès le principe à cette méthode et à son emploi.

CALQUES POUR ENTREPRISES.

Les sections préparent aussi généralement les calques destinés aux entrepreneurs ; ces calques, nous le répétons, n'ont pas besoin de recevoir des coupes géologiques, car les fouilles des fondations les donneront assez dans toute leur étendue et toute leur importance. Ils n'ont pas à recevoir non plus les cotes du terrain, car il est d'usage, après avoir donné les axes d'un ouvrage d'art, de lever, contradictoirement avec l'entreprise, une série de profils en travers indiquant le terrain tel qu'il existe à l'instant où commence le travail (*Regains scientifiques* fascicule n° 4), et de substituer à ce procédé le procédé plus simple qui consiste à niveler simplement les points singuliers du périmètre des fouilles et à modifier, s'il en est besoin, sur les lieux, les cotes d'altitude de quelques-uns de ces points, de manière à obtenir le plus exactement possible le cube du déblai réel, sans multiplier pour cela les coupes et les cotes intermédiaires.

S'il s'agit de déviations ou de dérivations, on relèvera également des profils aux endroits où ils seront nécessaires, et par suite, les cotes noires du plan d'études que l'on peut donner aux conducteurs à titre de renseignements n'ont pas d'intérêt vis-à-vis des entrepreneurs.

Les calques seront ainsi simplifiés, sans porter aucun préjudice aux facilités de l'exécution.

OBLIGATIONS DIVERSES RÉSULTANT DE L'ACQUISITION DES TERRAINS.

Les terrains sont acquis, comme nous l'avons dit, soit par voie de cession à l'amiable, soit par voie d'expropriation devant un jury.

Dans ce dernier cas, en dehors des concessions faites par ce dernier, et dont la Compagnie prend acte, le terrain reste tel quel aux mains de la Compagnie, avec les récoltes qu'il comporte et sans aucune revendication admissible de la part des expropriés. Il n'en est pas de même des marchés à l'amiable, où les propriétaires font toujours certaines réserves, dont il importe de surveiller l'exécution.

Une note (en circulation dans le P.-L.-M.) sur les chemins de fer à voie étroite, datant de 1874 ou 1875, rappelle avec raison que les grandes Compagnies ont constamment, et partout, à lutter contre l'exagération des exigences de tout le monde vis-à-vis de l'établissement d'une voie ferrée, et que cette exagération se manifeste surtout dans les départements les moins riches et les plus accidentés, et que l'on semble oublier de plus en plus les avantages qui résultent de la création d'un chemin de fer ; nous ajouterons, au point de vue des expropriés : pour n'y plus voir qu'une occasion de bénéfices illicites.

C'est ainsi que des propriétaires à qui l'on a garanti seulement la récolte de l'année, et qui était sur pied lors des acquisitions à l'amiable, prétendent quand même emblaver les terrains jusqu'à l'ouverture des travaux, détruisent avec plus de sans-gêne que jamais, les piquets, les bornes, les rigoles, interceptent les passages, semblent enfin chasser les Compagnies d'un terrain dûment acquis et payé bien au-delà de sa valeur.

Quelques-uns vont jusqu'à enlever la terre végétale et ces collectivistes d'occasion poussent parfois l'audace jusqu'à attaquer le sous-sol, pour en extraire des arènes, des pierres, et la zone d'emprises devient une sorte de communal sur lequel chacun tend à se précipiter, même ceux qui primitivement n'y avaient aucun droit.

A cette dévastation sans nom qui s'est implantée dans les mœurs, et dans certaines régions, par suite d'une indulgence de la part des ingénieurs poussée au-delà des limites qualifiables, il serait convenable de mettre ordre dès le principe, et il est à présumer que l'Etat n'en est pas à souffrir ces irrégularités. Seulement on remarque que, pour les grandes Compagnies, il n'y a pas jusqu'aux simples terrassiers à

la journée sur les chantiers d'entreprise qui ne traitent leur domaine comme pays conquis, ce qui est évidemment contraire au principe primordial de la propriété.

Cet état de choses résulte parfois, devant le public ignorant, de ce que certaines conventions verbales ont été passées ou sont censées l'être entre les acheteurs de terrain et certains propriétaires qui se réservent, celui-ci la terre végétale de son champ, celui-là les pierres d'un mur, un troisième le bois d'une haie, etc. Comme ces conventions ne sont pas stipulées dans les bulletins de cession, les agents du service ordinaire risquent parfois d'être dupes de leurs mesures préventives, si l'acheteur des terrains n'a pris soin *à priori* de remettre l'état complet de ces conventions verbales, ce qu'il se garde de faire en général, afin de se réserver une importance particulière et une intervention postérieure. Il serait donc à désirer, comme question de discipline, d'abord que toute convention spéciale figurât au bulletin de cession ou tout au moins que la liste complète en fût remise aux agents de la Compagnie.

L'absence de ces mesures amène parfois des complications désagréables ; outre la déconvenue, dans certains cas, des employés du service, l'exemple d'un propriétaire influent encourage tous les gens à l'affût de quelque aubaine, ou bien les fait crier à l'injustice, si on leur objecte que ce propriétaire est dans ses droits par suite d'une réserve personnelle.

Bref, c'est un mauvais quart d'heure à passer par suite de l'élasticité des conventions verbales et de la licence administrative dont jouissent les acheteurs de terrain.

On comprend qu'il faut leur laisser toute latitude dans les transactions à l'amiable, sous la condition cependant que leurs décisions seront parfaitement connues, délimitées, arrêtées et dûment expliquées, et que ces décisions en fait de matière technique auront passé par une approbation préalable dont le but est d'empêcher qu'il ne se commette des écarts contraires à la logique des travaux.

Il n'est pas rationnel d'accorder à un propriétaire une réserve nuisible, un aqueduc impossible, un drain fait dans des conditions précaires, un enlèvement de terre végétale à l'emplacement d'un jardin de garde et telles autres anomalies qui procèdent d'un manque d'ordre et de discipline au point de vue de l'unité du service, unité sans la-

quelle il n'y a que des malentendus, des grippements et des contra-
riétés.

Les agents de la Compagnie auront donc d'abord à surveiller l'exécution des concessions verbales, également les travaux que les
propriétaires font à leurs frais. Un propriétaire à qui l'on concède un
drain sous la voie, même à ses risques et périls, doit encore faire ce
drain dans des conditions qui lui assurent une certaine durée.

Ils auront également à s'opposer parfois aux travaux furtifs que
certains propriétaires font sans y être autorisés.

Un beau jour, un propriétaire qui s'est fait racheter bien cher un
aqueduc d'irrigation arrive clandestinement placer un drain en poterie,
là où devait se faire l'aqueduc. De telles dérogations ne peuvent être
accordées que par des arrêtés préfectoraux qui constatent encore que
ce travail, fait aux risques et périls de l'exécutant, ne peut constituer
une servitude.

Enfin, d'autres propriétaires veulent se clore et alors il y a lieu de
les adresser à l'administration du contrôle et de veiller en outre à ce
que toutes les prescriptions en matière d'alignements, plantations,
constructions, excavations, dépôts à demeure, dépôts de matières in-
flammables, etc., soient observées, quitte aux demandeurs à s'adresser
à qui de droit.

Lorsque les riverains se bornent simplement à planter une haie vive
le long des emprises, il faut et il suffit d'exiger que cette haie soit
établie régulièrement à 0^m,50 de la limite du terrain acquis par la
Compagnie.

ÉTUDES DIVERSES (PROJETS).

En dehors de cette surveillance continue, les agents de la section
ont encore à dresser quelques pièces qui complètent le travail, soit au
point de vue d'ensemble des projets, soit au point de vue de la réception
des entrepreneurs.

Nous citerons d'abord le tableau des clôtures sèches ; ce tableau se
fait avec le parcellaire. Il se compose d'un certain nombre de colonnes comprenant :

1° La désignation des piquets kilométriques entre lesquels s'applique le type que l'on considère ;

2º Les numéros du type. Chaque numéro du type comprend deux colonnes avec les indications : à droite et à gauche ;

3º Une colonne d'observations où l'on explique les arrêts d'un type et les reprises d'un autre.

Les types varient en effet suivant la nature des terrains ; en rase campagne et en terre de labours, il faut une clôture moins solide que dans les pâturages. Aux abords des passages à niveau il convient d'avoir une clôture plus serrée ; enfin, dans les gares, il la faut plus élégante ; il y a donc à approprier le type aux conditions locales, avec tournées préalables sur le terrain et assistance du parcellaire pour la détermination de longueurs qui établissent le devis préalable avec toute l'approximation suffisante aux entrepreneurs ; il faut aussi tenir un compte aussi approché que possible des trous à percer dans le rocher pour la plantation des pieux.

A côté du tableau des clôtures on peut encore citer l'état des garde-corps en fer à poser sur les ouvrages d'art courants en maçonnerie. Cet état comporte :

1º La position kilométrique de l'ouvrage ;

2º La désignation de cet ouvrage ;

3º La longueur entre les axes des montants extrêmes, tant à droite qu'à gauche du tracé ;

4º La longueur totale par ouvrage ;

5º Une colonne d'observations renfermant des croquis à l'appui du tableau et indiquant que les longueurs cotées sur ces croquis sont comptées suivant l'inclinaison des couronnements, lorsque les ouvrages sont en pente ou en rampe (pour donner aux mains courantes la longueur voulue) et que les montants extrêmes sont placés à $0^m,20$ de l'extrémité des couronnements, pour ne pas risquer de faire éclater la pierre, dans la confection du trou de scellement.

En troisième lieu viennent les études relatives aux dépôts de matériel. Le choix de ces dépôts est ordinairement réglé par les ingénieurs et le travail de la section consiste à lever un plan coté pour l'emplacement choisi et à étudier les dispositions générales à adopter pour les tas de matériel, la circulation des voitures, la pose des voies de chargement, etc.

Il convient de faire les dépôts parallèlement au tracé et de n'admettre de dépôt normal que lorsque le terrain y oblige rigoureusement; on ne peut aller en effet charger du matériel dans un dépôt normal

qu'à l'aide d'une plaque tournante ou d'une voie de rayon souvent bien restreint.

Dans les dépôts parallèles à la voie, il faut :

1° Assurer une première ligne d'approvisionnement touchant au corps du chemin de fer et laissant entre elle et la deuxième ligne d'approvisionnement un passage suffisant pour établir une voie de chargement se détachant de la voie du tracé, sous un angle très obtus.

Si le dépôt doit fournir du matériel dans les deux sens, on s'arrangera de manière à disposer une deuxième voie en sens inverse de la première et venant à sa rencontre.

Le tas du matériel (A) placé contre le corps du chemin de fer sera le premier à enlever et pendant ce temps le service de voitures continuera à approvisionner le tas (B) si celui-ci n'est complet ; autrement dit l'emplacement B est réservé au matériel en retard (fig. 143).

Le tas de matériel (A) aura été établi dès le principe.

Si on peut réserver double entrée au dépôt par deux accès M et N, on évite aux voitures d'avoir à tourner sur place, à se croiser à l'entrée ou à la sortie ; le service est beaucoup plus commode.

Il est bon d'avoir, pour les voies, des courbes de raccordement de

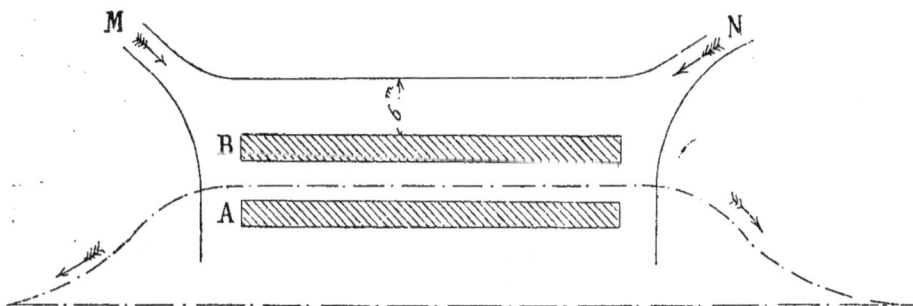

Fig. 143.

200 mètres au moins, quoiqu'on puisse descendre bien plus bas.

Les dimensions des tas doivent être calculées d'après le nombre de rails et de traverses, et pour les conditions d'un empilage propre et régulier.

L'empilage est propre et régulier, lorsque les traverses sont superposées par lits croisés, elles sont mieux aérées d'ailleurs ; à défaut de cette disposition unique, il faut toujours aux extrémités des tas et aussi de distance en distance, former des piles, par lits croisés, qui

soutiennent l'ensemble des autres traverses placées intermédiairement et dans un même sens.

Les rails également sont faciles à manier par les empileurs lorsqu'ils sont superposés par lits croisés ; on forme ainsi pour le type de 6,00 de parallélipipèdes de 6/6 de section entre lesquels on laisse un passage de 1 mètre.

Mais les poseurs préfèrent généralement que les rails soient empilés parallèlement à la voie du dépôt, ce qui évite de retourner face à cette voie les rails qui lui sont perpendiculaires dans l'autre système d'empilage et alors, au lieu de former des parallélipipèdes, on formera des tas prismatiques à section trapézoïdale, en intercalant les patins et les champignons de manière à laisser le moins de vides possible dans cet agencement (fig. 144).

On réserve d'autres passages de 1 mètre également entre les traverses et les rails, entre les rails et le petit matériel, etc.

Le chemin des voitures au-delà du tas B doit avoir 6 mètres, afin qu'une voiture puisse stationner le long du tas B, sans empêcher le passage d'une autre.

En somme, le problème à résoudre, et suivant les convenances du terrain, est celui-ci : 1° assurer la commodité de l'arrivage, du dé-

Fig.144.

chargement et de la sortie des voitures ; 2° assurer la facilité de la pose des voies de raccordement avec l'axe du tracé ; 3° assurer la disposition des tas, de manière que le transport par voitures puisse continuer, même pendant l'enlèvement du matériel, et que le chantier ne cesse pas d'être approvisionné, sans que la voie posée pour l'enlèvement en subisse le moindre dérangement.

Il y a des cas où l'on pourrait éviter sur les lignes la création de ces dépôts et le transport par voitures qui coûte, suivant les localités, de 0 fr. 75 à 1 franc par tonne et par kilomètre, et monte tout de suite à des sommes considérables (100,000 francs par fois), en donnant

aux parties extrêmes de la ligne une année d'avance sur les parties intermédiaires, ou à une seule des parties extrêmes, si cela suffit.

C'est dans ces conditions que, sur la ligne de Roanne à Lyon par Tarare, le matériel a pu venir par Tarare et Amplepuis, par les sections déjà ouvertes à l'exploitation, et que l'on a pu, en arrivant ainsi de part et d'autre au pied de la chaîne des Mollières, éviter des transports par voiture qui eussent été dispendieux.

ÉTUDES DIVERSES (PRÉPARATION DES TRAVAUX).

Dans cette autre catégorie, nous citerons en première ligne les épures d'implantation dont les principes sont exposés avec assez de détails dans le fascicule n° 2 des *Regains scientifiques*, pour que nous soyons dispensés d'y revenir ici.

En deuxième lieu vient la confection d'un carnet de crêtes dont le fascicule n° 7 indique assez la composition, l'usage et l'utilité.

En troisième lieu, on trouve le journal des travaux pour lequel nous renvoyons au fascicule n° 8, où la question est traitée dans son ensemble à tel point que ce rappel peut suffire présentement.

Tout est donc terminé ; les dossiers d'adjudication accompagnent généralement la venue des entrepreneurs, lorsqu'ils ne sont pas en retard sur elle, ce qui arrive parfois, et il n'y a plus qu'à en donner copie aux conducteurs.

Enfin ces entrepreneurs se présentent eux-mêmes devant un personnel prêt à les recevoir et à guider leur installation première en leur indiquant les lieux où ils pourront déposer du matériel, établir des forges, édifier des baraquements provisoires.

Une ère d'agitation va succéder à la période plus tranquille des études, et, dans cette vie nouvelle, le rôle des agents de la section sera d'autant plus facile, plus soulagé et favorisé, que les études auront été faites d'une façon complète, sérieuse, préventive même, dans le but de permettre au personnel de concentrer toute son attention et toute son activité sur le point capital, l'exécution des travaux projetés.

CONCLUSIONS.

Au début de cette ébauche, nous avions annoncé une revue générale des phases diverses par lesquelles passent, dans un développe-

ment logique, les études définitives d'une voie ferrée. Cette revue a été précipitée ; bien des détails n'ont pu trouver place dans ce cadre nécessairement limité et nous n'avons fait, conformément à notre programme, que résumer quelques renseignements, parmi ceux qui nous ont paru les plus avantageux à consulter.

Ces renseignements, nous les avions classés au jour le jour, lorsque nous nous sommes trouvé chargé, dans les études de la ligne d'Avallon à Dracy-Saint-Loup (70^k,200^m) de la direction de la deuxième section d'études (37$_k$,600^m), études agrémentées d'innombrables variantes et exécutées avec la collaboration d'un personnel des plus restreints, même chargé de travail à l'excès, mais d'un dévouement à toute épreuve.

Nous n'avons eu ni tunnels, ni viaducs à examiner, mais le point capital est plutôt d'éviter ces ouvrages spéciaux et dispendieux que d'en rechercher la mise en scène, et les grandes Compagnies qui ont déjà dépensé des sommes considérables pour la construction de leurs lignes principales s'en tiendront désormais à la stricte économie dans les concessions que l'Etat voudra bien leur confier pour l'exécution des lignes secondaires : c'est là une garantie qu'il ne devrait pas perdre de vue et qu'il ne pourrait pas toujours réaliser avec des agents inexpérimentés ou ambitieux de trancher dans le grand.

Tout ingénieur débutant veut avoir son pont biais, son petit tunnel, son viaduc. Au point où en est maintenant la construction des chemins de fer, c'est du pur enfantillage. Toutes ces particularités ont été fouillées et refouillées, sassées et ressassées ; aujourd'hui elles courent les rues.

Le problème actuel se pose d'une autre façon. La ligne la plus accomplie de nos jours est celle qui peut être étudiée, construite et aménagée de façon à coûter le moins comme construction, à demander le moins comme entretien, à rapporter le plus comme exploitation.

C'est là l'idéal de l'époque ! et certes c'est un mérite plus grand que de mettre en avant des tours de force et des difficultés, c'est un mérite de patience, de persévérance, c'est un dévouement absolu, modeste, silencieux, ni effronté ni vantard, et que l'on devrait entourer de toute l'estime que l'on prodigue à tort aux créations remarquables en elles-mêmes, mais trop souvent inutiles, auxquelles conduit l'ambition de paraître et de faire de la singularité.

Faisons donc de l'économie et de l'économie positive ; c'est là un devoir d'honnêteté, que le patriotisme impose et que l'opinion publique viendra sanctionner.

C'est sous cette inspiration que nous avons cherché ici à rassembler ces quelques documents, dans un exposé méthodique emprunté le plus possible à la nature des faits et à l'ordre logique des choses.

Les débutants, que nous avons eu en vue principalement, y trouveront, sans fatigue ni perte de temps, quelques notions qu'ils auront à développer suivant les cas, et, pour en terminer, nous emprunterons au traité très intéressant des études d'avant-projet, par Z. Vallée, cette citation caractéristique : « Quoi que l'on puisse écrire, la pratique sera toujours le meilleur enseignement. »

A l'exemple de cet ingénieur et dans une voie analogue, nous avons seulement cherché à retracer les principales phases du travail qui consiste à prendre en main un avant-projet et à le livrer, prêt à l'exécution, aux entrepreneurs, heureux si nous avons pu, par nos efforts, être de quelque utilité au peuple des constructeurs et nous acquitter ainsi de la tâche qui incombe à tout homme et à tout citoyen, celle de répandre autour de lui l'instruction qu'il peut posséder à un degré quelconque, mais qu'il ne serait pas digne d'avoir, s'il ne la consacrait tout entière, avec élan, avec enthousiasme, au service des travailleurs de bonne volonté.

Saulieu, 1er février 1881.

DUBUISSON (d'Auxerre).

Central de 1861.

TABLE DES MATIÈRES

	Pages
Exposé et but de l'ouvrage	1
Composition du personnel, données premières	2
Tournée de reconnaissance	3
Repères de nivellement.	4
Plan coté pour études définitives	8
Organisation du travail, lever des angles	13-14
Chaînage de la ligne d'opérations	14
Piquetage	15
Lever et rapport du plan coté	17
Coordonnées rectilignes	18
Onglets sur la bissectrice	20
Croquis cotés pour rapport du plan d'études	25
Conditions du lever de plan	27
Carnets du lever de plan	29
Organisation du travail, conservation des croquis cotés	30-31
Rapport météorologique, transformation du plan coté.	31
Tracé des courbes de niveau, principe de l'isomètre	32-33
Dossier d'un tronçon d'études, conditions générales du parachèvement des tracés définitifs	36-37
Maniement du plan coté et établissement des profils en long d'essai	39
Méthode rapide pour relever les profils en long	42
Emploi du profilomètre Siégler. Parachèvements du tracé. — Organisation du travail	42-43-44
Achèvement du dossier. — Estimation comparative.	44
Notices explicative. — Sondages provisoires. — Tracé définitif	45-46
Report de l'axe sur le terrain	46
Organisation du travail. — Conservation du matériel.	49
Tracé et chaînage des alignements	49
Levé des angles et balisage	50
Epinage et protection des balises	53
Tracé des courbes	54
Piquetage, chaînage et nivellement du profil en long.	57
Indications à placer sur les piquets du profil en long.	60
Feuilles de charpente du tracé définitif	65
Feuilles de piquetage, rapport du profil en long.	65-66
Indications des routes, chemins et cours d'eau	68
Premiers extraits cadastraux, limites des communes	69

Pages

Population des communes, extrait du plan à $\frac{1}{10000}$. Lever des profils en travers 70
Carnets de profils en travers 74
Organisation du travail. 75
Rapport des profils en travers 76
Sondages du tracé définitif. sondages à gradins de 0,50 78-79
Sondages à gradins de 1,50 83
Comparaison des deux systèmes 84
Relevé et rapport des sondages. 87
Plans cotés pour projets des gares 88
Indication des ouvrages d'art 89
Emplacement des ouvrages 91
Ouvertures des aqueducs 91
Passage des rivières 92
Adoption d'une ligne rouge définitive. 94
Calcul des cotes rouges 95
Tableau des terrassements. Terrassements par mètre courant . . . 97
Coupes des sondages. — Dossier du contrôle. — Plan coté à $\frac{1}{10000}$. 98
Devis descriptif 100
Tableau des alignements et des déclivités. 102
Tableau des ouvrages de toute nature 103
Profils en travers types. — Calcul des profils définitifs 104
Organisation du travail 105
Éléments du calcul 106
Approximations 107
Calcul des surfaces et des cubes 110
Calculs des profils mixtes ou à point de passage 112
Calcul des longueurs de talus 114
Calculs de la 2e voie. 115
Profils en travers des gares. — Lever et rapport du parcellaire . . . 116
Conditions du lever du parcellaire. 117
Mode de lever, carnets de croquis. 119-120
Indications diverses. 120
Rapport du plan 122
Accessoires du parcellaire, extraits cadastraux 124
Matrice cadastrale 126
Prix de revient du parcellaire 126
Comptabilité des études 127
Etats à divers 130
États individuels 130
États de déplacements 131
Bureaux détachés. 133
Pièces accessoires. 134
Indemnités. 136

Pages

Mesures extra-judiciaires 139
Statistique du trafic éventuel des gares 140
Enquêtes des stations. 142
Haltes ou stations supplémentaires. 145
Etudes des traversées de routes, chemins et cours d'eau. — Passages à
  niveau. — Conditions d'établissement 146-147
Généralités variables 154
Plate-forme des P à N 155
Bombement des déviations 156
Désignation du biais 157
Jardins des gardes. — Préparation des projets. — Tableaux d'empier-
  rement 157-158
Confection des projets. 161
Orientation du dessin, écritures et notations 162
Détails du plan 164
Conditions diverses d'établissement. — Méthode pratique pour arrêter
  les projets de déviation et autres 165-169
Passages par-dessous, tabliers métalliques 170-171
Passages par-dessus 172
Traversées des cours d'eau 173
Dossier du contrôle. — Etudes des ouvrages d'art 174
Plans cotés pour ouvrages d'art 175
Sondages 176
Généralités sur les aqueducs 178
Composition du dessin 180
Prescriptions diverses 181
Mise en train du travail et application des types 188
Passages par-dessous 190
Passages par-dessus 190
Ouvrages d'art spéciaux 191
Ouvrages d'art sur déviations, études des emprises 194-195
Plan figuratif 197
Rattachement des emprises à l'axe 197
Règles générales relatives à la conception des emprises 198
Rédaction des emprises 202
Etudes des chemins latéraux et déviations 204
Tournée spéciale pour étude des emprises 205
États indicatifs 206
Vérification du calcul des surfaces 214
Notices du parcellaire, tableau des aqueducs projetés 216
Tableaux des lieux dits, d'après les états de section. 217
Dossier des enquêtes. — Application des emprises sur le terrain. . . 218
Bornes d'emprises 219
Rigolage 220

	Pages
Acquisitions de terrain	222
Enquêtes parcellaires.	224
Études diverses	226
Prises d'eau. — Évaluation des eaux	226-227
Études comparatives des réservoirs	230
Projet d'un réservoir à air libre.	231
Réservoirs couverts	234
Analyse des eaux. — Chemins latéraux	235
Sondages pour profil géologique.	237
Fossés perreyés	240
Revêtements de talus.	242
Assainissement des stations	242
Ouvrages donnés. — Sondages des bâtiments.	243
Assainissement des caves	244
Etudes du dossier d'adjudication. — Calcul des terrassements par nature de déblais	247-248
Calcul des surfaces de talus	250
Tableaux des matériaux avec indication des provenances. — Composition d'un tableau.	251-252
Sources de renseignements	253
Caisses d'échantillons. — Tableaux des provenances du ballast	257
Tableau des fondations de bâtiment	258
Tableau des profondeurs des puits. — Profil en long centro-graphique pour mouvement des terres	259-260
Evaluation des transports partiels	264
Détermination des centres de gravité	271
Formules de transports. — Théorèmes relatifs au mouvement des terres.	275-276
Détails à faire figurer sur le profil en long du mouvement.	278
Profil en long avec report du mouvement	282
Tableau du mouvement des terres	282
Classification des transports. — Profils de distribution des cubes	284-285
Analyses de prix	286
Séries de prix. — Situations provisoires ou devis des travaux	288
Tableaux des quantités	292
Tableaux pour bâtiments	296
Époque rationnelle des adjudications	297
Derniers préparatifs	297
Vérification des tracés dans certains cas.	298
Rafraîchissement des emprises	302
Rafraîchissement des sondages	302
Piquetage des bâtiments sur le terrain. — Poteaux-limites des sections. — Circulation des entrepreneurs	303-304
Repères définitifs	305

  Pages

Organisation du personnel   307
Outillage des bureaux   308
Profils de poche.   310
Ordination des ouvrages d'art et passages à niveau   312
Calques pour entreprises. — Obligations diverses résultant de l'acqui-
  sition des terrains 313-314
Etudes diverses (projets).   316
Etudes diverses (préparation des travaux)   320
Conclusions   320

Paris. — Imp. E. Bernard et Cⁱᵉ, 71, rue Lacondamine,

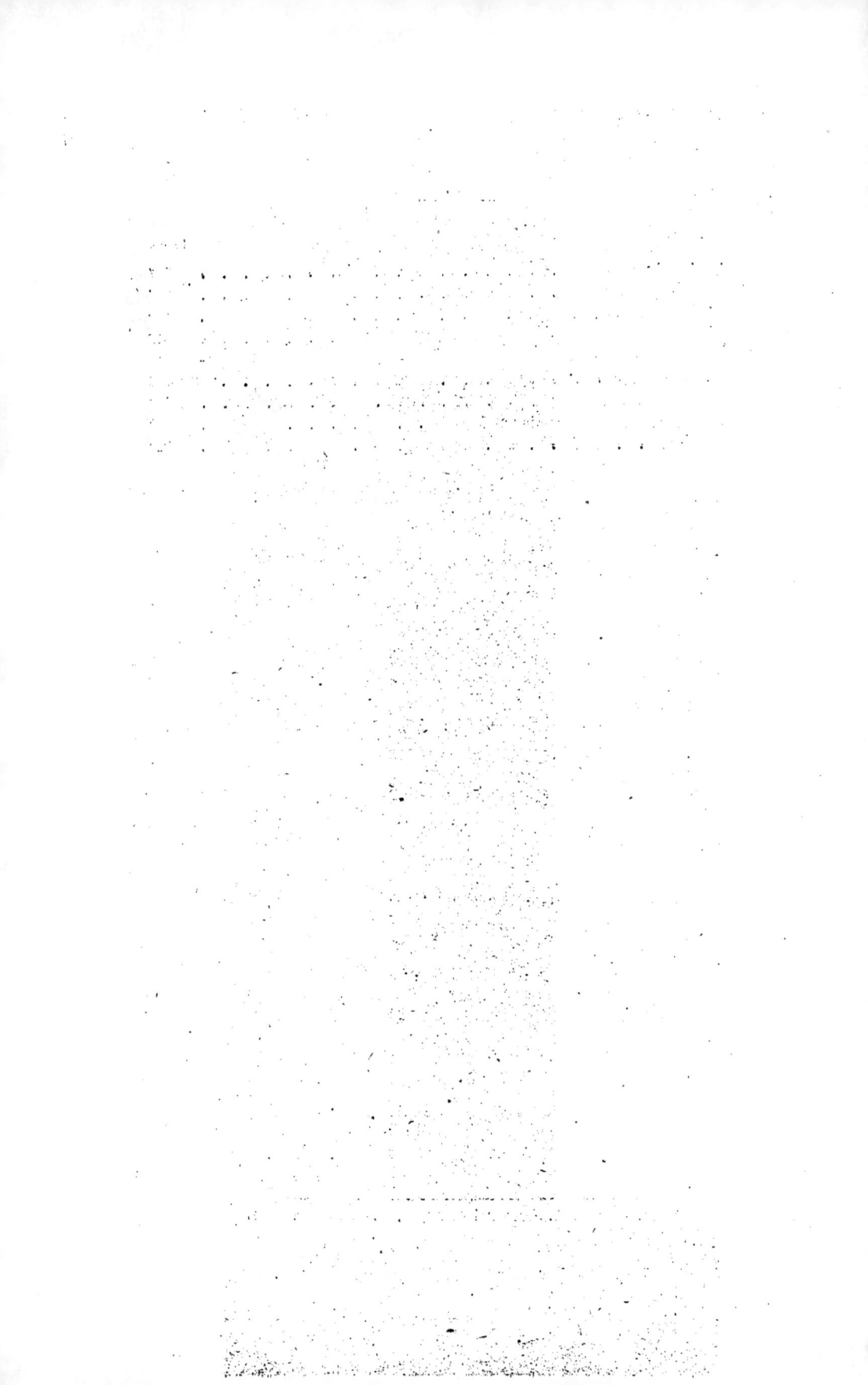

PUBLICATIONS DIVERSES

PAR

DUBUISSON (d'Auxerre)

ŒUVRES LITTÉRAIRES

Le Souvenir. — Les Trois sourires. — Une Misère (1863). — L'Étoile. — Le Bois des Songes. — Janua Cœli. — La Ronde du Cantubas (1864). — Le Printemps (1865). — Les Trois Rêves (1866). — Dans l'Abîme (1884).

ŒUVRES SCIENTIFIQUES

Regains scientifiques (1872-1881).

FASCICULE n° 1 (4ᵉ édition). — Essai sur la détermination des puits et galeries nécessaires au percement d'un tunnel. 1 fr. 50.
FASCICULE n° 2 (3ᵉ édition). — Essai sur le tracé des courbes circulaires de raccordement. 1 fr. 50.
FASCICULE n° 3 (3ᵉ édition). — Note sur la conservation des tracés et l'implantation des ouvrages d'art. 1 fr. 50.
FASCICULE n° 4 (2ᵉ édition). — Complément des projets de travaux d'art. 3 fr.
FASCICULE n° 5. — Chaînage officiel des chemins de fer. — Tables pour le tracé des courbes à l'aide du théodolite. 3 fr.
FASCICULE n° 6. — Calcul des terrassements en matière d'avant-projet. 3 fr.
FASCICULE n° 7. — De la forme des terrassements (projets et réalisations) 4 fr. 50
FASCICULE n° 8. — Particularités des voies ferrées en plan et en profil. — Exposé d'un journal de travaux. 3 fr.

Statistique de l'Ecole Centrale des Arts et Manufactures

à l'époque du premier cinquantenaire (1879). 2 fr.

Etudes définitives d'une voie ferrée entre deux points donnés.

1882-1888 (2ᵉ édition). 15 fr.

Consolidation des terrains ébouleux par masses (1886)

Prix : 7 fr.

Essais sur l'amélioration des travaux publics

(Mémoires déposés à la Société des Ingénieurs civils).

1881-1886

ARTICLE 1ᵉʳ. — Suppression du forfait dans l'exécution des fondations en matière de bâtiments.
ARTICLE 2. — Les cadres de l'armée des travailleurs.
ARTICLE 3. — Conciliations entre le travail et le capital.
ARTICLE 4. — Réorganisation du corps des Ponts-et-Chaussées.
ARTICLE 5. — Réforme des Règlements administratifs au point de vue de l'interdiction du travail à des jours fériés.

COLLABORATION AUX ANNALES DES TRAVAUX PUBLICS

(Articles publiés exclusivement dans cette Revue).

1880. — Application du profilomètre Siégler à la détermination des pieds, crêtes et longueurs de talus. — Le chaînage à onze fiches. — Perfectionnement du tracé des perpendiculaires aux courbes.

1883. — Application du jet de pelle dans l'évaluation des transports. — Emploi des profils biais dans l'évaluation des terrassements. — Application du profilomètre Siégler à la transformation des profils. — Transports par brouettes.

1884. — Aperçus sur l'état actuel de la tachéométrie. — Analyse du manuel pratique des poseurs de voies (Henri Salin). — Historique des calculs relatifs aux communications de voies. — Études sur les tables de talus (J. Rouget). — Pratique du service des conducteurs des Ponts-et-Chaussées (A. Léger). — Chargement, à la pelle, des matières à ballast. — Études sur le nivellement et le guide du niveleur (J. Verrine). — Définition de la mire « universelle ». — Dosage du sable dans la fabrication des mortiers. — Calcul des terrassements (justification, par l'analyse, de la méthode des profils en travers moyennés). — Études sur les murs de soutènement (Théories Dubosque, Gobin, Vigreux et Raux). — Mesurage des déblais à flanc de coteau. — Évaluation rapide des terrassements (méthode Switkoswski). -- Note sur les réservoirs métalliques des gares. — Problème relatif au calcul des voies. — Études sur l'application de l'air comprimé aux fondations des ponts (G. Tessier).

1885. — Construction d'un siphon d'irrigation. — Études sur les instructions pour la préparation des projets et la surveillance de la construction des chemins de fer (L. Partiot). — Note sur la règle de H. Bonnami pour transformation réciproque des grades en degrés. — Analyse du traité pratique d'électricité appliquée à l'exploitation des chemins de fer (G. Dumont). Tracé des courbes au tachéomètre. — Note sur la réforme cadastrale et la Société de topographie parcellaire. — Détermination des aires par pesées. — Établissement de passages pour les poissons migrateurs (Keller).

1886. — Note sur le diastinomètre Sanguet. — Note sur le profil de transformation inventé par H. Bonnami. — Appareils pour la pose et l'entretien des voies ferrées. — Machine Mencière. — Notice sur la pierre de Bon-Jean. — Études sur les formulaires. — Théorie du circuli-diviseur.

1887. — Application de la théorie des différences à des calculs de terrassements. — Calcul du triangle rectangle isocèle. — Notice sur la tuilerie Saint-Jean à Montbard (Côte-d'Or). — Division de la section des souterrains elliptiques en parties correspondantes aux prix de la situation mensuelle. Revêtements, saillant au sommet, sur talus de tranchées. — Théorie et usages de l'équerre quadratrice du professeur Vallerey. — Note sur une variété des courbes à cinq centres. — Note sur la 6ᵉ édition du formulaire d'Uhland. — Estacade de Saint-Valéry. — Machines à travailler les pierres. — Modifications des raccordements paraboliques des chemins de fer de l'État. — Notice sur la ligne de Marvejols à Neussargues. — Tachéométrie par projections.

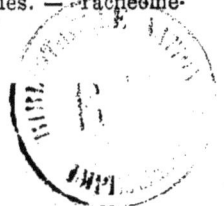

PARIS. — IMP. E. BERNARD & Cie, 71, RUE LA CONDAMINE

ÉTUDES DÉFINITI...

D'UNE

VOIE FERRÉE

ENTRE DEUX POINTS DONNÉS

PAR

JULES DUBUISSON

ANCIEN ÉLÈVE DE L'ÉCOLE CENTRALE

COLLABORATEUR AUX ANNALES DES TRAVAUX PUBLICS

MEMBRE DE LA SOCIÉTÉ DES INGÉNIEURS CIVILS DE FRANCE

Conserver la Couverture

PARIS

E. BERNARD ET Cᵢₑ, IMPRIMEURS-EDITEURS

71, RUE LA CONDAMINE, 71

1883